国家一般職・国家総合職・地方上級等

公務員試験

技術系

新スーパー
過去問ゼミ

化学

資格試験研究会 編
実務教育出版

技術系 新スーパー過去問ゼミ
刊行に当たって

「公務員試験を攻略するには，まず過去問を解くこと」
——受験生の間で常に語られてきた「真理」です。

しかし，技術系の試験については，事務系の試験のように多くの問題集が発行されているわけではありません。「過去問を入手するのが大変」「どんな問題が出題されるのか」と，情報不足に悩む人もかなりいます。また，問題の解き方を見ることが少ないため，「どうやって学習を進めればよいのか」「どうしたら得点アップに結びつく効率的な学習ができるのか」を知るチャンスが少ないという人もいます。

そういった受験生の要望に応えるべく刊行したのが，技術系の専門試験の過去問だけを集めた「技術系スーパー過去問ゼミ」シリーズです。その改訂版である「技術系　新スーパー過去問ゼミ」シリーズは，より新しい問題を収録し，さらにパワーアップしました。

過去問対策の定番として公務員試験受験生から圧倒的な信頼を寄せられている「スーパー過去問ゼミ」シリーズと同じように，次のような特長があります。

- テーマ別に編集したので集中して学習できる。
- 「必修問題」「実戦問題」のすべてにわかりやすい解説。
- 「POINT」で頻出事項の知識・論点を整理。

なお，おろそかにできないのが教養試験対策です。教養試験（基礎能力試験）は事務系と共通の問題なので，小社刊行の「新スーパー過去問ゼミ」シリーズなどを利用して，総合的な実力をつけるようにしてください。

本書を手に取られたあなたが，新時代の公務を担う一員となれるよう，私たちも応援し続けます。

資格試験研究会

CONTENTS

公務員試験　技術系　新スーパー過去問ゼミ

化　学

第1章　物理化学　9

第2章　無機化学　139

第3章　有機化学　205

カバー・本文デザイン／小谷野まさを　　書名ロゴ／早瀬芳文

化学の出題内容

公務員試験における「化学」の出題内容についてまとめます。教養試験については事務系職種などと共通なので省略し，ここでは，専門試験（択一式）における出題分野を整理します。

●国家一般職［大卒］化学区分

44問が出題され，40問に解答します。「生物化学」と「化学工学」から8問出題されるうち4問を選択解答し，それ以外の科目（36問）は全問必須解答です。

	36問必須解答		8問中4問を選択解答		
工学に関する基礎（数学・物理） 9問	物理化学・分析化学・無機化学・有機化学・工業化学 27問		生物化学 4問	化学工学 4問	解答数40問

●地方上級

「環境」や「衛生」と名のつく試験区分も含めるとほぼすべての自治体で募集がありますが，1人～若干名の募集，あるいは隔年募集の自治体も多くなっています。

自治体によって出題パターンが分かれています。

①一般的な出題パターン

40問が出題され，その全問に解答するというのが一般的です。

ただし，**奈良県**は40問中30問の選択解答としています。**神戸市**は「工学に関する基礎（数学・物理）」が出題されず，25問解答です。

工学に関する基礎（数学・物理） 7問	物理化学 9問	分析化学 3問	無機化学・無機工業化学 6問	有機化学・有機工業化学 9問	化学工学 6問	解答数40問

②他分野の科目を含む出題パターン

試験区分の名称を「総合化学」としている自治体は，上記①の出題科目に隣接領域の科目を加えて1つの試験区分としています。**岩手県**は農芸化学の科目（生物有機化学，生物化学，土壌学・植物栄養学，食品科学，応用微生物学）を加えて50問中40問の選択解答としています。**石川県**は物理・化学・生物と薬剤師の科目（衛生，薬理，薬剤）を加えて60問中40問の選択解答としています（ただし薬剤師の免許は不要）。**鳥取県**は「総合化学」の一般コースが上記①と同じ出題科目で，食品化学コースが農芸化学の科目を加えた科目構成です。

試験区分の名称は「化学」ですが，**徳島県**は上記①の出題科目に農芸化学の科目（生物化学，土壌学・植物栄養学，食品科学，応用微生物学）を加えています。

「化学」という名称の試験区分がない場合でも，受験案内に掲載されている出題科目一覧を見れば，上記①とまったく同じ出題科目になっている場合もあります

（神奈川県「環境技術」，静岡県「工業化学」，三重県「環境化学」，富山県「環境」，名古屋市「応用化学」など）。

　ただし，「環境」や「衛生」と名のつく試験区分は，自治体によって出題科目が異なり，上記①と同じ出題科目の場合がある一方で，上記①の科目を中心に他の科目を加える場合（**新潟県，横浜市，北九州市，福岡市**など），あるいは上記①とはまったく異なる科目構成になっている場合もあります。結局のところ，試験区分の名称だけでは判断できないので，「受験案内」で出題科目を確かめるのが最も確実です。

　なお，**東京都，特別区，大阪市，堺市**のように，択一式の専門試験を課さず，記述式のみの自治体もあります。

●国家総合職化学・生物・薬学区分

　必須解答の10問のほか，16科目（各6問）のうち5〜6科目（30〜36問）を選択し，その中から30問を選んで解答します（合わせて40問解答）。

　化学の専攻者は，下図の5科目を主に選択することになります。

10問必須解答	5〜6科目を選び，その中から30問に解答						解答数 40問
基礎数学・基礎物理・基礎化学・基礎生物学 10問	基礎物理化学・基礎無機化学 6問	物理化学・無機化学 6問	有機化学 6問	工業化学・化学工学 6問	分析化学・薬学 6問	その他11科目 （各6問）	

●市役所試験

　募集は少ないのですが，募集される場合には，地方上級試験の図とほぼ同様の出題科目です。30問が出題され，全問必須解答という場合が多くなっています。

　また，地方上級試験と同様に試験区分の名称が「環境」などとなっている場合もあるので，受験案内で確認するのが確実です。

　受験資格に学歴要件（化学などの分野を専攻したことを求める）を設ける代わりに専門試験を実施しない市役所もあります。

●労働基準監督B

　「工学に関する基礎（工学系に共通な基礎としての数学，物理，化学）」38問中32問に解答します。化学の出題数は，例年8問程度です。それに加えて，「労働事情」8問が必須解答です。

＊　　　＊　　　＊

　本書では，図中の青色で示した出題科目を取り扱います（国家総合職の「薬化学」は取り扱いません）。また，出題科目の名称は国家一般職［大卒］試験に準じています。

　　　　　　　　　　　　　　　　※以上の記述は令和2年度試験の受験案内に基づいています。

本書の構成と使い方

●本書の構成

❶必修問題：各テーマのトップを飾るにふさわしい問題，合格のためには必ずマスターしたい良問をピックアップし，問題の解き方，選択肢の絞り方に重点を置いた解説を掲載しています。

❷POINT：これだけは覚えておきたい最重要知識を，図表などを駆使してコンパクトにまとめています。問題を解く前の知識整理に，また試験直前の確認に活用しましょう。

❸実戦問題：各テーマの内容をスムーズに理解できるよう，バランスよく問題を選び，詳しく解説しています。全部解いて，実戦力をアップしましょう。

❹索引：巻末には，POINT等に掲載している重要語句を集めた用語索引がついています。用語の意味や定義の確認，理解度のチェックなどに使ってください。

●本書で取り扱う試験の名称表記について

本書に掲載した問題の末尾には，試験名の略称および出題年度を記載しています。

---

①国家総合職，国家Ⅰ種：国家公務員採用総合職試験，
国家公務員採用Ⅰ種試験（平成23年度まで）

②国家一般職，国家Ⅱ種：国家公務員採用一般職試験［大卒程度試験］，
国家公務員採用Ⅱ種試験（平成23年度まで）

③地方上級：地方公務員採用上級試験（都道府県・政令指定都市）

●本書に収録されている「過去問」について

①国家公務員試験の問題は，人事院により公表された問題を掲載しています。地方上級の問題は，受験生から得た情報をもとに実務教育出版が独自に編集し，復元したものです。

②問題の論点を保ちつつ問い方を変えた，年度の経過により変化した実状に適合させた，などの理由で，問題を一部改題している場合があります。また，人事院などにより公表された問題も，用字用語の統一を行っています。

第 1 章

物理化学

気体分子運動論

<必 修 問 題>

実在気体の分子半径に関する次の記述の㋐，㋑，㋒に当てはまるものの組合せとして最も妥当なのはどれか。

ただし，アボガドロ定数を$6.0×10^{23}$mol^{-1}とする。　【国家一般職・平成27年度】

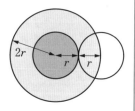

「圧力P，モル体積V_m，温度Tの実在気体の状態方程式として，

$$\left(P+\frac{a}{V_m{}^2}\right)(V_m-b)=RT$$

で表されるファンデルワールスの式がある。ここで，Rは気体定数であり，a，bはファンデルワールス定数である。a，bのうち，　㋐　は気体分子1mol当たりの排除体積を表している。

排除体積を分子レベルで考える。気体分子を半径rの球として考えると，図のように，気体2分子において，一方の分子の網掛け部分すなわち半径$2r$の球の部分より近くには他の分子の中心は侵入できない。つまり他分子を排除している。よって，1分子当たりにすると気体分子の体積の　㋑　倍が，排除体積となる。

ヘリウムのa，bは，それぞれ$3.45×10^{-3}$Pa·m^6·mol^{-2} および$2.37×10^{-5}$ m^3·mol^{-1}である。ヘリウムの原子半径をr_0〔m〕とすると，$r_0{}^3=$　㋒　m^{3}となる。」

	㋐	㋑	㋒
1	a	4	$3.5×10^{-28}$
2	a	8	$2.4×10^{-30}$
3	b	4	$2.4×10^{-30}$
4	b	4	$1.4×10^{-29}$
5	b	8	$3.5×10^{-28}$

必修問題の解説

理想気体は分子固有の体積がなく，分子間の相互作用がない気体である。理想気体の場合の圧力とモル体積を，それぞれP_i，$V_{m,i}$とする。実在気体と比べて，理想気体では分子間力が働かないことから，実在気体の圧力は理想気体の圧力よりも低くなる。また，実在気体では分子固有の体積の分だけ運動できる空間の大きさが減少する。これらのことを

$$P = P_i - \frac{a}{V_m^2}$$

$$V_{m,i} = V_m - b$$

と表している。理想気体の状態方程式$P_iV_{m,i} = RT$より，van der Waalsの式が得られる。van der Waals定数aは分子間力の強さ，bは分子固有のもつモル体積（排除体積）を表す（㋐）。

2分子が衝突した瞬間の分子間距離は$2r$であるから，図の左側の分子を基準として見た場合，「その分子の中心」を中心とした$\frac{4}{3}\pi(2r)^3$の球形の空間に他の分子（図の右側の分子）は入り込めない。一方，右側の分子を基準として見ても同様なので，$\frac{4}{3}\pi(2r)^3$は2個の分子による排除体積といえる。つまり，分子1個当たりの排除体積は

$$\frac{1}{2} \times \frac{4}{3}\pi(2r)^3 = 4 \times \frac{4}{3}\pi r^3$$

となることがわかる（㋑）。

アボガドロ定数をN_Aとし，ヘリウムについて以上の議論を適用すると，次のように計算できる。

$$4 \times \frac{4}{3}\pi r_0^3 = \frac{b}{N_A}$$

$$\therefore \quad r_0^3 = \frac{3b}{16\pi N_A} = \frac{3 \times 2.37 \times 10^{-5}\ \mathrm{m^3 \cdot mol^{-1}}}{16 \times 3.14 \times 6.0 \times 10^{23}\ \mathrm{mol^{-1}}}$$

$$= 2.4 \times 10^{-30}\ \mathrm{m^3} \quad (㋒)$$

以上より，正答は**3**である。

正答 3

重要ポイント 1 系の状態量

(1)系と外界

研究する対象を**系**，その外部を**外界**という。外界とのやりとりがまったくない系を**孤立系**という。

(2)熱平衡状態

十分な時間が経つと，孤立系は巨視的に一定の状態に至る。これを**熱平衡状態**という。ただし，微視的には各原子や各分子の状態は一定ではない。

(3)状態量

熱平衡状態にある系の巨視的状態を記述する物理量を**状態量**という。非平衡状態では状態量を定義することはできない。系の大きさに比例する状態量を**示量性状態量**，系の大きさに依存しない状態量を**示強性状態量**という。

重要ポイント 2 状態方程式

(1)理想気体の状態方程式

気体分子固有の体積と分子間の相互作用がないと仮定した気体を**理想気体**という。理想気体の**状態方程式**(状態量の間に成立する関係式)は次のとおりである。

$$PV = nRT \tag{1.1}$$

ここでPは圧力，Vは体積，Tは熱力学温度(絶対温度)，nは物質量，Rは**気体定数**である。実在気体でも低圧・高温なら(1.1)が近似的に成立する。

(2)気体分子運動論

容器内を無秩序に運動する気体分子を古典力学的に扱い，気体の巨視的な性質を導き出す理論を**気体分子運動論**という。気体分子の質量をm，分子数をN，平均二乗速度を$\overline{v^2}$とすると，次式が導かれる。

$$PV = \frac{1}{3}Nm\overline{v^2} \tag{1.2}$$

(1.1)，(1.2)より，N個の気体分子の平均運動エネルギー$\overline{K}$は

$$\overline{K} = N \cdot \overline{\frac{1}{2}mv^2} = \frac{3}{2}N\frac{R}{N_A}T = \frac{3}{2}NkT \tag{1.3}$$

と表せる。ここでN_Aはアボガドロ定数であり，kを**Boltzmann定数**という。(1.3)より，気体のモル質量$M = \dfrac{Nm}{n} = N_A m$を用いて**根平均二乗速度**$\sqrt{\overline{v^2}}$が次のように表せることがわかる。

$$\sqrt{\overline{v^2}} = \sqrt{\frac{3RT}{N_A m}} = \sqrt{\frac{3RT}{M}} \tag{1.4}$$

(3)**実在気体の状態方程式**

　実在気体は分子自身の体積をもち，分子間には相互作用が働く。これらを考慮した状態方程式がいくつか提案されている。代表的なものを次に示す。

(a)　van der Waalsの状態方程式

$$\left\{P+\left(\frac{an}{V}\right)^2\right\}(V-nb)=nRT \tag{1.5}$$

　aとbはvan der Waals定数で，それぞれ分子間力と分子自身の体積の効果を表すパラメーターである。

(b)　ビリアル方程式

　圧縮率因子$Z=\dfrac{PV_m}{RT}$（V_mはモル体積）は理想気体では1となるが，ZをPまたは

$\dfrac{1}{V_m}$のべき級数に展開した式を**ビリアル方程式**という。

$$Z=1+B_P P+C_P P^2+\cdots \tag{1.6}$$

$$Z=1+\frac{B_V}{V_m}+\frac{C_V}{V_m^2}+\cdots \tag{1.7}$$

係数$B_P, C_P, \cdots, B_V, C_V, \cdots$（**ビリアル係数**という）は実験的に決められ，気体の種類や温度Tに依存する。

(4)**臨界点**

　比較的低温において気体を圧縮すると液化が起こるが，**臨界温度**T_cと呼ばれる温度以上ではどんなに加圧しても液化しない。また，比較的低圧において液体を加熱すると沸騰が起こるが，**臨界圧力**P_cと呼ばれる圧力以上では液体をどんなに加熱しても沸騰しない。T_cとP_cに対応する状態図上の点を**臨界点**といい，そのときの体積を**臨界体積**V_cという。臨界点より高温・高圧の流体では気体と液体の区別が付かず**超臨界流体**と呼ばれる。

No.1 ばねに支えられている断面積10cm²のピストンが，コックと側管が付いたシリンダーに取り付けられている。図Ⅰのように，コックを開き側管を大気に開いた状態で，ピストンに何も載せないとき，ピストンは底から10.0cmのところにあった。

次に，コックを閉じ，ある質量のおもりをピストン上に載せたところ，シリンダー内の空気の温度が変化することなく，ピストンがゆっくりと下がり，図Ⅱのように，1.0cm下がって静止した。

さらに，図Ⅱの状態でコックを開いたところ，シリンダー内の空気の温度が変化することなく，ゆっくりとピストンが下がり，図Ⅲのように，さらに1.0cm下がって静止した。おもりの質量はいくらか。

ただし，大気圧を1.0×10^5Pa，重力加速度の大きさを10m·s⁻²とし，シリンダー内壁とピストンの間には摩擦はなく，ばねおよびピストンの質量は無視できるものとする。　　　　【国家一般職・平成28年度】

1　0.48kg

2　0.82kg

3　1.5kg

4　2.2kg

5　4.9kg

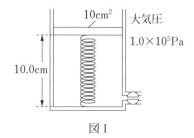

図Ⅰ

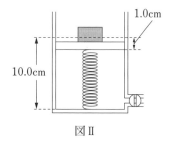

図Ⅱ

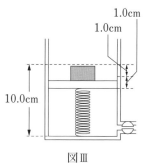

図Ⅲ

No.2 図のように，目盛りを1か所付けた集気瓶を用いて，集気瓶内の水面の高さが，集気瓶の目盛りおよび水槽内の水面と一致するまで，酸素を水上置換で捕集した。大気圧がPのとき，絶対温度T_1，T_2の条件下でこの捕集を行ったところ，捕集された酸素の質量は，それぞれ，w_1，w_2であった。T_1における水の蒸気圧がP_1のとき，T_2における水の蒸気圧として最も妥当なのはどれか。

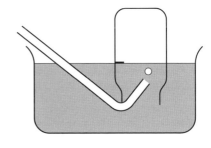

ただし，室温と酸素および水の温度は等しく，また，酸素は理想気体として振る舞うものとし，水に対する酸素の溶解度は無視できるものとする。

【国家一般職・平成30年度】

1 $\dfrac{(w_1 T_1 + w_2 T_2)P + w_1 T_1 P_1}{w_2 T_2}$

2 $\dfrac{(w_1 T_1 + w_2 T_2)P - w_1 T_1 P_1}{w_2 T_2}$

3 $\dfrac{(w_1 T_1 + w_2 T_2)P + w_2 T_2 P_1}{w_1 T_1}$

4 $\dfrac{(w_1 T_1 - w_2 T_2)P + w_2 T_2 P_1}{w_1 T_1}$

5 $\dfrac{(w_1 T_1 - w_2 T_2)P - w_2 T_2 P_1}{w_1 T_1}$

No.3 次の反応式で表される気相反応を，温度と圧力が一定の条件で行う。

A＋2B ── C

反応開始時において，気体Cは存在せず，気体A，Bの体積の和は1.0m³，気体A，Bの濃度はそれぞれ10mol/m³，30mol/m³であるとする。反応が進行し，気体Aの濃度が5.0mol/m³になったときの気体A，B，Cの体積の和はおよそいくらか。

ただし，気体A，B，Cは理想気体として振る舞うものとする。

【国家一般職・平成23年度】

1 0.33m³

2 0.67m³

3 0.83m³

4 1.0m³

5 1.3m³

No.4 図のように，断熱容器Ⅰ，Ⅱがコックが付いた細管で連結されている。Ⅱの容積はⅠの容積の2倍であり，コックを開いた状態で，これらの容器に，ある理想気体を封入したところ，温度が300K，圧力が1.00×10⁵Paとなった。コ 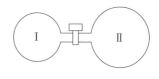 ックを閉じて，容器Ⅱの気体のみを加熱し，温度を480Kにした後，加熱を止め，コックを開いた。平衡状態となったときの容器内の圧力はおよそいくらか。

ただし，容器の熱膨張，容器をつなぐ細管の容積は無視できるものとし，細管およびコックと封入した気体との熱のやりとりはないものとする。

【国家一般職・平成29年度】

1 1.5×10⁵Pa

2 1.4×10⁵Pa

3 1.3×10⁵Pa

4 1.2×10⁵Pa

5 1.1×10⁵Pa

No.5 気体の圧縮因子Zは，圧力p，モル体積$\overline{V}$，気体定数R，絶対温度Tを用いて，

$$Z=\frac{p\overline{V}}{RT}$$

と定義される。

図は，ヘリウム，窒素，メタンについて，273KにおけるZの圧力依存性を表したものである。図中の㋐，㋑，㋒に当てはまるものの組合せとして最も妥当なのはどれか。

なお，次の式は，ファンデルワールスの状態方程式と呼ばれ，実在気体の状態を表す式としてよく用いられる。

$$\left(p+\frac{a}{\overline{V}^2}\right)(\overline{V}-b)=RT$$

ここで，a，bは，気体に特有な定数であり，各気体のa，bおよび沸点は表のとおりである。

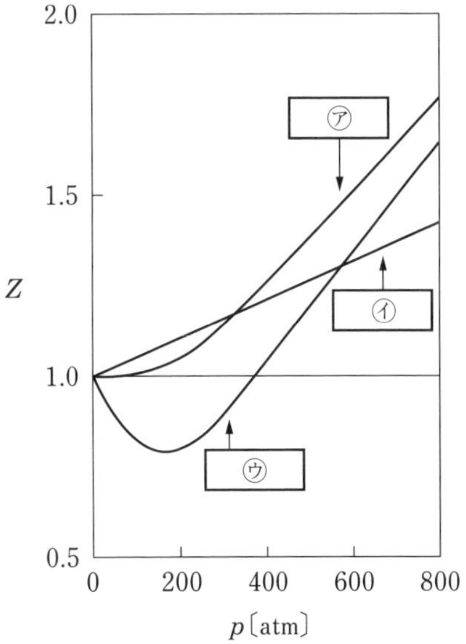

【国家一般職・平成25年度】

気体	a〔atm dm^6 mol^{-2}〕	b〔dm^3 mol^{-1}〕	沸点〔K〕
ヘリウム	0.0341	0.0237	4.2
窒素	1.35	0.0386	77.4
メタン	2.26	0.0430	109.2

	㋐	㋑	㋒
1	ヘリウム	メタン	窒素
2	窒素	メタン	ヘリウム
3	窒素	ヘリウム	メタン
4	メタン	窒素	ヘリウム
5	メタン	ヘリウム	窒素

No.6 $n\,\mathrm{mol}$の非理想気体（実在気体）の圧力P，体積V，温度Tの関係をファンデルワールスの式で表すと次のとおりとなる。

$$\left(P+\frac{an^2}{V^2}\right)(V-nb)=nRT$$

ただし，Rは気体定数，a，bは各気体に特有の定数である。この式を変形すると次のとおりとなる。

$$P=\frac{nRT}{V-nb}-\frac{an^2}{V^2}$$

また，圧縮因子は，次のとおりとなる。

$$Z=\frac{PV}{nRT}$$

理想気体では$Z=1$であるが，実在気体では$Z=1$にはならず，次に示すビリアル方程式で表すことができる。

$$Z=1+B_2\frac{n}{V}+B_3\left(\frac{n}{V}\right)^2+B_4\left(\frac{n}{V}\right)^3+\cdots$$

ここで，B_2は第二ビリアル係数と呼ばれ，$B_2=0$となる温度をボイル温度という。ファンデルワールスの式に従う気体のボイル温度を，a，bおよびRで表したものとして最も妥当なのはどれか。

ただし，$\dfrac{1}{1-x}=\displaystyle\sum_{k=0}^{\infty}x^k$である。

【国家一般職・平成26年度】

1 $\dfrac{8a}{27bR}$

2 $\dfrac{a}{3bR}$

3 $\dfrac{a}{bR}$

4 $\dfrac{8bR}{27a^2}$

5 $\dfrac{bR}{a^2}$

No.7 質量mの気体分子が温度Tの下にあるとき，速さvの分子の割合は，ボルツマン定数をkとして，

$$F(v)\,\mathrm{d}v = 4\pi\left(\frac{m}{2\pi kT}\right)^{\frac{3}{2}}v^2\exp\left(-\frac{mv^2}{2kT}\right)\mathrm{d}v$$

で示されるマクスウェル–ボルツマン分布に従う。ここで，$F(v)$は速さの分布関数といい，

$$\int_0^\infty F(v)\,\mathrm{d}v = 1$$

である。

また，気体分子の速さについては，平均速さ$\bar{v}$および根平均2乗速さ$\sqrt{\overline{v^2}}$がそれぞれ，

$$\bar{v} = \frac{\displaystyle\int_0^\infty vF(v)\,\mathrm{d}v}{\displaystyle\int_0^\infty F(v)\,\mathrm{d}v}, \qquad \sqrt{\overline{v^2}} = \sqrt{\frac{\displaystyle\int_0^\infty v^2F(v)\,\mathrm{d}v}{\displaystyle\int_0^\infty F(v)\,\mathrm{d}v}}$$

で表される。

$\bar{v}$および$\sqrt{\overline{v^2}}$をTおよび気体のモル質量M，気体定数Rで表したものの組合せとして最も妥当なのはどれか。

なお，必要であれば，

$$\int_0^\infty x\exp(-ax^2)\,\mathrm{d}x = \frac{1}{2a}, \qquad \int_0^\infty x^2\exp(-ax^2)\,\mathrm{d}x = \frac{1}{4a}\sqrt{\frac{\pi}{a}},$$

$$\int_0^\infty x^3\exp(-ax^2)\,\mathrm{d}x = \frac{1}{2a^2}, \qquad \int_0^\infty x^4\exp(-ax^2)\,\mathrm{d}x = \frac{3}{8a^2}\sqrt{\frac{\pi}{a}}$$

を用いてよい。

【国家一般職・平成28年度】

	$\bar{v}$	$\sqrt{\overline{v^2}}$
1	$\sqrt{\dfrac{2RT}{M}}$	$\sqrt{\dfrac{3RT}{M}}$
2	$\sqrt{\dfrac{8RT}{\pi M}}$	$\sqrt{\dfrac{2RT}{M}}$
3	$\sqrt{\dfrac{8RT}{\pi M}}$	$\sqrt{\dfrac{3RT}{M}}$
4	$\sqrt{\dfrac{3RT}{M}}$	$\sqrt{\dfrac{2RT}{M}}$
5	$\sqrt{\dfrac{3RT}{M}}$	$\sqrt{\dfrac{8RT}{\pi M}}$

大気圧を $P_0＝1.0×10^5$Pa, ピストンの断面積を $S＝10$cm$^2＝1.0×10^{-3}$ m^2, シリンダーの底からのピストンの高さを $h＝10.0$cm, ピストンの高さの減少量を $y＝1.0$cm, 重力加速度の大きさを $g＝10$m·s^{-2} とする。

図Ⅰにおいて, ピストンの上下の圧力はともに P_0 であり, ピストンの質量は無視できるので, ばねは自然長の状態である。図Ⅰから図Ⅱへの変化において, シリンダー内部の空気の物質量と温度は不変なので, 図Ⅱにおけるシリンダー内部の圧力を P_1 とすると, ボイルの法則より

$$P_0Sh＝P_1S(h-y) \tag{1}$$

が成り立つ。また, 図Ⅱにおいてピストンに働く力のつりあいの式は, ばね定数を k, 求めるおもりの質量を m とすると

$$P_0S+mg＝P_1S+ky \tag{2}$$

と表せる。図Ⅲにおいてはシリンダー内部の圧力は大気圧 P_0 に戻っているので, ピストンに働く力のつりあいの式は

$$P_0S+mg＝P_0S+k·2y \tag{3}$$

が得られる。

式(2)と式(3)より ky を消去すると

$$P_1S＝P_0S+\frac{mg}{2}$$

となり, これを式(1)に代入して P_1S を消去すると m が求められる。

$$P_0Sh＝\left(P_0S+\frac{mg}{2}\right)(h-y)$$

$$∴ \quad m＝\frac{2P_0S}{g}×\frac{y}{h-y}$$

$$＝\frac{2×1.0×10^5\,\mathrm{Pa}×1.0×10^{-3}\,\mathrm{m}^2}{10\mathrm{m·s}^{-2}}×\frac{1.0\mathrm{cm}}{(10.0-1.0)\,\mathrm{cm}}$$

$$＝2.2\mathrm{kg}$$

以上より, 正答は**4**である。

No.2 の解説 　水上置換法による気体の捕集と水の蒸気圧 　　　→問題はP.15

　酸素のモル質量をM，捕集された気体の体積をV，温度T_2における水の蒸気圧をP_2，気体定数をRとする。捕集された酸素について，状態方程式より次の関係が成立する。

$$(P-P_1)V=\frac{w_1}{M}RT_1$$

$$(P-P_2)V=\frac{w_2}{M}RT_2$$

辺々割ってP_2について解けばよい。

$$\frac{P-P_2}{P-P_1}=\frac{w_2T_2}{w_1T_1}$$

$$w_1T_1(P-P_2)=w_2T_2(P-P_1)$$

$$\therefore\quad P_2=\frac{(w_1T_1-w_2T_2)P+w_2T_2P_1}{w_1T_1}$$

以上より，正答は**4**である。

No.3 の解説 　気体反応の量的関係 　　　→問題はP.16

　反応開始時の体積は$1.0m^3$なので，気体A，Bの物質量は，それぞれ10mol，30molである。求める体積の和をxm^3とすると，反応の量的関係は次表のようにまとめられる（単位は mol）。

	A	+	2B	⟶	C	計
始状態	10		30		0	40
変化量	$-10+5.0x$		$-20+10x$		$+10-5.0x$	$-20+10x$
終状態	$5.0x$		$10+10x$		$10-5.0x$	$20+10x$

　温度と圧力が一定の条件なので，気体の物質量の和と体積の和は比例する。

$$\frac{xm^3}{(20+10x)\,mol}=\frac{1.0m^3}{40mol}$$

$$\therefore\quad xm^3=0.67m^3$$

以上より，正答は**2**である。

No.4 の解説　気体の混合による圧力の変化

→問題はP.16

初めに容器ⅠおよびⅡに入っていた理想気体の物質量を，それぞれn，$2n$，最終的に平衡状態になったときの温度をTとする。この装置の外部と熱と仕事のやり取りはないので，理想気体の内部エネルギーの総和は一定である。よって，定積モル比熱をC_Vとすると次の関係が成り立つ。

$$3nC_VT = nC_V \times 300\mathrm{K} + 2nC_V \times 480\mathrm{K}$$

$$\therefore \quad T = 420\mathrm{K}$$

理想気体の全物質量と全体積は変化せず，圧力と温度は比例するので，求める圧力は次のようになる。

$$1.00 \times 10^5\ \mathrm{Pa} \times \frac{420\mathrm{K}}{300\mathrm{K}} = 1.4 \times 10^5\ \mathrm{Pa}$$

以上より，正答は**2**である。

No.5 の解説　van der Waals状態方程式と圧縮率因子

→問題はP.17

理想気体のモル体積を$\overline{V}_i$とすると，理想気体の状態方程式$p\overline{V}_i = RT$より$Z=1$となる。よって，与式より

$$Z = \frac{p\overline{V}}{RT} = \frac{\overline{V}}{\overline{V}_i}$$

を得る。つまり，圧縮率因子Zは実在気体のモル体積が理想気体のそれに対して何倍になるかを表す量である。図の$Z<1$の領域では分子間力の効果が，$Z>1$の領域では分子固有の体積の効果が強く現れていることを意味する。

van der Waalsの状態方程式において，aは分子間力の効果の大きさ，bは分子固有の体積の効果の大きさを表す。[ウ]は分子間力の効果が低圧領域で唯一見られるので，aが最も大きいメタンであると考えられる。

次に，残りのヘリウムと窒素について考える。高圧になるにつれて[イ]よりも大きくZが増加している[ア]は，bが大きい窒素であると考えられる。よって[イ]はヘリウムである。

以上より，正答は**3**である。

No.6 の解説 　van der Waals 状態方程式とビリアル方程式　→問題はP.18

　与えられた van der Waals の状態方程式と圧縮率因子の式から P を消去すると，

$$Z=\frac{V}{nRT}\left(\frac{nRT}{V-nb}-\frac{an^2}{V^2}\right)$$

$$=\frac{1}{1-b\frac{n}{V}}-\frac{a}{RT}\cdot\frac{n}{V}$$

と表せる。ここで $x=b\dfrac{n}{V}$ とすると $|x|<1$ における Maclaurin 展開

$$\frac{1}{1-x}=\sum_{k=0}^{\infty}x^k=1+x+x^2+x^3+\cdots$$

を用いると，Z は次のように展開できる。

$$Z=1+b\frac{n}{V}+b^2\left(\frac{n}{V}\right)^2+b^3\left(\frac{n}{V}\right)^3+\cdots-\frac{a}{RT}\cdot\frac{n}{V}$$

$$=1+\left(b-\frac{a}{RT}\right)\frac{n}{V}+b^2\left(\frac{n}{V}\right)^2+b^3\left(\frac{n}{V}\right)^3+\cdots$$

よって，第二ビリアル係数 B_2 は

$$B_2=b-\frac{a}{RT}$$

となる。求める Boyle 温度を T_B とすると，次のようになる。

$$0=b-\frac{a}{RT_B}$$

$$\therefore\quad T_B=\frac{a}{bR}$$

　以上より，正答は**3**である。

与えられた広義積分の値の式において $a=\dfrac{m}{2kT}$, $x=v$ とすればよい。分布関数 $F(v)$ は規格化されているので

$$\bar{v}=\int_0^\infty vF(v)\,\mathrm{d}v, \quad \sqrt{\overline{v^2}}=\sqrt{\int_0^\infty v^2F(v)\,\mathrm{d}v} \tag{1}$$

となる。Maxwell–Boltzmann 分布の式を式(1)の $\bar{v}$ に代入すると

$$\bar{v}=\int_0^\infty x\cdot 4\pi\left(\frac{a}{\pi}\right)^{\frac{3}{2}}x^2\exp\left(-ax^2\right)\mathrm{d}x$$

$$=4\pi\left(\frac{a}{\pi}\right)^{\frac{3}{2}}\int_0^\infty x^3\exp\left(-ax^2\right)\mathrm{d}x$$

$$=4\pi\left(\frac{a}{\pi}\right)^{\frac{3}{2}}\cdot\frac{1}{2a^2}=\frac{2}{\sqrt{\pi a}}=\sqrt{\frac{8kT}{\pi m}} \tag{2}$$

ここで，アボガドロ定数を N_A とすると $k=\dfrac{R}{N_\mathrm{A}}$ および $m=\dfrac{M}{N_\mathrm{A}}$ であるから

$$\frac{k}{m}=\frac{R}{M}$$

の関係がある。この式を式(2)に代入して $\bar{v}$ が次のようにも表せることがわかる。

$$\bar{v}=\sqrt{\frac{8RT}{\pi M}}$$

$\sqrt{\overline{v^2}}$ も同様にして，式(1)に Maxwell–Boltzmann 分布の式を代入すると得られる。

$$\sqrt{\overline{v^2}}=\sqrt{\int_0^\infty x^2\cdot 4\pi\left(\frac{a}{\pi}\right)^{\frac{3}{2}}x^2\exp\left(-ax^2\right)\mathrm{d}x}$$

$$=\sqrt{4\pi\left(\frac{a}{\pi}\right)^{\frac{3}{2}}\int_0^\infty x^4\exp\left(-ax^2\right)\mathrm{d}x}$$

$$=\sqrt{4\pi\left(\frac{a}{\pi}\right)^{\frac{3}{2}}\frac{3}{8a^2}\sqrt{\frac{\pi}{a}}}$$

$$=\sqrt{\frac{3}{2a}}=\sqrt{\frac{3kT}{m}}$$

$$=\sqrt{\frac{3RT}{M}}$$

以上より，正答は**3**である。

正答	No.1=**4** No.2=**4** No.3=**2** No.4=**2** No.5=**3** No.6=**3** No.7=**3**

必修問題

　図のように，1molの理想気体が状態Aから，過程Ⅰ，Ⅱ，Ⅲを経てAに戻る変化を準静的に行う。各過程は次のとおりである。

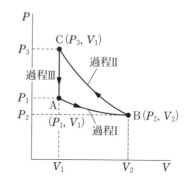

過程Ⅰ　状態A(圧力P_1，体積V_1)から等温膨張させ，状態B(圧力P_2，体積V_2)とする。

過程Ⅱ　状態B(圧力P_2，体積V_2)から断熱圧縮させ，状態C(圧力P_3，体積V_1)とする。

過程Ⅲ　状態C(圧力P_3，体積V_1)から定積のまま冷却し，状態A(圧力P_1，体積V_1)まで圧力を下げる。

ここで過程Ⅰの温度をT_0とすると，過程Ⅰの膨張に当たって，$RT_0 \log_e \left(\dfrac{V_2}{V_1} \right)$

の熱の吸収が起こることから，エントロピー変化は$R \log_e \left(\dfrac{V_2}{V_1} \right)$となる。過程

Ⅱ，過程Ⅲのエントロピー変化を考えるとき，それらの組合せとして最も妥当なのはどれか。

【国家一般職・平成28年度】

	過程Ⅱ	過程Ⅲ
1	$-R \log_e \left(\dfrac{V_2}{V_1} \right)$	$-R \log_e \left(\dfrac{P_3}{P_1} \right)$
2	$-R \log_e \left(\dfrac{P_3}{P_1} \right)$	$-R \log_e \left(\dfrac{V_2}{V_1} \right)$
3	$-R \log_e \left(\dfrac{P_3}{P_1} \right)$	0
4	0	$-R \log_e \left(\dfrac{P_3}{P_1} \right)$
5	0	$-R \log_e \left(\dfrac{V_2}{V_1} \right)$

必修問題 の 解説

過程Ⅰ，Ⅱ，Ⅲにおけるエントロピー変化を，それぞれ ΔS_{I}，ΔS_{II}，ΔS_{III} とし，状態Cにおける温度を T_{C} とする。過程Ⅰは等温変化なので内部エネルギー変化は0であり，吸収される熱量 Q_1 は気体が外部にする仕事に等しい。状態方程式 $PV=RT_0$ より

$$Q_1=\int_{V_1}^{V_2}P\mathrm{d}V=\int_{V_1}^{V_2}\frac{RT_0}{V}\,\mathrm{d}V$$

となる。エントロピーの定義より，確かに

$$\Delta S_{\text{I}}=\frac{Q_1}{T_0}=\int_{V_1}^{V_2}\frac{R}{V}\,\mathrm{d}V$$

$$=R\log_e\left(\frac{V_2}{V_1}\right)$$

となっている。

過程Ⅱは断熱変化なので，熱の出入りはなく $\Delta S_{\text{II}}=0$ である。

この熱サイクルは準静的なので可逆変化でもある。よって，エントロピーを S とすると，1周したとき $\oint \mathrm{d}S=0$ が成り立つ。

$$\Delta S_{\text{I}}+\Delta S_{\text{II}}+\Delta S_{\text{III}}=0$$

$$\therefore\quad \Delta S_{\text{III}}=-\Delta S_{\text{I}}=-R\log_e\left(\frac{V_2}{V_1}\right)$$

以上より，正答は**5**である。

正答 **5**

....

重要ポイント 1 熱力学第一法則

⑴**熱と仕事**

　系と外界の温度が異なるとき，その温度差に基づいて移動するエネルギーを**熱**という。これに対して，巨視的な力が原因となって移動したエネルギーを**仕事**という。系が外界にした微小な仕事δwは，外界の圧力P_e，系の微小な体積変化をdVとして，次のように表せる。なお，dは完全微分を，δはそうではない微分を表す。

$$\delta w = P_e dV \tag{1.8}$$

⑵**内部エネルギーと熱力学第一法則**

　系の構成粒子の熱運動や相互作用などの微視的な全エネルギーを**内部エネルギー**という。内部エネルギーUは状態量であり，微小変化に対して外界から系に流入した熱量をδqとする場合

$$dU = \delta q - \delta w \tag{1.9}$$

となる。これを**熱力学第一法則**といい，エネルギー保存則の一つの表現である。なお，系全体の運動エネルギーや重力によるポテンシャルエネルギーなど，系を巨視的に見た場合のエネルギーは内部エネルギーに含めない。

....

重要ポイント 2 エンタルピーと熱容量

⑴**準静的過程**

　系が絶えず平衡状態を保ちながら無限にゆっくりと変化する過程を**準静的過程**という。外圧を$P_e = P + dP$とする。気体が外界にする無限小の仕事δwは，二次の微小量を無視すると(1.8)より

$$\delta w = PdV \tag{1.10}$$

と表される。この仕事は可逆的になされると考えてよい。つまり，準静的過程とは，事実上$P_e = P$を満たしながら変化する過程といえる。

⑵**熱容量と内部エネルギー・エンタルピー**

　系の温度をdTだけ上昇させるのに必要な熱量(系に流入した熱量)をδqとするとき，**熱容量**Cは次のように定義される。

$$C = \frac{\delta q}{dT} \tag{1.11}$$

　定積熱容量C_Vは(1.9)，(1.10)，(1.11)より

$$C_V = \left(\frac{\partial U}{\partial T} \right)_V \tag{1.12}$$

となる。ここで，次式で定義される状態量Hを**エンタルピー**という。

$$H = U + PV \tag{1.13}$$

28

定圧熱容量 C_P は (1.9)，(1.10)，(1.11)，(1.13) より

$$C_P = \left(\frac{\partial H}{\partial T}\right)_P \tag{1.14}$$

となる。(1.12)，(1.14) より，その差を計算すると次の式が得られる。

$$C_P - C_V = \left\{P + \left(\frac{\partial U}{\partial V}\right)_T\right\}\left(\frac{\partial V}{\partial T}\right)_P \tag{1.15}$$

重要ポイント 3 理想気体の場合の関係式

(1) Joule の法則

一定量の理想気体の内部エネルギーは温度のみの関数となる。これを **Joule の法則**という。これは次式で表現することもできる。

$$\left(\frac{\partial U}{\partial P}\right)_T = \left(\frac{\partial U}{\partial V}\right)_T = 0 \tag{1.16}$$

(2) Mayer の関係式

(1.1)，(1.15)，(1.16) より，次の **Mayer の関係式**が得られる。

$$C_P - C_V = nR \tag{1.17}$$

(3) 熱容量の値

単原子分子理想気体では並進運動のみを考えるので

$$C_V = \frac{3}{2}nR, \quad C_P = \frac{5}{2}nR, \quad \gamma = \frac{5}{3} \tag{1.18}$$

であるが，二原子分子理想気体の場合は回転運動も含むので

$$C_V = \frac{5}{2}nR, \quad C_P = \frac{7}{2}nR, \quad \gamma = \frac{7}{5} \tag{1.19}$$

となる。なお，通常，振動運動は無視できるが，高温になるとその寄与は大きくなる。(1.18) と (1.19) の γ は $\gamma = \dfrac{C_P}{C_V}$ で定義され，**比熱比**という。

(4) Poisson の式

断熱的な可逆変化では (1.9)，(1.10)，(1.12)，(1.16) より

$$-P\mathrm{d}V = C_V\mathrm{d}T \tag{1.20}$$

となる。(1.1) を (1.20) に用いて整理し，積分すると

$$TV^{\gamma-1} = 一定, \quad PV^{\gamma} = 一定 \tag{1.21}$$

が得られる。(1.21) を **Poisson の式**という。

(1)化学反応式

化学反応式において左辺を**反応系**，右辺を**生成系**といい，係数を**化学量数**という。化学反応式の───→を＝としてすべて右辺に移項すると，化学反応に関与する物質をX_i，その化学量数をν_iとして

$$0 = \sum_i \nu_i X_i \tag{1.22}$$

と表せる。反応系では$\nu_i < 0$，生成系では$\nu_i > 0$である。

(2)吸熱反応と発熱反応

化学反応が起こるとき，定積条件下および定圧条件下で系が吸収する熱量をそれぞれq_Vおよびq_Pとすると，次の式が成り立つ。

$$q_V = \Delta U, \quad q_P = \Delta H \tag{1.23}$$

ここで，$q_V = \Delta U > 0$または$q_P = \Delta H > 0$のときを**吸熱反応**，$q_V = \Delta U < 0$または$q_P = \Delta H < 0$のときを**発熱反応**という。

(3)標準生成エンタルピー

反応熱の標準状態として1atm＝101 325Pa，25℃＝298.15Kをとることが多く，記号⊖で表す。化合物がその構成元素の単体から生成する反応に伴うエンタルピー変化（**標準生成エンタルピー**）を$\Delta H_i^{\ominus}$で表すと，一般の化学反応(1.22)の標準反応エンタルピー変化$\Delta_r H^{\ominus}$は次のように計算できる。

$$\Delta_r H^{\ominus} = \sum_i \nu_i (\Delta H_i^{\ominus})_i \tag{1.24}$$

(4)Kirchhoff の式

(1.23)を定積条件あるいは定圧条件において温度Tで偏微分すると

$$\left(\frac{\partial U}{\partial T} \right)_V = \Delta C_V, \quad \left(\frac{\partial H}{\partial T} \right)_P = \Delta C_P \tag{1.25}$$

が得られる。ただし，ΔC_VおよびΔC_Pはそれぞれ反応前後における定積熱容量および定圧熱容量の変化である。(1.25)を**Kirchhoffの式**といい，反応熱の温度依存性を表す式である。

重要ポイント **5** **熱力学第二法則**

(1)熱機関の効率

系にサイクルを行って熱源からの正の熱を受け取って外部にする仕事に変える装置を**熱機関**という。温度T_1の高熱源から正の熱量q_1を取り出して外界に正味の仕事wを行い，その際に温度T_2の低熱源に正の熱量q_2を放出する熱機関について，**熱効率e**は次のように表される。

$$e = \frac{w}{q_1} = \frac{q_1 - q_2}{q_1} = 1 - \frac{q_2}{q_1} \tag{1.26}$$

可逆過程(準静的過程)のみから成る熱機関を**可逆熱機関**という。これに関して，次の**Carnotの定理**が成立する。

・可逆熱機関の熱効率eは二つの熱源の温度T_1とT_2のみに依存し，作業物質の種類によらない。

・二つの熱源の温度がT_1とT_2のときに稼働する任意の熱機関の効率は，可逆熱機関の場合の効率を超えることはない。

(2)熱力学第二法則

自然界で起こる変化の方向性を表現する法則を**熱力学第二法則**といい，いくつかの表現がある。これらはすべて同等のものである。

Clausiusの原理 　低温物体から高温物体に熱を移動させるとき，他に何の痕跡も残さないようにすることはできない。

Thomsonの原理 　熱機関において，一つの熱源から正の熱を受け取り，これをすべて仕事に変えて他に何の痕跡も残さないようにすることはできない。

Ostwaldの原理 　一つの熱源から正の熱を受け取り，これをすべて仕事に変えて稼働を続ける熱機関(第二種永久機関)は存在しない(熱効率が1の熱機関は存在しない)。

(3)Clausius の不等式

系がサイクルを行う過程において，外界の温度がT_eで系に流入する微小な熱量をδq　(正の熱量が流出した場合は負)とする。このとき，熱力学第二法則より

$$\oint \frac{\delta q}{T_e} \leq 0 \quad (等号は可逆過程のとき) \tag{1.27}$$

が成り立つ。これを**Clausiusの不等式**という。

(4)エントロピー

(1.27)で可逆熱機関のとき，被積分関数をdSと書くと

$$dS = \frac{\delta q_{rev}}{T_e} \quad (revは可逆過程を表す) \tag{1.28}$$

$$\therefore \quad \oint S = 0 \tag{1.29}$$

となる。Sは途中の経路によらない状態量であり，**エントロピー**という。

一般に，系が状態Aから状態Bに変化するとき，エントロピー変化ΔSは

$$\Delta S \geq \int_A^B \frac{\delta q}{T_e} \quad (等号は可逆過程のとき) \tag{1.30}$$

となる。特に，孤立系($\delta q = 0$)では$\Delta S \geq 0$となる。つまり，孤立系の可逆変化ではSは一定であるが，孤立系の不可逆変化ではSは増大する。

(1) Nernst の熱定理

定圧変化では (1.14) と (1.28) より

$$dS = \frac{C_P dT}{T} \tag{1.31}$$

$$\therefore \left(\frac{\partial S}{\partial T} \right)_P = \frac{C_p}{T} \tag{1.32}$$

が得られ，これより C_P の実測から ΔS が求められる。ここで

$$\lim_{T \to 0} \Delta S = 0 \quad (\text{等温条件下での固相のみの化学反応の場合}) \tag{1.33}$$

が成り立つ。(1.33) を **Nernst の熱定理**という。

(2) 熱力学第三法則

(1.33) より，すべての物質について $\lim_{T \to 0} S = S_0$ とおける。特に，純物質の完全結晶に対して，$S_0 = 0$ とおくと，次の**熱力学第三法則**が得られる。

$$\lim_{T \to 0} S = 0 \quad (\text{純物質の完全結晶のとき}) \tag{1.34}$$

混合物や不完全結晶ではエントロピーが残るため $S_0 > 0$ となる。

(3) 相変化に伴うエントロピー変化

相変化に伴うエントロピー変化 $\Delta_{\text{trs}} S$ は，転移エンタルピー $\Delta_{\text{trs}} H$，転移温度 T_{trs} を用いて，次のように表される。

$$\Delta_{\text{trs}} S = \frac{\Delta_{\text{trs}} H}{T_{\text{trs}}} \quad (\text{定圧条件下での純物質の相変化の場合}) \tag{1.35}$$

(4) 温度変化に伴うエントロピー変化

定圧条件下において温度を T_1 から T_2 まで変化させたときのエントロピー変化 ΔS は，(1.31) より

$$\Delta S = \int_{T_1}^{T_2} \frac{C_P dT}{T} = \int_{\ln T_1}^{\ln T_2} C_P d\ln T \tag{1.36}$$

となるが，C_P が T によらないとみなせるときは次のようになる。

$$\Delta S = C_P \ln \frac{T_2}{T_1} \tag{1.37}$$

重要ポイント **7** 自由エネルギー

⑴自由エネルギー

新しい状態量として**自由エネルギー**を次のように定義する。

$$A = U - TS \tag{1.38}$$
$$G = H - TS = A + PV \tag{1.39}$$

(1.38)の A を **Helmholtz エネルギー**，(1.39)の G を **Gibbs エネルギー**という。それぞれ定積条件および定圧条件のときによく用いられる。

⑵系の自発的変化と自由エネルギー変化

(1.9)と(1.30)から q を消去して組み合わせると

$$T\Delta S \geqq \Delta U + w \tag{1.40}$$

が得られる。特に定積変化（$w=0$）の場合，(1.38)より

$$\Delta A \leqq 0 \quad \text{（等温・定積変化の場合で等号成立は可逆変化のとき）} \tag{1.41}$$

となる。特に定圧変化（$\Delta(PV) = P\Delta V = w$）の場合，(1.39)より

$$\Delta G \leqq 0 \quad \text{（等温・定圧変化の場合で等号成立は可逆変化のとき）} \tag{1.42}$$

となる。自然界で起こる変化はすべて不可逆変化であるから，<u>自発的な等温変化について，定積変化では系の Helmholtz エネルギーが減少する方向に，定圧変化では系の Gibbs エネルギーが減少する方向に系は変化する。</u>

⑶標準生成 Gibbs エネルギー

標準状態の化学反応における Gibbs エネルギー変化（**標準反応 Gibbs エネルギー変化**という）$\Delta_r G^{\ominus}$ は，標準反応エンタルピー変化 $\Delta_r H^{\ominus}$ と標準反応エントロピー変化 $\Delta_r S^{\ominus}$ を用いると，(1.39)より

$$\Delta_r G^{\ominus} = \Delta_r H^{\ominus} - T\Delta_r S^{\ominus} \tag{1.43}$$

となる。化学反応式 (1.22) について，$\Delta_r S^{\ominus}$ は反応に関与する物質の標準エントロピー $S_i^{\ominus}$ を用いて

$$\Delta_r S^{\ominus} = \sum_i (\nu_i S_i^{\ominus}) \tag{1.44}$$

と求められる。化合物がその構成元素の単体から生成する反応に伴う Gibbs エネルギー変化を**標準生成 Gibbs エネルギー**といい，$\Delta_f G^{\ominus}$ で表すと，(1.24)と同様にして標準反応 Gibbs エネルギー変化 $\Delta_r G^{\ominus}$ は次のように計算できる。

$$\Delta_r G^{\ominus} = \sum_i \left\{ \nu_i (\Delta_f G^{\ominus})_i \right\} \tag{1.45}$$

⑴ Maxwell の関係式

準静的（可逆）過程では(1.9)，(1.10)，(1.13)，(1.28)，(1.38)，(1.39)から U, H, A, Gの全微分形が得られる。

$$\mathrm{d}U = T\mathrm{d}S - P\mathrm{d}V \tag{1.46}$$

$$\mathrm{d}H = T\mathrm{d}S + V\mathrm{d}P \tag{1.47}$$

$$\mathrm{d}A = -S\mathrm{d}T - P\mathrm{d}V \tag{1.48}$$

$$\mathrm{d}G = -S\mathrm{d}T + V\mathrm{d}P \tag{1.49}$$

(1.46)〜(1.49)から，それぞれ偏微分の関係式として

$$\left(\frac{\partial U}{\partial S}\right)_V = T, \quad \left(\frac{\partial U}{\partial V}\right)_S = -P \tag{1.50}$$

$$\left(\frac{\partial H}{\partial S}\right)_P = T, \quad \left(\frac{\partial H}{\partial P}\right)_S = V \tag{1.51}$$

$$\left(\frac{\partial A}{\partial T}\right)_V = -S, \quad \left(\frac{\partial A}{\partial V}\right)_T = -P \tag{1.52}$$

$$\left(\frac{\partial G}{\partial T}\right)_P = -S, \quad \left(\frac{\partial G}{\partial P}\right)_T = V \tag{1.53}$$

を得る。次に，(1.50)〜(1.53)について，それぞれ一定変数で両辺を偏微分したものを考えることにより，次の**Maxwell**の関係式が得られる。

$$\left(\frac{\partial P}{\partial S}\right)_V = -\left(\frac{\partial T}{\partial V}\right)_S \tag{1.54}$$

$$\left(\frac{\partial V}{\partial S}\right)_P = \left(\frac{\partial T}{\partial P}\right)_S \tag{1.55}$$

$$\left(\frac{\partial S}{\partial V}\right)_T = \left(\frac{\partial P}{\partial T}\right)_V \tag{1.56}$$

$$\left(\frac{\partial S}{\partial P}\right)_T = -\left(\frac{\partial V}{\partial T}\right)_P \tag{1.57}$$

(1.54)〜(1.57)の右辺は実験で直接求めることができ，(1.54)と(1.55)は断熱条件，(1.56)は定積条件，(1.57)は定圧条件のときである。

⑵Gibbs–Helmholtz の式

(1.38)と(1.52)の第1式より

$$A = U + T\left(\frac{\partial A}{\partial T}\right)_V \tag{1.58}$$

となるが，(1.58)は次のように表される。

$$\left\{\frac{\partial}{\partial T}\left(\frac{A}{T}\right)\right\}_V = -\frac{U}{T^2} \tag{1.59}$$

また，(1.39)と(1.53)の第1式より

$$G = H + T\left(\frac{\partial G}{\partial T}\right)_P \tag{1.60}$$

となるが，(1.60)は次のようにも表せる。

$$\left\{\frac{\partial}{\partial T}\left(\frac{G}{T}\right)\right\}_P = -\frac{H}{T^2} \tag{1.61}$$

　(1.58)～(1.61)を**Gibbs–Helmholtzの式**といい，内部エネルギーやエンタルピーを計算するときに多用されるものであり，化学反応の温度依存性を考えるうえでも重要な関係式である。

No.1 図のような滑らかに動く軽いピストンとシリンダーから成る断熱容器に，圧力1.00×10^5Pa，温度300K，体積9.00×10^{-3}m^{3}の単原子分子理想気体が封入されている。この気体に7.50×10^2Jの熱量を，圧力を一定に保ちながら加えたところ，気体の温度は400Kとなった。このときの気体の内部エネルギーの増加量はおよそいくらか。

ただし，断熱容器の熱容量は無視できるものとする。【国家一般職・平成30年度】

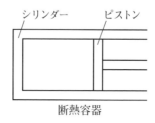

シリンダー　　ピストン

断熱容器

1 0J

2 1.5×10^2J

3 3.0×10^2J

4 4.5×10^2J

5 7.5×10^2J

No.2 図のように，一定量の理想気体を変化させるとき，$\Delta Q = Q_1 - Q_3$ および Q_2 の組合せとして最も妥当なのはどれか。

ただし，図の斜線部の面積を S とする。また，定積加熱過程（状態 A → B）において気体が受け取る熱量を Q_1，等温膨張過程（状態 B → C）において気体が受け取る熱量を Q_2，定圧放熱過程（状態 C → A）において気体が放出する熱量を Q_3 とする。

【国家一般職・平成26年度】

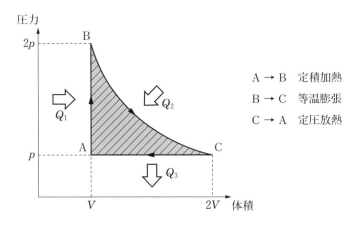

A → B　定積加熱
B → C　等温膨張
C → A　定圧放熱

	ΔQ	Q_2
1	$-pV$	S
2	$-pV$	$S+pV$
3	$-2pV$	$S-pV$
4	$-2pV$	S
5	$-2pV$	$S+pV$

No.3 1molの理想気体を状態1（温度 T_1，体積 V_1，圧力 P_1）から状態2（温度 T_2，体積 V_2，圧力 P_2）に可逆的に断熱変化させた。次の式㋐〜㋓のうち，この断熱変化において成り立つ関係式として妥当なもののみをすべて挙げているのはどれか。

ただし，理想気体の定圧モル熱容量を C_p，定積モル熱容量を C_v とする。また，その差 $C_p - C_v$ は気体定数と等しい。　【国家総合職・令和元年度】

㋐　$P_1^{\frac{C_p}{C_v}} V_1 = P_2^{\frac{C_p}{C_v}} V_2$

㋑　$P_1 V_1^{\frac{C_p}{C_v}} = P_2 V_2^{\frac{C_p}{C_v}}$

㋒　$V_1 T_1^{\frac{C_v}{C_p - C_v}} = V_2 T_2^{\frac{C_v}{C_p - C_v}}$

㋓　$V_1 T_1^{\frac{C_p}{C_v} - 1} = V_2 T_2^{\frac{C_p}{C_v} - 1}$

1　㋐

2　㋐，㋒

3　㋐，㋓

4　㋑，㋒

5　㋑，㋓

No.4 次の反応①〜⑤におけるエンタルピー変化 ΔH_1〜ΔH_5 を用いて，メタン分子のC-H結合の平均結合エネルギーを求めると何 kJ/mol になるか。

ただし，ΔH_1〜ΔH_5 は，標準状態での値である。　【国家一般職・平成25年度】

反応①　$CH_4(g) + 2O_2(g) \longrightarrow CO_2(g) + 2H_2O(l)$	$\Delta H_1 = -891\text{kJ/mol}$	
反応②　$C(s, 黒鉛) + O_2(g) \longrightarrow CO_2(g)$	$\Delta H_2 = -394\text{kJ/mol}$	
反応③　$H_2(g) + \dfrac{1}{2}O_2(g) \longrightarrow H_2O(l)$	$\Delta H_3 = -286\text{kJ/mol}$	
反応④　$C(s, 黒鉛) \longrightarrow C(g)$	$\Delta H_4 = 717\text{kJ/mol}$	
反応⑤　$H_2(g) \longrightarrow 2H(g)$	$\Delta H_5 = 436\text{kJ/mol}$	

1　184kJ/mol

2　267kJ/mol

3　416kJ/mol

4　577kJ/mol

5　736kJ/mol

No.5 600Kにおいて，気体どうしが化学反応を起こし，生成物はすべて気体となり，反応物は残らなかった。生成物は反応物よりも物質量が0.4mol少なく，この反応による内部エネルギー変化は32kJであった。この反応のエンタルピー変化ΔHはおよそいくらか。

ただし，気体はすべて理想気体とみなせるものとし，気体定数を8.3J K^{-1}mol^{-1}とする。　　　　　　　　　　　　　　　　　　　　　　　　【地方上級・平成29年度】

1　-6.5kJ

2　1.4kJ

3　8.2kJ

4　15kJ

5　30kJ

No.6 次の反応㋐，㋑，㋒を，各反応における標準エントロピー変化$\Delta S°$が大きいものから順に並べたものとして最も妥当なのはどれか。

【国家一般職・平成29年度】

㋐　C（黒鉛）$+$H$_2$O（g）　$\longrightarrow$　CO（g）$+$H$_2$（g）

㋑　CO（g）$+$3H$_2$（g）　$\longrightarrow$　CH$_4$（g）$+$H$_2$O（l）

㋒　NaCl（s）$+$H$_2$O（l）　$\longrightarrow$　NaCl（aq）

　　大　$\leftarrow \Delta S° \rightarrow$　小

1　㋐　　㋑　　㋒

2　㋐　　㋒　　㋑

3　㋑　　㋒　　㋐

4　㋒　　㋐　　㋑

5　㋒　　㋑　　㋐

No.7 360Kの水1.0kgと300Kの水2.0kgを断熱容器中で定圧条件で混合した。混合後の水の温度 T_{final} および系のエントロピー変化の総和 ΔS_{total} の組合せとして最も妥当なのはどれか。

ただし，水の定圧比熱容量は4.2J/(K·g)とし，熱の出入りは熱水と冷水の間においてのみ考えるものとする。また，$\log_e 30 = 3.401$，$\log_e 32 = 3.466$，$\log_e 34 = 3.526$，$\log_e 36 = 3.584$ とする。

なお，液体のエントロピー S〔J/K〕，定圧熱容量 C_P〔J/K〕，絶対温度 T〔K〕の関係は，次式で表される。

$$dS = CP\frac{dT}{T}$$

【国家一般職・平成22年度】

	T_{final}	ΔS_{total}
1	320K	0.50J/K
2	320K	50J/K
3	320K	1500J/K
4	340K	0.50J/K
5	340K	1500J/K

実戦問題 の **解説**

No.1 の解説　熱力学第1法則

→問題は P.36

一定圧力を $P=1.00×10^5$Pa，$T_1=300$K のときの体積を $V_1=9.00×10^{-3}$m³，$T_2=400$K のときの体積を V_2 とする。物質量が一定なので，シャルルの法則より

$$\frac{V_1}{T_1}=\frac{V_2}{T_2}$$

が成り立つ。気体が外部にした仕事 W は定圧変化なので

$$W=P(V_2-V_1)=PV_1\left(\frac{T_2}{T_1}-1\right)$$

であり，吸収した熱量を $Q=7.50×10^2$J，内部エネルギー変化を ΔU とすると，熱力学第1法則より ΔU が求められる。

$$Q=\Delta U+W$$

$$\therefore\quad \Delta U=Q-W$$

$$=Q-PV_1\left(\frac{T_2}{T_1}-1\right)$$

$$=7.50×10^2\text{J}-1.00×10^5\text{Pa}×9.00×10^{-3}\text{m}^3×\left(\frac{400\text{K}}{300\text{K}}-1\right)$$

$$=4.5×10^2\text{J}$$

以上より，正答は**4**である。

No.2 の解説　*P-V図，熱量*

→問題は P.37

状態 A→B，状態 B→C，状態 C→A の過程で気体が外部にした仕事を，それぞれ W_1，W_2，W_3 とする。

状態 A→B の過程は定積変化で気体が外部に仕事をしない。よって，熱力学第1法則より気体が受け取る熱量 Q_1 は内部エネルギー変化 ΔU に等しい。

$$Q_1=\Delta U$$

状態 B→C の過程は等温変化で内部エネルギーは変化しない。よって，熱力学第1法則より気体が受け取る熱量 Q_2 は気体が外部にした仕事に等しい。これは図でBからCの曲線(直角双曲線)から横軸の間の部分の面積(定積分に相当する)に等しい。

$$Q_2=S+p(2V-V)=S+pV$$

状態 C→A の過程は定圧変化で，気体が外部からされた仕事 $|W_3|$ は線分CAと横軸の間の部分(長方形)の面積に等しい。

$$|W_3|=p(2V-V)=pV$$

また，この過程の温度変化は状態A→Bのそれと逆になるので，内部エネルギー変化は$-\Delta U$となる。よって，熱力学第1法則より

$$Q_3 = |W_3| - (-\Delta U) = pV + \Delta U$$

が得られる。

$$\Delta Q = Q_1 - Q_3 = \Delta U - (pV + \Delta U)$$
$$= -pV$$

以上より，正答は**2**である。

No.3 の解説　Poissonの式
→問題は P.38

比熱比γは$\gamma = \dfrac{C_p}{C_v}$で定義される。可逆的な断熱変化に対しては次のPoissonの式が成り立つ。

$$P_1 V_1{}^{\gamma} = P_2 V_2{}^{\gamma}$$

$$\therefore \quad P_1 V_1{}^{\frac{C_p}{C_v}} = P_2 V_2{}^{\frac{C_p}{C_v}} \tag{1}$$

次に，状態方程式より気体定数をRとすると

$$P_1 V_1 = RT_1, \quad P_2 V_2 = RT_2$$

となるので，これらの式を式(1)と連立してP_1とP_2を消去すると，

$$\frac{RT_1}{V_1} \cdot V_1{}^{\frac{C_p}{C_v}} = \frac{RT_2}{V_2} \cdot V_2{}^{\frac{C_p}{C_v}}$$

$$T_1 V_1{}^{\frac{C_p}{C_v}-1} = T_2 V_2{}^{\frac{C_p}{C_v}-1} \tag{2}$$

$$T_1 V_1{}^{\frac{C_p-C_v}{C_v}} = T_2 V_2{}^{\frac{C_p-C_v}{C_v}}$$

$$\therefore \quad V_1 T_1{}^{\frac{C_v}{C_p-C_v}} = V_2 T_2{}^{\frac{C_v}{C_p-C_v}}$$

が得られる。なお，Poissonの式の別の表現

$$T_1 V_1{}^{\gamma-1} = T_2 V_2{}^{\gamma-1}$$

から式(2)をすぐに導いてもよい。

以上より，正答は**4**である。

No.4 の解説 エンタルピー変化を用いた結合エネルギーの算出 →問題は P.38

反応①〜⑤を熱化学方程式で示すと，順に次のようになる。なお，エンタルピー変化と反応熱は符号が逆になる。

$$CH_4(g) + 2O_2(g) + \Delta H_1 = CO_2(g) + 2H_2O(l) \tag{1}$$

$$C(s，黒鉛) + O_2(g) + \Delta H_2 = CO_2(g) \tag{2}$$

$$H_2(g) + \frac{1}{2}O_2(g) + \Delta H_3 = H_2O(l) \tag{3}$$

$$C(s，黒鉛) + \Delta H_4 = C(g) \tag{4}$$

$$H_2(g) + \Delta H_5 = 2H(g) \tag{5}$$

$CH_4(g)$ の標準生成エンタルピーを $\Delta H_f^{\ominus}$ とすると，これを表す熱化学方程式は

$$C(s，黒鉛) + 2H_2(g) + \Delta H_f^{\ominus} = CH_4(g) \tag{6}$$

であるが，(2)＋2×(3)−(1) より

$$C(s，黒鉛) + 2H_2(g) + \Delta H_2 + 2\Delta H_3 - \Delta H_1 = CH_4(g)$$

となるので，$\Delta H_f^{\ominus}$ は次のように求まる。

$$\begin{aligned}
\Delta H_f^{\ominus} &= \Delta H_2 + 2\Delta H_3 - \Delta H_1 \\
&= \{-394 + 2(-286) - (-891)\} \, kJ/mol \\
&= -75 \, kJ/mol
\end{aligned}$$

次に，求める結合エネルギーを B とすると，これを表す熱化学方程式は

$$CH_4(g) + 4B = C(g) + 4H(g)$$

であるが，(4)＋2×(5)−(6) より

$$CH_4(g) + \Delta H_4 + 2\Delta H_5 - \Delta H_f^{\ominus} = C(g) + 4H(g)$$

となるので，B は次のように求まる。

$$B = \frac{\Delta H_4 + 2\Delta H_5 - \Delta H_f^{\ominus}}{4}$$

$$= \frac{717 + 2 \times 436 - (-75)}{4} \, kJ/mol$$

$$= 416 \, kJ/mol$$

以上より，正答は**3**である。

No.5の解説 反応のエンタルピー変化

→問題はP.39

エンタルピーHは，内部エネルギーU，圧力P，体積Vを用いて

$$H=U+PV \qquad (1)$$

で定義される。ここで，物質量をn，気体定数をR，温度をTとすると，理想気体の状態方程式

$$PV=nRT$$

を用いて式(1)は

$$H=U+nRT \qquad (2)$$

と書ける。各物理量の変化量を量記号の前にΔを付けて表すと，温度Tが一定の条件なので，式(2)より求めるエンタルピー変化が次のように計算できる。

$$\Delta H=\Delta U+\Delta n\cdot RT$$
$$=32\text{kJ}+(-0.4\text{mol})\times 8.3\text{J}\cdot\text{K}^{-1}\cdot\text{mol}^{-1}\times 600\text{K}$$
$$=30\text{kJ}$$

以上より，正答は**5**である。

No.6の解説 標準エントロピー変化の比較

→問題はP.39

標準エントロピー$S°$は分子論的に見ると無秩序さの程度を表す尺度といえる。一般に，物質の状態変化では，固体，液体，気体となるにつれて$S°$は増大するが，気体の$S°$は特に大きい。よって，化学反応においては気体分子数の増減が標準エントロピー変化$\Delta S°$に大きな影響を与える。つまり，気体分子数が増加する反応は$S°$が大きく増加する傾向があり，$\Delta S°$は正で絶対値がかなり大きいと考えられる。

したがって，気体分子数が増加する反応㋐が$\Delta S°$は正で絶対値が大きく，気体分子数が減少する反応㋑は逆に$\Delta S°$は負で絶対値が大きい。反応㋒は気体が関与しないので，$\Delta S°$の絶対値はあまり大きくないと推測される。

以上より，正答は**2**である。

No.7 の解説 混合による温度変化とエントロピー変化 →問題はP.40

$c_P = 4.2\text{J}/(\text{K}\cdot\text{g})$ とすると，熱量保存則より T_{final} は次のように求められる。

$$1.0\text{kg} \times c_P \times (360\text{K} - T_{\text{final}}) = 2.0\text{kg} \times c_P \times (T_{\text{final}} - 300\text{K})$$

$$\therefore \quad T_{\text{final}} = 320\text{K}$$

次に，水の質量を m とすると，水の定圧熱容量 C_P は

$$C_P = mc_P$$

と表せる。360Kの水1.0kgのエントロピー変化を ΔS_1，300Kの水2.0kgのエントロピー変化を ΔS_2 とすると，与式よりそれぞれ次のようになる。

$$\Delta S_1 = 1.0\text{kg} \times c_P \int_{360\text{K}}^{320\text{K}} \frac{dT}{T} = 4.2\text{kJ}/\text{K} \times \log_e \frac{320\text{K}}{360\text{K}}$$

$$= 4.2\,(\log_e 32 - \log_e 36)\,\text{kJ}/\text{K}$$

$$\Delta S_2 = 2.0\text{kg} \times c_P \int_{300\text{K}}^{320\text{K}} \frac{dT}{T} = 2 \times 4.2\text{kJ}/\text{K} \times \log_e \frac{320\text{K}}{300\text{K}}$$

$$= 2 \times 4.2\,(\log_e 32 - \log_e 30)\,\text{kJ}/\text{K}$$

よって，求める ΔS_{total} は次のように計算できる。

$$\Delta S_{\text{total}} = \Delta S_1 + \Delta S_2$$

$$= \{4.2\,(\log_e 32 - \log_e 36) + 2 \times 4.2\,(\log_e 32 - \log_e 30)\}\,\text{kJ}/\text{K}$$

$$= \{4.2\,(3\log_e 32 - \log_e 36 - 2\log_e 30)\}\,\text{kJ}/\text{K}$$

$$= \{4.2 \times (3 \times 3.466 - 3.584 - 2 \times 3.401)\}\,\text{kJ}/\text{K}$$

$$= 50\text{J}/\text{K}$$

以上より，正答は**2**である。

テーマ 3 第1章 物理化学

化学平衡

必修問題

ファントホッフの式に関する次の記述の㋐，㋑に当てはまるものの組合せとして最も妥当なのはどれか。 【国家総合職・平成29年度】

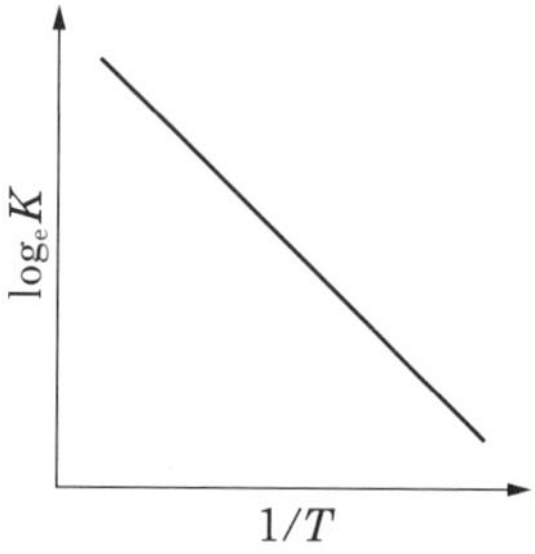

「標準反応ギブズエネルギーをΔG°，標準反応エンタルピーをΔH°，気体定数をR，絶対温度をT，平衡定数をK，圧力をpとする。次の式①，②

$$\Delta G^\circ = -RT\log_e K \qquad \cdots①$$

$$\Delta G^\circ = \Delta H^\circ + T\left(\frac{\partial \Delta G^\circ}{\partial T}\right)_p \qquad \cdots②$$

から導出される式③は，ファントホッフの式と呼ばれ，平衡定数の温度変化を示す関係式である。

$$\frac{\mathrm{d}\log_e K}{\mathrm{d}T} = \boxed{㋐} \qquad \cdots③$$

ΔH°が一定と考えられる程度に温度範囲が小さければ，ある［㋑］反応について，$\log_e K$を$1/T$に対してプロットすると，図のような直線が得られる。この直線の傾きからΔH°を求めることができる。」

	㋐	㋑
1	$\dfrac{\Delta H^\circ}{R}$	発　熱
2	$\dfrac{\Delta H^\circ}{RT}$	発　熱
3	$\dfrac{\Delta H^\circ}{RT}$	吸　熱
4	$\dfrac{\Delta H^\circ}{RT^2}$	発　熱
5	$\dfrac{\Delta H^\circ}{RT^2}$	吸　熱

必修問題 の 解説

式①は質量作用の法則（化学平衡の法則）と，化学反応に伴う化学ポテンシャルの変化を考慮することにより導かれる式である。GibbsエネルギーをG，エンタルピーをH，エントロピーをS，体積をVとすると

$$dG = -SdT + Vdp$$

$$\therefore \left(\frac{\partial G}{\partial T}\right)_p = -S$$

の関係がある。標準状態における変化量で表すと，定圧条件なので全微分として

$$\frac{d\Delta G^\circ}{dT} = -\Delta S^\circ \tag{④}$$

となる。$G = H - TS$についても同様に書き直すと，式④を用いて

$$\Delta G^\circ = \Delta H^\circ - T\Delta S^\circ \tag{⑤}$$

$$= \Delta H^\circ + T\frac{d\Delta G^\circ}{dT} \tag{②}$$

となり，式②が得られる。ここで，式⑤を用いると

$$\frac{d}{dT}\left(\frac{\Delta G^\circ}{T}\right) = \frac{1}{T^2}\left(T\frac{d\Delta G^\circ}{dT} - \Delta G^\circ\right) = \frac{T(-\Delta S^\circ) - \Delta G^\circ}{T^2} = -\frac{\Delta H^\circ}{T^2}$$

$$\therefore \Delta H^\circ = -T^2\frac{d}{dT}\left(\frac{\Delta G^\circ}{T}\right) \tag{⑥}$$

というGibbs–Helmholtzの式が得られる。さらに，式⑥のΔG°に式①を代入すると，van't Hoffの定圧平衡式③が得られる。

$$\Delta H^\circ = -T^2\frac{d}{dT}\left(\frac{-RT\log_e K}{T}\right) = RT^2\frac{d\log_e K}{dT}$$

$$\therefore \frac{d\log_e K}{dT} = \frac{\Delta H^\circ}{RT^2} \tag{③}$$

$$\therefore \log_e K = -\frac{\Delta H^\circ}{R}\cdot\frac{1}{T} + C \quad (C は積分定数)$$

よって，図の直線の傾きは$-\dfrac{\Delta H^\circ}{R}$で，それが負になるのは$\Delta H^\circ > 0$の吸熱反応である。

以上より，正答は**5**である。

正答 5

....

重要ポイント 1 **化学ポテンシャル**

⑴**化学ポテンシャル**

　物質 i について微小な物質量 dn_i が入ってくることによる Gibbs エネルギーの増加量を $\mu_i dn_i$ とするとき，μ_i を物質 i の**化学ポテンシャル**という。このとき Gibbs エネルギーの完全微分 dG は (1.49) から

$$dG = -SdT + VdP + \sum_i (\mu_i dn_i) \tag{1.62}$$

と拡張される。(1.62) の偏微分を考えることにより

$$\mu_i = \left(\frac{\partial G}{\partial n_i}\right)_{T, P, n_j (j \neq i)} \tag{1.63}$$

が得られる。これを化学ポテンシャルの定義とすることもある。

⑵**Gibbs–Duhem の式**

　(1.63) より，全 Gibbs エネルギー G，およびその全微分は

$$G = \sum_i (n_i \mu_i) \tag{1.64}$$

$$dG = \sum_i (\mu_i dn_i) + \sum_i (n_i d\mu_i) \tag{1.65}$$

となる。定温定圧条件 (T と P が一定) で平衡状態のとき，(1.62) の右辺は第 3 項のみとなるので，(1.65) より

$$\sum_i (n_i d\mu_i) = 0 \quad (定温定圧条件) \tag{1.66}$$

が得られる。(1.66) を **Gibbs–Duhem の式**という。

⑶**理想気体の化学ポテンシャル**

　理想気体の場合について，(1.53) の第 2 式を T が一定の下で $P = P_1$ から $P = P_2$ まで積分すると，Gibbs エネルギー変化 ΔG および化学ポテンシャル変化 $\Delta \mu$ は，(1.1) と (1.67) を用いて

$$\Delta G = \int_{P_1}^{P_2} VdP = nRT \ln \frac{P_2}{P_1} \tag{1.67}$$

$$\Delta \mu = \mu(T, P_2) - \mu(T, P_1) = RT \ln \frac{P_2}{P_1} \tag{1.68}$$

と表せる。P_1 を標準圧力 $P^{\ominus}$ とし，P_2 を P と書き換えると

$$\mu(T, P) = \mu^{\ominus}(T) + RT \ln \frac{P}{P^{\ominus}} \tag{1.69}$$

が得られる。$\mu^{\ominus}(T)$ は標準状態における化学ポテンシャルで**標準化学ポテンシャル**という。理想混合気体の場合には，成分 i のモル分率を x_i，分圧を $p_i (= Px_i)$ として

$$\mu_i(T, P) = \mu_i^{\ominus}(T) + RT\ln\frac{p_i}{P^{\ominus}} \tag{1.70}$$

$$= \mu_i^{\ominus}(T) + RT\ln\frac{P}{P^{\ominus}} + RT\ln x_i$$

$$= \mu_i^*(T, P) + RT\ln x_i \tag{1.71}$$

が導かれる。ただし，$\mu_i^*(T, P)$ は温度 T，圧力 P における純粋な場合の成分 i の化学ポテンシャルである。

重要ポイント 2 ▶ 化学平衡

⑴平衡状態と質量作用の法則

化学反応 (1.22) が**化学平衡**の状態のとき，X_i の濃度を c_i として

$$K_C = \prod_i (c_i{}^{v_i}) \tag{1.72}$$

で表される K_C を**濃度平衡定数**といい，一定温度では一定の値となる。また，(1.72) の関係を**化学平衡の法則**または**質量作用の法則**という。(1.22) において X_i がすべて理想気体の場合，(1.72) の代わりに

$$K_P = \prod_i (p_i{}^{v_i}) \tag{1.73}$$

と表すとき，K_P を**圧平衡定数**といい，やはり一定温度では一定の値となる。ここで，(1.1) は

$$p_i = \frac{n_i}{V}RT = c_i RT \tag{1.74}$$

とも表されるので，(1.72) と (1.73) から次の関係があることがわかる。

$$K_P = K_C (RT)^{\sum_i v_i} \tag{1.75}$$

⑵理想気体の反応と化学平衡

標準圧平衡定数 $K_P{}^{\ominus}$ を

$$K_P{}^{\ominus} = \prod_i \left(\frac{p_i}{P^{\ominus}}\right)^{v_i} \tag{1.76}$$

と定義する。ここで (1.43) の標準反応 Gibbs エネルギー変化 $\Delta_r G^{\ominus}$ は，(1.70) と (1.76) より次のように表せる。

$$\Delta_r G^{\ominus} = -RT\ln K_P{}^{\ominus} \tag{1.77}$$

(3)平衡定数の温度依存性

ある等温変化について，標準反応エンタルピー変化を $\Delta_r H^\ominus$，標準反応Gibbsエネルギー変化を $\Delta_r G^\ominus$ として，Gibbs–Helmholtzの式 (1.61) を標準圧力 $P^\ominus$ について適用すると

$$\frac{\mathrm{d}}{\mathrm{d}T}\left(\frac{\Delta_r G^\ominus}{T}\right) = -\frac{\Delta_r H^\ominus}{T^2} \tag{1.78}$$

(1.78) に (1.77) を代入すると

$$\frac{\mathrm{d}}{\mathrm{d}T}\left(\ln K_P^\ominus\right) = \frac{\Delta_r H^\ominus}{RT^2} \tag{1.79}$$

が得られる。(1.79) を **van't Hoff の定圧平衡式**という。これより，吸熱反応 $(\Delta_r H^\ominus > 0)$ では $K_P^\ominus$ が温度 T とともに大きくなり，発熱反応 $(\Delta_r H^\ominus < 0)$ では $K_P^\ominus$ が温度 T の上昇とともに減少することがわかる。これは「平衡状態にある系について，系のある状態量を変化させると，その変化の影響を相殺する方向に平衡が移動する。」という **Le Chatelier の原理**に対応している。

実戦問題

No.1 **次に示す反応の平衡定数に関する記述㋐～㋓のうち妥当なもののみをすべて挙げているのはどれか。**

ただし，それぞれの気体を理想気体とし，アンモニアの標準生成エンタルピーを$-46\mathrm{kJ \cdot mol^{-1}}$とする。

$$N_2(g)+3H_2(g) \rightleftarrows 2NH_3(g)$$

【国家総合職・令和元年度】

㋐ 反応開始時の反応系の濃度を変化させると濃度平衡定数の値は変化する。
㋑ 反応系の温度を変化させると圧平衡定数の値は変化する。
㋒ 触媒を反応系に加えると圧平衡定数の値は変化する。
㋓ 濃度平衡定数の値と圧平衡定数の値は常に等しい。

1 ㋐
2 ㋐，㋒
3 ㋑
4 ㋑，㋓
5 ㋒，㋓

No.2 **理想気体A，B，Cに関する次の反応を考える。**

$$A+B \rightleftarrows C$$

500Kにおけるこの反応の圧平衡定数K_pは4である。500Kにおいて，A，B，Cの分圧が，それぞれ0.2atm，0.3atm，0.5atmである混合気体を，容積可変の気密容器に入れ，全圧を1atm，温度を500Kに保ちながら，この反応を平衡状態に達するまで行った。この反応後の各気体の分圧に関する記述として最も妥当なのはどれか。

なお，標準状態の圧力は1atmである。 【国家一般職・平成30年度】

1 分圧が増大したのはAのみである。
2 分圧が増大したのはAとBのみである。
3 分圧が増大したのはBのみである。
4 分圧が増大したのはCのみである。
5 A，B，Cの分圧はいずれも変化しなかった。

No.3 気相反応

$$2HI \rightleftarrows H_2 + I_2$$

を，体積 V_0 の容器を用いて次の方法A，Bで行った。

　　方法A：初めにHI 1.0molのみを容器に入れ，平衡に達するまで一定温度 T に保つ。

　　方法B：初めに H_2 1.0molと I_2 1.0molのみを容器に入れ，平衡に達するまで T に保つ。

　T における圧平衡定数 K_p が 2.0×10^{-2} であるとき，HIのモル分率の変化の様子を表した図を，方法Aについては図の **a，b，c** から，方法Bでは図の **d，e，f** から，それぞれ選び出したものの組合せとして最も妥当なのはどれか。

　ただし，$\sqrt{2} = 1.4$ とする。

【国家一般職・平成24年度】

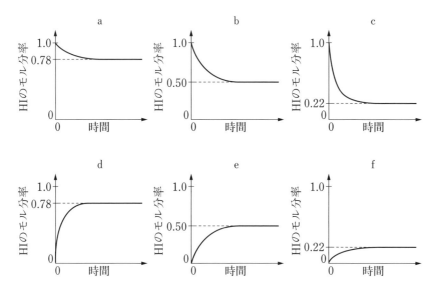

	方法A	方法B
1	a	d
2	a	f
3	b	e
4	c	d
5	c	f

No.4 定圧条件下において，純物質の固相，液相，気相での化学ポテンシャル
と温度の関係を定性的に表した図として最も妥当なのはどれか。

【国家一般職・令和元年度】

1
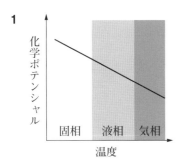

2
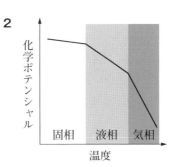

3
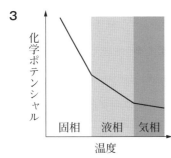

4
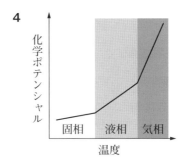

5
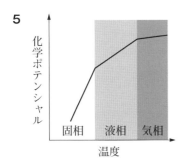

No.5 物質Aと物質Bの間の可逆反応2A ⇌ Bを考える。反応2A ⟶ Bの，定温，定圧条件における反応ギブズエネルギー変化ΔGおよび標準反応ギブズエネルギー$\Delta G°$に関する記述㋐，㋑，㋒のうち妥当なもののみをすべて挙げているのはどれか。　　　　　　　　　　　　　　　　　　　　【国家一般職・平成30年度】

　㋐　ΔGは，定圧条件で測定される反応2A ⟶ Bの反応熱と常に等しい。
　㋑　$\Delta G>0$ならば，反応2A ⟶ Bは自発的に進行する。
　㋒　$\Delta G°$の値からこの可逆反応の平衡定数を求めることができる。

1　㋐，㋑
2　㋐，㋒
3　㋑
4　㋑，㋒
5　㋒

No.6 同じ温度条件で，㋐，㋑の二つの気相反応の平衡を考える。
　㋐　$A+B ⇌ C+D$　　　$\Delta G°=-50kJ\cdot mol^{-1}$
　㋑　$E+F ⇌ G+H$　　　$\Delta G°=-25kJ\cdot mol^{-1}$
ここで，$\Delta G°$は標準反応ギブズエネルギーである。㋐，㋑の平衡反応の圧平衡定数をそれぞれK_1，K_2とするとき，K_1とK_2の間に成り立つ関係式として最も妥当なのはどれか。

　　ただし，気体A～Hはすべて理想気体とする。　　　　　【国家一般職・令和元年度】

1　$K_1=\dfrac{1}{2}K_2$

2　$K_1=K_2$

3　$K_1=2K_2$

4　$K_1=\sqrt{K_2}$

5　$K_1=K_2^2$

実戦問題の解説

No.1 の解説 圧平衡定数と濃度平衡定数

→問題はP.51

㋐ 誤りである。濃度平衡定数は濃度に依存しない。

㋑ 正しい。圧平衡定数をK_p, 標準生成エンタルピーを$\Delta H° = -46\text{kJ}\cdot\text{mol}^{-1}$, 気体定数を$R$, 温度を$T$とすると, van't Hoffの定圧平衡式

$$\frac{\mathrm{d}\log_e K_p}{\mathrm{d}T} = \frac{\Delta H°}{RT^2} - 1$$

より, 圧平衡定数は温度に依存することがわかる。

㋒ 誤りである。触媒を用いると平衡状態に達するまでの時間は短くなるが, 平衡は移動せず圧平衡定数も変化しない。

㋓ 誤りである。濃度平衡定数K_cと圧平衡定数K_pが等しくなるのは, 両辺の全気体分子数が変わらない平衡反応の場合である。気体Xの分圧をp_Xとすると, 状態方程式より$p_X = [X]RT$が成立するので, 次の関係が成立する。

$$K_p = \frac{{p_{NH_3}}^2}{p_{N_2}\cdot {p_{H_2}}^3} = \frac{([NH_3]RT)^2}{[N_2]RT\cdot([H_2]RT)^3} = \frac{[NH_3]^2}{[N_2][H_2]^3}\times(RT)^{-2}$$

$$= K_c(RT)^{-2}$$

以上より, 正答は**3**である。

No.2 の解説 可逆気体反応の進行する向き

→問題はP.51

A, B, Cの分圧を, それぞれp_A, p_B, p_Cとすると, 平衡状態のとき

$$K_p = \frac{p_C}{p_A\cdot p_B}$$

の関係が成り立つ。与えられた圧平衡定数4は$K_p = 4\text{atm}^{-1}$のことである。

気密容器に混合気体を入れた瞬間は

$$\frac{p_C}{p_A\cdot p_B} = \frac{0.5\text{atm}}{0.2\text{atm}\times 0.3\text{atm}} = \frac{25}{3}\text{atm}^{-1}$$

で4atm^{-1}より大きいため,

$$K_p < \frac{p_C}{p_A\cdot p_B}$$

となっている。よって, 平衡は左に移動して, p_Aとp_Bは増大し, p_Cは減少する。

以上より, 正答は**2**である。

方法Aの場合，平衡状態になるまでのHI，H_2，I_2の物質量の変化量を，それぞれ$-2x$mol，$+x$mol，$+x$molとおく。この反応は気体分子数が変化しないので，圧平衡定数と濃度平衡定数は等しい。よって，化学平衡の法則 (質量作用の法則) より次の関係が成り立つ。

$$\frac{\dfrac{x\text{mol}}{V_0} \cdot \dfrac{x\text{mol}}{V_0}}{\left\{ \dfrac{(1.0-2x)\,\text{mol}}{V_0} \right\}^2} = 2.0 \times 10^{-2}$$

$$\therefore \quad \frac{x}{1.0-2x} = \pm\sqrt{2.0 \times 10^{-2}}$$

$0 < x < 1.0$ より

$x = 0.110$

$\therefore \quad (1.0-2x)\,\text{mol} = 0.78\text{mol}$

と求まり，方法Aでは図のaになることがわかる。

方法Bについて同様にやってもよいが，ここでは次のように考える。気体分子数の変化しない反応のため，一定温度で体積を仮に変化させても平衡は移動しない。よって，方法Bで到達する平衡状態は，初めにH_2 0.50molとI_2 0.50molのみを容器に入れたときに到達する平衡状態では，各成分のモル分率は等しくなる。その結果，HIのモル分率は方法Aと同じ0.78になり，図のdになることがわかる。

以上より，正答は**1**である。

一般に，エントロピーをS，温度をT，圧力をP，体積をVとすると，

$\mathrm{d}G = -S\mathrm{d}T + V\mathrm{d}P$ (1)

と表せる。ここでは純物質の定圧条件下での状態変化を考えているので，Pと物質量nは一定である。よって，化学ポテンシャルμは，GibbsエネルギーGを用いて

$$\mu = \frac{G}{n}$$

と表せるので，式(1)は次のように変形できる。

$\mathrm{d}(n\mu) = -S\mathrm{d}T$

$\therefore \quad \dfrac{\mathrm{d}\mu}{\mathrm{d}T} = -\dfrac{S}{n}$ (2)

一般に，固相，液相，気相に変化するにつれてSは増加していくので，グラフの直線の傾きの絶対値は増加していき，μはTに対して単調減少する。

以上より，正答は**2**である。

No.5 の解説 化学反応に伴う Gibbs エネルギー変化 →問題は P.54

㋐ 誤りである。エンタルピー変化(反応熱)をΔH，温度をT，エントロピー変化をΔSとすると

$\Delta G = \Delta H - T\Delta S$

と表せる。この反応は可逆反応であるから，最終的にAとBが混合した平衡状態となり，エントロピーは必ず変化するので$\Delta S \neq 0$である。よって$\Delta G \neq \Delta H$となる。

㋑ 誤りである。定圧条件下の自発的に進行する可逆変化では，GibbsエネルギーGは一定，すなわち$\Delta G = 0$となる。なお，定圧条件下の自発的に進行する不可逆変化では$\Delta G < 0$となる。

㋒ 正しい。標準状態における圧平衡定数をK_p°，気体定数をRとすると

$\Delta G^\circ = -RT \log_e K_p^\circ$

の関係があるので，ΔG°からK_p°，あるいは標準状態における濃度平衡定数K_c°を求めることができる。

以上より，正答は**5**である。

No.6 の解説 標準 Gibbs エネルギー変化と圧平衡定数の関係 →問題は P.54

㋐，㋑の平衡反応の標準Gibbsエネルギー変化を，それぞれΔG_1°，ΔG_2°，気体定数をR，温度をTとすると

$\Delta G_1^\circ = -RT \log_e K_1, \quad \Delta G_2^\circ = -RT \log_e K_2$

と表せる。辺々割ると次のようになる。

$\dfrac{\log_e K_1}{\log_e K_2} = \dfrac{\Delta G_1^\circ}{\Delta G_2^\circ} = \dfrac{-50\text{kJ}\cdot\text{mol}^{-1}}{-25\text{kJ}\cdot\text{mol}^{-1}} = 2.0$

$\therefore \quad K_1 = K_2^2$

以上より，正答は**5**である。

正答	No.1＝3　No.2＝2　No.3＝1　No.4＝2　No.5＝5 No.6＝5

《 必修問題 》

　図は，化合物A，Bから成る二成分系の圧力–組成図である。次の記述の㋐，㋑，㋒に当てはまるものの組合せとして最も妥当なのはどれか。

【国家一般職・平成29年度】

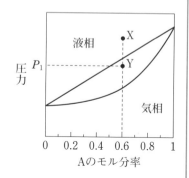

「図中の点Xで示される圧力と組成の液体を減圧していくと，圧力P_1（図中の点Y）において，その液相におけるBのモル分率は ㋐ であり，気相におけるBのモル分率は ㋑ である。また，このときの蒸気と液体のモル比（蒸気の物質量／液体の物質量）は ㋒ である。」

	㋐	㋑	㋒
1	0.4	0.2	2
2	0.4	0.5	0.5
3	0.5	0.2	0.5
4	0.5	0.4	2
5	0.5	0.5	2

必修問題の解説

与えられた圧力組成図において，上の曲線は液相の組成と圧力の関係を示す液相線，下の曲線は気相の組成と圧力の関係を示す気相線である。これらの曲線に挟まれた部分では液相と気相が共存する。

図中の点Yにすると，液相でも気相でも圧力はP_1で同じなので，液相の組成はYから左に進んで液相線と交わる点Sに対応する。このときのAのモル分率は0.5なので，Bのモル分率は1−0.5=0.5である(㋐)。同様に，気体の組成はYから右に進んで気相線と交わる点Tに対応する。このときのAのモル分率は0.8なので，Bのモル分率は1−0.8=0.2である(㋑)。

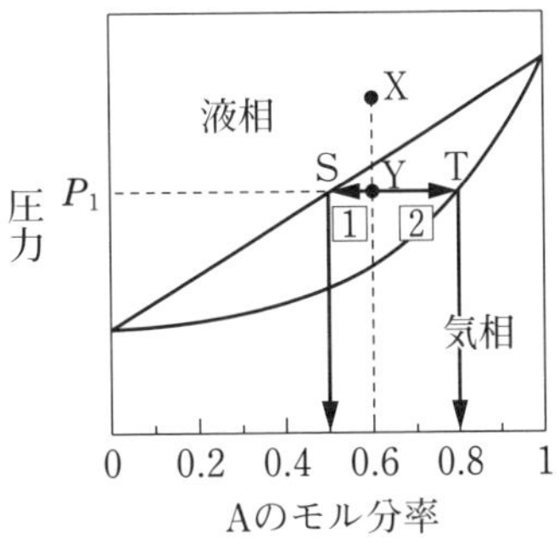

また，Yにおける蒸気の全物質量をn_G，液体の全物質量をn_Lとすると，AおよびBの全物質量について，それぞれ次の関係が成り立つ。

$$0.8n_G+0.5n_L=0.6(n_G+n_L)$$

$$0.2n_G+0.5n_L=0.4(n_G+n_L)$$

辺々割って，求める比は次のようになる。

$$\frac{0.8n_G+0.5n_L}{0.2n_G+0.5n_L}=\frac{0.6}{0.4}$$

$$\therefore\quad \frac{n_G}{n_L}=0.5 \quad (㋒)$$

なお，この結果は図にあるように

$$\frac{n_G}{n_L}=\frac{\overline{YS}}{\overline{YT}}=\frac{1}{2}$$

と簡単に求めることができる。これをてこの関係という。

以上より，正答は**3**である。

正答 3

重要ポイント 1 **多成分系の相平衡**

(1)Gibbs の相律

ある系において，自由に定めることのできる示強性状態量の数を系の**自由度**という。独立成分の数をc，相の数をpとすると，自由度fは

$$f = c - p + 2 \tag{1.80}$$

で与えられる。これを**Gibbsの相律**という。

(2)Clapeyron–Clausius の式

純物質から成る系で二相が平衡状態にある場合は，$c=1$，$p=2$より (1.80) から$f=1$となる。平衡状態では二相の化学ポテンシャルが等しいことから，圧力Pと温度Tの間には，相転移に伴うモルエンタルピー変化を$\Delta_{trs}H$，モル体積変化を$\Delta_{trs}V_m$として

$$\frac{dP}{dT} = \frac{\Delta_{trs}H}{T\Delta_{trs}V_m} \tag{1.81}$$

が導かれる。(1.81)を**Clapeyron–Clausiusの式**という。純物質の気液平衡に対して (1.81) を適用すると

$$\frac{dP}{dT} = \frac{\Delta_{vap}H}{T(V_m^{(g)} - V_m^{(l)})} \tag{1.82}$$

となる。ここで$\Delta_{vap}H$は蒸発モルエンタルピー変化，$V_m^{(g)}$および$V_m^{(l)}$はそれぞれ気相および液相のモル体積である。通常，$V_m^{(l)} \ll V_m^{(g)}$であるから$V_m^{(l)}$を無視し，理想気体の状態方程式$PV_m^{(g)} = RT$を用いると，(1.82) は

$$\frac{d}{dT}(\ln P) = \frac{\Delta_{vap}H}{RT^2} \tag{1.83}$$

のように変形できる。ここで$\Delta_{vap}H$が一定とみなせるとき，(1.83) は

$$\ln P = -\frac{\Delta_{vap}H}{RT} + C \quad (C は積分定数) \tag{1.84}$$

となり，$\ln P$を$\frac{1}{T}$に対してプロットすると直線となることがわかる。

重要ポイント **2** 理想溶液と Raoult の法則

⑴理想溶液

　TおよびPが一定において液体を混合したとき，全体積および全内部エネルギーが変化しない溶液を**理想溶液**という。理想気体のときの(1.71)と同様にして，理想溶液の成分iの化学ポテンシャルをμ_i，モル分率をx_iとすると

$$\mu_i(T, P) = \mu_i{}^*(T, P) + RT \ln x_i \tag{1.85}$$

となる。ただし，$\mu_i{}^*(T, P)$は温度T，圧力Pにおける純粋な場合の成分iの化学ポテンシャルである。

⑵**Raoult の法則**

　温度Tと圧力Pが一定の理想溶液があり，気相と平衡状態にある場合を考える。このとき，理想溶液の各成分の化学ポテンシャルが気相と液相で等しいことから，成分iの蒸気の分圧p_iが液相中の成分iのモル分率$x_i^{(l)}$を用いて

$$p_i = p_i{}^* x_i^{(l)} \tag{1.86}$$

と表される。ただし，$p_i{}^*$は純粋な場合の成分iの蒸気圧である。(1.86)を**Raoult の法則**という。理想溶液は(1.86)を厳密に満たすので，(1.86)を満たす溶液を理想溶液と定義することもできる。AとBから成る二成分系の場合，次図に示すようになる。

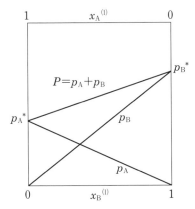

⑴希薄溶液

　成分Aおよび成分Bから成る二成分系について，溶媒をA(モル分率x_A)，溶質をB(モル分率x_B)とする。AにBがごく少量溶けている**希薄溶液**のときは$x_A \rightarrow 1$または$x_B \rightarrow 0$の極限に相当する。溶媒Aの周囲にはほとんどAしか存在しないので，Aについては純溶媒の場合と同じと近似できる。このとき，AとBの化学ポテンシャルがそれぞれ

$$\mu_A(T, P) = \mu_A^*(T, P) + RT \ln x_A \tag{1.87}$$

$$\mu_B(T, P) = \mu_B^{\ominus}(T, P) + RT \ln x_B \tag{1.88}$$

と表されるとき，この溶液を**理想希薄溶液**という。ここで，μ_A^*は温度T，圧力Pにおける純溶媒Aの化学ポテンシャル，$\mu_B^{\ominus}$は温度T，圧力Pにおける溶質Bの標準化学ポテンシャルで$x_B = 1$のときの$\mu_B(T, P)$であり，$\mu_B^*(T, P)$ではないことに注意が必要である。つまり，溶質Bは理想溶液としての性質を示していない。

⑵Henry の法則

　溶媒をA，溶質をBとする理想希薄溶液のとき，温度Tと圧力Pが一定で気相と平衡状態にあるとき，AとBの化学ポテンシャルが気相と液相でそれぞれ等しいことから，溶媒Aについては(1.87)より気相でのAの分圧p_AはRaoultの法則(1.86)が成立し，$p_A = p_A^* x_A^{(1)}$となる。次に，溶質Bについては(1.88)より気相でのBの分圧p_Bは

$$p_B = k_{H,B} x_B^{(1)} \tag{1.89}$$

となる。ここで$k_{H,B}$は定数であり，$x_B^{(1)}$は液相中のBのモル分率である。したがって，溶質Bの溶解量が気相中のBの分圧に比例することがわかる。(1.89)を**Henryの法則**という。

⑶沸点上昇と凝固点降下

　溶媒A，不揮発性の溶質Bから成る理想希薄溶液の場合，溶媒AにはRaoultの法則が成立し，溶液の蒸気圧はp_Aに等しいので

$$p_A = p_A{}^* x_A{}^{(\mathrm{l})} = p_A{}^* (1 - x_B{}^{(\mathrm{l})})$$

$$\Delta p \equiv p_A{}^* - p_A = p_A{}^* x_B{}^{(\mathrm{l})} \tag{1.90}$$

と表せる。ここでΔpを**蒸気圧降下**という。希薄溶液においては$x_B{}^{(\mathrm{l})}$は溶質Bの質量モル濃度m_Bおよび溶媒Aのモル質量M_Aを用いて$x_B{}^{(\mathrm{l})} \approx M_A m_B$と近似できるので，(1.90)は

$$\Delta p = M_A p_A m_B \tag{1.91}$$

と表され，理想希薄溶液の蒸気圧降下は溶質の質量モル濃度に比例することがわかる。その結果，溶液の沸点は純溶媒の沸点に比べて高くなる。これを**沸点上昇**という。TとPが一定の下で，理想希薄溶液が純溶媒Aの蒸気と平衡状態にあるとき，(1.61)と(1.87)より，沸点上昇ΔT_bが溶液の沸点T_bおよび溶媒のモル蒸発エンタルピー$\Delta_{\mathrm{vap}}H$を用いて

$$\Delta T_b \approx \frac{R T_b{}^2}{\Delta_{\mathrm{vap}}H} x_B{}^{(\mathrm{l})} \approx K_b m_B \tag{1.92}$$

と近似的に表される。よって，理想希薄溶液の沸点上昇は溶質の質量モル濃度に比例する。また，K_bを**モル沸点上昇**といい，溶媒に固有の定数である。次に，溶液の凝固点は純溶媒の凝固点に比べて低くなる。これを**凝固点降下**という。凝固点降下ΔT_fは，溶液の凝固点T_fおよび溶媒の融解モルエンタルピー$\Delta_{\mathrm{fus}}H$を用いて，(1.92)と同様にして

$$\Delta T_f \approx \frac{R T_f{}^2}{\Delta_{\mathrm{fus}}H} x_B{}^{(\mathrm{l})} \approx K_f m_B \tag{1.93}$$

が得られる。よって，理想希薄溶液の凝固点降下は溶質の質量モル濃度に比例する。また，K_fを**モル凝固点降下**といい，溶媒に固有の定数である。

⑷浸透圧

　セロハン膜のように，一部の分子だけを透過させる膜を**半透膜**といい，半透膜を透過して溶媒が溶液中に拡散していく現象を**浸透**という。浸透を阻止するために余分に加えるべき圧力を**浸透圧**という。溶媒A，溶媒Aと溶質Bから成る溶液が半透膜を隔てて接していて平衡状態にあるとき，溶液の浸透圧をΠ，体積をV，Bの物質量をn_Bとして

$$\Pi V = n_B R T \tag{1.94}$$

となることが近似的に示される。(1.94)を**van't Hoffの法則**という。

実戦問題

No.1 **図は，液体A，Bから成る二成分系の1atmにおける温度−組成図である。次の記述の[ア]，[イ]に当てはまるものの組合せとして最も妥当なのはどれか。**

ただし，AとBの混合液の調製および加熱は1atmで行うものとする。

【国家一般職・平成30年度】

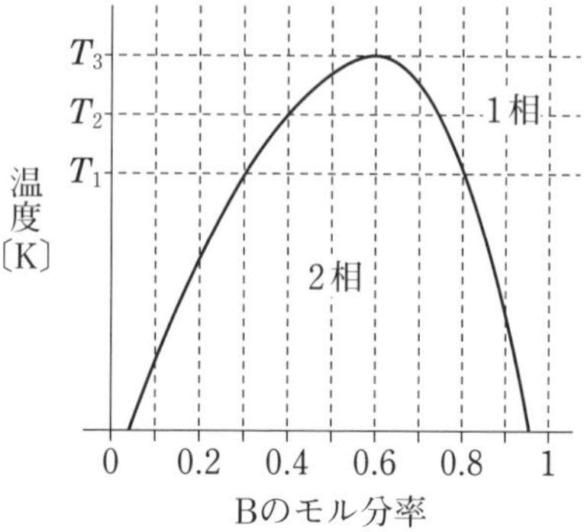

「0.6molのAと0.4molのBの混合液は，温度T_1〔K〕では，2相に分離する。このとき，Aに富む相の物質量n_AとBに富む相の物質量n_Bの比n_A/n_Bは[ア]である。この混合液を加熱すると，温度[イ]〔K〕となったときから1相の状態となる。」

	ア	イ
1	$\frac{1}{4}$	T_2
2	$\frac{1}{4}$	T_3
3	$\frac{3}{2}$	T_2
4	$\frac{3}{2}$	T_3
5	4	T_2

No.2 理想溶液に関する次の記述の㋐，㋑に当てはまるものの組合せとして最も妥当なのはどれか。 【国家総合職・令和元年度】

「温度T，大気圧P_0において，2種類の揮発性有機化合物Aの液体（モル分率x_A，Tにおける純粋なAの蒸気圧P_A）と揮発性有機化合物Bの液体（モル分率x_B（$=1-x_A$），Tにおける純粋なBの蒸気圧P_B（$\neq P_A$））から成る理想溶液を図のようにピストンの付いた容器に満たした。このピストンをゆっくり引き，溶液にかかっている圧力を減少させたところ，圧力がこの溶液と平衡にある気相の蒸気圧P_g（$<P_0$）に達したときに気相が現れ始めた。この蒸気圧P_gは次式で表される。

$P_g=$ [㋐]

この気相におけるAのモル分率y_AをP_A，P_B，P_gで表すと，

$y_A=$ [㋑]

となる。」

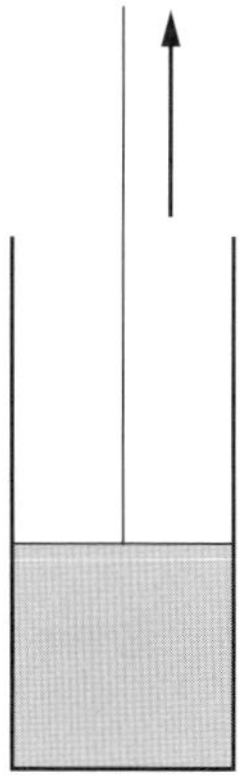

	㋐	㋑
1	$P_B+(P_A-P_B)x_A$	$\dfrac{P_AP_g-P_AP_B}{P_g(P_B-P_A)}$
2	$P_B+(P_A-P_B)x_A$	$\dfrac{P_BP_g-P_AP_B}{P_g(P_B-P_A)}$
3	$P_B+(P_A-P_B)x_A$	$\dfrac{P_AP_g-P_AP_B}{P_g(P_A-P_B)}$
4	$P_B+(P_B-P_A)x_A$	$\dfrac{P_BP_g-P_AP_B}{P_g(P_A-P_B)}$
5	$P_B+(P_B-P_A)x_A$	$\dfrac{P_BP_g-P_AP_B}{P_g(P_A+P_B)}$

No.3 **水の相平衡に関する次の記述の㋐，㋑，㋒に当てはまるものの組合せとして最も妥当なのはどれか。** 【国家一般職・平成27年度】

「水（液相）と氷（固相）が共存しているとき，それぞれの相の [㋐] は等しくなっている。このときの水および氷のモルエントロピーをS_l，S_s，モル体積をV_l，V_sとすると，固液平衡時からの微小圧力変化dpおよび微小温度変化dTと，二つの相におけるモルエントロピーの差とモル体積の差は [㋑] の関係式で表すことができる。水および氷のモル体積，モルエントロピーの比較から，圧力の増加によって氷の融点は [㋒] することがわかる。」

	㋐	㋑	㋒
1	化学ポテンシャル	$\frac{dp}{dT}=\frac{S_l-S_s}{V_l-V_s}$	低下
2	化学ポテンシャル	$\frac{dp}{dT}=\frac{S_l-S_s}{V_l-V_s}$	上昇
3	化学ポテンシャル	$\frac{dp}{dT}=\frac{V_l-V_s}{S_l-S_s}$	低下
4	内部エネルギー	$\frac{dp}{dT}=\frac{V_l-V_s}{S_l-S_s}$	低下
5	内部エネルギー	$\frac{dp}{dT}=\frac{V_l-V_s}{S_l-S_s}$	上昇

No.4 固体-液体系の相図に関する次の記述の㋐，㋑に当てはまるものの組合せとして最も妥当なのはどれか。【国家一般職・平成26年度】

「図Ⅰは大気圧下における，AとBの2成分から成る固体-液体系の相図である。ギブズの相律によれば，系の自由度をF，相の数をPとすると，2成分の系においては$F=\boxed{㋐}$が成立する。また，点αの組成の融液を冷却するとき，時間に対する温度の変化を模式的に表すと，図Ⅱの$\boxed{㋑}$のようになる。

ただし，冷却は十分ゆっくり行っており，過冷却のような現象は考えないものとする。」

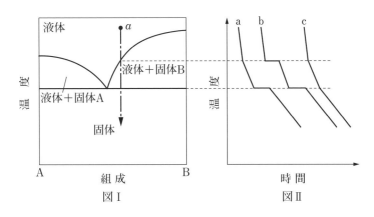

図Ⅰ　　　　　図Ⅱ

	㋐	㋑
1	$P+2$	a
2	$P+2$	b
3	$P+2$	c
4	$4-P$	a
5	$4-P$	b

図Ⅰおよび図Ⅱは，A，B二成分混合溶液の温度と，その温度において平
衡状態にある溶液と蒸気それぞれの組成を示したもの（温度–組成図）である。これ
らに関する記述㋐〜㋓のうち妥当なもののみをすべて挙げているのはどれか。

【国家一般職・平成28年度】

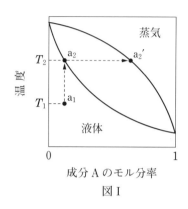
図Ⅰ

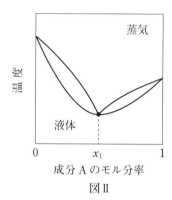
図Ⅱ

㋐　図Ⅰにおいて，初期状態a_1から加熱していくと，状態a_2で沸騰し，最初の蒸
　　気を取り出すと，状態a_2'の組成となっている。

㋑　図Ⅰでは，すべての組成の混合溶液で，溶液より平衡蒸気のほうが成分Aに
　　富んでいる。よって，蒸留を繰り返すことにより，ほぼ純粋なAが得られる。

㋒　図Ⅱにおいて，混合溶液の沸点は組成x_1で極小を示している。これは，Aと
　　Bの分子間相互作用により，混合溶液が組成x_1において最も安定化されたこと
　　による。

㋓　図Ⅱでは，AとBは組成x_1で共沸混合物となる。したがって，蒸留を繰り返
　　すことにより，組成x_1の混合物が得られる。

1　㋐, ㋑, ㋓
2　㋐, ㋒
3　㋐, ㋓
4　㋑, ㋒
5　㋑, ㋒, ㋓

実戦問題 の 解説

No.1 の解説 液体二成分系の相図 →問題はP.64

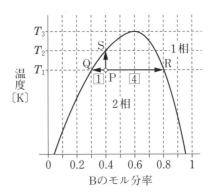

全体についてBのモル分率は

$$\frac{0.4\text{mol}}{(0.6+0.4)\,\text{mol}}=0.4$$

である。温度T_1のとき、図の点Pが該当するので、てこの関係より

$$\frac{n_\text{A}}{n_\text{B}}=\frac{\overline{\text{PR}}}{\overline{\text{PQ}}}=\frac{0.8-0.4}{0.4-0.3}$$
$$=4$$

と求められる($\mathcal{T}$)。

次に、この混合液を加熱する場合は、図の点Pから上に進んで曲線と交わる点Sにおいて2相から1相になる(よって、$\mathcal{I}$はT_2)。なお、さらに温度を上げていくと、温度T_1のときの点Qと点Rに相当する点が次第に近付いていき、温度T_3のときに一致する。この温度を臨界共融温度といい、これ以上の温度では液体AとBは任意の割合で溶け合う。

以上より、正答は**5**である。

揮発性有機化合物 A と B から成る理想溶液なので，各成分について Raoult の法則が成立する。ピストンを引いて気相が現れたとき，気相中の A と B の分圧は，それぞれ $P_A x_A$, $P_B x_B$ となるので，混合溶液の蒸気圧 P_g は

$$P_g = P_A x_A + P_B x_B$$
$$= P_A x_A + P_B (1 - x_A)$$
$$= P_B + (P_A - P_B) x_A \tag{1}$$

となることがわかる。なお，式 (1) は P_g が次図のように P_B と P_A の間を $x_A : x_B$ に内分する点となることを表している（$P_A > P_B$ の場合で図は示した）。

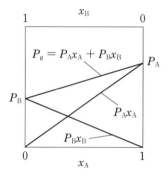

次に，気相における A のモル分率 y_A を x_A を用いないで表すことを考える。式 (1) より

$$x_A = \frac{P_g - P_B}{P_A - P_B}$$

と変形できるので，気相における A のモル分率 y_A は次のようになる。

$$y_A = \frac{P_A x_A}{P_g} = \frac{P_A}{P_g} \cdot \frac{P_g - P_B}{P_A - P_B}$$
$$= \frac{P_A P_g - P_A P_B}{P_g (P_A - P_B)}$$

以上より，正答は**3**である。

No.3の解説 固液平衡における圧力の温度依存性 →問題はP.66

液相（添え字lで表す）と固相（添え字sで表す）が平衡状態にあるとき，両者の化学ポテンシャルは等しい（㋐）。純物質の化学ポテンシャルは1mol当たりのGibbsエネルギーとなるので，それをGとすると

$$G_l=G_s$$

である。圧力がdp，温度がdTだけ変化する場合を考えると

$$\left(\frac{\partial G_l}{\partial T}\right)_p \mathrm{d}T+\left(\frac{\partial G_l}{\partial p}\right)_T \mathrm{d}p=\left(\frac{\partial G_s}{\partial T}\right)_p \mathrm{d}T+\left(\frac{\partial G_s}{\partial p}\right)_T \mathrm{d}p \tag{1}$$

となる。ここで，モルエントロピーをS，モル体積をVとすると

$$\left(\frac{\partial G}{\partial T}\right)_p \mathrm{d}T=-S$$

$$\left(\frac{\partial G}{\partial p}\right)_T \mathrm{d}p=V$$

の関係があるので，式(1)は次のように変形できる。

$$-S_l\mathrm{d}T+V_l\mathrm{d}p=-S_s\mathrm{d}T+V_s\mathrm{d}p$$

$$\therefore\quad \frac{\mathrm{d}p}{\mathrm{d}T}=\frac{S_l-S_s}{V_l-V_s}\quad (㋑) \tag{2}$$

一般に$S_l>S_s$であり，水の場合は$V_l<V_s$であるから$\dfrac{\mathrm{d}p}{\mathrm{d}T}<0$となることがわかる。つまり，$p$を増加させると$T$が減少するので，水の場合，圧力の増加によって融点は低下する（㋒）。

なお，S_l-S_sは融解に伴うモルエントロピー変化であり，融解に伴うエンタルピー変化をΔHとすると

$$S_l-S_s=\frac{\Delta H}{T}$$

である。これを式(2)に代入すると

$$\therefore\quad \frac{\mathrm{d}p}{\mathrm{d}T}=\frac{\Delta H}{T(V_l-V_s)}$$

というClapeyron–Clausiusの式が得られる。逆に，この式から式(2)を導いてもよい。

以上より，正答は**1**である。

No.4 の解説　固体–液体系の相図と冷却曲線

→問題はP.67

成分の数をCとすると，Gibbsの相律より

$$F=C-P+2$$

が成立する。二成分系では$C=2$より

$$F=4-P$$

となる(㋐)。

次図において，点αから冷却していくと，点βで固体Bが析出し始める。この後は固体Bの析出に伴い，液体中のBのモル分率が減少(逆に液体中のAのモル分率は増加)するので，液体中の組成比は曲線に沿って変化する(点βから点γ)。この過程では凝固熱の放出のため冷却速度は小さくなる。そして，点γに達すると固体Aの析出も始まる。ここからは固体AとBが密に混合した固体(共晶や共融混合物という)が析出し，すべて固体となるまで温度は一定となる。点γは共融点と呼ばれる。すべて固体になると固体領域に入り，温度がさらに低下していく。よって，図IIのaが妥当である(㋑)。

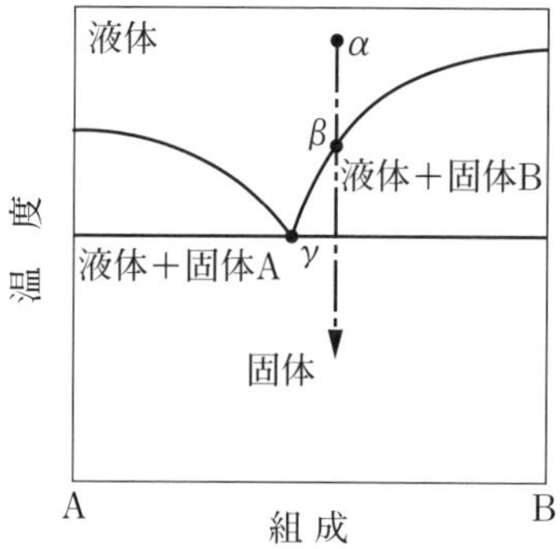

以上より，正答は**4**である。

No.5 の解説　二成分系の温度−組成図

→問題はP.68

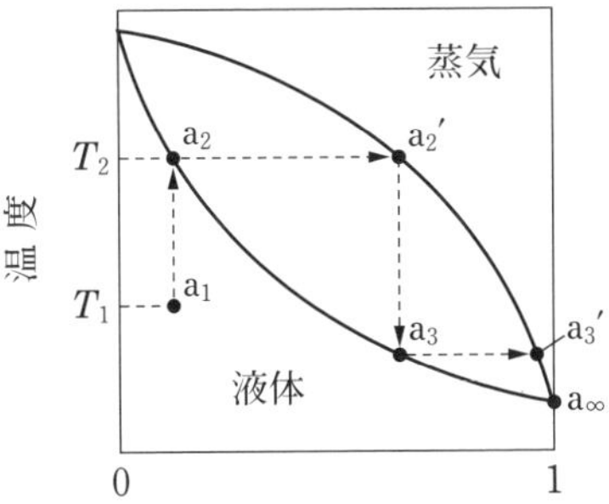

図Ⅰ

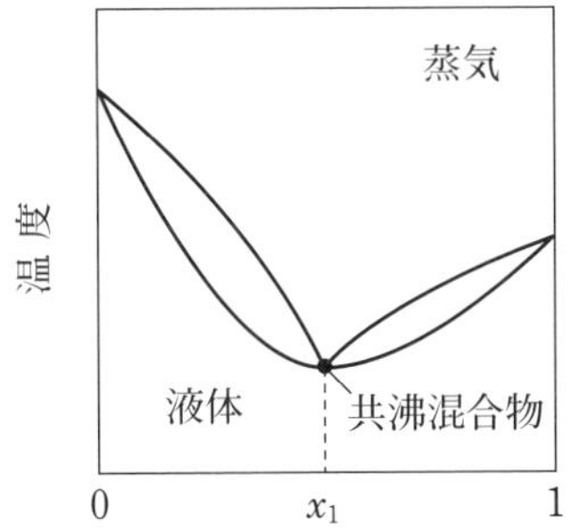

図Ⅱ

[ア] 正しい。状態a_1から加熱していくと，液体の組成は変わらないので温度T_2の状態a_2で液相線と交わり，沸騰が始まる。この温度のとき，気相中の成分Aのモル分率は気相線上の状態a_2'で与えられる。

[イ] 正しい。すべての温度において，液相線よりも気相線のほうが右に位置するので，溶液より平衡蒸気のほうが成分Aに富んでいることがわかる。上図に示したように，状態a_2'にある蒸気を蒸留して凝縮すると状態a_3の液体が得られる。このときの蒸気を取り出すと状態a_3'の組成になっている。この操作を繰り返していけば，状態a_∞に近付き，ほぼ純粋なAが得られることがわかる。

[ウ] 誤りである。図Ⅱのように曲線に極小が現れる場合，二成分の混合により沸点が下がっていくので，二成分間の相互作用が混合溶液を不安定化させていることがわかる。つまり，理想溶液の場合に比べて混合しにくいことを意味する。逆に，曲線が極大を示す系もあり，その場合は混合によりエネルギー的に安定化することを意味する。組成x_1においては溶液と蒸気の組成は一致するが，これを共沸混合物という。

[エ] 正しい。図Ⅰの場合と同様に考えて，$0<x<x_1$の組成の液体に対して蒸留を繰り返すと，留出分は組成x_1の共沸混合物に近付いていく。残留分は液相線に沿って成分Aのモル分率が減少（成分Bのモル分率が増加）していき，純粋なBに近付いていく。$x_1<x<1$の組成の液体に対して蒸留を繰り返した場合も同様で，この場合には共沸混合物と純粋なAに分離できる。しかし，どちらの場合も，蒸留によって純粋な二成分に分離することはできない。

以上より，正答は**1**である。

正答　No.1＝5　No.2＝3　No.3＝1　No.4＝4　No.5＝1

必 修 問 題

溶液の pH を電位差によって測定するため，図のような装置を作った。このとき，電圧計で測定される電位差 E は，A をある定数として次式で表される。

$$E = A - \frac{RT}{F} \log_e \frac{a_{内部}}{a_{溶液}}$$

$$\left[\begin{array}{l} R：気体定数，T：温度，F：ファラデー定数， \\ a_{内部}：ガラス電極内部の H^+ 活量， \\ a_{溶液}：溶液の H^+ 活量 \end{array} \right.$$

温度298K の下で，pH 4.0 の標準緩衝液に両方の電極を浸したところ，電位差が814mV であった。同じ温度の下で，溶液に両方の電極を浸したところ，電位差が843mV であった。溶液の pH はいくらか。

ただし，$R=8.31\mathrm{J/(K \cdot mol)}$，$F=9.65 \times 10^4 \mathrm{C/mol}$，$\log_e 10 = 2.30$ とし，H^+ の活量は H^+ の濃度に等しいものとする。　【国家一般職・平成26年度】

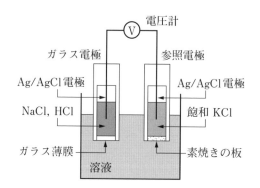

1　1.7

2　2.4

3　3.5

4　4.6

5　5.8

必修問題 の 解説

　両電極側で値が異なる量には，ガラス電極側に1，参照電極側に2の添え字を付けて区別する。与えられたNernstの式より

$$E_1 = A - \frac{RT}{F} \log_e \frac{a_{内部}}{a_{溶液,1}}$$

$$E_2 = A - \frac{RT}{F} \log_e \frac{a_{内部}}{a_{溶液,2}}$$

となる。辺々引くと

$$E_1 - E_2 = -\frac{RT}{F}\left(\log_e \frac{a_{内部}}{a_{溶液,1}} - \log_e \frac{a_{内部}}{a_{溶液,2}}\right)$$

$$= \frac{RT}{F}(\log_e a_{溶液,1} - \log_e a_{溶液,2})$$

$$= \frac{RT}{\log_{10} e \cdot F}(\log_{10} a_{溶液,1} - \log_{10} a_{溶液,2})$$

$$\therefore \quad -\log_{10} a_{溶液,1} = -\log_{10} a_{溶液,2} - \frac{F(E_2 - E_1)}{\log_e 10 \cdot RT}$$

となる。ここで$-\log_{10} a_{溶液} = $pHであるから

$$pH_1 = pH_2 + \frac{F(E_2 - E_1)}{\log_e 10 \cdot RT}$$

と表せる。数値を代入して計算すると次のようになる。

$$pH_1 = 4.0 - \frac{9.65 \times 10^4 C/mol \times (843 - 814) \times 10^{-3} V}{2.30 \times 8.31 J/(K \cdot mol) \times 298K}$$

$$= 3.5$$

　以上より，正答は**3**である。

正答 **3**

重要ポイント 1 電解質溶液

(1)電解質の電離

　溶媒に溶解させたときに陽イオンと陰イオンとに解離する現象を**電離**といい，電離する物質を**電解質**という。水溶液中でほとんど完全に電離する物質を**強電解質**，水溶液中で一部が電離し，電離したイオンと電離しなかった化学種とが平衡状態になる物質を**弱電解質**という。弱電解質の水溶液では，束一的性質を表す法則 (1.91) 〜 (1.93) の m_B，および (1.94) の n_B を修正する必要がある。たとえば，沸点上昇の (1.92) は

$$\Delta T_b \approx K_b i m_B \tag{1.95}$$

のようになる。$i\,(>1)$ を **van't Hoff係数**という。

(2)電解質溶液のモル伝導率

　電解質溶液に電場 $\boldsymbol{E}$ があるときに電流密度 (単位断面積を流れる電流) $\boldsymbol{J}$ が生じるとき，**Ohmの法則**は

$$\boldsymbol{J} = \kappa \boldsymbol{E} \tag{1.96}$$

と表せる。κ を**伝導率**という。同じ電解質であっても，溶液のモル濃度 c によって伝導率は変化するので

$$\Lambda = \frac{\kappa}{c} \tag{1.97}$$

で表される**モル伝導率**を用いる。電解質溶液の Λ の c に対する変化を測定すると，c が増加するとともに Λ は減少する。これは強電解質の場合にはイオン間相互作用が大きくなるためであり，弱電解質の場合には電離度が減少するためである。c の小さい領域では Λ と $\sqrt{c}$ の間のグラフに直線関係が成り立ち

$$\Lambda = \Lambda^\infty - k\sqrt{c} \tag{1.98}$$

と表せる。ここで k は定数である。また，Λ^∞ を**極限モル伝導率**といい，無限希釈状態 $(c \to 0)$ におけるモル伝導率である。無限希釈状態では陽イオンと陰イオンは独立に移動すると考えられる。陽イオンと陰イオンのイオンのモル伝導率をそれぞれ λ_+，λ_- とすると

$$\Lambda = \lambda_+ + \lambda_- \tag{1.99}$$

となる。(1.99) を **Kohlrauschのイオン独立移動の法則**という。弱電解質ではイオン濃度が小さく各イオンが独立して移動するとみなせるので，電離度 α は次のように求められる。

$$\alpha = \frac{\Lambda}{\Lambda^\infty} \tag{1.100}$$

重要ポイント **2** 化学電池

⑴化学電池

化学変化に伴って生じるエネルギーを電気的なエネルギーに変える装置を**化学電池**という。たとえば，Daniell電池の電池図は

$$\text{Zn(s)} \mid \text{ZnSO}_4\text{(aq)} \vdots \text{CuSO}_4\text{(aq)} \mid \text{Cu(s)} \tag{1.101}$$

と表せる。(1.101) で $\mid$ は相境界を，$\vdots$ は混和しうる液体間の接合を表す。なお，$\|$ と表したときには液間電位差がないと仮定される液絡を表す。

⑵半電池

化学電池の一つの電極に着目し，それを電解質溶液に浸したものを**半電池**という。異なる半電池を組み合わせることで化学電池が構成される。以下に代表的な半電池を示す。

金属電極 金属Mをその金属イオンM^{z+}を含む溶液に浸した電極である。

$$\text{M}^{z+} \mid \text{M} \qquad \text{M}^{z+} + z\text{e}^- = \text{M} \tag{1.102}$$

気体電極 気体とそのイオンを含む溶液を接触させたもので，白金などの不活性な金属を伝導媒体として必要とする。

$$\text{H}^+ \mid \text{H}_2, \text{Pt} \qquad \text{H}^+ + \text{e}^- = \frac{1}{2}\text{H}_2 \tag{1.103}$$

$$\text{Cl}^- \mid \text{Cl}_2, \text{Pt} \qquad \frac{1}{2}\text{Cl}_2 + \text{e}^- = \text{Cl}^- \tag{1.104}$$

酸化還元電極 白金などの不活性な金属を，酸化状態の異なる 2 つのイオンを含む溶液に浸した電極である。

$$\text{Fe}^{3+}, \text{Fe}^{2+} \mid \text{Pt} \qquad \text{Fe}^{3+} + \text{e}^- = \text{Fe}^{2+} \tag{1.105}$$

$$\text{Cu}^{2+}, \text{Cu}^+ \mid \text{Pt} \qquad \text{Cu}^{2+} + \text{e}^- = \text{Cu}^+ \tag{1.106}$$

金属難溶性塩電極 金属がその難溶性塩に包まれて接しており，その塩と共通のイオンを含む溶液に接している電極である。

$$\text{Cl}^- \mid \text{AgCl(s)} \mid \text{Ag} \qquad \text{AgCl(s)} + \text{e}^- = \text{Cl}^- + \text{Ag} \tag{1.107}$$

$$\text{Cl}^- \mid \text{Hg}_2\text{Cl}_2\text{(s)} \mid \text{Hg} \qquad \frac{1}{2}\text{Hg}_2\text{Cl}_2\text{(s)} + \text{e}^- = \text{Cl}^- + \text{Hg} \tag{1.108}$$

(3)標準電極電位

基準の半電池の電極として，次のような**標準水素電極**を用いる。

$$\text{Pt}, \text{H}_2(1\text{atm}) \mid \text{H}^+(a=1) \tag{1.109}$$

これは水素の圧力が1atm，H^+の活量（溶液の非理想性を補正した実効的な濃度で無次元化されている）aが1の半電池であり，この電極電位をすべての温度で0と取り決める。(1.109)を左側に配置し，他の半電池Cを右側に配置して組み合わせた電池の起電力を，半電池Cの**電極電位**という。たとえば，(1.102)の金属電極であれば

$$\text{Pt}, \text{H}_2(1\text{atm}) \mid \text{H}^+(a=1) \overset{\shortparallel}{} \text{M}^{z+} \mid \text{M} \tag{1.110}$$

と表せる。このとき，右側の電極では金属イオンM^{z+}が還元されて金属Mとなるが，Mに還元されやすいほど(1.102)の電極電位は大きくなるので，電極電位を**還元電位**ともいう。また，電池反応に関与する化学種の活量がすべて1の場合の電極電位を，特に**標準電極電位**という。

(4)電池の起電力と Gibbs エネルギー変化

電流が0のときの電位差の極限値を電池の**起電力**という。温度と圧力が一定のとき，電池反応によるGibbsエネルギー変化$\Delta_r G$は

$$\Delta_r G = -zFE \tag{1.111}$$

となる。ただし，zは移動した電子の物質量（電池反応の式のe^-の化学量数），FはFaraday定数，Eは電池の起電力である。

(5)Nernst の式

電池の起電力Eは電解質溶液の濃度によって変化する。電池反応が(1.22)で表されるとき，化学種iの活量をa_iとすると，Eは

$$E = E^{\ominus} - \frac{RT}{zF} \ln \prod_i (a_i^{\nu_i}) \tag{1.112}$$

となる。(1.112)を**Nernstの式**という。ここで$E^{\ominus}$は電池反応に関与する全化学種の活量が1のときの起電力で**標準起電力**という。活量を用いて(1.22)の平衡定数K_aを表すと

$$K_a = \prod_i (a_i^{\nu_i}) \tag{1.113}$$

であるから，標準起電力$E^{\ominus}$が

$$E^{\ominus} = \frac{RT}{zF} \ln K_a \tag{1.114}$$

となり，$E^{\ominus}$を測定すると平衡定数K_aが求められることがわかる。

実戦問題

No.1 黒鉛電極を用いて，硫酸ナトリウム水溶液に0.500Aの電流を400分間流した。このとき，陰極で発生する気体とその体積（300K，1気圧）の記述として最も妥当なのはどれか。

ただし，発生した気体は理想気体として振る舞うものとし，ファラデー定数を$9.65×10^4$C·mol^{-1}とする。

なお，273K，1気圧における1molの理想気体の体積は22.4Lである。

【国家一般職・平成29年度】

1 水素が約1.5L発生した。

2 水素が約3.1L発生した。

3 酸素が約3.1L発生した。

4 酸素が約6.1L発生した。

5 二酸化硫黄が約3.1L発生した。

No.2 次の記述㋐〜㋔のうちFe^{3+}を十分多量に含む水溶液にスズの板を入れたときの変化の説明として妥当なもののみをすべて挙げているのはどれか。

ただし，各イオンの水溶液中における標準電極電位$E°$は次のとおりとする。

【国家総合職・平成29年度】

$$Fe^{3+}+e^- \rightleftharpoons Fe^{2+} \qquad E°=+0.77V$$
$$Sn^{4+}+2e^- \rightleftharpoons Sn^{2+} \qquad E°=+0.15V$$
$$Sn^{2+}+2e^- \rightleftharpoons Sn \qquad E°=-0.14V$$
$$Fe^{2+}+2e^- \rightleftharpoons Fe \qquad E°=-0.44V$$

㋐ Fe^{3+}は還元されFe^{2+}を生じる。生じたFe^{2+}はさらに還元されFeを生じる。

㋑ Fe^{3+}は還元されFe^{2+}を生じるが，生じたFe^{2+}はFeまで還元されない。

㋒ Snは酸化されSn^{2+}を生じる。生じたSn^{2+}はさらに酸化されSn^{4+}を生じる。

㋓ Snは酸化されSn^{2+}を生じるが，生じたSn^{2+}はSn^{4+}まで酸化されない。

㋔ 変化は生じない。

1 ㋐，㋒

2 ㋐，㋓

3 ㋑，㋒

4 ㋑，㋓

5 ㋔

No.3 pH＝0の水溶液中におけるマンガンのLatimer図を次に示す。この図では，マンガンの酸化状態が高いほうから順に左側から右側に記されており，矢印の上の値は，その過程の標準電極電位（ボルト単位）である。この図より，pH＝0の水溶液中でマンガンを含む最も安定な化学種とXの値の組合せとして最も妥当なのはどれか。　【国家一般職・令和元年度】

$$MnO_4^- \xrightarrow{+0.90} HMnO_4^- \xrightarrow{+2.09} MnO_2 \xrightarrow{+0.90} Mn^{3+} \xrightarrow{+1.56} Mn^{2+} \xrightarrow{-1.18} Mn$$

（MnO_4^- から MnO_2 への過程：X）

	マンガンを含む最も安定な化学種	X
1	Mn	＋1.69
2	Mn	＋2.99
3	Mn^{2+}	＋1.69
4	Mn^{2+}	＋2.99
5	MnO_4^-	＋1.69

No.4 NaCl，HClおよびCH₃COONaの無限希釈のモル伝導度が表のとおりであるとき，酢酸の無限希釈のモル伝導度はいくらか。

ただし，イオン独立移動の法則が成り立つものとする。

【国家一般職・平成27年度】

強電解質	無限希釈のモル伝導度〔$S \cdot m^2 \cdot mol^{-1}$〕
NaCl	12.65×10^{-3}
HCl	42.62×10^{-3}
CH₃COONa	9.10×10^{-3}

1 $2.09 \times 10^{-2} S \cdot m^2 \cdot mol^{-1}$

2 $3.10 \times 10^{-2} S \cdot m^2 \cdot mol^{-1}$

3 $3.91 \times 10^{-2} S \cdot m^2 \cdot mol^{-1}$

4 $4.62 \times 10^{-2} S \cdot m^2 \cdot mol^{-1}$

5 $6.44 \times 10^{-2} S \cdot m^2 \cdot mol^{-1}$

No.5 **電池に関する記述㋐～㋔のうち妥当なもののみを挙げているのはどれか。**

ただし，ファラデー定数を9.65×10^4C･mol^{-1}とする。

【国家総合職・令和元年度】

㋐ 鉛蓄電池を放電すると，正極および負極の表面に硫酸鉛（Ⅱ）が生じ，電解液の濃度は減少する。

㋑ マンガン乾電池は，正極活物質に亜鉛，負極活物質に二酸化マンガンを用いた一次電池である。

㋒ リチウム電池は，負極活物質にイオン化傾向の大きいリチウム，電解液にリチウム塩水溶液を用いた二次電池である。

㋓ 燃料電池にはさまざまな種類があり，室温から100℃程度の作動温度をもつ固体酸化物形燃料電池，500℃付近の作動温度をもつリン酸形燃料電池などが挙げられる。

㋔ アルカリ形水素–酸素燃料電池において，正極で2.00molの酸素O_2が還元されるときに流れる電気量は7.72×10^5Cである。

1 ㋐，㋒
2 ㋐，㋔
3 ㋑，㋒
4 ㋑，㋓
5 ㋓，㋔

実戦問題の解説

No.1 の解説　硫酸ナトリウム水溶液の電気分解

→問題はP.79

陰極では

$$2H_2O + 2e^- \longrightarrow H_2\uparrow + 2OH^-$$

の反応が起こる。発生する気体は水素で，その体積はシャルルの法則を用いて次のようになる。

$$\frac{0.500\text{A}\times400\times60\text{s}}{9.65\times10^4\text{C/mol}}\times\frac{1}{2}\times22.4\text{L/mol}\times\frac{300\text{K}}{273\text{K}}=1.5\text{L}$$

以上より，正答は**1**である。

No.2 の解説　自発的に起こる電気化学反応の判定

→問題はP.79

標準電極電位$E°$が大きい反応の酸化剤ほど電子を引き付けやすいので，与式の左辺の酸化剤は上のものほど酸化力が強い。逆に，与式の右辺の還元剤は下のものほど還元力が強い。

酸化剤のFe^{3+}と還元剤のSnの位置を見ると，自発的に反応が進むことがわかる。しかし，生成したFe^{2+}の酸化力はSn^{2+}よりも弱いため，Fe^{2+}がSnに還元されてFeになることはない。よって，㋐は誤りで㋑は正しい。

次に，生成したSn^{2+}（右辺のほう）はさらにFe^{3+}と反応できることがわかる。この反応は自発的に進み，Sn^{4+}とFe^{2+}を生成する。よって，㋒は正しく㋓は誤りである。

以上より，正答は**3**である。

第
1
章

物
理
化
学

No.3 の解説　マンガンの Latimer 図

電池反応が順次進行する場合，i 番目の電池反応について Gibbs エネルギー変化 ΔG_i は，Faraday 定数を F，起電力を E_i，移動した電子の物質量を z_i とすると

$$\Delta G_i = -z_i F E_i$$

で与えられる。Latimer 図に示された化学種の Mn の酸化数は，順に $+7$，$+6$，$+4$，$+3$，$+2$，0 であるから，z_i は各過程の酸化数の減少量に等しく $z_1=1$，$z_2=2$，$z_3=1$，$z_4=1$，$z_5=2$ である。図の X を求めるときは $n=2$ なので

$$\Delta G_1 + \Delta G_2 = -z_1 F E_1 - z_2 F E_2$$

となる。一方，初めの 2 段階をまとめたときの起電力を E_X とすると

$$\Delta G_1 + \Delta G_2 = -(z_1 + z_2) F E_X$$

であるから，E_X は次のように求められる。

$$E_X = \frac{z_1 E_1 + z_2 E_2}{z_1 + z_2} = \frac{1 \times 0.90 + 2 \times 2.09}{1 + 2} \text{V}$$
$$= 1.69 \text{V}$$

n 番目までの全 Gibbs エネルギー変化 $\sum_{i=1}^{n} \Delta G_i$ は

$$\sum_{i=1}^{n} \Delta G_i = -F \sum_{i=1}^{n} (z_i E_i)$$

となるが，$E_1 \sim E_4$ は正の値で $\sum_{i=1}^{n} (z_i E_i)$ は n の増加とともに単調増加し，逆に $\sum_{i=1}^{n} \Delta G_i$ は単調減少していく（負で絶対値が増加していく）。つまり，段階が進むほど Gibbs エネルギーが減少して安定化することを意味する。しかし，$E_5 < 0$ であるから

$$\sum_{i=1}^{4} (z_i E_i) > \sum_{i=1}^{5} (z_i E_i)$$
$$\therefore \quad \sum_{i=1}^{4} \Delta G_i < \sum_{i=1}^{5} \Delta G_i$$

となり，$n=4$ の場合よりも $n=5$ のほうが不安定とわかる。よって，最も安定な化学種は 4 段階進んで生成する Mn^{2+} である。

以上より，正答は **3** である。

無限希釈状態ではイオン間相互作用が無視できるため，無限希釈状態でのモル伝導度は電解質を構成する各イオンのモル伝導度の和に等しい。イオン X のモル伝導度を Λ^{∞}_{X} とすると，与えられた表より次の関係が成り立つ。

$$\Lambda^{\infty}_{Na^+} + \Lambda^{\infty}_{Cl^-} = 12.65 \times 10^{-3} \text{S·m}^2 \text{·mol}^{-1} \tag{1}$$

$$\Lambda^{\infty}_{H^+} + \Lambda^{\infty}_{Cl^-} = 42.62 \times 10^{-3} \text{S·m}^2 \text{·mol}^{-1} \tag{2}$$

$$\Lambda^{\infty}_{Na^+} + \Lambda^{\infty}_{CH_3COO^-} = 9.10 \times 10^{-3} \text{S·m}^2 \text{·mol}^{-1} \tag{3}$$

$(2) + (3) - (1)$ より $\Lambda^{\infty}_{Na^+}$ と $\Lambda^{\infty}_{Cl^-}$ を消去すると

$$\Lambda^{\infty}_{H^+} + \Lambda^{\infty}_{CH_3COO^-} = (42.62 + 9.10 - 12.65) \times 10^{-3} \text{S·m}^2 \text{·mol}^{-1}$$
$$= 3.91 \times 10^{-2} \text{S·m}^2 \text{·mol}^{-1}$$

と求められる。これが求める CH_3COOH の無限希釈のモル伝導に等しい。

以上より，正答は**3**である。

No.5の解説 さまざまな電池の特徴

→問題はP.81

㋐ 正しい。二次電池の鉛蓄電池は次の電池式および電極反応（放電時）となる。

(−) $Pb|H_2SO_4aq|PbO_2$ (+)

(−) $Pb+SO_4^{2-} \longrightarrow PbSO_4+2e^-$

(+) $PbO_2+4H^++SO_4^{2-}+2e^- \longrightarrow PbSO_4+2H_2O$

負極，正極とも$PbSO_4$が電極に付着する。また，電解液中の硫酸の濃度が減少する。

㋑ 誤りである。一次電池のマンガン乾電池の電池式は次のようになる。

(−) $Zn|ZnCl_2aq,\ NH_4Claq|MnO_2\cdot C$ (+)

よって，正極活物質はMnO_2，負極活物質はZnである。

㋒ 誤りである。リチウム電池は一次電池であり，負極活物質にリチウムを用いるが，リチウムは水と激しく反応してしまうため，電解液には非水系の有機電解液を用いる。

㋓ 誤りである。燃料電池にはさまざまな種類があるが，固体酸化物形燃料電池（SOFC）は動作温度700～1000℃を必要とする。リン酸形燃料電池（PAFC）は動作温度が200℃程度である。

㋔ 正しい。アルカリ電解質形燃料電池（AFC）は，たとえば電解液にKOH水溶液を用いた場合，次の電極反応となる。

(−) $H_2+2OH^- \longrightarrow 2H_2O+2e^-$

(+) $O_2+2H_2O+4e^- \longrightarrow 4OH^-$

2.00molのO_2が還元された場合の電気量は次のようになる。

$$2.00\text{mol}\times\frac{4}{1}\times 9.65\times10^4\text{C}\cdot\text{mol}^{-1}=7.72\times10^5\text{C}$$

以上より，正答は**2**である。

正答 No.1=1 No.2=3 No.3=3 No.4=3 No.5=2

反応速度論

必修問題

2次反応の反応速度に関する次の記述の㋐，㋑に当てはまるものの組合せとして最も妥当なのはどれか。　　【国家一般職・平成28年度】

「ある物質Aの分解が2次反応であるとき，反応速度定数をk，反応開始時のAの濃度を$[A]_0$，反応開始からt経過したときのAの濃度を$[A]_t$とすると，これらには，[㋐]の関係が成り立つ。$[A]_0=0.1\mathrm{mol\cdot L^{-1}}$のとき，反応の半減期が200sであったとすると，$k$は[㋑]$\mathrm{mol^{-1}\cdot L\cdot s^{-1}}$となる。」

	㋐	㋑
1	$\frac{1}{[A]_t}-\frac{1}{[A]_0}=kt$	5×10^{-3}
2	$\frac{1}{[A]_t}-\frac{1}{[A]_0}=kt$	5×10^{-2}
3	$[A]_t=[A]_0\exp(-kt)$	5×10^{-3}
4	$[A]_t=[A]_0\exp(-kt)$	5×10^{-2}
5	$[A]_t=kt$	5×10^{-4}

必修問題の解説

反応速度をvとすると，定義より

$$v=-\frac{\mathrm{d}[A]_t}{\mathrm{d}t}$$

である。一方，反応速度式は

$$v=k[A]_t^2$$

となる。これらを連立すると1階微分方程式が得られる。

$$-\frac{\mathrm{d}[\mathrm{A}]_t}{\mathrm{d}t}=k[\mathrm{A}]_t{}^2$$

$$\int\frac{\mathrm{d}[\mathrm{A}]_t}{[\mathrm{A}]_t{}^2}=-k\int\mathrm{d}t$$

$$\therefore\quad -\frac{1}{[\mathrm{A}]_t}=-kt+C\quad (C\text{ は積分定数}) \tag{1}$$

$t=0$ のとき $[\mathrm{A}]_t=[\mathrm{A}]_0$ より

$$-\frac{1}{[\mathrm{A}]_0}=C$$

とわかる。式(1)に代入して

$$-\frac{1}{[\mathrm{A}]_t}=-kt-\frac{1}{[\mathrm{A}]_0}$$

$$\therefore\quad \frac{1}{[\mathrm{A}]_t}-\frac{1}{[\mathrm{A}]_0}=kt \tag{2}$$

が得られる(㋐)。

次に，半減期を $t_{1/2}=200\mathrm{s}$ とすると，$[\mathrm{A}]_{t_{1/2}}=\dfrac{1}{2}[\mathrm{A}]_0$ であるから，式(2)より k が次

のように計算できる。なお，途中でわかるように，二次反応では半減期が初濃度に

依存することに注意すること。

$$\frac{1}{\frac{1}{2}[\mathrm{A}]_0}-\frac{1}{[\mathrm{A}]_0}=kt_{1/2}$$

$$\therefore\quad k=\frac{1}{t_{1/2}[\mathrm{A}]_0}=\frac{1}{200\mathrm{s}\times0.1\mathrm{mol}\cdot\mathrm{L}^{-1}}$$

$$=5\times10^{-2}\mathrm{mol}^{-1}\cdot\mathrm{L}\cdot\mathrm{s}^{-1}\quad (㋑)$$

以上より，正答は **2** である。

正答 **2**

重要ポイント **1** 反応速度

⑴反応速度

　化学反応において，反応物と生成物の量が時間的にどのように変化するかや，触媒の働きを調べる学問分野が化学反応速度論である。反応物や生成物の量の時間変化率として**反応速度**が定義される。たとえば，次の反応

$$a\mathrm{A}+b\mathrm{B} \longrightarrow c\mathrm{C}+d\mathrm{D} \tag{1.115}$$

で，一定体積下での反応速度 v は，時間を t として

$$v=-\frac{1}{a}\frac{\mathrm{d}[\mathrm{A}]}{\mathrm{d}t}=-\frac{1}{b}\frac{\mathrm{d}[\mathrm{B}]}{\mathrm{d}t} \quad (反応系) \tag{1.116}$$

$$v=\frac{1}{c}\frac{\mathrm{d}[\mathrm{C}]}{\mathrm{d}t}=\frac{1}{d}\frac{\mathrm{d}[\mathrm{D}]}{\mathrm{d}t} \quad (生成系) \tag{1.117}$$

で定義される。より一般に，(1.22)の場合には，成分 i のモル濃度を c_i として

$$v=\frac{1}{\nu_i}\frac{\mathrm{d}c_i}{\mathrm{d}t} \tag{1.118}$$

で定義される。化学量数 ν_i は反応系で $\nu_i<0$，生成系で $\nu_i>0$ である。

⑵反応次数

　一般に，反応速度 v に影響を与えるものとして反応に関与する物質の濃度がある。ここで，(1.22)の場合について

$$v=k\prod_i(c_i^{m_i}) \tag{1.119}$$

と表されるとき，m_i を物質 i の**反応次数**という。反応に関与しない物質では $m_i=0$ である。(1.119)では v が濃度 c の $\sum_i(m_i)$ 次式となっており，全体の反応次数に相当する。また，k は**反応速度定数**と呼ばれ，一般には温度などに依存する。

⑶濃度の時間変化

　まず，$\mathrm{A}\longrightarrow\mathrm{B}$ で表される化学反応が1次反応の場合，反応速度は

$$-\frac{\mathrm{d}[\mathrm{A}]}{\mathrm{d}t}=k[\mathrm{A}] \tag{1.120}$$

と表せる。初濃度を $[\mathrm{A}]_0$ としてこれを解くと<u>1次反応の半減期は初濃度に依存しない</u>ことが示される。しかし，2次反応など反応次数が1でない場合，半減期は初濃度に依存する。

重要ポイント 2　反応速度定数

(1)**反応速度定数と平衡定数**

反応速度は温度にも依存する。次の平衡反応

$$A \rightleftarrows B \tag{1.121}$$

において，正反応および逆反応の反応速度定数をそれぞれk_1，k_2，反応速度をそれぞれv_1，v_2として，

$$v_1 = k_1[A], \quad v_2 = k_2[B] \tag{1.122}$$

と表されたとする。平衡状態では$v_1 = v_2$となるので，(1.122)より

$$\frac{k_1}{k_2} = \frac{[B]}{[A]} = K \tag{1.123}$$

の関係が成立する。ただし，Kは(1.121)の平衡定数である。

(2)**Arrhenius の式**

(1.77)を導いたのと同様に，化学熱力学によると，(1.121)のGibbsエネルギー変化$\Delta_r G$は圧平衡定数K_PがKに等しいとすると，(1.39)より

$$\Delta_r G = \Delta_r (H - TS) = -RT \ln K \tag{1.124}$$

となる。ただし，Δ_rは反応に伴う変化量を意味する。$\Delta_r H = E_{a1} - E_{a2}$とおくと，(1.124)より

$$K = A\exp\left(-\frac{E_{a1} - E_{a2}}{RT}\right) = \frac{A_1 \exp\left(-\dfrac{E_{a1}}{RT}\right)}{A_2 \exp\left(-\dfrac{E_{a2}}{RT}\right)} \tag{1.125}$$

となる。ただし，A，A_1，A_2はエントロピーを含む部分であり，その温度変化は考えず定数として扱った。(1.125)を(1.123)と比較すると

$$k_1 = A_1 \exp\left(-\frac{E_{a1}}{RT}\right), \quad k_2 = A_2 \exp\left(-\frac{E_{a2}}{RT}\right) \tag{1.126}$$

の形で反応速度定数k_1とk_2が表せそうである。(1.126)を**Arrhenius の式**という。E_{a1}とE_{a2}はそれぞれ正反応と逆反応を起こすのに必要なエネルギーと解釈でき，**活性化エネルギー**という。また，A_1とA_2はそれぞれの反応がどれだけ頻繁に起こるかを示すパラメーターであると考えられることから**頻度因子**ともいう。(1.126)の添え字を除いて対数をとると

$$\ln k = \ln A - \frac{E_a}{RT} \tag{1.127}$$

となるので，$\ln k$を$\dfrac{1}{T}$に対してプロットすると，傾き$-\dfrac{E_a}{R}$からE_aが求められる。このように表したグラフは**Arrhenius プロット**と呼ばれる。

⑴**反応機構と素反応**

　一般に，化学反応にはいくつかの反応段階があり，それを順に示したものを**反応機構**という。各々の反応段階を表す反応を**素反応**という。

⑵**定常状態法**

　反応の過程で生成する反応中間体は不安定であり，その濃度は反応物の濃度に比べて十分に小さく，反応中間体の生成する速度と消滅する速度がつりあっているとみなすことにする。この手法を**定常状態法**といい，反応中間体の濃度変化は0となる。特に，結合の解離により反応中間体が生成する過程は一般には遅いことが多く，その反応段階が全体の反応速度を決定してしまうことが多い。このような反応段階を**律速段階**といい，単純な反応機構の場合には最も遅い素反応が該当する。

実 戦 問 題

No.1 物質A，B，Cがある。それぞれが分解していく反応における，濃度の時間変化は図のとおりである。各物質の分解反応の次数をいずれも正しく示しているのはどれか。

【地方上級・平成25年度】

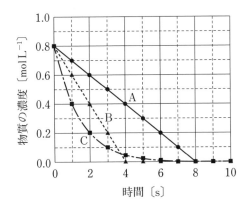

	A	B	C
1	0次	0次	1次
2	0次	0次	2次
3	0次	0.5次	1次
4	0.5次	1次	2次
5	1次	1次	2次

大気圧下，600Kにおける気体分子Aの反応

A（気体）—→ B（気体）＋ C（気体）

に関する次の記述の㋐，㋑に当てはまるものの組合せとして最も妥当なのはどれか。

ただし，気体分子Aの分圧は大気圧に対して十分小さいものとする。

【国家一般職・平成26年度】

「反応時間 t〔s〕における気体分子Aの分圧 p_A〔Pa〕を計測した。反応前における気体Aの分圧を p_0〔Pa〕とし，$\log_e \dfrac{p_A}{p_0}$ を t に対してプロットしたところ，図のようになった。プロットが直線上にのることから，この反応は ㋐ 反応であり，反応速度定数は ㋑ となる。」

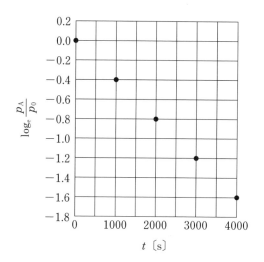

	㋐	㋑
1	1次	$4.0 \times 10^{-4} \mathrm{s}^{-1}$
2	1次	$2.5 \times 10^{-3} \mathrm{s}^{-1}$
3	1次	$2.5 \times 10^{3} \mathrm{s}^{-1}$
4	2次	$4.0 \times 10^{-4} \mathrm{Pa}^{-1} \cdot \mathrm{s}^{-1}$
5	2次	$2.5 \times 10^{3} \mathrm{Pa}^{-1} \cdot \mathrm{s}^{-1}$

No.3 **反応速度に関する次の記述の㋐，㋑に当てはまるものの組合せとして最も妥当なのはどれか。** 【国家一般職・平成29年度】

「反応速度定数kの温度依存性は，次式によって表すことができる。この式はアレニウス式と呼ばれている。

$$k = A \exp\left(-\frac{E}{RT}\right)$$

ここで，Aは頻度因子，Eは反応の活性化エネルギー，Rは気体定数，Tは絶対温度である。

上式の両辺の対数をとると，

$$\log_e k = \log_e A - \frac{E}{RT}$$

となる。この式から，活性化エネルギーが ㋐ なると，反応速度定数は温度に強く依存することがわかる。

360Kにおける反応速度が，350Kにおける反応速度の2倍となる反応があるとする。この反応の速度定数はアレニウス式で表すことができ，この反応の頻度因子および活性化エネルギーは温度によらず一定であるとすれば，この反応の400Kにおける反応速度は，350Kにおける反応速度の ㋑ 倍となる。」

	㋐	㋑
1	大きく	$2^{3.5}$
2	大きく	$2^{4.5}$
3	大きく	$2^{5.5}$
4	小さく	$2^{3.5}$
5	小さく	$2^{5.5}$

No.4 次の反応式に示すように，五酸化二窒素は二酸化窒素と酸素に分解する。

$$N_2O_5 \longrightarrow 2NO_2 + \frac{1}{2}O_2$$

いま，さまざまな絶対温度T〔K〕における分解反応の反応速度定数k〔s^{-1}〕を求め，絶対温度の逆数に対して反応速度定数の自然対数をプロットしたところ，図のように，測定点は，傾き$a = -1.24 \times 10^4$〔K〕，切片$b = 54.0$の直線上に位置した。このとき，この分解反応の活性化エネルギーの値はおよそいくらか。

ただし，気体定数の値を8.31J·mol^{-1}·K^{-1}とする。【国家一般職・令和元年度】

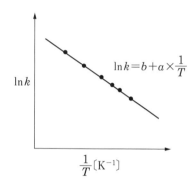

1 1.50kJ·mol^{-1}

2 10.3kJ·mol^{-1}

3 54.0kJ·mol^{-1}

4 103kJ·mol^{-1}

5 109kJ·mol^{-1}

No.5 反応速度に関する次の記述の㋐，㋑に当てはまるものの組合せとして最も妥当なのはどれか。　【国家一般職・平成24年度】

「物質Aから物質Bが生成する反応は，次のように進行する。

$$A + A \xrightleftharpoons[k_{-1}]{k_1} A + A^*$$

　　　　　　　　　　　　　　　　（k_1，k_{-1}，k_2は反応速度定数）

$$A^* \xrightarrow{k_2} B$$

ここで，A*はAから生じる活性な中間体である。A*について定常状態近似が適用できるとすると，Bの生成速度rは，

$$r = \boxed{\quad ㋐ \quad}$$

と表すことができる。ここで，[A]はAの濃度である。

k_{-1}[A] [㋑] k_2のとき，rは[A]の一次式で表すことができる。」

	㋐	㋑
1	$\dfrac{k_1k_{-1}[A]^2}{k_{-1}[A]-k_2}$	$\gg$
2	$\dfrac{k_1k_{-1}[A]^2}{k_{-1}[A]-k_2}$	$\ll$
3	$\dfrac{k_1k_2[A]^2}{k_{-1}[A]-k_2}$	$\gg$
4	$\dfrac{k_1k_2[A]^2}{k_{-1}[A]+k_2}$	$\gg$
5	$\dfrac{k_1k_2[A]^2}{k_{-1}[A]+k_2}$	$\ll$

No.6 反応速度に関する記述㋐，㋑，㋒のうち妥当なもののみをすべて挙げているのはどれか。 【国家総合職・平成28年度】

$$A + B \underset{k_{-1}}{\overset{k_1}{\rightleftarrows}} P_1$$

$$A + B \underset{k_{-2}}{\overset{k_2}{\rightleftarrows}} P_2$$

図Ⅰ

$$2A \underset{k_a'}{\overset{k_a}{\rightleftarrows}} I$$

$$I + B \xrightarrow{k_b} P$$

図Ⅱ

㋐ 図Ⅰのように，化合物A，Bには生成物P_1，P_2を生じる反応が起こり，これら二つの反応が拮抗している。これらの反応が平衡に達したときのP_1とP_2の濃度比$\dfrac{[P_1]}{[P_2]}$は，$\dfrac{k_{-1}}{k_1}\cdot\dfrac{k_2}{k_{-2}}$で与えられる。

㋑ 多段階反応では，通常，活性化エネルギーが最大のものが律速段階となるが，律速段階は反応に必要な物質の濃度が低いときにも発生し，活性化エネルギーのみで律速段階が定まらない場合もある。

㋒ 図Ⅱのように，2A+B ⟶ Pの反応が，中間体Iを経由するもので，$k_a' \gg k_b$かつBの濃度が十分に小さいとき，Pの生成速度は$[A]^2[B]$に比例する。

1 ㋐
2 ㋐，㋑
3 ㋐，㋒
4 ㋑
5 ㋑，㋒

いま，反応物Xのみが関与する反応があり，n次反応であるとする。反応開始からの時間をt，反応速度定数をkとすると，反応速度の定義から反応速度式は次のようになる。

$$-\frac{\mathrm{d}[X]}{\mathrm{d}t}=k[X]^n \tag{1}$$

まず，$n=0$のとき，式(1)は

$$-\frac{\mathrm{d}[X]}{\mathrm{d}t}=k$$

$$\therefore \quad [X]=-kt+[X]_0$$

となる。ただし，$[X]_0$は初濃度である。よって，$[X]$はtとともに直線的に減少していく。したがって，AとBは0次反応である。

次に，$n=1$のとき，式(1)は

$$-\frac{\mathrm{d}[X]}{\mathrm{d}t}=k[X]$$

$$\int \frac{\mathrm{d}[X]}{[X]}=-k\int t\,\mathrm{d}t$$

$$\log_e[X]=-kt+\log_e[X]_0 \tag{2}$$

$$\therefore \quad [X]=[X]_0 e^{-kt}$$

となり，指数関数的に減衰していく。半減期を$t_{1/2}$とすると，$t=t_{1/2}$のとき

$[X]=\dfrac{[X]_0}{2}$であるから，式(2)に代入すると

$$\log_e \frac{[X]_0}{2}=-kt_{1/2}+\log_e[X]_0$$

$$\therefore \quad t_{1/2}=\frac{\log_e 2}{k}$$

が得られる。よって，1次反応の場合，半減期は初濃度に依存しない。Cのグラフはこれを満たしているので1次反応である（$t_{1/2}=1.0\mathrm{s}$である）。なお，選択肢にある0.5次反応や2次反応では半減期が初濃度に依存することを確かめておくこと。

以上より，正答は**1**である。

No.2の解説　圧力比の時間変化と反応速度定数

→問題はP.92

図より，直線の傾きを$-k$とすると

$$\log_e \frac{p_A}{p_0} = -kt$$

$$\therefore \quad \log_e p_A = -kt + \log_e p_0$$

と表せる。両辺をtで微分すると，合成関数の微分法より

$$\frac{d}{dp_A}(\log_e p_A) \cdot \frac{dp_A}{dt} = -k$$

$$\therefore \quad -\frac{dp_A}{dt} = kp_A$$

となる。ここで左辺は圧力で表したAの反応速度と考えられるので，この式はAについて1次反応であることを示している(㋐)。また，kは反応速度定数であることも判明する。

図の直線の傾きが$-k$であるから，kの値は次のようになる。

$$-k = \frac{-1.6-0.0}{(4000-0)\,\mathrm{s}}$$

$$\therefore \quad k = 4.0 \times 10^{-4}\,\mathrm{s}^{-1} \quad (㋑)$$

以上より，正答は**1**である。

No.3 の解説 Arrheniusの式

→問題はP.93

Arrheniusの式を対数形で書くと，与式のように

$$\log_e k=\log_e A-\frac{E}{R}\cdot\frac{1}{T}$$

となるが，これは縦軸に$\log_e k$，横軸に$\frac{1}{T}$をとると直線関係となることを示しており，傾きが$-\frac{E}{R}$となる（このようにプロットすることをArrheniusプロットという）。よって，Eが大きくなると（㋐），傾きの絶対値が大きくなり，kがTに強く依存するようになることがわかる。

350K，400Kにおける反応速度定数を，それぞれk_{350}，k_{400}とすると，題意より

$$\log_e k_{350}=\log_e A-\frac{E}{R}\cdot\frac{1}{350\mathrm{K}} \quad (1)$$

$$\log_e (2k_{350})=\log_e A-\frac{E}{R}\cdot\frac{1}{360\mathrm{K}} \quad (2)$$

$$\log_e k_{400}=\log_e A-\frac{E}{R}\cdot\frac{1}{400\mathrm{K}} \quad (3)$$

となる。(2)－(1)よりAを消去すると

$$\log_e 2=\frac{E}{R}\left(\frac{1}{350}-\frac{1}{360}\right)\mathrm{K}^{-1}$$

$$\therefore \quad \frac{E}{R}=\log_e 2\times\left(\frac{1}{350}-\frac{1}{360}\right)^{-1}\mathrm{K} \quad (4)$$

が得られる。次に，(3)－(1)より

$$\log_e\frac{k_{400}}{k_{350}}=\frac{E}{R}\left(\frac{1}{350}-\frac{1}{400}\right)\mathrm{K}^{-1}$$

となるが，式(4)を代入して$\frac{E}{R}$を消去すると次のようになる。

$$\log_e\frac{k_{400}}{k_{350}}=\log_e 2\times\left(\frac{1}{350}-\frac{1}{360}\right)^{-1}\mathrm{K}\times\left(\frac{1}{350}-\frac{1}{400}\right)\mathrm{K}^{-1}$$

$$=\log_e 2\times\frac{350\times360}{10}\times\frac{50}{350\times400}$$

$$=\log_e 2\times4.5=\log_e 2^{4.5}$$

$$\therefore \quad \frac{k_{400}}{k_{350}}=2^{4.5} \quad (㋑)$$

以上より，正答は**2**である。

No.4 の解説　Arrhenius プロット

→問題は P.94

反応速度定数 k は，Arrhenius の式より頻度因子 A，活性化エネルギー E_a，気体定数 R，温度 T を用いて

$$k = A \exp\left(-\frac{E_a}{RT}\right)$$

$$\therefore \quad \ln k = \ln A - \frac{E_a}{R} \cdot \frac{1}{T}$$

と表せる。よって，図のプロットにおいて傾きが a，切片が b なので

$$a = -\frac{E_a}{R}, \quad b = \ln A$$

と対応することがわかる。数値を代入して E_a が求まる。

$$\begin{aligned}
E_a &= -aR \\
&= -(-1.24 \times 10^4 \text{K}) \times 8.31 \text{J} \cdot \text{mol}^{-1} \cdot \text{K}^{-1} \\
&= 103 \text{kJ} \cdot \text{mol}^{-1}
\end{aligned}$$

以上より，正答は**4**である。

No.5の解説　定常状態近似

→問題はP.94

反応速度定数がk_1，k_{-1}，k_2と対応する反応速度を，それぞれv_1，v_{-1}，v_2とする。いずれも素反応であるから，反応速度式は，それぞれ

$$v_1 = k_1[\mathrm{A}]^2 \quad (1)$$

$$v_{-1} = k_{-1}[\mathrm{A}][\mathrm{A}^*] \quad (2)$$

$$v_2 = k_2[\mathrm{A}^*] \quad (3)$$

と表せる。Bの生成速度rは

$$r = \frac{\mathrm{d}[\mathrm{B}]}{\mathrm{d}t}$$

と定義されるが，反応式$\mathrm{A}^* \longrightarrow \mathrm{B}$の係数が等しいので

$$r = v_2 \quad (4)$$

であることがわかる。

ここで，A^*について定常状態近似（A^*のような反応中間体の濃度を一定とみなす近似）を適用する。A^*の生成速度と反応速度がつりあうので

$$v_1 = v_{-1} + v_2 \quad (5)$$

が成り立つ。式(1)～(3)を式(5)に代入して

$$k_1[\mathrm{A}]^2 = k_{-1}[\mathrm{A}][\mathrm{A}^*] + k_2[\mathrm{A}^*]$$

$$\therefore \quad [\mathrm{A}^*] = \frac{k_1[\mathrm{A}]^2}{k_{-1}[\mathrm{A}] + k_2} \quad (6)$$

と変形できる。式(3)，(4)，(6)より，rは

$$r = \frac{k_1 k_2 [\mathrm{A}]^2}{k_{-1}[\mathrm{A}] + k_2} \quad (7)$$

と表すことができる（㋐）。

式(7)において，$k_{-1}[\mathrm{A}] \gg k_2$のとき（㋑），$k_{-1}[\mathrm{A}] + k_2 \fallingdotseq k_{-1}[\mathrm{A}]$と近似できるので

$$r \fallingdotseq \frac{k_1 k_2}{k_{-1}}[\mathrm{A}]$$

となり，rは$[\mathrm{A}]$の一次式となる。

以上より，正答は**4**である。

No.6の解説 さまざまな反応機構の考察

→問題はP.95

[ア] 誤りである。反応速度定数k_iに対応する反応速度をv_iとすると

$v_1=k_1[A][B]$, $v_{-1}=k_{-1}[P_1]$

$v_2=k_2[A][B]$, $v_{-2}=k_{-2}[P_2]$

と表せる。平衡状態では正反応の速度と逆反応の速度がつりあうので$v_1=v_{-1}$および$v_2=v_{-2}$となる。

$k_1[A][B]=k_{-1}[P_1]$, $k_2[A][B]=k_{-2}[P_2]$

$$\therefore\quad \frac{[P_1]}{[P_2]}=\frac{k_1}{k_{-1}}\cdot\frac{k_{-2}}{k_2}$$

[イ] 正しい。多段階反応においてボトルネックになっている部分が律速段階である。この過程は活性化エネルギーが大きい場合が多いが，その段階を起こすのに十分な反応物が得られにくいときにも発生しうる。

[ウ] 正しい。k_a, k_a', k_bに対応する反応速度を，それぞれv_a, v_a', v_bとすると

$v_a=k_a[A]^2$, $v_a'=k_a'[I]$

$v_b=k_b[I][B]$

と表せる。中間体Iに対して定常状態近似を適用すると次のようになる。

$$v_a=v_a'+v_b$$

$$k_a[A]^2=k_a'[I]+k_b[I][B]$$

$$=k_a'[I]\left(1+\frac{k_b}{k_a'}[B]\right)$$

$$\fallingdotseq k_a'[I]\quad(\because\quad k_a'\gg k_b)$$

$$\therefore\quad [I]=\frac{k_a}{k_a'}[A]^2$$

よって，Pの生成速度v_bは次のように表せる。

$$v_b=k_b\frac{k_a}{k_a'}[A]^2[B]$$

以上より，正答は**5**である。

正答	No.1=1 No.2=1 No.3=2 No.4=4 No.5=4 No.6=5

第1章 物理化学

テーマ 7

第1章　物理化学

量子化学

必修問題

図のように，1次元の井戸型ポテンシャル中に質量mの粒子がある。ここで，縦軸のVはポテンシャルエネルギーを表し，aは正の定数である。この粒子エネルギーEに関する次の記述の㋐～㋓に当てはまるものの組合せとして最も妥当なのはどれか。　【国家一般職・平成27年度】

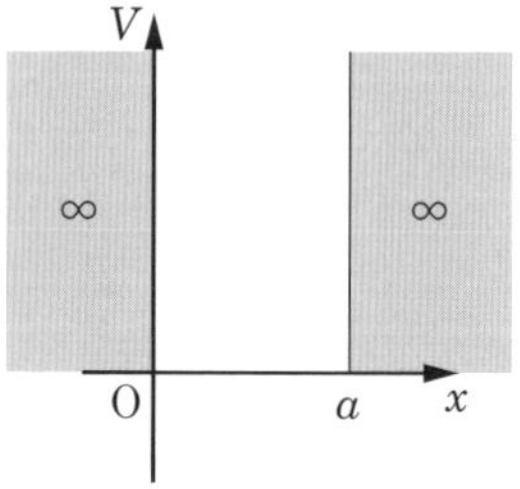

「この粒子に対するシュレーディンガー方程式は，hをプランク定数とすると，

$$\left(-\frac{h^2}{8\pi^2 m}\frac{\mathrm{d}^2}{\mathrm{d}x^2}+V\right)\psi(x)=E\psi(x)\quad \begin{cases} x<0,\ a<x & \text{において}\quad V=\infty \\ 0\leqq x\leqq a & \text{において}\quad V=0 \end{cases}$$

で表される。

$x<0$，$a<x$においては，$\psi(x)=$ [㋐] である。

$0\leqq x\leqq a$においては，$-\dfrac{h^2}{8\pi^2 m}\dfrac{\mathrm{d}^2}{\mathrm{d}x^2}\psi(x)=E\psi(x)$であり，この解を，

$\psi(x)=A\cos(kx)+B\sin(kx)$ (A，B，kはある実定数) とする。

ここで境界条件から，$x=0$および$x=a$で$\psi(x)=$ [㋐] となる必要がある。

これを満たすには， [㋑] $=0$，$ka=$ [㋒] （$n=1, 2, 3, 4, \cdots$）となる必要がある。このことから，粒子のエネルギーは，$E=$ [㋓] となり，離散的な値をとることがわかる。」

	㋐	㋑	㋒	㋓
1	0	A	$n\pi$	$\dfrac{h^2}{8ma^2}n^2$
2	0	A	$n\pi$	$\dfrac{h}{4ma}n^2$
3	0	B	$\left(n+\dfrac{1}{2}\right)\pi$	$\dfrac{h^2}{16ma^2}n^2$
4	∞	A	$n\pi$	$\dfrac{h^2}{8ma^2}n^2$
5	∞	B	$\left(n+\dfrac{1}{2}\right)\pi$	$\dfrac{h}{4ma}n^2$

必修問題の解説

$x<0$, $a<x$においては$V=\infty$であり，粒子は存在できないので$\psi(x)=0$である(㋐)。

$0 \leqq x \leqq a$におけるSchrödinger方程式の一般解

$$\psi(x)=A\cos(kx)+B\sin(kx)$$

に対して，境界条件$\psi(0)=\psi(a)=0$を適用すると

$$\psi(0)=A=0 \quad (㋑)$$

$$\psi(a)=A\cos(ka)+B\sin(ka)=0$$

となる。よって

$$\psi(a)=B\sin(ka)=0$$

$$\therefore \quad ka=n\pi \quad (n=1, 2, 3, 4, \cdots)$$

を満たす必要がある(㋒)。したがって，波動関数$\psi(x)$は

$$\psi(x)=B\sin\left(\frac{n\pi}{a}x\right)$$

と表せることがわかる。この式をSchrödinger方程式に代入すると，粒子のエネルギーEが得られる。

$$-\frac{h^2}{8\pi^2 m}\frac{\mathrm{d}^2}{\mathrm{d}x^2}\left\{B\sin\left(\frac{n\pi}{a}x\right)\right\}=E\cdot B\sin\left(\frac{n\pi}{a}x\right)$$

$$-\frac{h^2}{8\pi^2 m}\left\{-\left(\frac{n\pi}{a}\right)^2\sin\left(\frac{n\pi}{a}x\right)\right\}=E\sin\left(\frac{n\pi}{a}x\right)$$

$$\therefore \quad E=\frac{h^2}{8ma^2}n^2 \quad (㋓)$$

以上より，正答は**1**である。

正答 1

重要ポイント 1 量子論の確立

⑴光量子仮説

　Einsteinは光電効果（金属に光を当てると電子が飛び出す現象）の説明として，光は振動数νに比例するエネルギーEをもち

$$E = h\nu \tag{1.128}$$

という大きさの1つのエネルギーの塊として光が吸収されたり放出されたりするという**光量子仮説**を発表した。その最小単位$h\nu$に現れるhは量子論における最も重要な定数の一つで**Planck定数**という。粒子としての光は現在**光子**と呼ばれている。

⑵水素原子のスペクトルと Bohr の原子模型

　水素原子から出る光に一連のスペクトル線群が発見され，その波数（波長の逆数）$\tilde{\nu}$は

$$\tilde{\nu} = R\left(\frac{1}{n_1^2} - \frac{1}{n_2^2}\right) \quad (n_1 と n_2 は n_1 < n_2 を満たす自然数) \tag{1.129}$$

と表せることがわかった。ここでRは**Rydberg定数**という。Bohrは電子が原子核の周囲を円軌道を描いて運動するモデルを考え，電子の角運動量が$\dfrac{h}{2\pi} \equiv \hbar$の自然数倍（$n$倍とする）しかとりえないと仮定した（**Bohr仮説**）。その結果，エネルギー準位E_nは

$$E_n = -\frac{me^4}{32\pi^2\varepsilon_0^2 h^2}\frac{1}{n^2} \quad (n = 1, 2, 3, \cdots) \tag{1.130}$$

のように飛び飛びの値しか許されなくなる。ただし，mは電子の質量，eは電気素量，ε_0は真空の誘電率である。ここで，(1.130)の異なるnのときの値の差に相当するエネルギーが光として放出されると考えれば，(1.129)を完全に説明することができた。

⑶de Broglie 波

　de Broglieは逆に電子のように粒子と考えられていたものが波動性をもつのではないかと考えた。電子の運動量をpとすると

$$p = \frac{h}{\lambda} \tag{1.131}$$

となると考え，(1.131)は他の粒子に対しても成立すると考えた。このようにして考えられた波を**de Broglie波**または**物質波**という。λは物質波の波長である。

重要ポイント **2** **量子力学**

⑴**量子力学の成立**

　1925年から1927年にかけて，HeisenbergやSchrödingerらにより微小な世界を記述する新しい力学理論が整備された。これを**量子力学**といい，これを基にして化学の問題にも応用されるようになった。この結果，発展した学問が**量子化学**であり，現代の化学理論の重要な基礎の一つとなっている。

⑵**量子力学の特徴**

　量子力学は古典力学の延長線上でとらえられる部分もあるが，我々が見る巨視的な物体の運動とは異なり直観的なイメージができない部分も多い。量子力学の特徴としては次のことが挙げられる。

(a)　量子力学の対象となるものは粒子性と波動性をあわせもつ。

(b)　量子力学的な粒子の状態は波動関数ψで記述できる。一般に，波動関数は複素数で表され，一価の連続な関数で有限の値となる。

(c)　$|\psi|^2 dV$は量子力学的な粒子が微小体積dVに存在する確率に比例する。粒子は全空間のどこかには存在するので，次の**規格化条件**

$$\int |\psi|^2 dV = 1 \tag{1.132}$$

を満たせば$|\psi|^2 dV$は確率そのものになる。なお，以後積分は全空間にわたって行うものとする。

(d)　量子力学的な粒子の位置と運動量を同時に正確には決定できず，位置の不確定さΔxと運動量の不確定さΔp_xの間には

$$\Delta x \cdot \Delta p_x \geq \frac{\hbar}{2} \tag{1.133}$$

の関係がある。これを**Heisenbergの不確定性原理**という。このような同時に正確には決定できない関係は他にもあり，たとえば，時間とエネルギーの関係も該当する。

(e)　各物理量は波動関数ψに対してある種の演算をすることを表す**演算子**に対応する。演算子$\hat{A}$をψに作用させて，ψがaを定数として

$$\hat{A}\psi = a\psi \tag{1.134}$$

を満たすとき，aを$\hat{A}$の**固有値**，ψをaに属する**固有関数**という。また，(1.134)を**固有方程式**という。このとき，ψの状態での$\hat{A}$に対応する物理量の値はaとして与えられる。

(f)　波動関数ψが固有方程式(1.134)を満たさないときには固有値が求められないが，物理量の期待値を求めることはできる。この場合，演算子$\hat{A}$に対応する物理量の期待値$\bar{a}$は

$$\bar{a} = \frac{\displaystyle\int \psi^* \hat{A} \psi \, \mathrm{d}V}{\displaystyle\int \psi^* \psi \, \mathrm{d}V} \tag{1.135}$$

で与えられる。ただし，ψ^* は ψ の複素共役を意味する。ψ が規格化されていれば (1.135) の分母は 1 である。また，(1.134) を満たす場合でも (1.135) は成立し，その場合は期待値 $\bar{a}$ は固有値 a そのものである。

(3)Schrödinger 方程式

エネルギー E という物理量に対応する演算子はハミルトニアン $\hat{H}$ である。$\hat{H}$ は運動エネルギー T とポテンシャルエネルギー V の和で表される。三次元空間で時間に依存しない場合，粒子の質量を m として

$$\hat{H} = -\frac{\hbar^2}{2m}\left(\frac{\partial^2}{\partial x^2} + \frac{\partial^2}{\partial y^2} + \frac{\partial^2}{\partial z^2}\right) + V(x, y, z) \tag{1.136}$$

$$= -\frac{\hbar^2}{2m}\nabla^2 + V(x, y, z) \tag{1.137}$$

となる。ただし，$\nabla^2 = \left(\dfrac{\partial^2}{\partial x^2} + \dfrac{\partial^2}{\partial y^2} + \dfrac{\partial^2}{\partial z^2}\right)$ である。よって，粒子が固有方程式

$$\hat{H}\psi(x, y, z) = E\psi(x, y, z) \tag{1.138}$$

を満たせば，エネルギー E が固有値となり，ψ はそれに属する固有関数になる。(1.138) を **Schrödinger 方程式**という。(1.138) と (1.136) より

$$-\frac{\hbar^2}{2m}\nabla^2\psi(x, y, z) + V(x, y, z)\psi(x, y, z) = E\psi(x, y, z) \tag{1.139}$$

と表すことができる。

重要ポイント 3 **原子の構造**

(1)水素様原子

原子番号 Z の原子核（電荷 Ze）の周囲に 1 個の質量 m_e の電子が存在する場合を考える。このような原子またはイオンを**水素様原子**という。原子核から距離 r にある電荷 $-e$ をもつ電子のポテンシャルエネルギーは $V = -\dfrac{Ze^2}{4\pi\varepsilon_0 r}$ で与えられるので，水素様原子について Schrödinger 方程式 (1.139) は

$$-\frac{\hbar^2}{2m_e}\nabla^2\psi - \frac{Ze^2}{4\pi\varepsilon_0 r}\psi = E\psi \tag{1.140}$$

となる。ここで，原子核の質量は電子の質量に比べて非常に大きいので，原子核の運動エネルギーは無視した。これを**Born–Oppenheimer 近似**という。(1.140) を解く過程で次の3つの量子数 n, l, m_l が現れる。

主量子数	$n=1, 2, 3, \cdots$	(1.141)
方位量子数	$l=0, 1, 2, \cdots, (n-1)$	(1.142)
磁気量子数	$m_l=-l, -(l-1), \cdots, -1, 0, 1, \cdots, (l-1), l$	(1.143)

(1.140) を解くと，n に対応したエネルギー E_n は

$$E_n=-\frac{m_e e^4}{32\pi^2 {\varepsilon_0}^2 h^2}\frac{Z^2}{n^2} \quad (n=1, 2, 3, \cdots) \tag{1.144}$$

で与えられることが示されるが，これは Bohr モデルによる結果 (1.130) と合致している。なお，多電子原子ではエネルギーが n だけでなく l にも依存するようになる。また，磁場をかけると m_l の値によってエネルギーが変化するようになる。l は軌道運動による角運動量 (軌道角運動量) の大きさに関係する。

⑵電子スピン

その後，n，l，m_l の 3 つの量子数だけでは原子中の電子の状態を完全に表せないことがわかり，**スピン量子数** m_s が導入された。**スピン**は自転のような概念であり，電子は軌道角運動量の他にスピン角運動量をもっている。スピンの状態には2種類しかなく，$m_s=\pm\frac{1}{2}$ で表される。$m_s=\frac{1}{2}$ のとき α スピン (上向きスピン)，$m_s=-\frac{1}{2}$ のとき β スピン (下向きスピン) という。

⑶原子の軌道

多電子原子では電子間反発があるために Schrödinger 方程式を厳密に解くことはできないが，各電子の波動関数はやはり 4 つの量子数 n，l，m_l，m_s によって表されるとしてよい。3 つの量子数の組合せ (n, l, m_l) で規定されるものを**原子の軌道**という。方位量子数 l は軌道の形状を決めるもので，$l=0$ を s 軌道，$l=1$ を p 軌道，$l=2$ を d 軌道，$l=3$ を f 軌道，などという。軌道の様子を示すと次図のようになる。

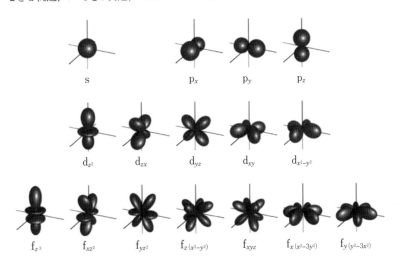

球形のs軌道は1種類しかないが，亜鈴型のp軌道には方向性があり互いに直交する3種類の軌道がある。そしてd軌道は5種類，f軌道は7種類となる。エネルギーの低い順に軌道を示すと，多くの原子では次のようになる。

$$1s<2s<2p<3s<3p<4s<3d<4p<5s<4d<5p$$
$$<6s<4f<5d<6p<7s<5f<6d<\cdots \tag{1.145}$$

このように (1.145) で数字は主量子数nに対応する。なお，水素では同じnの軌道は同じエネルギーになる。また，4sと3d，5sと4dなど，軌道間のエネルギーが近いものでは逆転することがある。

⑷ Pauli の排他原理

多電子原子の電子は自由に各量子数をとることはできない。このことを規定しているのが**Pauli の排他原理**で，それによるとどの2個の電子も同じ量子数の組み合わせ (n, l, m_l, m_s) をとることはできない。軌道に着目した場合には「1つの軌道には2個までの電子を入れることができ，スピンの向きは互いに逆でなければならない。」とも表現できる。したがって，各軌道に配置できる電子数の最大値はs軌道で2，p軌道で6，d軌道で10，f軌道で14となる。

⑸ Hund の規則

多電子原子中の電子はPauliの排他原理に従ってエネルギーの低い軌道から順に配置される。たとえば，$_5$Bでは$(1s)^2(2s)^2(2p)^1$となる。次の元素の$_6$Cでは$(1s)^2(2s)^2$ $(2p)^2$となるが，このとき2p軌道の2個の電子がどのように配置されるかが問題となる。仮に$2p_x$軌道に1個の電子が配置されたとき，残りの1個の電子は同じ$2p_x$でなく$2p_y$か$2p_z$に配置される。このように，同じエネルギーの軌道に配置する方法が複数あるときは，なるべく同じ軌道で対を作らないように電子が配置される。これを**Hund の規則**という。Pauliの排他原理およびHundの規則に従った電子配置を第1周期と第2周期について示すと以下のようになる。なお，x, y, zは便宜的に決めたものである。また，同じ軌道に2個電子を配置したときは，Pauliの排他原理より互いに逆向きのスピンとなっていることに注意すること。

$_1$H	$(1s)^1$	$_6$C	$(1s)^2(2s)^2(2p_x)^1(2p_y)^1$
$_2$He	$(1s)^2$	$_7$N	$(1s)^2(2s)^2(2p_x)^1(2p_y)^1(2p_z)^1$
$_3$Li	$(1s)^2(2s)^1$	$_8$O	$(1s)^2(2s)^2(2p_x)^2(2p_y)^1(2p_z)^1$
$_4$Be	$(1s)^2(2s)^2$	$_9$F	$(1s)^2(2s)^2(2p_x)^2(2p_y)^2(2p_z)^1$
$_5$B	$(1s)^2(2s)^2(2p_x)^1$	$_{10}$Ne	$(1s)^2(2s)^2(2p_x)^2(2p_y)^2(2p_z)^2$

重要ポイント 4 化学結合

(1) 原子価結合法（VB 法）

複数の原子が結合した分子やイオンでは Schrödinger 方程式を厳密に解くことはできないので，適切な近似を行って波動関数を求める。Heitler と London は水素分子に対して**原子価結合法（VB 法ともいう）**を展開した。VB 法では各原子の価電子が相互作用する状態を波動関数で表してエネルギーを求めるものである。

(2) 分子軌道法（MO 法）

分子軌道法（MO 法ともいう）では，原子で原子軌道（AO）を考えたのと同じように分子全体に広がる分子軌道（MO）を考えて，この状態を表す波動関数 ψ を求める。MO 法では，通常，MO を表す ψ を分子を構成する各原子の AO の線形結合で表す近似を行う。これを LCAO MO 法という。たとえば，水素分子イオン H_2^+ では，2 個の水素原子核（A と B とする）があり，電子は 1 個である。電子と各原子核との距離をそれぞれ r_A と r_B とし，核間距離を R とすると，ハミルトニアン $\hat{H}$ は

$$\hat{H} = -\frac{\hbar^2}{2m_e}\nabla^2 + \frac{1}{4\pi\varepsilon_0}\left(-\frac{e^2}{r_A} - \frac{e^2}{r_B} + \frac{e^2}{R}\right) \tag{1.146}$$

となる。ここで MO の波動関数 ψ を

$$\psi = c_A\phi_{1s}^A + c_B\phi_{1s}^B \tag{1.147}$$

と書く。ただし，c_A と c_B は定数である。ここで，AO の波動関数の係数の二乗は電子の存在確率に比例するので，H_2^+ の対称性を考慮すると $c_A^2 = c_B^2$ である。また，規格化条件 (1.132) から $\int |\psi|^2 dV = 1$ である。これらの条件から，H_2^+ について次の二つの MO が得られる。

$$\psi_+ = \frac{1}{\sqrt{2+2S}}(\phi_{1s}^A + \phi_{1s}^B) \tag{1.148}$$

$$\psi_- = \frac{1}{\sqrt{2-2S}}(\phi_{1s}^A - \phi_{1s}^B) \tag{1.149}$$

ここで S は

$$S = \int \phi_{1s}^A \phi_{1s}^B dV \tag{1.150}$$

である。(1.148) と (1.149) に (1.146) を作用させるとエネルギーが求められる。ψ_+ ではエネルギーに極小値が存在し，安定な結合が存在できるので**結合性軌道**という。これに対して，ψ_- のエネルギーは R に対して単調減少となり極小値は存在しないので安定な結合が生じない。ψ_- を**反結合性軌道**という。

(3) σ結合とπ結合

N≡NやCH₂＝CH₂などに存在する多重結合では複数の共有電子対が存在する。一般に，結合に関与する軌道の方向と結合軸が平行な結合を**σ結合**，結合に関与する軌道の方向と結合軸が垂直な結合を**π結合**という。次に，エチレン CH₂＝CH₂ およびアセチレン CH≡CH の炭素間の結合の様子を模式的に示した。

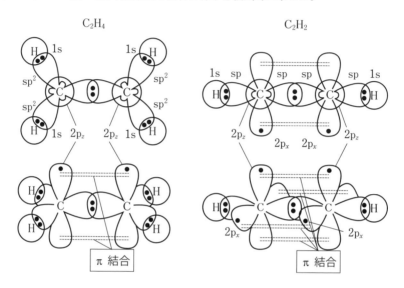

C_2H_4　　　　　　　　　　　C_2H_2

なお，軌道が重なり合うときには波動関数の位相が揃っているとエネルギー的に安定であり，結合性のσ結合やπ結合ができる。しかし，波動関数の位相が逆になっているとエネルギー的に不安定であり，反結合性のσ結合やπ結合ができる。この場合σ*やπ*と表す。

⑷混成軌道

　これまでの考え方では，CH_4分子が正四面体型となることなどがうまく説明できない。そこで，軌道の**混成**という考え方が生まれた。たとえば，CH_4分子では，次図のようにC原子の電子配置$(1s)^2(2s)^2(2p_x)^1(2p_y)^1$において2s軌道の1つの電子を$2p_z$軌道に昇位させて$(1s)^2(2s)^1(2p_x)^1(2p_y)^1(2p_z)^1$とする。ここで2s軌道と3つの2p軌道を混成して4つの等価な**混成軌道**ができると考える。この場合の混成軌道をsp^3混成軌道といい，4つの混成軌道は正四面体の重心から各頂点に向かうように配置される。

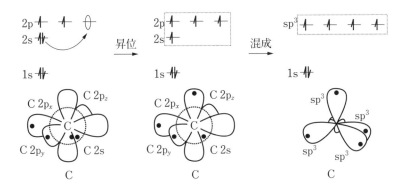

　同様にして，s軌道と2つのp軌道から3つのsp^2混成軌道，s軌道と1つのp軌道から2つのsp混成軌道が得られ，それぞれ次図のように平面正三角形，直線型の軌道である。

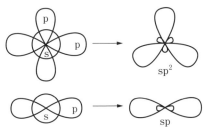

⑸共役二重結合系の MO

　ベンゼンやブタジエンのように二重結合と単結合が交互に現れる系が**共役二重結合系**である。たとえば，ブタジエン $CH_2=CH-CH=CH_2$ では，次図のようにすべてのC原子が同一平面（xy平面とする）上にあるので sp^2 混成軌道をとっていると考えられる。

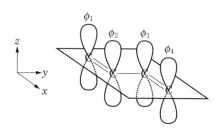

　π電子は $2p_z$ 軌道（波動関数を $\phi_1 \sim \phi_4$ とする）によるものであり，xy平面内にあるσ結合とは直交しているので，それとの相互作用を無視する近似を行う。そのとき，π結合の波動関数 ψ は $2p_z$ 軌道関数の線形結合として

$$\psi = c_1\phi_1 + c_2\phi_2 + c_3\phi_3 + c_4\phi_4 \tag{1.151}$$

と表せる。ただし，$c_1 \sim c_4$ は定数である。(1.151) のエネルギーは変分法と呼ばれる方法で計算するが，その際，問題を単純化するいくつかの仮定を導入する近似計算法である**Hückel法**を用いることが多い。その結果によると，4つのC原子から成る炭素鎖について，ψ の位相の変化が少ない（節の数が少ない）ほど，エネルギーが低くなることが示される。

実戦問題

No.1 長さLの一次元井戸型ポテンシャル

$$V(x)=\begin{cases}0 & (0 \leqq x \leqq L)\\ \infty & (x<0,\ L<x)\end{cases}$$

の中で質量mの粒子が自由に運動している。この粒子のエネルギーに関する次の記述の㋐，㋑に当てはまるものの組合せとして最も妥当なのはどれか。

ただし，記述中の［　　］は，表記を伏せていることを示す。

【国家一般職・平成29年度】

「この粒子のエネルギーEは，シュレーディンガー方程式を解くことで求められるが，次のような方法でも導くことができる。

粒子と波の二重性から，井戸型ポテンシャル中の粒子は定常波として振る舞う。定常波の波長をλとすると，

$L=$［㋐］$\cdot\lambda$　　$(n=1, 2, 3, \cdots)$

という関係を満たす場合に限り，定常波は存在する。一方，ド・ブロイの式

$p=$［㋑］　　（pは粒子の運動量，hはプランク定数）

を用いてEを表すと，

$E=\dfrac{p^2}{2m}=$［　　］

となり，シュレーディンガー方程式を解いて得られるEと等しくなる。」

	㋐	㋑
1	$\dfrac{n}{2}$	$\dfrac{h}{2\pi\lambda}$
2	$\dfrac{n}{2}$	$\dfrac{h}{\lambda}$
3	n	$\dfrac{h}{2\pi\lambda}$
4	n	$\dfrac{h}{\lambda}$
5	$\left(n+\dfrac{1}{2}\right)$	$\dfrac{h}{\lambda}$

No.2 人間の目が感知できる，波長510nmの光の最小のエネルギーは，角膜において3.5×10^{-17}Jといわれている。角膜から網膜まで到達できる光子の数はそのうちの1割であるとしたとき，この弱い光を見ている人間の網膜に届いている光子の数はおよそいくらか。

ただし，プランク定数を6.6×10^{-34}J·s，真空中の光速を3.0×10^{8}m·s^{-1}とする。　　　　　　　　　　　　　　　　　　　　　　　　【国家一般職・平成30年度】

1　3個

2　9個

3　30個

4　60個

5　90個

No.3 分子振動に関する次の記述の㋐，㋑，㋒に当てはまるものの組合せとして最も妥当なのはどれか。 【国家一般職・平成28年度】

「分子中の原子は，その結合がばねのような働きをして，互いが相対的に振動していることから，分子振動は調和振動子で近似される。水素化物H－Xの分子振動を調和振動子として考える。

原子Xの質量が水素原子Hの質量より十分大きく，Xが動かないものとすると，Hは，変位xに比例する復元力$F=-kx$を受けて振動しており，この分子振動の角振動数をω，Hの質量をmとすると，定数kは，$k=$ ㋐ で表される。

このシュレーディンガー方程式は，波動関数をΨとして，

$$\left(-\frac{\hbar^2}{2m}\frac{d^2}{dx^2}+\frac{1}{2}m\omega^2x^2\right)\Psi=E\Psi$$

となる。ここで，$x=\sqrt{\frac{\hbar}{m\omega}}\xi$，$E=\frac{\hbar\omega}{2}\varepsilon$として，方程式を解くと，$\Psi$は，

$\Psi_n(\xi)=c_nH_n e^{-\frac{\xi^2}{2}}$，かつ，$\varepsilon=2n+1$（$c_n$はある定数，$H_n$はエルミート多項式，$n=0, 1, 2, 3, \cdots\cdots$）となる。

$E=\frac{\hbar\omega}{2}\varepsilon=\hbar\omega\left(n+\frac{1}{2}\right)$となることから，振動のエネルギー準位は等間隔となることがわかる。

この水素化物のHを重水素Dに代えた場合，原子の質量は増えるが，結合の力は変わらないとすると，振動エネルギー準位の間隔は ㋑ なり，振動遷移に伴って吸収する電磁波の波数は ㋒ なる。」

	㋐	㋑	㋒
1	$m\omega^2$	狭く	小さく
2	$m\omega^2$	狭く	大きく
3	$m\omega^2$	広く	大きく
4	$\frac{\omega^2}{m}$	狭く	小さく
5	$\frac{\omega^2}{m}$	広く	大きく

No.4 **シュレーディンガー方程式に関する次の記述の㋐，㋑に当てはまるものの組合せとして最も妥当なのはどれか。**

ただし，電子の質量をm，電子の運動量をp，プランク定数をhとする。また，[　　]は記述を省略している。 【国家一般職・平成24年度】

「電子の全エネルギーEは，運動エネルギー[㋐]と位置エネルギーUの和

$E=$ [㋐] $+U$ …①

で与えられる。量子論では，電子は波（物質波）であるとも考えられ，pとその波長λとの関係は，

$p=$ [　　] …②

で与えられる。式②を式①に代入して整理すると，

$\dfrac{1}{\lambda^2}=$ [㋑] …③

が得られる。式③を古典的な波動方程式に代入すると，シュレーディンガー方程式が導かれる。」

	㋐	㋑
1	$\dfrac{p^2}{2m}$	$\dfrac{4}{m^2h^2}\{E-U\}^2$
2	$\dfrac{p^2}{2m}$	$\dfrac{2m}{h^2}\{E-U\}$
3	$\dfrac{mp}{2}$	$\dfrac{4}{m^2h^2}\{E-U\}^2$
4	$\dfrac{mp}{2}$	$\dfrac{2m}{h^2}\{E-U\}$
5	$\dfrac{mp}{2}$	$\dfrac{mh^2}{4\{E-U\}^2}$

No.5 原子の動径分布関数 $P(r)$ は，原子核からの距離が r から $r+dr$ の位置に電子が存在する確率を r の関数として表したものである。次の図 I ～IVは，水素原子の1s，2s，2p，3s軌道のいずれかの動径分布関数を表したものである。水素原子の2s，2p軌道を表している図の組合せとして最も妥当なのはどれか。

【国家一般職・平成22年度】

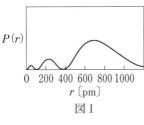

図 I

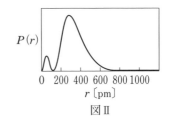

図 II

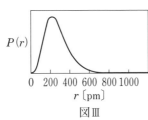

図 III

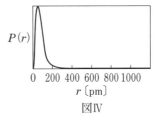

図IV

	2s軌道	2p軌道
1	図 II	図 I
2	図 II	図 III
3	図 III	図 I
4	図 III	図 II
5	図IV	図 II

No.6 H_2^+の電子波動関数に関する次の記述の㋐～㋓に当てはまるものの組合せとして最も妥当なのはどれか。　【国家総合職・令和元年度】

「水素原子核A，B，電子1個から成るH_2^+の結合性軌道の規格化された電子波動関数を次のように近似する。

$$\psi=N(\phi_{1s,\ A}+\phi_{1s,\ B})$$

ここで，$\phi_{1s,\ A}$および$\phi_{1s,\ B}$はH_2^+の二つの水素原子核A，B上に置かれた水素原子の1s軌道の規格化された波動関数である。規格化定数Nは，重なり積分Sを用いて[㋐]と表される。平衡核間距離におけるSの値はおよそ[㋑]である。共鳴積分βはH_2^+の核間距離Rの関数であり，[㋒]。また，ψのエネルギー期待値はβ，S，クーロン積分αを用いて[㋓]と表される。」

	㋐	㋑	㋒	㋓
1	$\sqrt{\dfrac{1}{2(1+S)}}$	0.46	あるRにおいて極小値をもつ	$\dfrac{\alpha+\beta}{1+S}$
2	$\sqrt{\dfrac{1}{2(1+S)}}$	0.46	あるRにおいて極小値をもつ	$\sqrt{\dfrac{\alpha+\beta}{1+S}}$
3	$\sqrt{\dfrac{1}{2(1+S)}}$	1	あるRにおいて極小値をもつ	$\dfrac{\alpha+\beta}{1+S}$
4	$\sqrt{\dfrac{1}{2(1-S)}}$	0.46	極小値をもたない	$\sqrt{\dfrac{\alpha+\beta}{1-S}}$
5	$\sqrt{\dfrac{1}{2(1-S)}}$	1	極小値をもたない	$\sqrt{\dfrac{\alpha+\beta}{1-S}}$

No.7 **周期表における第二周期の元素より成る等核二原子分子㋐～㋓の結合次数，結合距離，磁気的性質について以下に示す。㋐～㋓の分子の組合せとして最も妥当なのはどれか。** 【国家総合職・令和元年度】

	結合次数	結合距離〔pm〕	磁気的性質
㋐	1	267	反磁性
㋑	1	159	常磁性
㋒	2	131	反磁性
㋓	2	121	常磁性

	㋐	㋑	㋒	㋓
1	Li_2	B_2	C_2	O_2
2	Li_2	F_2	O_2	C_2
3	B_2	Li_2	O_2	C_2
4	B_2	Li_2	C_2	O_2
5	F_2	B_2	C_2	O_2

実戦問題の解説

No.1の解説 一次元井戸型ポテンシャル内の自由粒子と定常波 →問題はP.113

境界条件より，$x=0$および$x=L$では定常波の節となる。n個の腹をもつ定常波について，隣り合う節どうしの間隔は$\frac{\lambda}{2}$なので

$$\frac{\lambda}{2}n=L$$

$$\therefore\quad L=\frac{n}{2}\cdot\lambda\quad(n=1,\ 2,\ 3,\ \cdots)$$

という関係を満たす(㋐)。一方，de Broglie波という観点からは，粒子の運動量pとエネルギーEは次の式が成り立つ。

$$p=\frac{h}{\lambda}\quad(㋑)$$

$$=n\cdot\frac{h}{2L}\quad\left(\because\quad\lambda=\frac{2L}{n}\right)$$

$$E=\frac{p^2}{2m}=\frac{1}{2m}\left(n\cdot\frac{h}{2L}\right)^2$$

$$=n^2\cdot\frac{h^2}{8mL^2}$$

以上より，正答は**2**である。

No.2の解説 網膜に届く光子の個数 →問題はP.114

Planck定数をh，真空中の光速をc，波長をλとする。また，人間の目が角膜において感知できる最小のエネルギーをE，このとき網膜に届いている光子の数をN(求める量)とする。題意より，次の関係が成り立つ。

$$\frac{hc}{\lambda}\cdot N=0.1E$$

$$\therefore\quad N=\frac{0.1E\lambda}{hc}$$

$$=\frac{0.1\times3.5\times10^{-17}\mathrm{J}\times510\times10^{-9}\mathrm{m}}{6.6\times10^{-34}\mathrm{J\cdot s}\times3.0\times10^{8}\mathrm{m/s}}$$

$$=9$$

以上より，正答は**2**である。

No.3 の解説　調和振動子と同位体置換による効果 　　→問題は P.115

水素原子Hの運動方程式より

$$m\ddot{x}=-kx$$

となるが，調和振動（単振動）では

$$\ddot{x}=-\omega^2 x$$

の関係があるので

$$k=m\omega^2 \tag{1}$$

と表せる（㋐）。

問題文にあるように，Schrödinger 方程式をこの条件下で解くと

$$E=\hbar\omega\left(n+\frac{1}{2}\right)\quad(n=0,\ 1,\ 2,\ 3,\ \cdots)$$

となり，振動エネルギー準位が $\hbar\omega$ で等間隔になることがわかる。

水素原子Hを重水素原子Dに代えると，質量 m が約2倍になるが，k は変わらないので，式(1)より ω は約 $\dfrac{1}{\sqrt{2}}$ 倍になる。したがって，振動エネルギー準位の間隔は狭くなり（㋑），振動遷移に伴って吸収する電磁波のエネルギーは小さくなる。つまり，エネルギーに比例する波数も小さくなる（㋒）。

以上より，正答は**1**である。

No.4 の解説　Schrödinger 方程式の導出 　　→問題は P.116

質量 m，運動量 p の粒子について，運動エネルギーを K とすると

$$K=\frac{p^2}{2m}$$

で与えられる。一方，物質波（de Broglie 波）の波長 λ を用いると

$$p=\frac{h}{\lambda}$$

の関係がある。これらより p を消去して電子の全エネルギー E を示すと

$$E=K+U=\frac{p^2}{2m}+U=\frac{1}{2m}\left(\frac{h}{\lambda}\right)^2+U$$

となる（㋐）。よって，式③の $\dfrac{1}{\lambda^2}$ は次のように表せる。

$$\frac{1}{\lambda^2}=\frac{2m}{h^2}(E-U)\quad(㋑)$$

以上より，正答は**2**である。

　動径分布関数 $P(r)$ は，原子核から距離 r の「球殻」に電子が存在する確率を示したものである。原子核からの距離が r の「点」での波動関数を $\psi(r)$ とすると

　　$P(r) = 4\pi r^2 \{\psi(r)\}^2$

と表される。これは主量子数 n と方位量子数 l に依存する。

　$P(r)$ は，同じ l で比べると，n が増えるごとに山が1つずつ増える特徴がある。つまり，n が大きいほど，原子核から遠い（r が大きい）部分の分布が多くなる。よって，図Ⅳが1s軌道（$n=1$, $l=0$），図Ⅱが2s軌道（$n=2$, $l=0$），図Ⅰが3s軌道（$n=3$, $l=0$）である。

　また，同じ n で比べると，l が増えるごとに山が1つずつ減る特徴がある。図Ⅲは電子が最も多く存在する距離が図Ⅱ（2s軌道）に近いことから，2p軌道であると考えられる。2s軌道は山が2つであるが，2p軌道は山が1つであることに注意すること。

　以上より，正答は **2** である。

　水素分子イオン H_2^+ の結合性軌道の電子波動関数 ψ が

　　$\psi = N(\phi_{1s, A} + \phi_{1s, B})$ 　　　　　　　　　　　　　　　　　　　　(1)

で与えられている。これはLCAO（原子軌道による線形結合）近似である。電子は全空間のどこかには必ず見つかるので，規格化条件は

　　$$\int |\psi|^2 d\tau = 1$$ 　　　　　　　　　　　　　　　　　　　　　　　(2)

となる。ただし，$\int d\tau$ は全空間に渡る積分を意味する。式(1)を式(2)に代入して

　　$$\int |N(\phi_{1s, A} + \phi_{1s, B})|^2 d\tau = 1$$

　　$$N^2 \int (\phi_{1s, A}^2 + 2\phi_{1s, A} \cdot \phi_{1s, B} + \phi_{1s, B}^2) d\tau = 1$$ 　　　　　(3)

を得る。ここで

　　$$\int \phi_{1s, A}^2 d\tau = \int \phi_{1s, B}^2 d\tau = 1$$

　　$$\int \phi_{1s, A} \cdot \phi_{1s, B} d\tau = S$$

であるから，式(3)より規格化定数 N は次のように表せる。

$$N^2(1+2S+1)=1$$

$$\therefore \quad N=\sqrt{\frac{1}{2(1+S)}} \quad (㋐) \qquad (4)$$

ここで，Sは重なり積分で0から1の間の値をとる。これは$\phi_{1s,\,A}$と$\phi_{1s,\,B}$の重なりの程度を表す量で，完全に重なる場合は1，まったく重ならない場合は0である。H_2^+はどちらでもないので$0<S<1$である（㋑）。

次に，エネルギー期待値をEとする。これはSchrödinger方程式から求められる。ハミルトニアンを$\mathcal{H}$で表す。

$$E\psi=\mathcal{H}\psi$$

$$\therefore \quad E=\psi^*\mathcal{H}\psi \quad \left(\because \quad \int\psi^*\psi\,\mathrm{d}\tau=1\right)$$

$$=\int N(\phi^*_{1s,\,A}+\phi^*_{1s,\,B})\mathcal{H}N(\phi_{1s,\,A}+\phi_{1s,\,B})\,\mathrm{d}\tau$$

$$=N^2\left(\int\phi^*_{1s,\,A}\mathcal{H}\phi_{1s,\,A}\mathrm{d}\tau+\int\phi^*_{1s,\,B}\mathcal{H}\phi_{1s,\,B}\mathrm{d}\tau\right.$$

$$\left.+\int\phi^*_{1s,\,A}\mathcal{H}\phi_{1s,\,B}\mathrm{d}\tau+\int\phi^*_{1s,\,B}\mathcal{H}\phi_{1s,\,A}\mathrm{d}\tau\right) \qquad (5)$$

ここで，クーロン積分αと共鳴積分βは，それぞれ

$$\alpha=\int\phi^*_{1s,\,A}\mathcal{H}\phi_{1s,\,A}\mathrm{d}\tau=\int\phi^*_{1s,\,B}\mathcal{H}\phi_{1s,\,B}\mathrm{d}\tau \qquad (6)$$

$$\beta=\int\phi^*_{1s,\,A}\mathcal{H}\phi_{1s,\,B}\mathrm{d}\tau=\int\phi^*_{1s,\,B}\mathcal{H}\phi_{1s,\,A}\mathrm{d}\tau \qquad (7)$$

で与えられる。式(6)のクーロン積分αは各水素原子軌道のエネルギーにほぼ相当し，常に負の値となる。一方，式(7)の共鳴積分βは各水素原子軌道の重なり（結合）による安定化のエネルギーを表し，結合性軌道では極小値をもつ（㋒）。式(4)～(7)を用いて，Eは最終的には次のように表せる。

$$E=\frac{1}{2(1+S)}(\alpha+\alpha+\beta+\beta)$$

$$=\frac{\alpha+\beta}{1+S} \quad (㋓)$$

以上より，正答は**1**である。

　等核二原子分子を構成する各原子について，価電子の軌道の合計の数は分子軌道 (MO) の数と等しい。第2周期元素の原子では，2s軌道1つと2p軌道3つが結合に関与するので，$(1+3) \times 2 = 8$種類のMOができる。具体的に示すと次図のようになる。なお，上ほどエネルギーが高い軌道であるが，エネルギーの高低関係を簡略化して模式的に示したものであり，定量的ではない。

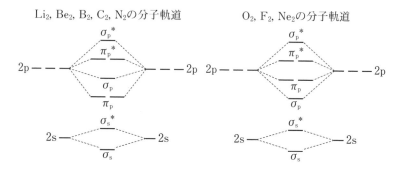

Li$_2$, Be$_2$, B$_2$, C$_2$, N$_2$の分子軌道　　　　　　　　O$_2$, F$_2$, Ne$_2$の分子軌道

　2s軌道どうしから作られるMOには，σ_sとσ_s^*があり，2p軌道どうしから作られるMOには，σ_p，σ_p^*，π_p (2つが縮退)，π_p^* (2つが縮退) がある。ここで＊は反結合性軌道を意味し，付いていないものは結合性軌道である。

　上図のように，Li$_2$〜N$_2$ではπ_pのほうがσ_pよりも安定であるが，O$_2$〜Ne$_2$では逆転する。原子軌道におけるHundの規則とPauliの排他原理と同様にして，電子を低いエネルギーの軌道が入れていく。最もエネルギーの高い軌道に電子対 (アップスピンとダウンスピンの組) が入っていれば反磁性，不対電子があれば常磁性となる。

　まず，図の左側について見てみる。Li$_2$ではσ_s軌道まで入るので反磁性，Be$_2$ではσ_s^*軌道まで入るので反磁性となるが，B$_2$ではπ_p軌道に1個ずつ入るので常磁性となる。C$_2$ではπ_p軌道にすべて入るので反磁性となる。N$_2$ではσ_p軌道まで入るので反磁性となる。

　次に，図の右側について見てみる。O$_2$ではπ_p^*軌道に1個ずつ入るので常磁性となるが，F$_2$ではπ_p^*軌道にすべて入るので常磁性となる。Ne$_2$はσ_p^*軌道まで入るので常磁性となる。

結合次数は次のように定義されている。

$$結合次数=\frac{結合性軌道にある電子数-反結合性軌道にある電子数}{2}$$

この式に基づいて，Li_2～Ne_2まで計算すると，次のようになる。

Li_2：1　Be_2：0　B_2：1　C_2：2　N_2：3　O_2：2　F_2：1　Ne_2：0

原子番号が大きいほど結合距離が小さくなることも考慮すると，㋐はLi_2，㋑はB_2，㋒はC_2，㋓はO_2とわかる。

以上より，正答は**1**である。

正答	**No.1＝2**　**No.2＝2**　**No.3＝1**　**No.4＝2**　**No.5＝2**　**No.6＝1**　**No.7＝1**

<必修問題>

　273Kにおいて，ある活性炭に一酸化炭素を吸着させた。一酸化炭素の圧力が30kPaおよび60kPaで，吸着した一酸化炭素の体積は，標準状態換算でそれぞれ5.1mLおよび7.7mLであった。この吸着がLangmuir吸着であるとすると，一酸化炭素の圧力が50kPaのときに吸着する一酸化炭素の標準状態換算の体積はおよそいくらか。

　なお，Langmuir吸着では，吸着量Vは，飽和吸着量をV_{max}，気体の圧力をP，吸着平衡定数をKとして，Langmuirの吸着等温式，

$$V = \frac{V_{max}KP}{1+KP}$$

で表される。

【国家一般職・平成28年度】

1　5.7mL

2　6.2mL

3　6.6mL

4　7.0mL

5　7.3mL

必修問題 の 解説

与えられたLangmuir吸着等温式に，30kPaと60kPaのときの体積を代入する。

$$5.1\text{mL}=\frac{V_{max}K\times30\text{kPa}}{1+K\times30\text{kPa}} \tag{1}$$

$$7.7\text{mL}=\frac{V_{max}K\times60\text{kPa}}{1+K\times60\text{kPa}} \tag{2}$$

式(1)を式(2)で割ると

$$\frac{5.1}{7.7}=\frac{30}{60}\times\frac{1+K\times60\text{kPa}}{1+K\times30\text{kPa}}$$

$$\therefore\quad K=1.60\times10^{-2}\text{kPa}^{-1} \tag{3}$$

が得られる。これを式(1)に代入して

$$5.1\text{mL}=\frac{V_{max}\times1.60\times10^{-2}\text{kPa}^{-1}\times30\text{kPa}}{1+1.60\times10^{-2}\text{kPa}^{-1}\times30\text{kPa}}$$

$$\therefore\quad V_{max}=15.7\text{mL} \tag{4}$$

と求まる。よって，求める50kPaのときに吸着する体積Vは，式(3)と式(4)の値を代入して計算できる。

$$V=\frac{15.7\text{mL}\times1.60\times10^{-2}\text{kPa}^{-1}\times50\text{kPa}}{1+1.60\times10^{-2}\text{kPa}^{-1}\times50\text{kPa}}$$

$$=7.0\text{mL}$$

以上より，正答は**4**である。

正答 **4**

重要ポイント 1 **吸着**

⑴物理吸着と化学吸着

　気体または液体中を移動してきた化学種が二相の界面で高濃度に保持される現象を**吸着**という。逆に，保持されていた化学種が離れる現象は**脱着**という。吸着には，**物理吸着**と**化学吸着**があり，物理吸着はvan der Waals力や疎水性相互作用によるため弱く，加熱や減圧をすることで容易に脱着することができる。これに対し，化学吸着は静電引力，共有結合，イオン交換作用によるものであり強いが，活性化エネルギーが大きいため吸着速度は小さく，吸着が不可逆となる場合もある。

⑵吸着とエンタルピー変化

　温度Tにおける吸着において，Gibbsエネルギー変化を$\Delta_{ads}G$，エンタルピー変化を$\Delta_{ads}H$，エントロピー変化を$\Delta_{ads}S$とすると

$$\Delta_{ads}G = \Delta_{ads}H - T\Delta_{ads}S \tag{1.152}$$

と表せる。吸着が起こると吸着質の運動が制限されるため，エントロピーは減少するので$\Delta_{ads}S < 0$である。ここで吸着が自発的に起こるためには$\Delta_{ads}G < 0$でなければならないので，(1.152)より$\Delta_{ads}H < 0$となる必要がある。すなわち，吸着は発熱変化である。なお，化学吸着においては吸着の化学反応によるGibbsエネルギー変化も考慮に入れる必要がある。

⑶吸着等温式

　等温条件において，吸着量と吸着質濃度との関係を示す曲線を**吸着等温線**といい，それを表す式を**吸着等温式**という。これには吸着のタイプに応じていくつかのものが提案されている。

⒜　Langmuir吸着等温式

　　単分子層の化学吸着をよく説明する。固相と気相の界面において吸着が起きる場所(吸着サイト)が一定の数だけあり，底に吸着質分子はそこに1個だけ吸着できるとする。このような吸着を特異吸着という。このとき，吸着量Aと吸着質濃度cとの関係は

$$\frac{A}{A_s} = \frac{kc}{1+kc} \tag{1.153}$$

　　で与えられる。ここでA_sは吸着サイトがすべて埋まったときの吸着量(飽和吸着量)，kは吸着の強さを示す定数である。

⒝　B.E.T.吸着等温式

　　多分子吸着の物理吸着をよく説明する。これは界面の分子と吸着質分子の相互作用が弱く，吸着質分子間の相互作用がそれと同程度であるときに成り立つ。B.E.T.等温吸着式では，物理吸着がvan der Waals力に基づくもので，化学吸着のような吸着サイトへの特異吸着にはならず，吸着質分子は固相表面に一様に吸着するとする。また，第1層の吸着質分子間には相互作用が働かず，

第2層以降については凝縮と同じ状況を考える。これによると、吸着量Aと吸着質濃度cとの関係は

$$\frac{A}{A_m}=\frac{C\dfrac{c}{c_0}}{\left(1-\dfrac{c}{c_0}\right)\left\{1+(C-1)\dfrac{c}{c_0}\right\}}$$ (1.154)

となる。ここでA_mは単分子層の吸着量、c_0は吸着質飽和濃度、Cは吸着熱と液化熱などに関係する定数である。

重要ポイント 2 表面張力

⑴界面張力と表面張力

一般に、二層が接している境界面を**界面**という。界面のうち、気—液と気—固の場合は特に**表面**という。界面間に働く力を**界面張力**、特に表面の場合には**表面張力**という。

⑵Young-Laplace の式

気泡を形成する液体について、液体の表面には表面張力が存在するので、気泡の内外で圧力差が生じる。液体の表面張力をγ、曲率半径R_1およびR_2をもった気泡の内外の圧力差ΔPは

$$\Delta P=\gamma\left(\frac{1}{R_1}+\frac{1}{R_2}\right)$$ (1.155)

で表される。(1.155)を**Young–Laplaceの式**という。

⑶接触角

固体の表面に液体を垂らすと、レンズ状の液滴を形成する場合と固体の表面に広がって濡れる場合がある。ここで、固体の表面張力をγ_S、液体の表面張力をγ_L、固体と液体の間の界面張力をγ_{SL}とするとき

$$F=\gamma_S-(\gamma_{SL}+\gamma_L)$$ (1.156)

で示されるFを**拡張係数**という。$F\geqq0$のときは液体が固体の表面に広がる**拡張濡れ**になる。$F<0$のときはレンズ状の液滴となる。ここでγ_{SL}とγ_Lの成す角θを**接触角**といい

$$\gamma_S-\gamma_{SL}=\gamma_L\cos\theta$$ (1.157)

の関係が成り立つ。(1.157)を**Youngの式**という。接触角θが$0°<\theta\leqq90°$のときを**浸漬濡れ**、$\theta>90°$のときを**付着濡れ**という。

(1)コロイドの性質

　径が10^{-9}m〜10^{-7}m程度の粒子を**コロイド**という。コロイドを分散させている物質を**分散媒**，分散している粒子を**分散質**という。コロイドの表面にはイオンが吸着しているので電荷を帯びている。さらに，その電荷と逆の符号のイオンが周囲を取り巻いており，**電気二重層**を形成している。分散媒が水の場合，分散質が水に不溶性の物質のときのコロイドを**疎水コロイド**，分散質が水となじみやすいコロイドを**親水コロイド**という。これらに電解質溶液を加えると，疎水コロイドの場合は少量の電解質溶液でコロイドは凝集するが，親水コロイドでは多量の電解質溶液を加えると凝集が起こる。

(2)界面活性剤

　セッケンや中性洗剤の分子は，長い疎水基の先に親水基をもっている。このような分子は著しく界面張力を低下させるので**界面活性剤**という。界面活性剤分子が水に溶解すると，疎水基を空中に向けて整列して水表面に吸着し，単分子膜を形成する。さらに濃度を高くしていくと，界面活性剤分子は単分子膜としては溶解できなくなり，水中で数十個が会合した構造をもつ**ミセル**を形成して溶解していく。ミセルを形成するためにはある程度の濃度が必要であり，その下限の濃度を**臨界ミセル濃度(cmc)**という。cmc以上の濃度のときに濃度を増加させても，水表面の状態は変わらないので，水溶液の表面張力は一定となる。

実戦問題

No.1 次のア～オの界面活性剤を，カチオン界面活性剤，アニオン界面活性剤およびその他の界面活性剤（両性界面活性剤および非イオン界面活性剤）に正しく分類しているのはどれか。　　　　　　　　　　　　【地方上級・平成27年度】

ア．セッケン
イ．ポリエチレンオキシド
ウ．アルキルピリジニウム塩
エ．アルキルアリールスルホン酸塩
オ．アルキルジメチルアンモニウムベタイン

	カチオン 界面活性剤	アニオン 界面活性剤	その他の 界面活性剤
1	ア	イ，エ	ウ，オ
2	ア，イ	エ	ウ，オ
3	ウ	ア，エ	イ，オ
4	ウ，オ	ア，イ	エ
5	エ，オ	ア	イ，ウ

No.2 分子内に親水基と疎水基があることにより，水と油を均一に混合させたり，表面張力を低下させたりする作用をもつ物質は，界面活性剤と呼ばれ，さまざまな用途で活用されている。界面活性剤には，親水基の種類により，陰イオン界面活性剤，陽イオン界面活性剤，非イオン界面活性剤などがある。これら実用化されている界面活性剤と，その特性に関する記述㋐，㋑，㋒の組合せとして最も妥当なのはどれか。【国家一般職・平成28年度】

㋐ 洗浄力に優れ，洗濯用，台所用洗剤などとして，また，乳化，分散，可溶化にも優れた性質を示し，化粧品などの乳化剤，分散剤，可溶化剤として広く利用されている。

㋑ 親水基の種類や結合の度合いを変え，さまざまな種類のものを合成できる。皮膚への刺激が少なく，洗浄剤，乳化剤，分散剤，可溶化剤，保湿剤など幅広く用いられる。

㋒ 洗浄作用は小さく，乳化，分散，可溶化などの作用もあまり強くないが，殺菌作用があり，殺菌剤として，また，帯電防止剤，柔軟剤，ヘアリンス，コンディショナーなどに利用される。

	陰イオン界面活性剤	陽イオン界面活性剤	非イオン界面活性剤
1	㋐	㋑	㋒
2	㋐	㋒	㋑
3	㋑	㋐	㋒
4	㋑	㋒	㋐
5	㋒	㋐	㋑

No.3 **吸着に関する次の記述の㋐，㋑，㋒に当てはまるものの組合せとして最も妥当なのはどれか。** 【国家一般職・令和元年度】

「分子や原子などの粒子が表面に近づいたとき，二つの異なる吸着様式で吸着が起こる。物理吸着では，粒子と表面の間の[㋐]によって粒子は表面上に吸着される。このときに放出されるエネルギーの代表的な大きさは，[㋑] kJ・mol^{-1}程度である。化学吸着では，粒子は表面との間に主に化学結合を形成して吸着される。化学吸着によるエンタルピーの変化量は物理吸着によるエンタルピーの変化量よりも[㋒]。」

	㋐	㋑	㋒
1	ファンデルワールス力	20	大きい
2	ファンデルワールス力	2000	小さい
3	共有結合	20	大きい
4	共有結合	20	小さい
5	共有結合	2000	大きい

No.4 **BET吸着等温式に関する次の記述の㋐，㋑，㋒に当てはまるものの組合せとして最も妥当なのはどれか。** 【国家一般職・平成29年度】

「粉末状の固体の表面積を求める手法として利用されるBET吸着等温式は，[㋐]吸着を仮定している。測定に用いる吸着質は，吸着媒との吸着によるエンタルピー変化が十分[㋑]気体であることが求められ，標準的な測定においては[㋒]が選ばれる。」

	㋐	㋑	㋒
1	単分子層	大きい	H_2O
2	単分子層	小さい	N_2
3	多分子層	大きい	H_2O
4	多分子層	大きい	N_2
5	多分子層	小さい	N_2

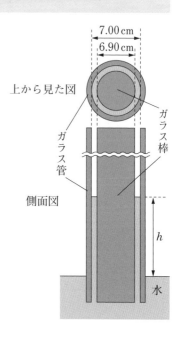

No.5 図のように，直径6.90cmのガラス棒を，内径7.00cmのガラス管の中に中心軸が一致するように入れたものを，水槽中に鉛直に立てると，毛管現象により環状の隙間を，水面からの高さ h〔cm〕まで水が上昇した。このときの h はおよそいくらか。

ただし，重力加速度の大きさを10m·s^{-2}，水の表面張力 γ を7.00×10^{-2}N·m^{-1}，水の密度を1.00×10^{3}kg·m^{-3}，ガラスと水の接触角を0°とする。

なお，半径 r の球状の水滴における表面の内側と外側の圧力差は $2\gamma/r$ である。

【国家一般職・平成30年度】

1 1.4cm

2 2.8cm

3 4.2cm

4 5.6cm

5 7.0cm

No.6 液体と固体が互いに離れた状態から液体が固体に付着し，その後，図のように液体と固体の接触線で力がつりあった状態で静止した。ここで，θ は接触角，γ_{LG} は液体の表面張力，γ_{SG} は固体の表面張力，γ_{SL} は固体と液体の界面張力である。付着前後での自由エネルギー変化より，液体と固体を引き離すのに必要な単位面積当たりの仕事 W_A は，$W_A = \gamma_{LG} + \gamma_{SG} - \gamma_{SL}$ となる。$\theta = 30°$，$\gamma_{LG} = 2.00 \times 10^{-2}$N·m^{-1}であるとき，$W_A$ の値はおよそいくらか。　【国家総合職・令和元年度】

1 3.00×10^{-2}J·m^{-2}

2 3.15×10^{-2}J·m^{-2}

3 3.41×10^{-2}J·m^{-2}

4 3.73×10^{-2}J·m^{-2}

5 4.00×10^{-2}J·m^{-2}

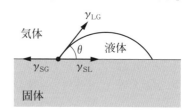

実戦問題 の 解説

No.1 の解説　界面活性剤の分類
→問題はP.131

　界面活性剤は分子内に親水性の部分と疎水性(親油性)の部分をあわせもつ物質で，界面張力を著しく低下させる働きをもち，水分と油分を均一に分散させる乳化作用もある。

　界面活性剤の構造による分類は次のようになる。まず，親水性の部分がイオン性のものと非イオン性のものに大別される。イオン性のものは，さらにカチオン性，アニオン性，双性に分けられる。

　カチオン界面活性剤は，親水基にテトラアルキルアンモニウムやアルキルピリジニウム(ウ)など窒素原子に正電荷を有するものが多い。逆性セッケンやヘアリンスなどに用いられる。

　アニオン界面活性剤は，親水基としてカルボキシ基，スルホ基，リン酸基などをもつものが多い。高級脂肪酸塩であるセッケン(ア)が代表的であるが，中性洗剤の直鎖アルキルアリールスルホン酸塩(エ)や，ラウリル硫酸塩などがある。

　両性界面活性剤としては，ベタイン(分子内に正電荷と負電荷が隣接せずに存在する化合物の総称)構造をもつものなどが挙げられ，アルキルジメチルアンモニウムベタイン(オ)が当てはまる。

　非イオン性界面活性剤は親水性の部分がイオン化しない構造のもので，ポリエーテル構造をもつポリエチレングリコール(分子量がさらに大きいものはポリエチレンオキシド(イ)という)などがある。

　以上より，正答は**3**である。

No.2 の解説　界面活性剤の特性と用途
→問題はP.132

㋐　陰イオン界面活性剤である。乳化，分散性に優れ，泡立ちもよい。洗濯用・台所用洗剤，シャンプーなどに広く用いられていることからもわかるであろう。

㋑　非イオン界面活性剤である。親水基の種類や結合の度合いを変えやすく，親水性と疎水性のバランスを調整しやすい。泡立ちは少なく，イオン界面活性剤と異なり，高温にすると溶けなくなって白濁する。

㋒　陽イオン界面活性剤である。殺菌作用があるので，逆性セッケンに用いられる。繊維などへ吸着して帯電防止効果を示す。ヘアリンスなどに利用される。

　以上より，正答は**2**である。

No.3 の解説　吸着の種類とエンタルピー変化

→問題は P.133

物理吸着は粒子と表面の間の van der Waals 力 (㋐) が原因となって起こる。一方，化学吸着は粒子と表面の間に化学結合が形成されることにより起こる。van der Waals 力による結合は化学結合に比べてかなり弱く，物理吸着で放出されるエネルギーは20kJ·mol^{-1}程度である (㋑)。よって，化学吸着に伴うエンタルピーの変化量は，物理吸着のそれよりも大きい (㋒)。

以上より，正答は**1**である。

No.4 の解説　BET 吸着等温式

→問題は P.133

Langmuir 吸着等温式では，1つの吸着サイトに1つの吸着質分子しか結合しない単層吸着を仮定している。これをさらに数層分の吸着が起こるという多分子層吸着に拡張したのが BET 吸着等温式である (㋐)。

BET 吸着等温式では，固体表面 (吸着媒) への1層目の吸着では吸着質分子と固体表面との相互作用を考えるが，2層目以降では吸着質分子間の相互作用のみを考え，固体表面との相互作用は無視する。したがって，固体表面への吸着に伴うエンタルピー変化が大きい吸着質であると，2層目以降の吸着質分子と固体表面との相互作用が無視できなくなる可能性がある (よって，㋑は「小さい」が当てはまる)。標準的な測定では，分子間力が H_2O よりも小さい N_2 のほうが選ばれる (㋒)。

以上より，正答は**5**である。

No.5 の解説　毛管現象と水位　　　　　　　　　　→問題はP.134

　毛管内の水の圧力は大気圧よりも小さいため，水は吸い上げられて毛管を上昇していく。その圧力差をΔPとすると，問題文にあるとおり

$$\Delta P = \frac{2\gamma}{r} \tag{1}$$

で与えられる。球状の水滴の場合の直径$2r$が，毛管の幅$(7.00-6.90)$cm$=$0.10cmに相当する。すなわち，$r=0.050$cmである。

　一方，圧力差ΔPは高さhだけ吸い上げられた水柱にかかる重力による圧力にも等しい。水の密度をρ，重力加速度の大きさをgとすると

$$\Delta P = \rho g h \tag{2}$$

と表せる。式(1)と式(2)より，hは次のように求まる。

$$\rho g h = \frac{2\gamma}{r}$$

$$\therefore \quad h = \frac{2\gamma}{\rho g r}$$

$$= \frac{2 \times 7.00 \times 10^{-2} \text{N} \cdot \text{m}^{-1}}{1.00 \times 10^{3} \text{kg} \cdot \text{m}^{-3} \times 10 \text{m} \cdot \text{s}^{-2} \times 0.050 \times 10^{-2} \text{m}}$$

$$= 0.028\text{m} = 2.8\text{cm}$$

以上より，正答は**2**である。

No.6 の解説　界面張力と濡れ　　　　　　　　　　→問題はP.134

　図の状態は接触角θが90°以下なので浸漬濡れである。Youngの式より

$$\gamma_{SG} - \gamma_{SL} = \gamma_{LG} \cos\theta$$

が成り立つので，仕事W_Aは次のように求められる。

$$W_A = \gamma_{LG} + \gamma_{SG} - \gamma_{SL} = \gamma_{LG}(1 + \cos\theta)$$
$$= 2.00 \times 10^{-2} \text{N} \cdot \text{m}^{-1} \times (1 + \cos 30°)$$
$$= 3.73 \times 10^{-2} \text{J} \cdot \text{m}^{-2}$$

以上より，正答は**4**である。

正答	No.1=**3**　No.2=**2**　No.3=**1**　No.4=**5**　No.5=**2**
	No.6=**4**

第2章

無機化学

原子・分子の構造

必修問題

図Ⅰ，Ⅱは，原子番号に対する諸量の変化を表したものである。図Ⅰ，Ⅱ中の[ア]，[イ]に当てはまるものの組合せとして最も妥当なのはどれか。

【国家一般職・令和元年度】

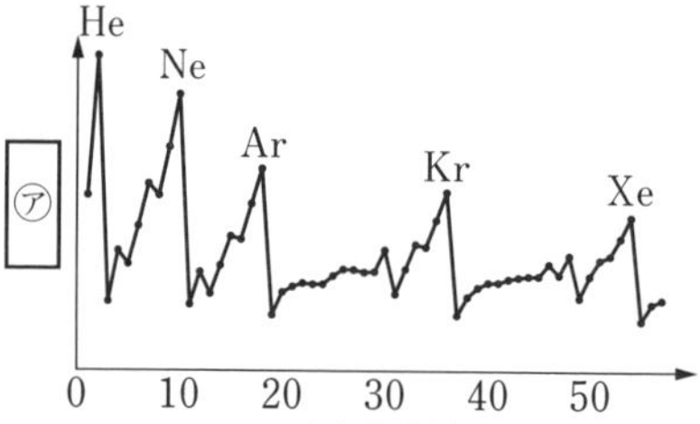

図Ⅰ

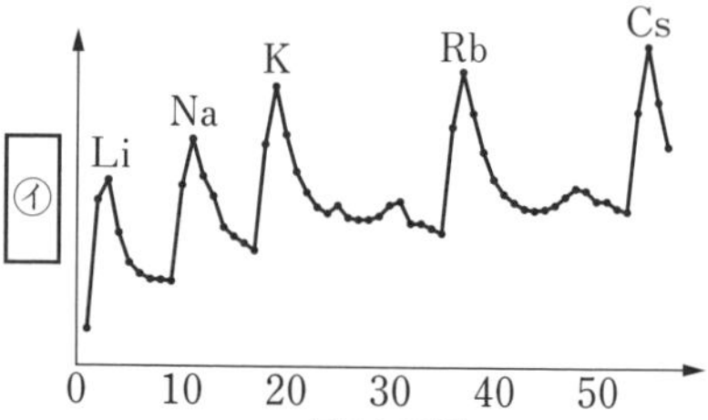

図Ⅱ

	[ア]	[イ]
1	第一イオン化エネルギー	電子親和力
2	第一イオン化エネルギー	原子半径
3	ポーリングの電気陰性度	電子親和力
4	ポーリングの電気陰性度	原子半径
5	単体のモル体積	電子親和力

必修問題 の 解説

㋐　第一イオン化エネルギーである。気体原子が気体1価陽イオンになるのに必要なエネルギーであり，最外殻電子が強く原子核に引き付けられているほど大きくなる。グラフのように，貴ガス元素で大きな極大，アルカリ金属元素で大きな極小となる。また，同周期内ではほぼ増加傾向を示し，同族内では減少傾向を示す。前者の傾向は，原子核の正電荷が増加するのに伴い，電子が強く原子核に引き付けられることが原因である。後者の傾向は，最外殻が原子核から遠いほど電子は原子核と弱く引き合うことが原因である。

㋑　原子半径である。イオン化エネルギーとは逆に，アルカリ金属元素で大きな極大となり，同周期では貴ガス元素を除いて減少傾向となる。電子が原子核に強く引き付けられるほど原子半径は小さくなる。そのため，第一イオン化エネルギーと傾向が逆になる。なお，貴ガス元素はvan der Waals半径で示されているため，同周期の元素に比べて原子半径が大きくなっている。

　以上より，正答は**2**である。

正答 **2**

重要ポイント 1 原子・イオンの性質

⑴**イオン化エネルギー**

　気体状態の原子から電子を取り去って1価の陽イオンにするのに必要なエネルギーを(第1)**イオン化エネルギー**という。また，気体状態の $(n-1)$ 価 $(n\geqq2)$ の陽イオンから電子を取り去って n 価の陽イオンにするのに必要なエネルギーは第 n イオン化エネルギーという。イオン化エネルギーには次のような傾向が認められる。

- 典型元素について，同一周期では原子番号が大きいほど増加し，同族では原子番号が大きいほど減少する。
- 遷移元素について，原子番号の違いによる変化はあまり見られない。
- 同一元素について， n の値が大きいほど第 n イオン化エネルギーは増加する。

⑵**電子親和力**

　気体状態の原子が電子を取り入れて1価の陰イオンになるときに放出されるエネルギーを(第1)**電子親和力**という。気体状態の $(n-1)$ 価 $(n\geqq2)$ の陰イオンから電子を取り去って n 価の陰イオンにするのに必要なエネルギーは第 n 電子親和力という。電子親和力には次のような傾向が認められる。

- 第1イオン化エネルギーに比べるとかなり小さい。2族や18族ではほとんど0である。ハロゲンでは大きめの値となる。
- 同一元素について， n の値が大きいほど第 n 電子親和力は減少する。 $n\geqq2$ では電子どうしの反発により負の値になる。

重要ポイント **2** 化学結合

⑴共有結合

原子どうしが不対電子を出し合って**共有電子対**を形成してできる化学結合を**共有結合**という。非金属元素原子と非金属元素原子との間の化学結合が主に該当する。一方が孤立電子対 (非共有電子対) をもち，他方が空の軌道をもつ場合，これらを組み合わせてできた結合は，特に**配位結合**という。

⑵イオン結合

陽イオンと陰イオンがクーロン力によって引き合ってできる化学結合を**イオン結合**という。金属元素原子と非金属元素原子との間の化学結合が主に該当する。

⑶金属結合

電子を放出した陽イオンどうしが自由電子を介してできる化学結合を**金属結合**という。金属元素原子と金属元素原子との間の化学結合が主に該当する。

重要ポイント **3** 原子・イオン半径

⑴原子・イオン半径の種類

原子が化学結合を形成していないときの原子半径を **van der Waals 半径**という。同種の原子が共有結合した場合の結合距離の半分を**共有結合半径**という。また，イオン結晶において隣接している2個のイオン間の距離は各イオンのイオン半径の和である。このイオン半径を**イオン結合半径**という。

⑵原子・イオン半径の傾向

原子核の周囲を取り巻く電子が強く原子核に引き付けられているほど半径は小さくなる。傾向をまとめると次のようになる。

- 同一元素で比べると，正電荷が大きくなるほど小さくなり，負電荷が大きくなるほど大きくなる。
- 同一電子配置の原子・イオンについて同一周期で比べると，原子番号が大きいほど小さくなる。
- 原子どうし，あるいは同一電荷のイオンについて同一周期で比べると，原子番号が大きいほど小さくなる。
- 原子どうし，あるいは同一電荷のイオンについて同一族で比べると，原子番号が大きいほど大きくなる。

⑴結合の分極

　異なる元素の原子間で結合を形成する場合，生成した電子対はどちらかの原子に多かれ少なかれ偏って存在する。その結果として結合には電荷の偏りが生じる。この現象を**分極**といい，一方の原子が正電荷を，他方の原子が負電荷を帯びるので**極性**をもつともいう。

⑵電気陰性度

　結合している原子が電子対を引き付ける目安となる数値を**電気陰性度**という。Mullikenは電気陰性度χ_Mを原子のイオン化エネルギーI，電子親和力Aを用いて次のように定義した。

$$\chi_M = \frac{I+A}{2} \tag{2.1}$$

　また，Paulingは原子Aと原子Bが結合をつくるとき，実際の共有結合のエネルギーと，仮想的に偏りのない共有結合のエネルギーとの差が，分極電荷間の引力によるイオン結合性に相当すると考えた。そのエネルギー差をΔとすれば，結合エネルギーをDとして

$$\Delta = D(A-B) - \frac{D(A-A)+D(B-B)}{2} \tag{2.2}$$

と表した（相乗平均とする場合もある）。ここで，原子AおよびBの電気陰性度をそれぞれχ_Aおよびχ_Bとすると，PaulingはΔを用いて

$$|\chi_A - \chi_B| \propto \sqrt{\Delta} \tag{2.3}$$

と定義した。MullikenとPaulingによる電気陰性度は互いにほぼ比例関係にある。

⑴分子の極性

　分子にある結合の分極が原因となって分子内の正電荷と負電荷の重心が一致しない分子を**極性分子**といい，極性分子には永久的な電気双極子モーメントが存在する。これに対して，分子内の正電荷と負電荷の重心が一致して極性をもたない分子を**無極性分子**といい，永久的な電気双極子モーメントは存在しない。各結合に極性は存在しても，分子の対称性によって分子全体では極性が打ち消されて無極性分子となる場合がある。

⑵**分子の立体構造**

　簡単な分子の立体構造は原子価殻電子対反発則 (VSEPR 理論)を用いて推測できる。分子にある電子対は互いの反発を最も弱めるようにするために互いに遠ざかろうとするので，それを満たすように分子中の原子が配置される。電子対間の反発の大きさについては

　　　孤立電子対間＞孤立電子対・共有電子対間＞共有電子対間 (2.4)

となるので，これにより結合角の大小の比較ができる。

・・・

重要ポイント 6　分子間力

⑴**誘起双極子―誘起双極子相互作用**

　無極性分子であっても，瞬間的には電子分布の偏りが生じているので，無極性分子間に非常に弱い引力が生じる。この力を**分散力**と呼ぶ。London はこれを量子力学的に扱って示したので London 分散力ともいう。また，van der Waals が実在気体の凝集現象を記述するために導入した力でもあり，狭義の **van der Waals 力**ともいう。この後の永久双極子が関わる場合も van der Waals 力に含めることがある（水素結合は除く）。

⑵**永久双極子―永久双極子相互作用**

　極性分子間に働く力でイオン結合と同様にクーロン力に基づくが，δ＋とδ－の間の相互作用なのでイオン結合に比べるとかなり弱い。

⑶**永久双極子―誘起双極子相互作用**

　極性分子と無極性分子の間で働く力である。極性分子のもつ双極子モーメントによって隣接する無極性分子に分極を生じることが原因となる。永久双極子―永久双極子相互作用よりは弱い。

⑷**水素結合**

　F，O，N など電気陰性度の大きな原子と共有結合した水素原子が，その近くの分子の孤立電子対と引き合ってできる結合であり，永久双極子―永久双極子相互作用の特別強い場合と考えられる。ただし，イオン結合や共有結合よりは弱い。他の分子間力と異なり，水素原子や孤立電子対の配置に依存する方向性のある結合である。

実戦問題

No.1 **図は，周期表を基に，各原子の基底状態において原子番号が1増加するときに電子が増える主な副殻の種類を示したものである。図の㋐，㋑，㋒に当てはまるものの組合せとして最も妥当なのはどれか。**

ただし，図の「＊＊」は表記を伏せてあることを示す。

【国家一般職・平成29年度】

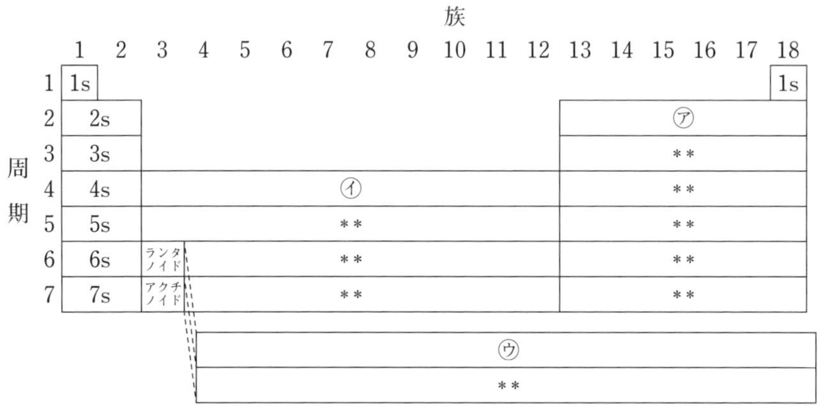

族
1 2 3 4 5 6 7 8 9 10 11 12 13 14 15 16 17 18
周期
1 2 3 4 5 6 7
1s
1s
2s
㋐
3s
＊＊
4s
㋑
＊＊
5s
＊＊
＊＊
6s
ランタノイド
＊＊
＊＊
7s
アクチノイド
＊＊
＊＊
㋒
＊＊

	㋐	㋑	㋒
1	2d	3p	4f
2	2d	4p	6f
3	2p	3d	4f
4	2p	4d	5f
5	2p	4d	6f

No.2 次の核反応式中のア～ウに入るものがいずれも妥当なのはどれか。

ただし，ν_eはニュートリノ（電荷0），${}^{1}_{1}\mathrm{p}$は陽子，${}^{4}_{2}\alpha$はα粒子，e^{+}は陽電子，e^{-}は電子を表す。　　【地方上級・平成29年度】

${}^{12}_{6}\mathrm{C}$ ＋ [ア] ⟶ ${}^{16}_{8}\mathrm{O}$

${}^{12}_{6}\mathrm{C}$ ＋ [イ] ⟶ ${}^{13}_{7}\mathrm{N}$

${}^{13}_{7}\mathrm{N}$ ⟶ ${}^{13}_{6}\mathrm{C}$ ＋ [ウ] ＋ ν_e

	ア	イ	ウ
1	${}^{1}_{1}\mathrm{p}$	${}^{4}_{2}\alpha$	e^{+}
2	${}^{1}_{1}\mathrm{p}$	e^{+}	e^{-}
3	${}^{4}_{2}\alpha$	${}^{1}_{1}\mathrm{p}$	e^{+}
4	${}^{4}_{2}\alpha$	${}^{1}_{1}\mathrm{p}$	e^{-}
5	${}^{4}_{2}\alpha$	e^{+}	e^{-}

No.3 分子と原子価殻電子対反発（VSEPR）モデルに基づいて推定される立体構造の組合せ㋐，㋑，㋒のうち，妥当なもののみをすべて挙げているのはどれか。

【国家一般職・令和元年度】

	分子	立体構造
㋐	NH_3	平面三角形
㋑	BCl_3	三角錐形
㋒	XeF_4	平面四角形

1 ㋐
2 ㋐，㋑
3 ㋑
4 ㋑，㋒
5 ㋒

No.4 **電気双極子モーメントに関する㋐～㋓の記述のうちから，妥当なもののみをすべて選び出しているのはどれか。** 【国家一般職・平成26年度】

㋐ オゾンは，酸素原子間で電荷の偏りがないため，電気双極子モーメントをもたない。

㋑ ハロゲン化水素の電気双極子モーメントは，ハロゲンの原子番号とともに大きくなるが，結合のイオン性は，ハロゲンの原子番号が大きくなると小さくなる。

㋒ ジクロロベンゼンの位置異性体の中では，*o*-ジクロロベンゼンの電気双極子モーメントが最も大きい。

㋓ 硫黄の酸化物SO，SO_2，SO_3のうち，電気双極子モーメントをもたないのは，SO_3である。

1 ㋐，㋑
2 ㋐，㋑，㋒
3 ㋐，㋒，㋓
4 ㋑，㋓
5 ㋒，㋓

No.5 **Al，Mg，Naの第一イオン化エネルギーから第四イオン化エネルギーまでの変化を表した図を，図Ⅰ，Ⅱ，Ⅲのうちから，それぞれ選び出したものの組合せとして最も妥当なのはどれか。** 【国家総合職・平成30年度】

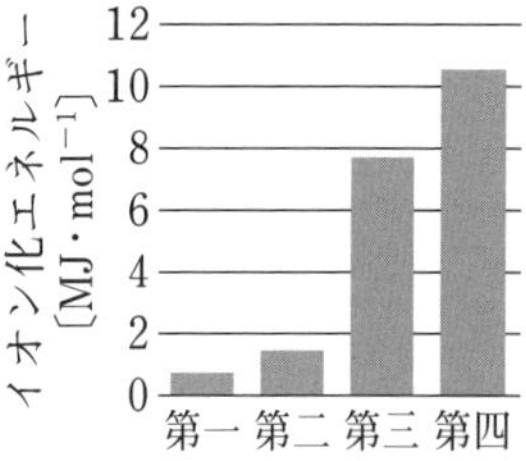

図Ⅰ

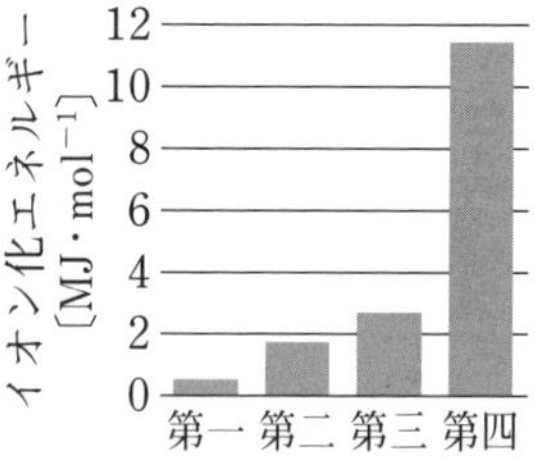

図Ⅱ

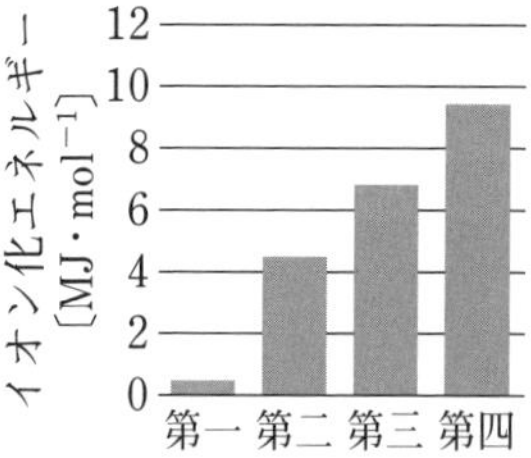

図Ⅲ

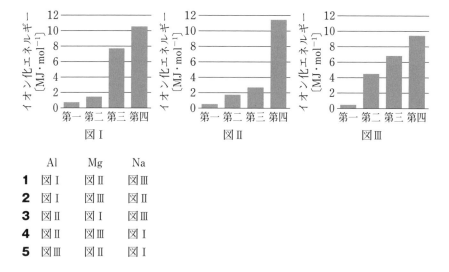

	Al	Mg	Na
1	図Ⅰ	図Ⅱ	図Ⅲ
2	図Ⅰ	図Ⅲ	図Ⅱ
3	図Ⅱ	図Ⅰ	図Ⅲ
4	図Ⅱ	図Ⅲ	図Ⅰ
5	図Ⅲ	図Ⅱ	図Ⅰ

No.6 **ボーアの水素原子モデルに関する次の記述の㋐，㋑，㋒に当てはまるものの組合せとして最も妥当なのはどれか。** 【国家総合職・平成30年度】

「原子核を中心とした半径rの円周上を，質量mの電子が速さvで等速円運動している水素原子（ボーアの水素原子モデル）を考える。原子核の質量は，電子に比べ十分に大きく，原子核は動かないものとする。また，電気素量をe，真空の誘電率をε_0，プランク定数をhとする。

このとき，電子の受ける遠心力$\dfrac{mv^2}{r}$とクーロン力$\dfrac{e^2}{4\pi\varepsilon_0 r^2}$とのつりあいと，ボーアの量子条件

$$\boxed{\text{㋐}}=\frac{nh}{2\pi} \qquad (n=1,\ 2,\ 3,\ \cdots)$$

を考慮することで，水素原子の量子化されたエネルギー$E_n=-\dfrac{me^4}{8\varepsilon_0^2h^2n^2}$が得られる。

水素原子のイオン化エネルギーが13.6eVであることから，$n=2$から$n=1$へ遷移する際に放射する光子のエネルギーは［㋑］eVと求められる。水素類似原子とみなすことができるLi^{2+}に，このモデルを適用することで，Li^{2+}のイオン化エネルギーは［㋒］eVと求めることができる。」

	㋐	㋑	㋒
1	mv	3.4	54.4
2	mv	3.4	122
3	mvr	3.4	1100
4	mvr	10.2	122
5	mvr	10.2	1100

実戦問題の解説

No.1 の解説　副殻と周期表

→問題はP.146

第2周期以降では，13～18族はpブロックとなる。よって，㋐は2p軌道である。p軌道が閉殻になった元素が18族の貴ガス元素である。

次に，第4周期からは遷移元素が存在する。典型元素では原子番号の増加とともに最外殻電子数が増加するが，遷移元素では原子番号の増加とともに内殻電子数が変化する（一部例外的な変化をする元素もある）。3p軌道まで電子が入った後は，3d軌道でなく，先に4s軌道に入る。その後，3d軌道に入っていくが，この過程が㋑である。

さらに，第6周期には4f軌道に電子が入っていくランタノイド，第7周期には5f軌道に電子が入っていくアクチノイドがある。これらは最外殻から見て2個内側の電子殻になる。

以上より，正答は**3**である。

No.2 の解説　原子核反応式と素粒子

→問題はP.147

原子核反応式は，原子核の変化に着目した反応式であり，核外電子のことは通常考慮しないで表す。原子核反応では全質量数と全電荷は変化しないことが重要である。各反応式を，質量数（核子数）と原子番号（陽子数）を明示して示すと，次のようになる。

$${}^{12}_{6}\mathrm{C} + {}^{4}_{2}\mathrm{He} \longrightarrow {}^{16}_{8}\mathrm{O} \qquad (1)$$

$${}^{12}_{6}\mathrm{C} + {}^{1}_{1}\mathrm{H} \longrightarrow {}^{13}_{7}\mathrm{N} \qquad (2)$$

$${}^{13}_{7}\mathrm{N} \longrightarrow {}^{13}_{6}\mathrm{C} + {}^{0}_{1}\mathrm{e} + {}^{0}_{0}\nu_e \qquad (3)$$

ここで，式(1)の${}^{4}_{2}\mathrm{He}$はα崩壊で放出されるα粒子である（陽子2個と中性子2個から成る（ア））。また，式(2)の${}^{1}_{1}\mathrm{H}$は陽子pそのものである（イ）。陽子や中性子はクォーク3個が強い相互作用で結び付いたバリオンに属する。なお，クォーク2個が強い相互作用で結び付いた粒子をメソン（中間子）といい，バリオンとメソンを合わせてハドロンという。

一方，式(3)の${}^{0}_{1}\mathrm{e}$は陽電子e^+で（ウ），これは電子e^-の反粒子である。${}^{0}_{0}\nu_e$は電子ニュートリノという素粒子であり，電荷をもたない。これらの粒子には強い相互作用は作用せず，非常に小さな質量をもつ特徴がありレプトンという。

以上より，正答は**3**である。

No.3の解説 分子の立体構造 →問題はP.147

　各分子のLewis構造式（電子式）と立体構造は次のようになる。ただし，見やすさを考えて共有電子対は表示せず，代わりに価標で示した。

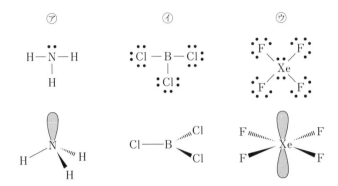

㋐　　　　　　　　㋑　　　　　　　　㋒

　原子価殻電子対反発（VSEPR）モデルでは，まず，中心に位置する原子の周囲の電子対が何方向に伸びているかを考える。㋐NH_3では4方向，㋑BCl_3では3方向，㋒XeF_4では6方向となる。それぞれ正四面体，正三角形，正八面体の頂点方向に電子対が伸びる。立体構造をいうときは，共有結合のある方向のみを考えるので，㋐NH_3は三角錐形，㋑BCl_3は平面三角形，㋒XeF_4は平面四角形となる。

　以上より，正答は**5**である。

No.4 の解説　電気双極子モーメント

→問題はP.148

㋐　誤りである。次図のように，中心のO原子には非共有電子対があるので，H_2O分子と同様に折れ線形となる。配位結合で中心のO原子は端のO原子に電子を供与して電荷の偏りをもつので，電気双極子モーメントをもつ。

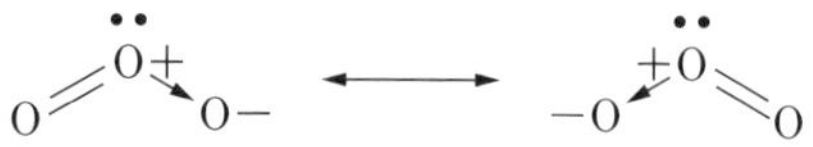
O
O+
O−
+O
−O
O

㋑　誤りである。ハロゲン化水素は二原子分子なので，ハロゲンと水素の電気陰性度の差が大きいほど電気双極子モーメントは大きく，結合のイオン性は大きくなる。

㋒　正しい。次図のように，C−Cl結合の電気双極子モーメントのベクトル和を考える。*o*−体が最も大きく，*m*−体がそれに次ぐ。*p*−体では無極性分子となる。

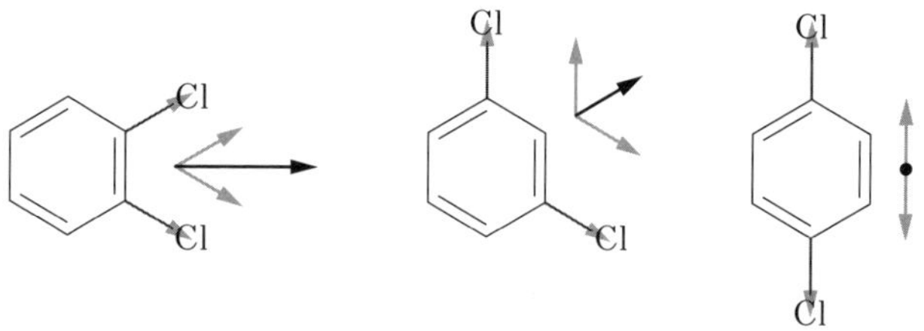
Cl
Cl
Cl
Cl
Cl
Cl

㋓　正しい。次図のような立体構造をしている。SOは直線形で極性があり，SO_2は折れ線形でやはり極性をもつ。しかし，SO_3は平面三角形となるので無極性分子である。

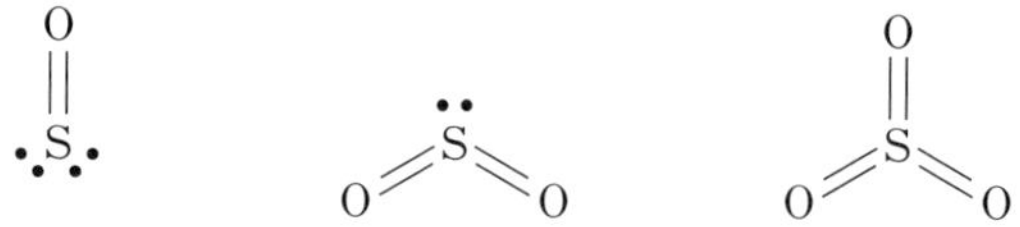
O
S
S
O
O
O
S
O
O

以上より，正答は**5**である。

No.5 の解説 同元素でのイオン化エネルギーの比較 →問題は P.148

外部に取り出す電子が強く原子核と引き合っているほど，イオン化エネルギーは大きくなる。一般に，第nイオン化エネルギーをI_nとすると，同元素では

$I_1 < I_2 < I_3 < I_4 < \cdots$

の関係がある。これはn番目の電子を引き出すとき，イオン化したほうはn価の陽イオンとなっており，それらの間に働くクーロン力が強くなるためである。

Alの電子配置はK(2)L(8)M(3)であり，初めの3個についてはすべてM殻の電子であるが，4個目はM殻よりも原子核に近いL殻から引き出す必要があるため，$I_1 < I_2 < I_3 \ll I_4$となる。よってAlは図IIである。同様に考えて，電子配置がK(2)L(8)M(2)のMgは図I，電子配置がK(2)L(8)M(1)のNaは図IIIとなる。

以上より，正答は**3**である。

原子番号が Z の場合で考える。原子核の正電荷は Ze となるので，電子に固定した回転座標系において，電子に働く力のつりあいより

$$\frac{mv^2}{r} = \frac{Ze^2}{4\pi\varepsilon_0 r^2}$$

$$\therefore \quad mv^2 = \frac{Ze^2}{4\pi\varepsilon_0 r} \tag{1}$$

が成り立つ。また，電子の全エネルギー E は

$$E = \frac{1}{2}mv^2 - \frac{Ze^2}{4\pi\varepsilon_0 r} \tag{2}$$

で与えられるので，式(1)と式(2)より mv^2 を消去すると

$$E = -\frac{Ze^2}{8\pi\varepsilon_0 r} \tag{3}$$

となる。

ここで，角運動量が量子化されているという Bohr の量子条件は

$$mvr = \frac{nh}{2\pi} \quad (\text{ア})$$

$$\therefore \quad v = \frac{nh}{2\pi mr} \tag{4}$$

であるから，式(1)と式(4)より v を消去し，$r = r_n$ とすると

$$m\left(\frac{nh}{2\pi mr_n}\right)^2 = \frac{Ze^2}{4\pi\varepsilon_0 r_n}$$

$$\therefore \quad r_n = \frac{\varepsilon_0 h^2}{\pi mZe^2} \cdot n^2 \tag{5}$$

のように軌道半径 r_n が量子化されることがわかる。式(5)を式(3)に代入し，$E = E_n$ とすると，

$$E_n = -\frac{Ze^2}{8\pi\varepsilon_0} \cdot \frac{\pi mZe^2}{\varepsilon_0 h^2} \cdot \frac{1}{n^2}$$

$$= -\frac{mZ^2 e^4}{8\varepsilon_0^2 h^2} \cdot \frac{1}{n^2} \tag{6}$$

のようにエネルギー準位 E_n が得られる。ここで

$$E_1 = -\frac{mZ^2 e^4}{8\varepsilon_0^2 h^2} \tag{7}$$

であるから，式(6)は次のように書き直せる。

$$E_n = E_1 \cdot \frac{1}{n^2} \tag{8}$$

イオン化エネルギーは$n=1$から$n=\infty$へ遷移する際に吸収される光子のエネルギーに等しいので，$E_\infty=0$を考慮すると$-E_1$であることがわかる。水素原子の場合$Z=1$であり，そのイオン化エネルギーをI_Hとすると，式(7)より

$$I_H=\frac{me^4}{8\varepsilon_0^2h^2}=13.6\,\text{eV} \tag{9}$$

になる。よって，水素原子が$n=2$から$n=1$へ遷移する際に放射する光子のエネルギーは，式(8)と式(9)より次のように求められる。

$$E_2-E_1=-I_H\left(\frac{1}{2^2}-\frac{1}{1^1}\right)=-13.6\,\text{eV}\times\left(-\frac{3}{4}\right)$$
$$=10.2\,\text{eV}\quad(\text{イ})$$

Li^{2+}では$Z=3$となる。そのイオン化エネルギーを$I_{Li^{2+}}$とすると，式(7)と式(9)より次のように求められる。

$$I_{Li^{2+}}=\frac{m\cdot3^2e^4}{8\varepsilon_0^2h^2}=3^2I_H=9\times13.6\,\text{eV}$$
$$=122\,\text{eV}\quad(\text{ウ})$$

以上より，正答は**4**である。

正答	No.1=3　No.2=3　No.3=5　No.4=5　No.5=3 No.6=4

<必 修 問 題>

　　Born-Haberサイクルを用いて計算される**MgCl₂(s)**の格子エネルギーの値はおよそいくらか。

　　ただし，各物理量は以下のとおりとする。　　【国家一般職・令和元年度】

$MgCl_2(s)$ の生成熱	$-642kJ \cdot mol^{-1}$
$Cl_2(g)$ の解離熱	$+244kJ \cdot mol^{-1}$
$Mg(s)$ の昇華熱	$+128kJ \cdot mol^{-1}$
$Cl(g)$ の電子親和力	$+349kJ \cdot mol^{-1}$
$Mg(g)$ の第一イオン化エネルギー	$+737kJ \cdot mol^{-1}$
$Mg(g)$ の第二イオン化エネルギー	$+1476kJ \cdot mol^{-1}$

1　$1.28 \times 10^3 kJ \cdot mol^{-1}$

2　$2.29 \times 10^3 kJ \cdot mol^{-1}$

3　$2.53 \times 10^3 kJ \cdot mol^{-1}$

4　$2.76 \times 10^3 kJ \cdot mol^{-1}$

5　$3.58 \times 10^3 kJ \cdot mol^{-1}$

必修問題 の 解説

　求める格子エネルギーをQとする。与えられたエネルギーを用いて次のような図が作れる。なお，$MgCl_2(s)$の生成熱が$-642kJ \cdot mol^{-1}$と与えられているが，実際には$+642kJ \cdot mol^{-1}$である。高校化学では生成熱の符号は発熱反応のとき正とするが，本問ではエンタルピー変化のときと同じ負で表しているので，注意を要する。

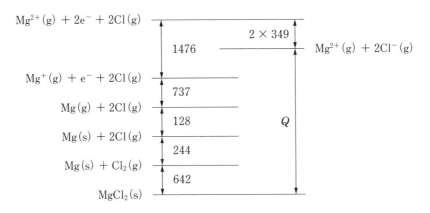

　上図より次の関係が成り立つ。

$Q = (642 + 244 + 128 + 737 + 1476 - 2 \times 349)\,kJ \cdot mol^{-1}$

　　$= 2.53 \times 10^3 kJ \cdot mol^{-1}$

以上より，正答は**3**である。

正答 **3**

重要ポイント 1 ▶ 結晶の種類

(1)**結晶**

　構成粒子が周期的に配列してできた固体を**結晶**という。構成粒子間の結合の種類によりいくつかに分類される。結晶構造は構成粒子の周期性を示す最小単位あるいはそれに準ずる構造を図示することで表現される。それを**単位格子**という。また，構成粒子に隣接する粒子の数を**配位数**という。

(2)**イオン結晶**

　陽イオンと陰イオンの間のクーロン力により生成した結晶を**イオン結晶**という。融解したり極性溶媒に溶解させたりすると，イオンが移動できるようになるので電気伝導性を生じる。

(3)**金属結晶**

　自由電子を放出した金属陽イオンが自由電子を介して配列した結晶を**金属結晶**という。自由電子があるために電気伝導性や熱伝導性が大きい。また，展性や延性に富み，光を強く反射するので金属光沢をもつ。振動数の高い光を照射したり，高温に加熱したりすると電子を放出する。

(4)**共有結合結晶**

　原子が共有結合により次々と三次元の網目状に結合してできた結晶を**共有結合結晶**という。非常に硬く，融点・沸点も極めて高い。ダイヤモンド，黒鉛(グラファイト)，二酸化ケイ素，ケイ素，炭化ケイ素などがある。

(5)**分子結晶**

　原子が少数個結合した分子を構成単位とし(ただし18族は単原子分子である)，van der Waals力によって結合した結晶を**分子結晶**という。van der Waals力は非常に弱いので，分子結晶は軟らかく，融点・沸点は低い。常圧下で昇華性を有するものもある。

重要ポイント❷ 金属結晶の構造

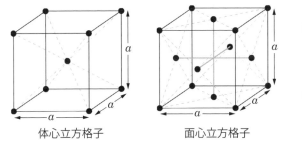
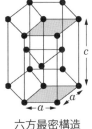

体心立方格子　　　　　面心立方格子　　　　　六方最密構造

⑴体心立方格子

　　体心立方格子の単位格子は立方体で，その中には2個の原子が含まれる。また，配位数は8であり，空間充填率（単位格子の体積に対する原子の占める部分の体積の割合）を計算すると68.0％となる。アルカリ金属などが体心立方格子である。

⑵面心立方格子

　　面心立方格子の単位格子も立方体で，その中には4個の原子が含まれる。また，配位数は12，空間充填率は74.0％であるが，これは1個の球が同じ半径の球と接する場合の上限値である。この状況を**最密充填**という。アルミニウム，銅，銀などが面心立方格子である。

⑶六方最密構造

　　六方最密構造は図にあるような正六角柱で表されることが多いが，単位格子はその1/3の部分であり，図で塗りつぶしてある2個のひし形で挟まれた部分が単位格子となっている。単位格子中の原子数は2個である。また，配位数および空間充填率は面心立方格子とまったく同じである。

(1)代表的なイオン結晶の単位格子

イオン結晶には多くの種類がある。そのうち，NaCl型とCsCl型は次のような構造をしている。●が陽イオン，○が陰イオンである。

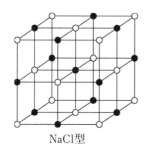

NaCl型 　　　　　　　　　　　CsCl型

(2) Madelung 定数

1価のイオンから成るイオン結晶について，イオン間のクーロン力によるポテンシャルエネルギーをuとすると，イオン間距離r，電気素量e，真空の誘電率ε_0を用いて

$$u=\frac{e^2}{4\pi \varepsilon_0 r} \tag{2.5}$$

と表されるが，実際にはイオンは最近接，第2近接，第3近接，…となるイオンとのクーロン力による影響を受けているので，それを加味すると

$$u=\frac{e^2}{4\pi \varepsilon_0 r}M \tag{2.6}$$

となる。1価でないイオンが含まれているときにも同様に考えられる。Mを**Madelung定数**といい，結晶構造によって固有の値をとる。

(3)格子エネルギー

イオン結晶1molがその構成イオンに完全に解離するのに必要なエネルギーを**格子エネルギー**という。格子エネルギーが大きいほど，イオン結晶は安定である。格子エネルギーを実測することは難しいので，各種の熱量・エネルギーから間接的に求められる。たとえば，NaClの格子エネルギーは次のように求められる。これを**Born-Haber サイクル**という。

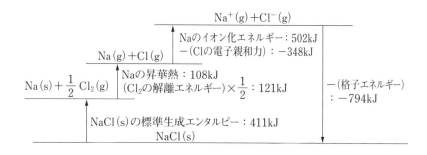

重要ポイント 4 共有結合結晶

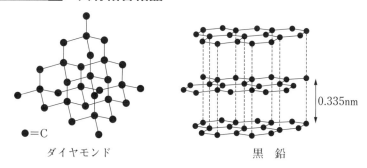

●＝C

ダイヤモンド　　　　　黒　鉛

⑴ダイヤモンド

　1個のC原子は最大で4個の原子と結合できる。その4本の結合角は正四面体角（正四面体の頂点・重心・別の頂点を結ぶ線分のなす角で，約109.5°）で，メタンCH_4分子のH–C–Hの結合角に等しい。**ダイヤモンド**はC原子どうしがこの結合角で三次元的に次々と発達した構造となっている。ダイヤモンドの結晶は極めて硬く，融点も非常に高い絶縁体である。

⑵黒鉛（グラファイト）

　C原子が二次元的に次々と結合したものが**黒鉛**で**グラファイト**ともいう。各C原子は3個のC原子と結合し，グラフェンと呼ばれる二次元的な平面（層状構造）を形成している。これはちょうどベンゼンC_6H_6を次々に組み合わせてできるものに相当している。グラフェン層の中ではπ共役系の電子が自由電子として振る舞うので電気伝導性がある。層間は弱い分子間力で結びつけられているだけなので，層どうしはずれやすく，結晶ははがれやすい。

実戦問題

[No.1] **図は塩化ナトリウムの結晶の単位格子を示している。塩化ナトリウムの結晶の密度はおよそいくらか。**

ただし，塩化ナトリウム NaCl の式量を58，アボガドロ定数を 6.0×10^{23}/mol，単位格子の1辺の長さを 5.6×10^{-8}cm とし，また，$5.6^3=176$ とする。

【労働基準監督B・平成29年度】

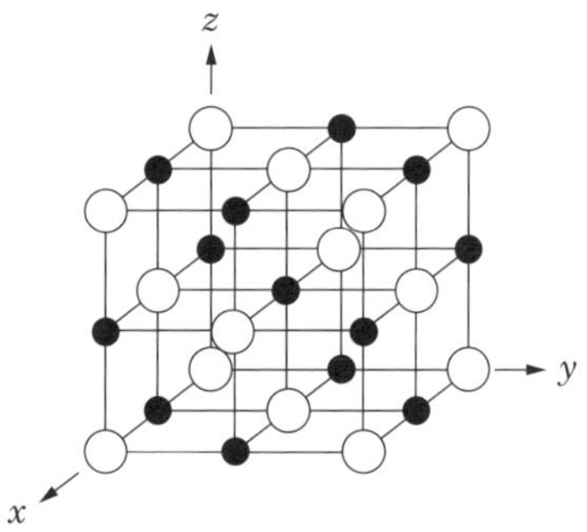

○：塩化物イオン Cl^-

●：ナトリウムイオン Na^+

1 1.1g/cm^3
2 2.2g/cm^3
3 3.3g/cm^3
4 4.4g/cm^3
5 5.5g/cm^3

[No.2] **表は，結晶系の結晶軸の長さと結晶軸のなす角をまとめたものである。表の㋐，㋑，㋒に当てはまるものの組合せとして最も妥当なのはどれか。**

【国家一般職・平成29年度】

結晶系	結晶軸の長さ	結晶軸のなす角
㋐	$a=b\neq c$	$\alpha=\beta=\gamma=90°$
㋑	$a\neq b\neq c$	$\alpha=\beta=\gamma=90°$
㋒	$a=b\neq c$	$\alpha=\beta=90°$，$\gamma=120°$

	㋐	㋑	㋒
1	立方晶	単斜晶	三斜晶
2	立方晶	単斜晶	六方晶
3	正方晶	単斜晶	三斜晶
4	正方晶	斜方晶	三斜晶
5	正方晶	斜方晶	六方晶

[No.3] **硫化亜鉛の結晶構造に関する次の記述の㋐〜㋓に当てはまるものの組合せとして最も妥当なのはどれか。**

【国家一般職・平成28年度】

「硫化亜鉛の結晶構造は温度によって変化し，図Ⅰ，図Ⅱのような構造をとる。いずれにおいても，硫化物イオンは4個の亜鉛イオンと近接した構造となっており，

硫化物イオンの配列が，図Ⅰのように[㋐]の配列をしている構造を[㋑]型構造，図Ⅱのように[㋒]の配列をしている構造を[㋓]型構造と呼ぶ。」

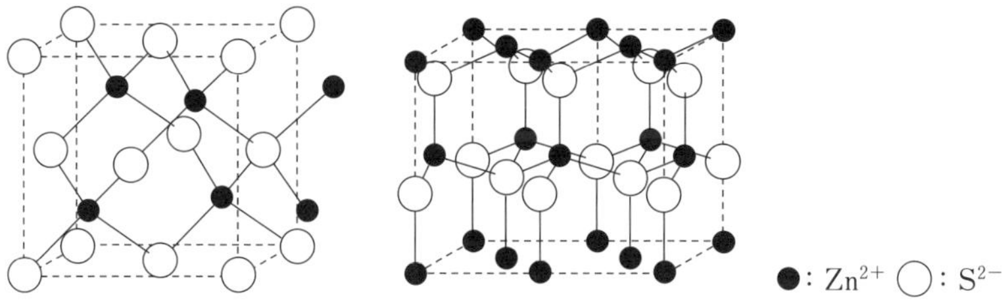

図Ⅰ　　図Ⅱ

	㋐	㋑	㋒	㋓
1	立方最密充塡	蛍石	六方最密充塡	閃亜鉛鉱
2	立方最密充塡	閃亜鉛鉱	六方最密充塡	ウルツ鉱
3	立方最密充塡	ウルツ鉱	六方最密充塡	蛍石
4	六方最密充塡	閃亜鉛鉱	立方最密充塡	蛍石
5	六方最密充塡	蛍石	立方最密充塡	ウルツ鉱

No.4 **イオン結晶に関する次の記述の㋐，㋑，㋒に当てはまるものの組合せとして最も妥当なのはどれか。**

ただし，$\sqrt{2}=1.41$，$\sqrt{3}=1.73$とする。　　【国家一般職・平成27年度】

「塩化ナトリウム型結晶では，陽イオンは[㋐]個の陰イオンと近接した結晶構造となり，また，塩化セシウム型結晶では，陽イオンは[㋑]個の陰イオンと近接した結晶構造となる。

陽イオンの半径をr_{M^+}，陰イオンの半径をr_{X^-}とすると，半径比(r_{M^+}/r_{X^-})は結晶構造を決める大きな要因となっている。$r_{M^+}<r_{X^-}$とし，剛体球近似において，陽イオンと陰イオンが必ず接するとすると，塩化セシウム型結晶を安定にとりうるのは，r_{M^+}/r_{X^-}が[㋒]より大きい場合となる。」

	㋐	㋑	㋒
1	4	6	0.41
2	4	6	0.73
3	6	4	0.41
4	6	8	0.41
5	6	8	0.73

イオン結晶の構造に関する次の記述の㋐～㋓に当てはまるものの組合せとして最も妥当なのはどれか。

なお，各イオンのポーリングによるイオン半径は表のとおりである。

【国家一般職・平成30年度】

イオン	イオン半径〔pm〕
O^{2-}	140
Na^+	95
Mg^{2+}	65
S^{2-}	184
Cl^-	181
Zn^{2+}	74

「イオン結晶の構造の多くは，陰イオンが ㋐ 構造をとり，その格子の八面体間隙または四面体間隙を陽イオンが占める構造から導かれるとみることができる。

たとえば，NaCl結晶のNa^+は，Cl^-から成る格子の ㋑ 間隙に，ZnS結晶のZn^{2+}は，S^{2-}から成る格子の ㋒ 間隙に位置している。MgO結晶は ㋓ と同じ型の構造をとる。」

	㋐	㋑	㋒	㋓
1	最密充填	四面体	八面体	NaCl
2	最密充填	四面体	八面体	ZnS
3	最密充填	八面体	四面体	NaCl
4	体心立方格子	四面体	八面体	NaCl
5	体心立方格子	八面体	四面体	ZnS

実戦問題の解説

No.1 の解説　塩化ナトリウム結晶の密度

→問題はP.162

図を参照すればわかるように，NaClの単位格子では，Na^+とCl^-がそれぞれ面心立方格子の配置をしているので，4個ずつ存在する。すなわち，NaClのイオンペアが単位格子中に4組存在する。NaClのモル質量をM，単位格子の1辺の長さ（格子定数）をa，Avogadro定数をN_A，求めるNaCl結晶の密度をρとすると，次の関係が成り立つ。

$$\rho=\frac{4M}{N_A a^3}$$

$$=\frac{4\times58\text{g/mol}}{6.0\times10^{23}/\text{mol}\times(5.6\times10^{-8}\text{cm})^3}$$

$$=2.2\text{g/cm}^3$$

以上より，正答は**2**である。

No.2 の解説　結晶形と格子定数

→問題はP.162

単位格子が立方体である結晶形を立方晶という。つまり，$a=b=c$，$\alpha=\beta=\gamma=90°$のときである。これに対して$a=b\neq c$となると，立方体にはならない正方形の角柱になるが，これを正方晶という（㋐）。さらに$a\neq b\neq c$となると，直方体のどの6面を見ても長方形（正方形は除く）になるが，これを斜方晶という（㋑）。六方晶は正六角形の角柱となる場合である（㋒）。

以上より，正答は**5**である。

No.3 の解説　硫化亜鉛の結晶構造

→問題はP.162

図Ⅰにおいて，S^{2-}とZn^{2+}は，それぞれ面心立方格子（立方最密充填ともいう）の配置をしている（㋐）。この結晶格子は，S^{2-}が作る面心立方格子の中にある正四面体サイト8か所のうちの4か所にZn^{2+}が入り込んだ構造をしている。これを閃亜鉛鉱型構造という（㋑）。なお，正四面体サイトとは，正四面体の頂点に配置された4個の粒子に囲まれた部分を指す。

一方，図Ⅱにおいて，S^{2-}とZn^{2+}は，それぞれ六方最密充填の配置をしている（㋒）。図Ⅰと同様に正四面体サイトにZn^{2+}が入り込んだ構造をしている。図Ⅱの縦方向の長さをLとすると，各Zn^{2+}から上に$\frac{3}{8}L$だけ移動した位置にS^{2-}が存在する。これをウルツ鉱型構造という（㋓）。

以上より，正答は**2**である。

第2章　無機化学

No.4 の解説　イオン結晶の限界半径比

→問題はP.163

塩化ナトリウム型構造と塩化セシウム型構造は次図のようになっている。NaCl型構造では陽イオンが6個の陰イオンと近接し（㋐），CsCl型構造では陽イオンが8個の陰イオンと近接した構造である（㋑）。

NaCl 型　　　　CsCl 型

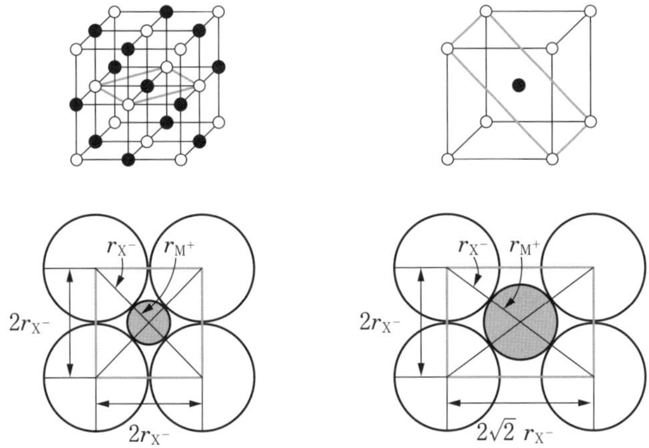

最近接の関係にある陽イオンと陰イオンは接しているが，第2近接の関係にある陰イオンどうしは離れていると安定である。しかし，陽イオンが陰イオンに対して小さすぎると，安定な構造を保てなくなる。その限界の状態は，上図のように第2近接の関係にある陰イオンどうしが接している場合である。この状態よりも陽イオンが小さくなると，結晶格子は不安定となり，その構造をとることができない。この限界状態のときの半径比 $\frac{r_{M^+}}{r_{X^-}}$ を限界半径比という。

NaCl型では次の関係が成り立つ。

$$2\sqrt{2}r_{X^-}=2(r_{X^-}+r_{M^+})$$

$$\therefore\ \frac{r_{M^+}}{r_{X^-}}=\sqrt{2}-1$$

$$=0.41$$

第2章

無機化学

一方，CsCl型では次の関係が成り立つ。

$$2\sqrt{3}\,r_{X^-}=2\,(r_{X^-}+r_{M^+})$$

$$\therefore \quad \frac{r_{M^+}}{r_{X^-}}=\sqrt{3}-1$$

$$=0.73 \quad (\text{ⓦ})$$

以上より，正答は**5**である。

No.5 の解説　イオン結晶格子と間隙　　→問題は P.164

　イオン結晶の多くの構造では，陰イオンが最密充填構造をとる（㋐）。NaCl結晶では，Na^+は6個のCl^-に囲まれており，その6個のCl^-は正八面体の頂点に位置する。これが正八面体間隙を陽イオンが占めるという意味である（㋑）。一方，ZnS結晶では，Zn^{2+}が4個のS^{2-}に囲まれており，その4個のS^{2-}は正四面体の頂点に位置するので，Zn^{2+}正四面体間隙に位置する（㋒）。

　MgOについて，陰イオン半径に対する陽イオン半径の比を計算すると

$$\frac{65pm}{140pm}=0.46$$

となるが，これはNaCl型構造の限界半径比$\sqrt{2}-1=0.41$を超えているので，幾何学的にNaCl型構造（配位数6）をとることができる。一方，ZnS型構造の限界半径比はNaCl型よりも小さく$\frac{\sqrt{6}}{2}-1=0.22$となるので，ZnS型構造（配位数4）をとることも幾何学的にできる。一般に，配位数の多い構造のほうが安定であることから，MgOはNaCl型になると推測できる（㋓）。

　以上より，正答は**3**である。

正答 No.1＝2　No.2＝5　No.3＝2　No.4＝5　No.5＝3

11 酸・塩基と電離平衡

必修問題

0.10mol/Lの酢酸水溶液50mLに，0.50mol/Lの水酸化ナトリウム水溶液を加えた後，水を加えて全体を100mLとし，25℃でpHが5.0の水溶液に調整したい。加えるべき水酸化ナトリウム水溶液の量に関する次の記述の㋐，㋑，㋒に当てはまるものの組合せとして最も妥当なのはどれか。

ただし，25℃の酢酸の電離定数を1.8×10^{-5}mol/Lとする。

【国家総合職・平成26年度】

「pH調整後の水溶液中の酢酸と酢酸イオンの濃度比は，
$[CH_3COOH]:[CH_3COO^-]$＝[㋐]である。また，陰イオンと陽イオンのバランスを考えると，H^+の濃度，OH^-の濃度はナトリウムイオンの濃度，酢酸イオンの濃度に比べて十分小さいことから，$[Na^+]=[CH_3COO^-]$＝[㋑]mol/Lと考えてよい。水酸化ナトリウムは完全に電離するので，ナトリウムイオン濃度が[㋑]mol/Lとなるように，0.50mol/Lの水酸化ナトリウム水溶液を[㋒]mL加える。」

	㋐	㋑	㋒
1	1.8：1	1.8×10^{-2}	3.6
2	1.8：1	3.6×10^{-2}	3.6
3	1：1.8	3.2×10^{-2}	3.2
4	1：1.8	3.2×10^{-2}	6.4
5	1：1.8	6.4×10^{-2}	6.4

〈必修問題〉の解説

CH_3COOHの電離定数をK_aとすると，化学平衡の法則（質量作用の法則）は

$$K_a=\frac{[CH_3COO^-][H^+]}{[CH_3COOH]}$$

と表せる。pH＝5.0に調整すると，$[H^+]=10^{-5.0}$mol/Lより

$$\frac{[CH_3COOH]}{[CH_3COO^-]}=\frac{[H^+]}{K_a}=\frac{10^{-5.0}\text{mol/L}}{1.8\times10^{-5}\text{mol/L}}=\frac{1}{1.8} \qquad (1)$$

となっていることがわかる（㋐）。このモル濃度比はモル比にも等しい。水溶液の電気的中性条件

$$[Na^+]+[H^+]=[CH_3COO^-]+[OH^-]$$

において，$[H^+]$と$[OH^-]$を無視すると$[Na^+]=[CH_3COO^-]$となるが，これは中和反応

$$CH_3COOH+OH^- \longrightarrow CH_3COO^-+H_2O \qquad (2)$$

によって生じるCH_3COO^-の共通イオン効果により

$$CH_3COOH \rightleftarrows CH_3COO^-+H^+$$

の平衡が著しく左に偏り，CH_3COOHの電離反応を無視していることを意味する。つまり，CH_3COO^-はすべて式(2)により生じたとみなしてよい。加えるべき水酸化ナトリウム水溶液の体積をxmLとすると，式(1)より次の関係が成り立つ。なお，中和した後は緩衝溶液になっているので，その後に水を加えてもpHはほとんど変化しない。

$$\frac{0.10\text{mol/L}\times50\text{mL}-0.50\text{mol/L}\times x\text{mL}}{0.50\text{mol/L}\times x\text{mL}}=\frac{1}{1.8}$$

$$\therefore \quad x\text{mL}=6.4\text{mL} \quad (㋒)$$

また，中和した後は水溶液が100mLになっているので

$$[Na^+]=\frac{0.50\text{mol/L}\times x\text{mL}}{100\text{mL}}=3.2\times10^{-2}\text{mol/L}$$

と求められる（㋑）。

以上より，正答は**4**である。

正答 4

P◉INT

重要ポイント 1 酸・塩基の定義

⑴Arrhenius による定義

　Arrheniusは水溶液中で電離する電解質の一部について，酸と塩基を次のように定義した。これらは互いの性質を打ち消し合うが，その反応を**中和**という。

酸　水溶液中でH^+を生じるもの

塩基　水溶液中でOH^-を生じるもの

⑵Brønsted と Lowry による定義

　H^+は電子をもたずH原子核しかないことが明らかになり，このように電荷密度の大きなものは水溶液中には安定に存在しえないことが明らかになった。BrønstedとLowryは独立に酸と塩基を次のように定義した。

酸　相手にH^+を与えるもの (H^+供与体)

塩基　相手からH^+を受け取るもの (H^+受容体)

　彼らはH^+は単独では存在せず，分子やイオンが衝突したときに移動するものであると考えた。このようなH^+の移動反応を**酸塩基反応**という。

⑶酸化物の分類と酸化物イオンによる定義

　一般に，酸化物は次のように分類できる。

酸性酸化物　水に溶けて酸性を示すか，または塩基と反応する酸化物で，非金属元素の酸化物の大部分が該当する。

中性酸化物　水に溶けにくく，酸とも塩基とも反応しない酸化物で，非金属元素の酸化物の中でCOとNOが該当する。

塩基性酸化物　水に溶けてアルカリ性を示すか，または酸と反応する酸化物で，金属元素の酸化物の多くが該当する。

両性酸化物　水には溶けにくいが，酸とも強塩基とも反応する酸化物で，両性金属元素 (Al，Zn，Sn，Pbなど) の酸化物が該当する。

　酸化物どうしの反応などではBrønstedとLowryの定義が適用できないことがあるので，次の酸化物イオンを基にした定義を利用すると便利である。

酸　相手からO^{2-}を受け取るもの

塩基　相手にO^{2-}を与えるもの

⑷Lewis による定義

　Lewisは電子対の授受という観点から酸と塩基を次のように定義した。

酸　相手から電子対を受け取るもの

塩基　相手に電子対を与えるもの

　これは最も一般的な定義であり，H^+の授受だけでなく，酸化物どうしの反応でHが関与しない場合も含まれる。Lewis酸は電子対を受け入れる余地のある低エネルギーの空軌道をもつ化学種である。Lewis塩基は孤立電子対をもつ化学種である。

重要ポイント 2 ▶ 酸・塩基の強弱

(1)電離度(解離度)

酸または塩基を水に溶かしたとき,電離したものの割合を**電離度**または**解離度**という。モル濃度がcの1価の酸または塩基の電離度がαのとき,それぞれ

$$[H^+] = c\alpha \quad または \quad [OH^-] = c\alpha \tag{2.7}$$

と表せる。電離度αは温度だけでなく,モル濃度cにも依存するので注意する必要がある。

(2)酸・塩基の強弱

水に溶かしたときに,ほぼ完全に電離する酸を**強酸**,ほとんど電離しない酸を**弱酸**という。同様に,ほぼ完全に電離する塩基を**強塩基**,ほとんど電離しない塩基を**弱塩基**という。強酸や強塩基は数が少ないので次のものを覚えておくとよい。なお,次に示す酸や塩基と対応する酸化物も該当する。

強酸の例…HCl,HBr,HI,HNO₃,H₂SO₄,HClO₄,HClO₃,スルホン酸

強塩基の例…アルカリ金属・アルカリ土類金属の水酸化物

(3)電離定数(解離定数)

酸や塩基が水溶液中で電離して平衡状態となっているとき,それを**電離平衡**という。たとえば,酸HAの電離平衡では化学平衡の法則(質量作用の法則)より

$$K_a = \frac{[A^-][H^+]}{[HA]} \tag{2.8}$$

となる。K_aを**酸解離定数(電離定数)**という。K_aが大きいほど強い酸であるといえる。同様に,塩基BOHの電離平衡

$$BOH \rightleftharpoons B^+ + OH^- \tag{2.9}$$

について,次の**塩基解離定数(電離定数)**K_bが定義できる。

$$K_b = \frac{[B^+][OH^-]}{[BOH]} \tag{2.10}$$

電離度αはモル濃度cに依存するのに対し,解離定数K_aやK_bは温度が変わらなければ一定であり,モル濃度cには依存しない。ただし,これは希薄溶液の場合であり,濃厚溶液では溶質間の相互作用を無視できないので成り立たなくなる。このようなときにはモル濃度の代わりに活量を用いて表す。

第2章

無機化学

(1)HSAB則

Lewisの定義による酸・塩基について，その相互作用の大きさを定性的に表現する方法として，酸・塩基の硬さ・軟らかさという概念がPearsonによって提唱されている。これによると，硬い酸・塩基どうし，軟らかい酸・塩基どうしは強く相互作用する。これを**HSAB則**という。HSABとはHard and Soft Acids and Basesのことである。

(2)酸・塩基の硬さ・軟らかさと分極率

硬い酸 (Hard Acid)とは，正電荷が局在化して集中した分極率が小さい化学種のことであり，金属イオンではハロゲン化物イオンとの親和性の大きさはF>Cl>Br>Iとなる。一方，軟らかい酸 (Soft Acid)とは，正電荷が非局在化して分散した分極率が大きい化学種のことであり，金属イオンのハロゲン化物イオンとの親和性は逆のI>Br>Cl>Fとなる。同様にして，硬い塩基 (Hard Base)と軟らかい塩基 (Soft Base)も定められる。

硬い酸の例…H^+, Li^+, Na^+, Mg^{2+}, Al^{3+}, K^+, Ca^{2+}, Fe^{3+}, BF_3

軟らかい酸の例…Pd^{2+}, Ag^+, Pt^{2+}, Au^+, Hg_2^{2+}, Hg^{2+}, B_2H_6, 金属

硬い塩基の例…H_2O, OH^-, O^{2-}, F^-, Cl^-, NH_3, RO^-, CO_3^{2-}

軟らかい塩基の例…H^-, CN^-, CO, R_3P, S^{2-}, SCN^-, I^-, RS^-

(1)化学平衡の法則 (質量作用の法則)

電離平衡に関与する化学種の平衡時の濃度バランスに関する法則で，酸・塩基解離定数 (2.8) 式および (2.10) 式のことである。たとえば，酢酸水溶液においては酸解離定数K_aの式 (2.12) と**水のイオン積K_w**の式 (2.14) が該当する。

$$CH_3COOH \rightleftharpoons CH_3COO^- + H^+ \tag{2.11}$$

$$K_a = \frac{[CH_3COO^-][H^+]}{[CH_3COOH]} \tag{2.12}$$

$$H_2O \rightleftharpoons H^+ + OH^- \tag{2.13}$$

$$K_w = [H^+][OH^-] \tag{2.14}$$

(2)物質収支条件 (Material Balance)

電離平衡に関与する化学種について，各元素の原子数が保存される条件である。たとえば，モル濃度がcの酢酸水溶液について，C原子数は電離前後で変化しないので，(2.11) 式より

$$c = [CH_3COOH] + [CH_3COO^-] \tag{2.15}$$

が成り立つ。ただし，K_aやK_wを導入するとき$[H_2O]$を一定とみなすことを前提とし

ているので，HとOについて物質収支条件を立てることはできない。

⑶**電荷保存条件 (Charge Balance)**

　いかなる化学反応においても，系に対する電荷の出入りがなければ電荷は保存される。酢酸水溶液では，(2.11) 式および (2.13) 式から

$$[H^+] = [CH_3COO^-] + [OH^-] \tag{2.16}$$

が成立する。これは全陽イオンの電気量と全陰イオンの電気量の大きさが等しいことを示している。または，電子数が保存する条件であるといってもよい。

⑷**水溶液中の平衡計算**

　水溶液に関する平衡の計算は，以上の化学平衡の法則，物質収支条件，電荷保存条件の三つを連立すれば，原理的には解けることになる。しかし，実際にはそのまま解くのは難しいことが多いので，適切な近似を必要に応じて行っていく。たとえば，モル濃度 c の酢酸水溶液については，(2.12) 式，(2.14) 式，(2.15) 式および (2.16) 式を連立することになる。未知数は4種類の化学種のモル濃度である。まず，酸性溶液で水の電離 (2.13) 式は無視できるので，(2.16) 式において

$$[H^+] \approx [CH_3COO^-] \tag{2.17}$$

と近似できる。(2.17) 式を (2.15) 式に代入して

$$c \approx [CH_3COOH] + [H^+] \tag{2.18}$$

となる。よって，(2.12) 式は (2.17) 式および (2.18) 式を用いて

$$K_a \approx \frac{[H^+]^2}{c - [H^+]} \tag{2.19}$$

が得られる。(2.19) 式を用いると，K_a および c から $[H^+]$ が二次方程式を解くことにより求められる。ここで，酢酸の電離度が十分に小さく $c \gg [H^+]$ ならば，(2.19) 式はさらに

$$K_a \approx \frac{[H^+]^2}{c} \tag{2.20}$$

と近似できるので，$[H^+]$ は次のように簡単に求められる。

$$[H^+] \approx \sqrt{K_a c} \tag{2.21}$$

No.1 次の反応において，ルイス酸とルイス塩基に該当するものを正しく組み合わせているのはどれか。

$$AlCl_3 + Cl^- \longrightarrow AlCl_4^-$$

【地方上級・平成30年度】

	ルイス酸	ルイス塩基
1	$AlCl_3$	Cl^-
2	$AlCl_3$	$AlCl_4^-$
3	Cl^-	$AlCl_3$
4	Cl^-	$AlCl_4^-$
5	$AlCl_4^-$	$AlCl_3$

No.2 酢酸の酸解離定数 K_a を，水のイオン積 K_W と酢酸イオンの塩基解離定数 K_b を用いて表したものとして最も妥当なのはどれか。【国家一般職・平成30年度】

1 $\dfrac{K_W}{K_b}$

2 $\dfrac{K_b}{K_W}$

3 $K_W K_b$

4 $\sqrt{\dfrac{K_W}{K_b}}$

5 $\sqrt{\dfrac{K_b}{K_W}}$

No.3 **ルイス酸の酸性度に関する次の記述の㋐，㋑，㋒に当てはまるものの組合せとして最も妥当なのはどれか。** 【国家一般職・平成28年度】

「ルイス酸として働く原子に置換基がついている場合，置換基の電子吸引の程度が強いほど中心原子の電子密度が減少し，その酸性は強くなる。したがって，四ハロゲン化スズでは，ルイス酸性の強さは，[㋐]となる。また，$B(CH_3)_3$とBH_3では，ルイス酸性の強さは，[㋑]となる。

一方，三ハロゲン化ホウ素では，ホウ素の2p軌道とハロゲンのp軌道との間にπ結合が形成される。強いπ結合が形成されるとルイス酸性は弱くなるため，これらのルイス酸性の強さは[㋒]となる。」

	㋐	㋑	㋒
1	$SnF_4>SnCl_4>SnBr_4$	$B(CH_3)_3>BH_3$	$BF_3>BCl_3>BBr_3$
2	$SnF_4>SnCl_4>SnBr_4$	$B(CH_3)_3<BH_3$	$BF_3>BCl_3>BBr_3$
3	$SnF_4>SnCl_4>SnBr_4$	$B(CH_3)_3<BH_3$	$BF_3<BCl_3<BBr_3$
4	$SnF_4<SnCl_4<SnBr_4$	$B(CH_3)_3>BH_3$	$BF_3<BCl_3<BBr_3$
5	$SnF_4<SnCl_4<SnBr_4$	$B(CH_3)_3<BH_3$	$BF_3>BCl_3>BBr_3$

No.4 **酸および塩基に関する記述㋐，㋑，㋒のうち妥当なもののみをすべて挙げているのはどれか。** 【国家総合職・令和元年度】

㋐ 化合物の酸性度は，酸性のプロトンが結合している原子の電気陰性度が大きいほど常に高くなる。

㋑ 硝酸は水の中で酸として働くが，硫酸の中では塩基として働く。

㋒ ルイス酸とルイス塩基を考えると，硬い酸と軟らかい塩基，軟らかい酸と硬い塩基がそれぞれ強く結合する傾向にある。

1 ㋐，㋑
2 ㋐，㋒
3 ㋑
4 ㋑，㋒
5 ㋒

第2章 無機化学

No.5 水酸化ナトリウム，炭酸ナトリウムおよび塩化ナトリウムの混合物がある。この混合物を2.00g量り取って純水に溶かし，全体を正確に1.00Lの水溶液にした後，その水溶液を20.0mL取り出し，1.00×10^{-2}mol/Lの希塩酸で滴定した。

　まず，フェノールフタレインを加えて滴定したところ，希塩酸を30.0mL加えたところでフェノールフタレインの色が完全に消えた。この溶液にメチルオレンジを加えて，滴定を続けると，希塩酸をさらに10.0mL加えたところでメチルオレンジが赤色になった。

　混合物中に含まれていた水酸化ナトリウムの含有率（重量%）はいくらか。

　ただし，NaOHの式量を40，フェノールフタレインの変色域をpH8.3～10.0，メチルオレンジの変色域をpH3.1～4.4とする。また，炭酸の第一解離定数をK_1，第二解離定数をK_2とすると，$pK_1 = 6.3$，$pK_2 = 10.3$である。

【国家一般職・平成26年度】

1　10%

2　20%

3　40%

4　50%

5　60%

No.6 0.12mol/Lプロピオン酸水溶液のpHおよび水溶液中のプロピオン酸の電離度αの組合せとして最も妥当なのはどれか。

　ただし，このときのプロピオン酸の酸解離定数K_aは1.2×10^{-5}mol/Lとし，$\log_{10} 2 = 0.30$，$\log_{10} 3 = 0.48$とする。

【国家一般職・平成23年度】

	pH	α
1	2.9	1.0×10^{-4}
2	2.9	1.0×10^{-2}
3	3.2	1.0×10^{-4}
4	3.2	1.0×10^{-2}
5	4.9	1.0×10^{-4}

No.7 炭酸水素ナトリウム水溶液の pH に関する次の記述の㋐，㋑に当てはまるものの組合せとして最も妥当なのはどれか。

ただし，炭酸の第一解離定数 K_1，第二解離定数 K_2 および水のイオン積 K_w について，$pK_1 = 6.35$，$pK_2 = 10.33$，$pK_w = 14.00$ とする。

【国家一般職・平成27年度】

「炭酸水素ナトリウム 1.0×10^{-2} mol を純水に溶かし，全体を100mLとした。このとき，炭酸水素イオンは，一部が炭酸および炭酸イオンに変化する。

その濃度は，炭酸については，$[H_2CO_3] = \dfrac{[HCO_3^-][H^+]}{K_1}$ …①

炭酸イオンについては，$[CO_3^{2-}] = \dfrac{[HCO_3^-]K_2}{[H^+]}$ …②

である。炭酸，炭酸水素イオンおよび炭酸イオン全体としては，

$$[Na^+] = [H_2CO_3] + [HCO_3^-] + [CO_3^{2-}] \quad \text{…③}$$

となっており，また，電荷のつりあいより，

$$[H^+] + [Na^+] = [HCO_3^-] + 2[CO_3^{2-}] + [OH^-] \quad \text{…④}$$

となる。式③，④をまとめ，相対的に十分小さいと考えられるものを無視すると，

㋐

となる。この式と①および②から，pH = ㋑ となる。」

	㋐	㋑
1	$[H^+] = [H_2CO_3] + [CO_3^{2-}]$	8.3
2	$[H^+] = [H_2CO_3] + [CO_3^{2-}]$	9.3
3	$[H_2CO_3] = [CO_3^{2-}]$	7.3
4	$[H_2CO_3] = [CO_3^{2-}]$	8.3
5	$[H_2CO_3] = [CO_3^{2-}]$	9.3

No.1 の解説　Lewis酸とLewis塩基

→問題はP.174

　　Lewisは電子対を受容する化学種を酸，電子対を供与するものを塩基と定義した。$AlCl_3$のAl^{3+}には空軌道があり，Cl^-などの非共有電子対をもつ化学種を受容して配位結合により$AlCl_4^-$を形成できる。よって，Lewis酸は$AlCl_3$，Lewis塩基はCl^-となる。

　　以上より，正答は**1**である。

No.2 の解説　共役な酸・塩基の電離定数

→問題はP.174

　　CH_3COOHの酸解離定数（酸電離定数）K_aは

$$K_a = \frac{[CH_3COO^-][H^+]}{[CH_3COOH]}$$

と表せる。一方，CH_3COOHの共役塩基であるCH_3COO^-の塩基解離定数（塩基電離定数）K_bは

$$K_b = \frac{[CH_3COOH][OH^-]}{[CH_3COO^-]}$$

と表される。水のイオン積K_wは

$$K_w = [H^+][OH^-]$$

であるから，次のような関係があることがわかる。

$$K_a K_b = \frac{[CH_3COO^-][H^+]}{[CH_3COOH]} \cdot \frac{[CH_3COOH][OH^-]}{[CH_3COO^-]}$$

$$= [H^+][OH^-] = K_w$$

$$\therefore \quad K_a = \frac{K_w}{K_b}$$

以上より，正答は**1**である。

No.3 の解説　Lewis酸の強さの比較

→問題はP.175

　　Lewis酸は電子対を受容する化学種である。ハロゲン元素をXで表すと，SnX_4の場合，Xの電気陰性度が大きいほどSnの電子密度が低下し，Lewis酸として強く働く。よって，Lewis酸性の強さは

　　$SnF_4 > SnCl_4 > SnBr_4$

となる。$B(CH_3)_3$とBH_3では，$-CH_3$が電子供与基であり，$B(CH_3)_3$のBは電子密度がBH_3の場合と比べて増加しているため，Lewis酸性の強さは

　　$B(CH_3)_3 < BH_3$

となる。

一方，BX_3においては，Bの空軌道である2p軌道がXのp軌道と重なるが，2p軌道のFの場合に最も重なりが大きく，3p軌道のCl，4p軌道のBrとなるにつれて重なりが小さくなる。そのため，BF_3が最も電子対を受容しにくくなる。よって，Lewis酸性の強さは

$$BF_3 < BCl_3 < BBr_3$$

となる。

以上より，正答は**3**である。

No.4 の解説　酸塩基反応（総合）

→問題はP.175

㋐　誤りである。確かに，たとえば第3周期のオキソ酸（第3周期元素が最高酸化数の場合）で酸性度を比較すると

$$H_3PO_4 < H_2SO_4 < HClO_4$$

となる。これは，中心原子の電気陰性度が大きいほど強く電子を引き付けてプロトンを解離しやすくなるためである。しかし，たとえば16族の水素化合物で比較すると

$$H_2O < H_2S < H_2Se < H_2Te$$

となり，原子番号が大きい16族元素の水素化合物ほど酸性が強いが，電気陰性度は逆に小さくなっていく。これは，H原子との結合距離が小さいほど強い結合となり，解離しにくくなることが主な原因である。

㋑　正しい。硝酸は強酸であり，水の中では完全電離する。

$$HNO_3 + H_2O \longrightarrow NO_3^- + H_3O^+$$

しかし，硫酸の中では，硫酸の強い脱水作用によりプロトン化されて脱水する。

$$HNO_3 + H_2SO_4 \rightleftharpoons H_2NO_3^+ + HSO_4^-$$
$$\rightleftharpoons H_2O + NO_2^+ + HSO_4^-$$

よって，HNO_3はBrønsted塩基として働いている。

㋒　誤りである。HSAB（Hard and Soft Acids and Bases）則によれば，軟らかい酸と軟らかい塩基の組合せは反応しやすく，強い結合を形成する。一方，硬い酸と硬い塩基の組合せも反応しやすく，強い結合を形成する。

以上より，正答は**3**である。

No.5 の解説 水酸化ナトリウムと炭酸ナトリウムの混合物の中和滴定　→問題は P.176

まず，第1中和点までは

$$NaOH + HCl \longrightarrow NaCl + H_2O \tag{1}$$

$$Na_2CO_3 + HCl \longrightarrow NaHCO_3 + NaCl \tag{2}$$

の中和反応が起こる。混合物中の NaCl は中和反応に関与しない。その後，第2中和点までは

$$NaHCO_3 + HCl \longrightarrow CO_2 + H_2O + NaCl \tag{3}$$

の中和反応が起こる。式(2)と式(3)の反応に必要な HCl の物質量は等しいので，滴下した塩酸10.0mL ずつが必要であるとわかる。よって，式(1)の反応に必要な塩酸の体積は $(30.0-10.0)\,mL = 20.0mL$ とわかる。したがって，混合物2.00g 中の NaOH の物質量は

$$1.00 \times 10^{-2} mol/L \times 20.0mL \times \frac{1}{1} \times \frac{1.00L}{20.0mL} = 1.00 \times 10^{-2} mol$$

であるから，求める NaOH の含有率は次のようになる。

$$\frac{1.00 \times 10^{-2} mol \times 40g/mol}{2.00g} \times 100\% = 20\%$$

以上より，正答は**2**である。

No.6 の解説 弱酸水溶液の電離度と pH　→問題は P.176

$C = 0.12mol/L$ とすると，Ostwald の希釈律より

$$K_a = \frac{C\alpha^2}{1-\alpha}$$

となる。ここで $\alpha \ll 1$ と考えて $1-\alpha \fallingdotseq 1$ と近似すると次のようになる。

$$K_a \fallingdotseq C\alpha^2$$

$$\therefore \quad \alpha = \sqrt{\frac{K_a}{C}} = \sqrt{\frac{1.2 \times 10^{-5} mol/L}{0.12mol/L}}$$

$$= 1.0 \times 10^{-2} \quad (\ll 1)$$

よって，pH は次のようになる。

$$[H^+] = C\alpha = 0.12mol/L \times 1.0 \times 10^{-2}$$

$$= 1.2 \times 10^{-3} mol/L$$

$$\therefore \quad pH = 4 - (2\log_{10} 2 + \log_{10} 3)$$

$$= 2.9$$

以上より，正答は**2**である。

No.7 の解説　炭酸水素ナトリウム水溶液のpH

→問題はP.177

式③と式④を辺々引くと，$[Na^+]$と$[HCO_3^-]$が消去できる。

$$[H_2CO_3]+[H^+]=[CO_3^{2-}]+[OH^-]$$

ここで，$NaHCO_3$はかなり弱い塩基性を示すことから，$[H^+]$と$[OH^-]$は相対的に小さく無視できると考えられる。

$$[H_2CO_3] \fallingdotseq [CO_3^{2-}] \quad (ⓐ)$$

この式に式①と式②を代入すると，pHは次のように求められる。

$$\frac{[HCO_3^-][H^+]}{K_1}=\frac{[HCO_3^-]K_2}{[H^+]}$$

$$[H^+]=\sqrt{K_1K_2}$$

$$\therefore \quad pH=\frac{pK_1+pK_2}{2}=\frac{6.35+10.33}{2}$$

$$=8.3 \quad (ⓑ)$$

なお，HCO_3^-の加水分解はわずかなので

$$[HCO_3^-]=\frac{1.0\times10^{-2}mol}{0.100L}$$

$$=1.0\times10^{-1}mol/L$$

としてよいと考えられる。式①と式②より，それぞれ

$$[H_2CO_3]=\frac{1.0\times10^{-1}mol/L\times10^{-8.3}mol/L}{10^{-6.35}mol/L}$$

$$=10^{-2.95}mol/L$$

$$[CO_3^{2-}]=\frac{1.0\times10^{-1}mol/L\times10^{-10.33}mol/L}{10^{-8.3}mol/L}$$

$$=10^{-3.03}mol/L$$

と計算できるが

$$[H^+]=10^{-8.3}mol/L$$

$$[OH^-]=\frac{K_w}{[H^+]}=10^{-5.7}mol/L$$

は$[H_2CO_3]$や$[CO_3^{2-}]$に比べて十分に小さいことが確かめられた。よって，近似は妥当である。

以上より，正答は**4**である。

正答	No.1＝1　No.2＝1　No.3＝3　No.4＝3　No.5＝2
	No.6＝2　No.7＝4

必修問題

Fe^{2+}の錯体において，[Fe(H$_2$O)$_6$]$^{2+}$は磁性をもつが，[Fe(CN)$_6$]$^{4-}$は磁性をもたない。この違いは中心金属イオンFe^{2+}の3d軌道の電子配置に起因している。図A～Dは，Fe^{2+}の3d軌道の電子配置の模式図であり，軌道が配位子によってe$_g$軌道とt$_{2g}$軌道に分裂したときのd電子の配置およびスピンの方向を示している。ΔE_1，ΔE_2は分裂エネルギーの大きさ（$\Delta E_1 > \Delta E_2$）を示し，e$_g$軌道，t$_{2g}$軌道はそれぞれ2重，3重に縮重している。[Fe(H$_2$O)$_6$]$^{2+}$および[Fe(CN)$_6$]$^{4-}$の3d軌道の電子配置を表すものの組合せとして最も妥当なのはどれか。　【国家一般職・平成28年度】

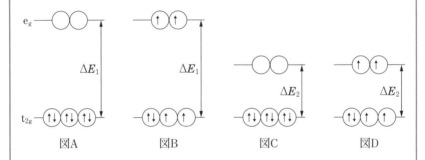

	[Fe(H$_2$O)$_6$]$^{2+}$	[Fe(CN)$_6$]$^{4-}$
1	図B	図A
2	図B	図C
3	図D	図A
4	図D	図B
5	図D	図C

必修問題 の 解説

　配位子場理論によると，配位子のもつ軌道と金属イオンのd軌道が相互作用し，d軌道の縮退が解けてエネルギーの高い軌道と低い軌道に分裂する。5種類あるd軌道のうち，d_{z^2}と$d_{x^2-y^2}$はe_g対称性（電子雲が直交軸方向にある），d_{xy}，d_{yz}，d_{zx}はt_{2g}対称性（電子雲が直交軸方向にない）をもつ。

　正八面体錯体の場合，e_g軌道は配位子が直交軸上にあるため不安定化し，エネルギーが高くなる。逆に，配位子が直交軸上にないt_{2g}軌道は安定化し，エネルギーが低くなる。これが与えられた図A～Dの図の意味である。なお，Fe^{2+}はd軌道に6個の電子をもつ。d軌道のエネルギー分裂幅は，配位子の種類によって異なる。その強さの序列を分光化学系列という。

　ΔE_1は分裂幅が大きく，図Bのようにe_g軌道に電子が入るのはエネルギー的に困難である。そのため，図Aのようにエネルギーの低いt_{2g}軌道に電子がすべて入り，不対電子がないため磁性をもたない。これを低スピン錯体という。

　一方，ΔE_2は分裂幅が小さく，図Dのようにエネルギーの高いe_g軌道に入りうる。これはスピンの向きが揃ったほうが安定になるためである。この場合，不対電子があるので磁性をもつ。これを高スピン錯体という。

　したがって，磁性の有無から判断すると，$[Fe(H_2O)_6]^{2+}$は図D，$[Fe(CN)_6]^{4-}$は図Aになるとわかる。なお，分光化学系列によると，CN^-のほうがH_2Oよりも大きいことが知られている。

　以上より，正答は**3**である。

正答 3

重要ポイント 1 錯体の生成

(1)錯体

空軌道をもつ金属イオン（Lewis酸）に孤立電子対をもつ化学種（Lewis塩基）が配位結合して生成するイオンを**錯体**といい，イオンとなっているものは**錯イオン**ともいう。これはLewisの定義によれば酸塩基反応の一種である。錯イオンを含む塩を**錯塩**という。また，配位結合した孤立電子対をもつ化学種を**配位子**といい，金属イオンに結合した配位子の数を**配位数**という。安定な錯塩の水溶液では配位結合は切れずに錯イオンを生じる。たとえば，錯塩 $[Co(NH_3)_6]Cl_3$ の場合は次のように電離する。

$$[Co(NH_3)_6]Cl_3 \rightleftharpoons [Co(NH_3)_6]^{3+}+3Cl^- \tag{2.22}$$

(2)錯体の構造と配位数

錯体は中心金属イオンの種類および配位子の種類によって立体構造が異なる。中心金属イオンには空の軌道があり，これが配位子の軌道と重なることにより結合が生成する。このとき生成する混成軌道の種類によって錯体の立体構造が決まる。一例を挙げると次のようになる。

配位数	混成軌道	立体構造	錯体の例
2	sp	直線形	$[Ag(S_2O_3)_2]^{3-}$
4	sp^3	正四面体	$[Zn(NH_3)_4]^{2+}$
4	dsp^2	正方形	$[Cu(H_2O)_4]^{2+}$
6	d^2sp^3	正八面体	$[Fe(CN)_6]^{4-}$

⑶錯体の電子状態

　空の d 軌道をもつ中心金属イオンに配位子が結合していない状態のとき，d 軌道のエネルギーはすべて等しく縮退している。d 軌道の図は次のとおりである。

d_{z^2}　　d_{zx}　　d_{yz}　　d_{xy}　　$d_{x^2-y^2}$

　しかし，配位子と結合をつくると，配位子のつくる電場（これを**配位子場**という）により d 軌道のエネルギー準位に差が生じる。これを**配位子場分裂**という。正八面体錯体と正四面体錯体の場合では次図のように分裂の様子が異なる。

(1)幾何異性体

　配位子の結合する位置が異なることにより，錯体の立体構造が異なる異性体を**幾何異性体**という。平面四角形の四配位錯体$[MA_2B_2]$には，次図のように*cis*形と*trans*形が存在する。

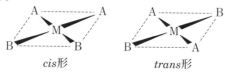

*cis*形　　　　　　　*trans*形

　八面体六配位で$[MA_4B_2]$型の錯体にも，次図のように*cis*形と*trans*形が存在する。

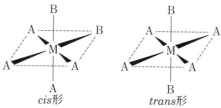

*cis*形　　　　　　　*trans*形

　八面体六配位で$[MA_3B_3]$型の錯体には，次図のように*meridional*形と*facial*形が存在する。前者は同一配位子が同一平面内にあるが，後者は同一配位子が同一平面内にない。

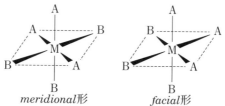

*meridional*形　　　　　　*facial*形

(2)光学異性体

　八面体六配位の錯体に二座配位子が2個以上結合すると，次図のように二座配位子によるねじれが左回りのものと右回りのものが存在する。これらは互いに鏡像関係にあり，旋光性が互いに逆となるので**光学異性体**である。左回りの異性体をΛ形，右回りの異性体をΔ形という。

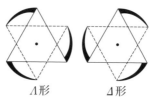

Λ形　　　　Δ形

⑶**イオン化異性体**

錯体の中心金属イオンと，それに直接結合している配位子を合わせた部分(内圏や配位圏という)と，その外側の溶媒和構造(外圏という)との間でイオンの交換が起きることにより生じる異性体を**イオン化異性体**という。たとえば，$[Co(SO_4)(NH_3)_5]Br$ と $[CoBr(NH_3)_5]SO_4$ の関係であり，前者は $AgNO_3$ 水溶液で $AgBr$ の沈殿を生じるが，後者は $BaCl_2$ 水溶液で $BaSO_4$ の沈殿を生じる。

⑷**結合異性体**

配位子の金属イオンへの結合のしかたにより生じる異性体を**結合異性体**という。たとえば，NO_2 はN原子を介して結合するニトロ配位子－NO_2 の場合と，O原子を介して結合するニトリト配位子－ONO の場合とがある。

⑸**配位異性体**

錯塩を構成する陽イオンと陰イオンがともに錯体のときに生じる異性体を**配位異性体**という。たとえば，$[Co(NH_3)_6][Cr(CN)_6]$ と $[Cr(NH_3)_6][Co(CN)_6]$ の関係である。

No.1 錯体の幾何異性体に関する次の記述の
㋐，㋑に当てはまるものの組合せとして最も妥当
なのはどれか。

【国家一般職・平成29年度】

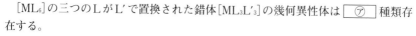

「図のように，金属Mに単座配位子Lが6個結合
した錯体$[ML_6]$を考える。$[ML_6]$の構造は正八面
体構造である。

　$[ML_6]$の二つのLが別の単座配位子L'で置換さ
れた錯体$[ML_4L'_2]$の幾何異性体は2種類存在する。

　$[ML_6]$の三つのLがL'で置換された錯体$[ML_3L'_3]$の幾何異性体は ㋐ 種類存
在する。

　$[ML_6]$の三つのLがL'1個と別の単座配位子L''2個で置換された錯体$[ML_3L'L''_2]$
の幾何異性体は ㋑ 種類存在する。」

	㋐	㋑
1	2	2
2	2	3
3	3	3
4	3	4
5	4	2

No.2 **ヘキサアクアマンガン(Ⅱ)錯体に関する次の記述の㋐〜㋓ t に当てはまるものの組合せとして最も妥当なのはどれか。**

【国家総合職・平成26年度】

「ヘキサアクアマンガン(Ⅱ)錯体においてMn^{2+}の3d軌道は結晶場により分裂している。基底状態において，電子配置はフントの規則が示すとおり，[㋐]のようになる。したがって，3d軌道内で電子が励起される際には[㋑]が変化するが，この励起過程は[㋒]であるため，ヘキサアクアマンガン(Ⅱ)錯体は他の3d遷移金属(Ⅱ)のヘキサアクア錯体に比べて，[㋓]着色を示す。」

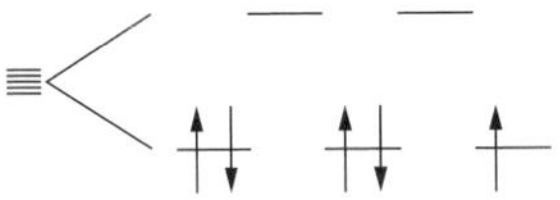

図Ⅰ

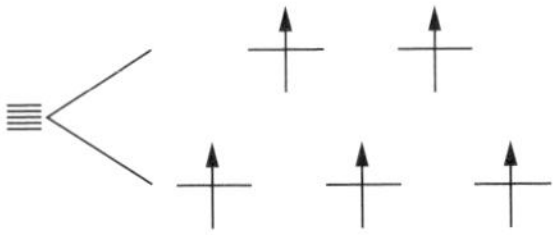

図Ⅱ

	㋐	㋑	㋒	㋓
1	図Ⅰ	パリティ	許容遷移	濃　い
2	図Ⅰ	スピン多重度	許容遷移	濃　い
3	図Ⅱ	パリティ	許容遷移	濃　い
4	図Ⅱ	パリティ	禁制遷移	淡　い
5	図Ⅱ	スピン多重度	禁制遷移	淡　い

No.3 **錯体に関する次の記述の㋐，㋑，㋒に当てはまるものの組合せとして最も妥当なのはどれか。**

なお，必要ならば以下に示す分光化学系列を用いてよい。

$Cl^- < F^- < OH^- < H_2O < NH_3 < CN^-$ 【国家一般職・令和元年度】

「Ti^{3+}の周りに6個の等価な配位子が [㋐] 状に配位した$[Ti(H_2O)_6]^{3+}$や$[TiF_6]^{3-}$錯体では，配位子のつくる静電場によって五つの [㋑] 軌道が2組に分裂する。Ti^{3+}がもつ1個の [㋑] 電子は，ある波長の光を吸収し，エネルギーの低い軌道からエネルギーの高い軌道に遷移する。この電子遷移に対応する吸収帯を比較すると，$[Ti(H_2O)_6]^{3+}$錯体の極大吸収波長は，$[TiF_6]^{3-}$錯体の極大吸収波長よりも [㋒] 側になる。」

	㋐	㋑	㋒
1	八面体	p	長波長
2	八面体	d	短波長
3	八面体	d	長波長
4	三角柱	p	長波長
5	三角柱	d	短波長

No.4 **錯体の配位子置換反応速度のトランス効果に関する次の記述の㋐，㋑に当てはまるものの組合せとして最も妥当なのはどれか。**

【国家一般職・平成26年度】

「Pt^{2+}は［㋐］平面四角形錯体を形成するが，平面四角形錯体の配位子置換反応では，離脱基に対してトランスの位置にある配位子が反応速度に影響を及ぼす。この現象をトランス効果と呼び，配位子がσ供与体，π受容体であるとき，トランスの位置にある配位子の置換を加速する。たとえば，離脱基のトランスの位置がCl^-の場合とNH_3の場合で配位子交換速度を比較すると，Cl^-の場合はNH_3の場合の2倍以上となる。したがって，$[PtCl_4]^{2-}$錯体がNH_3と反応して$[PtCl_2(NH_3)_2]$錯体を生成する場合，$[Pt(NH_3)_4]^{2+}$錯体がHClと反応して$[PtCl_2(NH_3)_2]$錯体を生成する場合のそれぞれにおいて，優先的に生成するのは，［㋑］である。」

	㋐	㋑
1	d^8	前者は*trans*体であり，後者は*cis*体
2	d^8	前者は*cis*体であり，後者は*trans*体
3	d^9	前者は*trans*体であり，後者は*cis*体
4	d^9	前者は*cis*体であり，後者は*trans*体
5	d^9	両者とも*trans*体

No.5 **金属イオンMと配位子Aは，水溶液中で錯体MAを生成する。水溶液中のMAの生成定数（安定度定数）は，1.0×10^9 L/molである。**

いま，Mの濃度が0.20mol/Lの水溶液1.0LとAの濃度が0.20mol/Lの水溶液1.0Lを混合した。得られた2.0Lの水溶液中で遊離しているMの濃度はおよそいくらか。

なお，MやAの電荷は省略している。

【国家一般職・平成24年度】

1 5.0×10^{-11} mol/L
2 1.0×10^{-10} mol/L
3 2.0×10^{-8} mol/L
4 1.0×10^{-5} mol/L
5 1.4×10^{-4} mol/L

問われている錯体の幾何異性体を示すと次図のようになる。

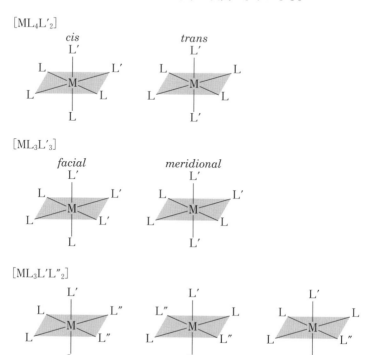

[ML$_4$L$'_2$]
cis　　　　　　　　　　trans

[ML$_3$L$'_3$]
facial　　　　　　　　meridional

[ML$_3$L$'$L$''_2$]

　[ML$_4$L$'_2$]の構造は，L$'$-M-L$'$が同一直線上にない cis 型と，同一直線上にある trans 型の2種類が存在する。

　[ML$_3$L$'_3$]の構造は，3つのL$'$とMが同一平面上にない facial 型と，同一平面上にある meridional 型の2種類が存在する（㋐）。

　[ML$_3$L$'$L$''_2$]の構造では，まず1つしかないL$'$を固定して考える（上図では上の位置にしてある）。L$'$-M-Lが同一直線上になる場合は2種類（左と中央）あり，L$''$-M-L$''$が同一直線上にない場合（左）と，同一直線上にある場合（中央）である。L$'$-M-Lが同一直線上にない場合はL$'$-M-L$''$が同一直線上にある1種類（右）のみである。つまり，3種類が存在する（㋑）。

　以上より，正答は**2**である。

No.2 の解説　金属錯体のスピン多重度とパリティ

→問題は P.189

配位子がH_2Oであるが，分光化学系列によると配位子場によるエネルギー分裂は小さく，スピンの向きが揃った図Ⅱの高スピン錯体が基底状態となる(㋐)。励起状態は図Ⅰの低スピン錯体である。

スピン多重度は金属イオンの全スピン量子数をSとすると$2S+1$で定義されるので，励起過程では$2\times\frac{5}{2}+1=6$から$2\times\frac{1}{2}+1=2$に変化する(㋑)。Laporteの規則によれば，e_gとt_{2g}間の遷移はパリティが保存される(gのまま変化しない)ので，禁制遷移となる(㋒)。そのため吸光度は小さくなり，ヘキサアクアマンガン(Ⅱ)錯体は，他の3d遷移金属(Ⅱ)のヘキサアクア錯体に比べて淡い色となる(㋓)。

以上より，正答は**5**である。

No.3 の解説　錯体の配位子場分裂と吸収帯

→問題は P.190

Ti^{3+}は6個の等価な配位子による錯体を作ることから，配位子が八面体状に配位している(㋐)。配位子場により3d軌道のエネルギーの縮退が解けてe_g軌道とT_{2g}軌道に分裂する(㋑)。Ti^{3+}は3d軌道に1個の電子をもつ。分光化学系列で大きい配位子ほど，エネルギー分裂幅が大きくなる。したがって，$[TiF_6]^{3-}$よりも$[Ti(H_2O)_6]^{3+}$のほうが電子遷移に必要なエネルギーは大きく，より短波長の光子を吸収することになる(㋒)。

以上より，正答は**2**である。

No.4の解説　錯体の配位子置換反応速度のトランス効果 →問題はP.191

Ptは第6周期10族の元素である。イオン化してPt^{2+}になると，第6周期8族の元素Osと同じ電子数となる。Pt^{2+}では最外殻の6s軌道が空になっているので，Pt^{2+}はd^8錯体となる（㋐）。なお，Ptの電子配置はXeの電子配置に$(6s)^1(4f)^{14}(5d)^9$を加えたもので，6s軌道と5d軌道から1個ずつ電子が放出されてPt^{2+}が生成する。

問題文の記述より，NH_3に対して*trans*の位置にある配位子よりも，Cl^-に対して*trans*の位置にある配位子の置換が起きやすい。次図に置換していく過程を問題の2つの場合について示した。一段階置換した錯体について，置換が起きやすい配位子を丸で囲んである。図のように，$[PtCl_4]^{2-}$からは*cis*体が，$[Pt(NH_3)_4]^{2+}$からは*trans*体が優先的に生成する（㋑）。

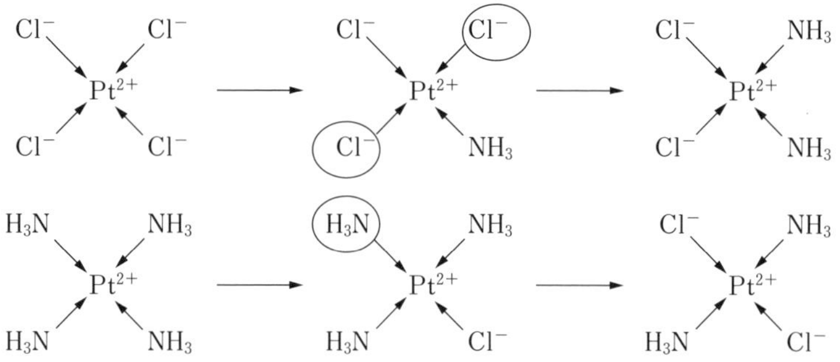

以上より，正答は**2**である。

No.5 の解説 錯体の生成定数（安定度定数） →問題はP.191

錯体MAの生成定数（安定度定数）をKとする。錯体の生成反応は

$$MA \rightleftarrows M+A \tag{1}$$

と表せるので

$$K=\frac{[MA]}{[M][A]} \tag{2}$$

となる。式(2)の値$K=1.0\times10^9$L/molが非常に大きいので，式(1)の平衡は著しく左に偏っている。そのため，[M]や[A]は[MA]に比べて非常に小さく，大多数が錯体MAになっていると考えられるので

$$[MA]\fallingdotseq\frac{0.20\text{mol/L}\times1.0\text{L}}{2.0\text{L}}=0.10\text{mol/L} \tag{3}$$

と近似できる。[M]＝[A]なので，式(2)と式(3)より[M]は次のようになる。

$$[M]=\sqrt{\frac{[MA]}{K}}=\sqrt{\frac{0.10\text{mol/L}}{1.0\times10^9\text{L/mol}}}$$

$$=1.0\times10^{-5}\text{mol/L} \quad(\ll[MA])$$

以上より，正答は**4**である。

正答 No.1＝**2** No.2＝**5** No.3＝**2** No.4＝**2** No.5＝**4**

各論

必修問題

ガラスに関する記述㋐，㋑，㋒のうち妥当なもののみをすべて挙げているのはどれか。

【国家一般職・平成29年度】

㋐ 石英ガラスは，物理的・化学的性質に優れている一方で，ソーダ石灰ガラスよりも低温で軟化するため，成形・加工を容易に行うことができる。

㋑ 板ガラスは，溶融ガラスを液体金属スズの浴上に流し込んで浮かべ，徐々に冷却しながら一定速度で引き出すという方法により大量に生産されている。

㋒ 軟化点付近のガラスに空気を吹き付けて急冷すると，ガラス表面の強度が向上する。

1 ㋐　**2** ㋐，㋑，㋒　**3** ㋐，㋒　**4** ㋑　**5** ㋑，㋒

必修問題の解説

㋐ 誤りである。石英ガラスは石英から作られるガラスで純度が高い。透明度が高く，耐食性や耐熱性に優れるので光ファイバーや理化学用品などに幅広く用いられる。軟化点が約1700℃と高い。一方，ソーダ石灰ガラスは石英，炭酸ナトリウム，炭酸カルシウムを原料として作られるガラスである。安価であり，現在最もよく利用されているガラスである。軟化点は約730℃で，石英ガラスと比べるとかなり低いため，成形や加工が容易である。

㋑ 正しい。板ガラスは融解した金属（スズ）上に溶融ガラスを薄く浮かべることにより製造されるのでフロートガラスともいう。スズ槽から引き出すことにより板状になり，ひびを生じないように焼きなましを行い，徐々に冷却する。

㋒ 正しい。表面結晶化法といい強化ガラスの製造法である。軟化点付近のガラスに空気を吹き付けると，ガラス表面に微結晶が析出するが，この部分の膨張率が結晶化していない内部の膨張率よりも小さいため，室温に冷却したときに表面層によって強度の向上がもたらされる。

以上より，正答は**5**である。

正答 5

重要ポイント 1 酸化還元反応

(1)酸化・還元の定義

　化学反応を分類すると，酸塩基反応のほかに**酸化還元反応**という重要な反応タイプがある。自然界で起こっている反応の多くはこの酸化還元反応である。酸化と還元は次のように定義されている。

酸化　酸素と化合すること・水素を失うこと・電子を与えること

還元　酸素を失うこと・水素と化合すること・電子を受け取ること

　このうち，最も一般性の高いものは電子を用いた定義である。つまり，酸化還元反応とは電子の移動を伴う反応のことであり，相手に電子を与える化学種を**還元剤**，相手から電子を受け取る化学種を**酸化剤**という。酸化剤や還元剤の強弱は「第1章　物理化学」のテーマ5の標準電極電位で表せる。酸化還元滴定については「第5章　分析化学」のテーマ28で扱う。

(2)酸化数

　化合物中の原子がどの程度酸化あるいは還元されているかを判断するのに役立つ概念に**酸化数**がある。酸化数とは仮想的な電荷に対応し，次のようにして決められる。

- 単体中の原子の酸化数は0である。
- 単原子イオンの酸化数はその価数に等しい。多原子イオンでは，それを構成する原子の酸化数の和が価数に等しい。
- 共有結合性の物質では，共有電子対を電気陰性度の大きい原子のほうに割り当て，仮想的なイオン結合をつくる。その仮想イオンの価数を酸化数とする。

　たとえば，CO_2では$C=O$結合の共有電子対(2組)がOに割り当てられるので，Cの酸化数は$+4$，Oの酸化数は-2となる。この酸化数はCO_3^{2-}の場合も同じである。

第2章

無機化学

重要ポイント **2** 非金属元素

(1)貴ガス(希ガス)

常温・常圧ではすべて気体として存在し，安定な電子配置のため化学反応を起こしにくく，単原子分子として存在する。液体Heは冷却用に用いられる。Arは空気中に約1%含まれる。Rnは放射性である。

(2)水素

単体はH_2で無色無臭の気体であり，水にほとんど溶けない。酸素の存在下で爆発的に反応する。また，多くの元素と化合物をつくる。ほとんどの酸塩基反応や酸化還元反応に関わる。電気陰性度の大きい原子と結合すると大きな極性を示すことから，水素結合の形成に重要である。

(3)ハロゲン

周期表17族の元素であり，いずれも1価の陰イオンになりやすい。単体はすべて二原子分子であり，常温常圧でF_2とCl_2は気体，Br_2は液体，I_2は固体である。これらはいずれも酸化剤として働き，その反応性は原子番号が小さいほど高い。ハロゲン化水素はHFを除き強酸である。

(a)　F

F_2は淡黄色の気体であり，ほとんどの元素と直接化合する。全元素中で最も電気陰性度が大きい元素なので，化合物中の酸化数は常に−1である。HFはSiO_2と反応するのでガラスを侵す。

(b)　Cl

Cl_2は黄緑色の気体で刺激臭をもつ。水に少し溶けて強い酸化作用をもつ次亜塩素酸HClOを生じる。Clのオキソ酸には，他に亜塩素酸$HClO_2$，塩素酸$HClO_3$，過塩素酸$HClO_4$があり，Oが多いほど強い酸である。

(c)　Br

Br_2は赤褐色の液体である。水にはあまり溶けないが，臭素水は炭素間不飽和結合の検出に用いられる。

(d)　I

I_2は黒紫色の昇華性のある固体であり，蒸気は紫色である。水にはほとんど溶けないが，KI水溶液にはI_3^-を形成して溶ける。ヨウ素デンプン反応により青紫色を呈する。

⑷ 16 族

(a)　O

　単体にはO_2とO_3がある。酸素O_2は空気中に約21％含まれ，多くの元素は酸化物として天然に産出する。基底状態は三重項状態で不対電子をもつため反応性が高い。オゾンO_3は特異臭をもつ淡青色の気体で，非常に酸化力が強い。

(b)　S

　室温で安定な単体は塊状の斜方硫黄であり，高温にすると針状の単斜硫黄になる。これらはともに環状のS_8分子から成る黄色の結晶である。融解した硫黄を水に流し込んで急冷するとゴム状硫黄が得られる。硫化水素H_2Sは腐卵臭を有する弱酸性の無色の気体であり，強い還元剤としても働く。硫酸H_2SO_4は濃硫酸の状態では吸湿性をもち，脱水の触媒として用いられる。加熱したものは酸化力をもつ。工業的には接触法で製造される。

⑸ 15 族

(a)　N

　単体のN_2は空気中に約78％含まれる反応性に乏しい気体である。アンモニアNH_3は刺激臭を有する弱塩基性の気体であり，水によく溶ける。工業的にはHaber-Bosch法で製造される。硝酸HNO_3は酸化力をもつ強酸であり，工業的にはOstwald法で製造される。

(b)　P

　単体には黄リンと赤リンがある。黄リンはP_4分子から成る毒性の高い結晶であり，自然発火を起こすので水中に保存する。赤リンは多数のP原子が結合した複雑な構造したもので安定であり，毒性は低くマッチの側薬などに用いられる。

⑹ 14 族

(a)　C

　同素体にはダイヤモンド，黒鉛，フラーレンなどがある。黒鉛は電気伝導性をもち電極などに用いられる。一酸化炭素COは血液中のヘモグロビンと強く結合して酸素の運搬を阻害する。高温では還元作用を示す。二酸化炭素CO_2は水に少し溶けて弱酸性を示す。結晶であるドライアイスは昇華性をもつ。

(b)　Si

　地殻中にOに次いで多く存在する元素である。単体は天然には存在せず，二酸化ケイ素SiO_2を還元して製造される。単体ケイ素は半導体の材料として重要である。

⑴ **1 族**

　周期表1族の金属元素Li，Na，K，Rb，Cs，Frを**アルカリ金属**という。Frは放射性である。単体はいずれも体心立方格子を形成し，密度は小さい。反応性は原子番号が大きいほど高い。1価の陽イオンになりやすく，化合物は炎色反応を示す。水酸化物は強塩基である。化合物は水溶性のものが多い。

⑵ **2 族**

　周期表2族の元素のうち，Ca，Sr，Ba，Raを**アルカリ土類金属**という。Raは放射性である。2価の陽イオンになりやすく，化合物は炎色反応を示す。硫酸塩や炭酸塩は水に溶けにくい。水酸化物は強塩基である。なお，BeとMgはアルカリ土類金属には含めないことが多い。

⑶**アルミニウム・亜鉛・スズ・鉛**

　これらの金属は酸に溶けて水素を発生するが，強塩基とも反応するので**両性金属**という。アルミニウムは地殻中に最も多く含まれる金属で，空気中では表面に酸化被膜を生じるので安定である。軽くて丈夫なのでさまざまな材料に用いられる。亜鉛は電池の負極などに用いられる。鉄板に亜鉛をメッキしたものをトタン，スズをメッキしたものはブリキという。スズと銅の合金は青銅という。スズと鉛の合金はハンダであり，電子部品の取り付けに用いられる。鉛は自動車用のバッテリーである鉛蓄電池に用いられる非常に重い金属である。

⑷**遷移金属**

　周期表で3族から11族の元素を**遷移元素**といい，すべて金属元素である。最外殻電子だけでなく，一部の内殻電子も化学反応や金属結合に関わる。そのため，全般的に融点は高く硬い。イオンは複数の価数となるものが多く，遷移金属の化合物は可視光を吸収して有色となるものが多い。11族のCu，Ag，Auはいずれも電気・熱伝導性が良く，展性・延性にも富む。

実戦問題

No.1 石灰石（CaCO₃）1100gとけい石（SiO₂）300gを混合して高温で十分に反応させたところ，未反応物はなく，x〔mol〕の3CaO·SiO₂とy〔mol〕の2CaO·SiO₂が生成した。$\dfrac{x}{y}$はいくらか。

ただし，石灰石とけい石の純度は100%とし，式量はCaCO₃＝100，SiO₂＝60，CaO＝56とする。　【地方上級・平成27年度】

1 0.05　　**2** 0.10　　**3** 0.15　　**4** 0.20　　**5** 0.25

No.2 次の金属酸化物を金属まで還元するとき，最も還元されにくいのはどれか。　【地方上級・平成28年度】

1 CuO　　**2** ZnO　　**3** Ag₂O　　**4** Al₂O₃　　**5** Fe₂O₃

No.3 次の記述ア〜ウはそれぞれ，ある金属の性質や用途に関する記述である。記述と金属の組合せとして妥当なのはどれか。　【地方上級・平成30年度】

ア．鉄よりも電気伝導率，熱伝導率が低い。軽量で強度，耐食性に優れることから，巨大施設の屋根などにも用いられる。また，超伝導材料や形状記憶材料などに用いられる。酸化物は防菌・防臭用の光触媒として用いられる。

イ．鉄よりも標準電極電位が低く，鋼板の防食材料に用いられるほか，乾電池の負極材料にも用いられる。融点が低く加工しやすいことから，鋳造品用の合金材料などに用いられる。

ウ．面心立方格子の結晶構造をとり，融点は鉄と同程度で，耐食性に優れ，強磁性を示す。ステンレス鋼のほか，電熱線，形状記憶材料，電池の正極材料などに用いられる。

	ア	イ	ウ
1	Al	Sn	Ni
2	Al	Zn	V
3	Ti	Sn	W
4	Ti	Zn	Ni
5	Ti	Pb	V

No.4 **炭化物Mg_2C_3，Al_4C_3，SiC，CaC_2，Fe_3Cのうちから，ア～ウの性質を有するものを正しく組み合わせているのはどれか。** 【地方上級・平成26年度】

ア．水または酸を加えるとアセチレンを生ずる。
イ．温水または薄い酸を加えるとメタンを生ずる。
ウ．化学的に安定で硬いことから，研磨剤や発熱体に用いられる。

	ア	イ	ウ
1	Mg_2C_3	Al_4C_3	Fe_3C
2	Al_4C_3	Mg_2C_3	SiC
3	Al_4C_3	SiC	Mg_2C_3
4	CaC_2	Al_4C_3	SiC
5	CaC_2	SiC	Fe_3C

No.5 **炭素の同素体に関する㋐，㋑，㋒の記述のうちから，妥当なもののみをすべて選び出しているのはどれか。** 【国家一般職・平成24年度】

㋐ 黒鉛の層状構造の層間は，弱いファンデルワールス力で結合している。
㋑ フラーレンC_{60}の炭素原子は，すべてsp^3混成である。
㋒ ダイヤモンドは，天然に存在する炭素の同素体の中で最大の密度をもつ。

1 ㋐，㋑
2 ㋐，㋑，㋒
3 ㋐，㋒
4 ㋑
5 ㋒

実戦問題 の 解説

No.1 の解説　石灰石とけい石の反応 →問題は P.201

CaとSiの物質量について，それぞれ次の関係が成り立つ。

$$\frac{1100g}{100g/mol} \times 1 = (3x+2y)\,mol, \quad \frac{300g}{60g/mol} \times 1 = (x+y)\,mol$$

これを解くと次のように $\frac{x}{y}$ が求められる。

$x\,mol = 1mol, \quad y\,mol = 4mol$

$\therefore \quad \frac{x}{4} = 0.25$

以上より，正答は**5**である。

No.2 の解説　金属酸化物の還元のされにくさ →問題は P.201

　イオン化傾向とは，金属または水素の単体が水溶液中で陽イオンになろうとする強さであり，選択肢の金属では

$Al > Zn > Fe > Cu > Fe^{2+} > Ag$

の順番となる（Fe^{2+} は後述の比較のため入れてある）。これは還元剤としての強さの順であるともいえる。逆に，これらの金属の酸化物中では陽イオンとなっているが，陽イオンは酸化剤として働きうる。その強さは

$Ag^+ > Fe^{3+} > Cu^{2+} > Fe^{2+} > Zn^{2+} > Al^{3+}$

となり，還元剤のときの順序の逆になる。よって，最も還元されにくい（酸化剤として働きにくい）のは Al^{3+} を含む Al_2O_3 とわかる。

　以上より，正答は**4**である。

No.3 の解説　金属の性質や用途 →問題は P.201

ア．チタン(Ti)に関する記述である。チタンは酸化物が非常に安定な金属であり，酸化チタン(Ⅳ)は白色顔料や光触媒として用いられている。チタンは非常に軽くて強い特長ももち，さらに空気中で酸化被膜を形成するため耐食性に優れ，不動態を形成する。ニオブチタン(Nb-Ti)はほとんど超伝導電磁石として用いられている。ニッケルチタン(Ni-Ti)は形状記憶合金として一般的である。

イ．亜鉛(Zn)に関する記述である。トタンは鉄板に亜鉛メッキを施したもので防食材料として用いられる。亜鉛は乾電池の負極にも用いられる。典型元素で融点があまり高くないので加工しやすく，銅との合金である真鍮（黄銅）などにも用いられる。

ウ．ニッケル（Ni）に関する記述である。鉄と同じく強磁性を示す金属であり，濃硝酸に対して不動態を形成する点も同じである。耐食性が高く光沢があることからメッキに用いられる。また，ステンレス鋼や白銅などの合金の材料にも用いられる。

　　以上より，正答は**4**である。

No.4 の解説 　炭化物の性質 　　　　　　　　　　　　→問題は P.202

ア．CaC_2 の記述である。カーバイドともよばれ，アセチリドイオン C_2^{2-} を含むイオン性の炭化物である。水や酸と反応してアセチレンを生成する。

イ．Al_4C_3 の記述である。メタニドイオン C^{4-} を含むイオン性の炭化物である。水や酸と反応してメタンを生成する。

ウ．SiC の記述である。共有結合性炭化物であり，原子どうしが共有結合で結び付いて巨大分子を形成している。SiC はダイヤモンドと同様に非常に硬い物質である。そのため研磨剤などに用いられる。

　　以上より，正答は**4**である。

No.5 の解説 　炭素の同素体 　　　　　　　　　　　→問題は P.202

㋐　正しい。黒鉛は層状構造をしており，層内は1個の炭素原子が3個の炭素原子と sp^2 混成軌道を形成して平面構造となっている。結合に関与しない π 電子が非局在化することにより電気伝導性を示す。一方，層どうしは弱い van der Waals 力で結合しているため剥がれやすい。このような構造のため，黒鉛を用いて紙に描くことができる。

㋑　誤りである。黒鉛の層（グラフェン）は正六角形の構造しかなく平面的になるが，フラーレンでは所々に正五角形の部分があり，そのため湾曲して球状となっている。二重結合と単結合が混在しており，二重結合は局在化している点が黒鉛とは異なる。

㋒　正しい。ダイヤモンドは非常に硬い共有結合結晶であり，1個の炭素原子が4個の炭素原子と sp^3 混成軌道を形成している。密度は$3.5g/cm^3$であり，他の同素体の黒鉛$2.2g/cm^3$ などに比べると大きい。

　　以上より，正答は**3**である。

正答　No.1＝5　No.2＝4　No.3＝4　No.4＝4　No.5＝3

第3章

有機化学

有機化合物の構造と命名法

必修問題

　次の化学種㋐，㋑，㋒のうち，波線を記した炭素がsp^2混成しているもののみをすべて挙げているのはどれか。　【国家一般職・令和元年度】

㋐

$$H-C\equiv C-H$$

㋑

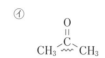

㋒

1　㋐

2　㋐, ㋑

3　㋑

4　㋑, ㋒

5　㋒

必修問題の解説

波線を付した原子が結合している原子の数と非共有電子対の数の合計を考える。炭素原子の場合，2個ならsp混成，3個ならsp^2混成，4個ならsp^3混成となる。

㋐　2個の原子と結合し，非共有電子対をもたないことからsp混成軌道を形成し，アセチレン分子は直線形となる。

㋑　3個の原子と結合し，非共有電子対をもたないことからsp^2混成軌道を形成し，アセトン分子は平面三角形となる。

㋒　3個の原子と結合し，非共有電子対をもたない（カチオンなので空軌道をもつ）ことからsp^2混成軌道を形成し，イソプロピルカチオンは平面三角形となる。

以上より，正答は**4**である。

正答 **4**

重要ポイント 1 ▶ IUPAC置換命名法

(1)数詞

ある原子(団)がいくつあるのかを示すには数詞を用いる。基本的にその原子(団)を表す語の直前に付ける。1を表すmonoは通常省略される。

1	mono	モノ	5	penta	ペンタ	9	nona	ノナ
2	di	ジ	6	hexa	ヘキサ	10	deca	デカ
3	tri	トリ	7	hepta	ヘプタ	11	undeca	ウンデカ
4	tetra	テトラ	8	octa	オクタ	12	dodeca	ドデカ

(2)炭化水素の命名法

鎖式飽和炭化水素である**アルカン**(alkane)は，直鎖式(枝分かれがないもの)の場合，炭素が5個以上のものについては数詞の語尾の-aを-aneにして命名する。炭素数が1～4まではメタン(methane)，エタン(ethane)，プロパン(propane)，ブタン(butane)という。環式飽和炭化水素である**シクロアルカン**(cycloalkane)については，炭素数の同じアルカンの直前にシクロ(cyclo)を付ける。炭素間不飽和結合を有する**アルケン**(alkene)および**アルキン**(alkyne)については，対応するアルカン(alkane)の語尾を変化させる。

(3)主鎖と枝分かれ

鎖式化合物では最長炭素鎖を主鎖として命名する。環式化合物では環を基準として命名する。側鎖の命名は，1価の基では –yl，2価の基では語尾を –idene，3価の基では語尾を –idyne とする。

重要ポイント 2 立体異性体の命名法

⑴構造異性体と立体異性体

　分子式が同じで異なる化合物どうしを互いに**異性体**という。そのうち，原子の結合順序が異なるものを**構造異性体**という。これに対して，原子の結合順序は同じであるが，立体構造(形)が異なる異性体を**立体異性体**といい，分子内の回転障害が原因となって生じる。

⑵立体異性体の命名法

　立体異性体の命名を一般的に行うために，Cahn，IngoldおよびPrelogにより提唱された順位則(**CIP順位則**)がある。これは複数の互いに異なる原子または原子団がCに結合しているとき，それらの間の優先順位を定める規則である。C=Cや環状化合物では，回転障害により**シス・トランス異性体**が生じることがある。単純な化合物については*cis*と*trans*という用語が用いられる。より一般的にはCIP順位則を用いる。C=Cをもつシス・トランス異性体については，各々のC原子に結合している原子または原子団について，優先順位の高いほうを決め，それら2つの原子または原子団がC=Cに対して反対側のものを*E*体，同じ側のものを*Z*体という。

⑶キラル炭素をもつ異性体の命名法

　C原子に結合している4つの原子または原子団が互いに異なるとき，この炭素を**不斉炭素原子**という。これが基となって分子に**キラリティー**が生じる可能性がある。分子がキラリティーをもつとは，その分子の鏡像が元の分子と重ね合わせられないことであり，簡単にいえば左手と右手の関係である。立体配置を表示するにはCIP順位則が用いられる。4つの原子または原子団のうち，最も優先順位の低いものを紙面の奥に置き，残りの3つの原子または原子団を手前に置く。このとき，優先順位の高い順に時計回りで配置されているものを*R*体，反時計回りで配置されているものを*S*体という。

No.1 次の化合物の名称として最も妥当なのはどれか。

【国家一般職・平成28年度】

1 10-ヒドロキシ-3*E*, 6*E*, 8*Z*-オクタデカトリエン酸
2 10-ヒドロキシ-3*Z*, 6*Z*, 8*E*-オクタデカトリエン酸
3 10-ヒドロキシ-3*E*, 6*E*, 8*Z*-ヘプタデカトリエン酸
4 9-ヒドロキシ-10*Z*, 12*E*, 15*E*-オクタデカトリエン酸
5 9-ヒドロキシ-10*E*, 12*Z*, 15*Z*-オクタデカトリエン酸

No.2 次の㋐～㋓のうちヒュッケル則に基づくと芳香族性を有する化合物として妥当なもののみをすべて挙げているのはどれか。 　【国家総合職・平成30年度】

㋐

㋑

㋒

㋓

1 ㋐, ㋒
2 ㋐, ㋓
3 ㋑, ㋓
4 ㋑
5 ㋒

No.3 ピリジンとフランは，ともに芳香族性を示す複素環式化合物である。ピリジンの窒素原子とフランの酸素原子の混成状態の組合せとして最も妥当なのはどれか。　【国家一般職・平成22年度】

ピリジン　　フラン

	ピリジンの窒素原子	フランの酸素原子
1	sp^3混成	sp^3混成
2	sp^3混成	sp^2混成
3	sp^2混成	sp^3混成
4	sp^2混成	sp^2混成
5	sp混成	sp^3混成

実戦問題の解説

No.1 の解説 IUPAC置換命名法

→問題はP.210

IUPAC置換命名法では，有機化合物の構造に基づいた体系的な命名を行う。特性基の種類により接頭語や接尾語が決められている。複数の特性基をもつ有機化合物の場合，命名における官能基の優先順位が決められているので，それに従って命名する。

問題の化合物にはカルボキシ基とヒドロキシ基があるが，前者のほうが優先される。そこでカルボキシ基のC原子が1位となる。なお，特性基HOOC－に含まれるCから位置番号を付すことに注意する。ヒドロキシ基は9位の炭素に結合している。

次に，主鎖は炭素数18でオクタデカとなり，不飽和結合C＝Cが3本あるので，オクタデカトリエン酸が語尾となる。不飽和結合の位置を指定する必要があるので，位置番号としては10，12，15とする（開始位置の番号を付ける）。さらに，すべてに幾何異性（*cis*形と*trans*形）が存在するのでそれも明示する必要がある。これをEとZを用いて立体化学を指定する場合，C＝Cに結合している置換基で優先順位の高いもの（この化合物の場合はHよりもCのほう）がC＝Cに対して反対側のときE，同じ側のときZで10E, 12Z, 15Zとなる。

ゆえに，9-ヒドロキシ-10E, 12Z, 15Z-オクタデカトリエン酸となる。

以上より，正答は**5**である。

No.2 の解説 Hückel則

→問題はP.210

平面環状分子について，芳香族性の有無を推定するのに用いられるのがHückel則である。この規則は，nを0以上の整数とするとき，π電子の数が$4n+2$個のとき，平面環状分子は芳香族性をもつというものである。なお，Hückel則はカチオンやアニオンにも適用できる。

本問の分子について，二重結合の本数に着目すると，π電子の数は㋐4個，㋑6個，㋒8個，㋓10個とわかる。$4n+2$となっているのは㋑と㋓である。

以上より，正答は**3**である。

No.3 の解説　ピリジンとフランの混成軌道　　　　　　→問題はP.211

　ピリジンは環に二重結合が3本あり，5個のC原子から1個ずつ，N原子から1個で構成される合計6個のπ電子があるためHückel則を満たし，芳香族性をもつ。N原子は2個の原子と結合し，さらに芳香族性に関わらない非共有電子対が1組あるので，N原子はsp^2混成となっている。

　一方，フランは環に二重結合が2本あり，4個のC原子から1個ずつと，O原子にある2組の非共有電子対のうちの1組（電子としては2個）とから構成される合計6個のπ電子があるためHückel則を満たし，芳香族性をもつ。O原子は2個の原子と結合し，さらに芳香族性に関わらない非共有電子対が1組あるので，O原子はsp^2混成となっている。

　以上より，正答は**4**である。

第3章

有機化学

正答　No.1=**5**　No.2=**3**　No.3=**4**

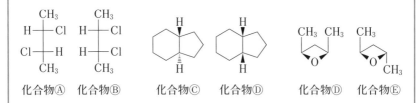

　分子の不斉に関する記述㋐，㋑，㋒のうち妥当なもののみをすべて挙げているのはどれか。　【国家一般職・平成29年度】

㋐　フィッシャー投影式で示される化合物Ⓐ，Ⓑは，いずれも光学活性である。

㋑　化合物Ⓒは光学活性であるが，化合物Ⓓは光学不活性である。

㋒　化合物Ⓔ，Ⓕはいずれも光学不活性である。

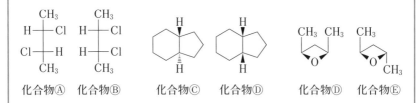

化合物Ⓐ　　化合物Ⓑ　　　　化合物Ⓒ　　化合物Ⓓ　　　　化合物Ⓓ　　化合物Ⓔ

1　㋐

2　㋐，㋑

3　㋑

4　㋑，㋒

5　㋒

必修問題 の 解説

㋐　誤りである。いずれも2,3-ジクロロブタンの立体異性体である。次図のように，Fischerの投影式では，左右に伸びている結合は紙面に対して手前側に突き出ていることを意味する。化合物Ⓐは分子内対称面をもたず，光学活性となる。*RS*表示をすると (2*S*, 3*S*) となる。これとエナンチオマー（鏡像関係にある立体異性体）は (2*R*, 3*R*) である。一方，化合物Ⓑには分子内対称面がある。2位と3位には不斉中心があるが，分子内対称面の存在のために互いの旋光性が打ち消し合い，この分子は光学不活性となる。*RS*表示をすると (2*R*, 3*S*) となる。

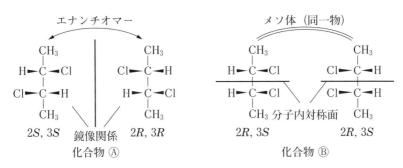

エナンチオマー

メソ体（同一物）

2S, 3S　鏡像関係　2R, 3R
化合物 Ⓐ

2R, 3S　　　　2R, 3S
化合物 Ⓑ

㋑　正しい。次図のように，化合物Ⓒは分子内対称面をもたず，光学活性となる。一方，化合物Ⓓには分子内対称面があり光学不活性となる。

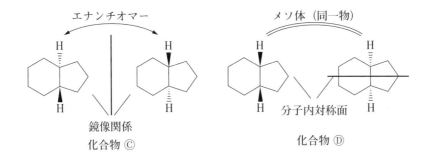

エナンチオマー

メソ体（同一物）

鏡像関係
化合物 Ⓒ

分子内対称面

化合物 Ⓓ

㋒　誤りである。次図のように，化合物Ⓔには分子内対称面があり，光学不活性となる。一方，化合物Ⓕは分子内対称面をもたず，光学活性となる。

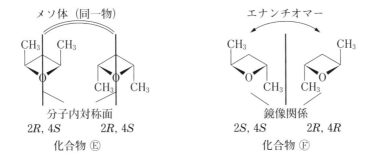

メソ体（同一物）

エナンチオマー

分子内対称面
2R, 4S　　2R, 4S
化合物 Ⓔ

鏡像関係
2S, 4S　　2R, 4R
化合物 Ⓕ

以上より，正答は**3**である。

正答　**3**

重要ポイント **1** ▶ キラル中心と光学活性

(1)旋光性

　キラリティーをもつ分子の溶液に偏光を入射させると，偏光が溶液中を進むにつれて偏光の振動面が回転する。これを**旋光性**といい，このような性質を示すことを**光学活性**であるという。偏光の振動面が時計回りに回転する場合を右旋性，反時計回りに回転する場合を左旋性という。

(2)キラル中心とキラリティー

　分子に**キラル中心**がなくてもキラリティーを生じる場合がある。たとえば，オルト置換のビフェニル誘導体ではかさ高い置換基による立体障害のため，単結合まわりの回転が制約を受ける。また，アレン誘導体では $C=C=C$ 結合に由来するねじれの方向性によってキラリティーが生じる。

重要ポイント **2** ▶ 立体異性体の分類

(1)エナンチオマーとジアステレオマー

　立体異性体は原子の結合順序は同じであっても立体構造が異なる化合物どうしである。互いに立体異性体の関係にあるものが鏡像関係にあるとき，これを**エナンチオマー**または**鏡像異性体**という。これに対して，互いに鏡像関係にない立体異性体を**ジアステレオマー**という。そのため，**シス・トランス異性体**はジアステレオマーの一種であると考えられる。

(2)メソ化合物

　分子内にキラル中心があっても，分子内に対称面があるとキラリティーを示さなくなる。たとえば，酒石酸にはキラル中心が2つあるが，立体異性体は $2^2=4$ 種類ではなく3種類である。2位と3位のCがキラル中心となるが，それらの配置が (R, R) のものと (S, S) のものは互いにエナンチオマーであるが，(R, S) のものと (S, R) のものは，分子内対称面のために同一化合物となる。このような化合物を**メソ化合物**または**メソ体**という。メソ体は光学不活性である。

(3)ラセミ混合物

　エナンチオマーは光学活性を示すが，互いにエナンチオマーの関係にある異性体を等モル混合したものは，互いの光学的性質を打ち消し合って光学不活性となる。このような混合物を**ラセミ混合物**という。同じく光学不活性であるメソ化合物は混合物ではなく，その化合物そのものが分子全体で光学不活性となっているので区別しなければならない。

実戦問題

No.1 次の化合物のうち，光学異性体が存在するのはどれか。

【地方上級・平成30年度】

1 2,4-ジメチルフェノール
2 2-プロパノール
3 2-ブタノール
4 1,1,2-トリクロロエタン
5 ブロモクロロメタン

No.2 炭化水素に関する㋐～㋓の記述のうち妥当なもののみを挙げているのはどれか。

【国家一般職・平成27年度】

㋐ シクロヘキサンの立体配座には，いす形や舟形などがあるが，常温ではほとんどが舟形となっている。

㋑ エタンの配座異性体において，安定なねじれ形と不安定な重なり形のエネルギー差は小さく，室温で，エタンの炭素-炭素結合は結合軸まわりに回転している。

㋒ エチレンの二重結合は，σ結合とπ結合でできており，π結合があるためにエチレンの炭素-炭素結合は結合軸まわりに回転しにくい。

㋓ ペンタンには，4種の構造異性体が存在する。

1 ㋐，㋑
2 ㋐，㋒
3 ㋑，㋒
4 ㋑，㋓
5 ㋒，㋓

No.3 **不斉炭素をもつ化合物㋐，㋑，㋒のうち*R*体のみをすべて挙げているのはどれか。**

【国家一般職・平成28年度】

㋐ 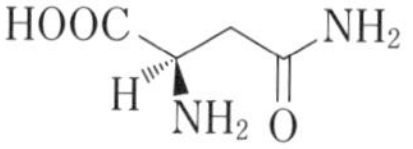

㋑ 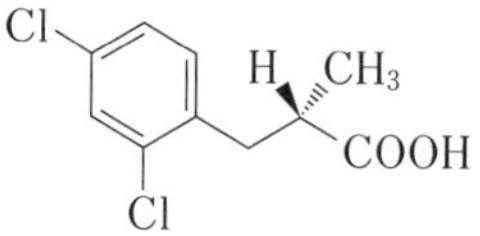

㋒ 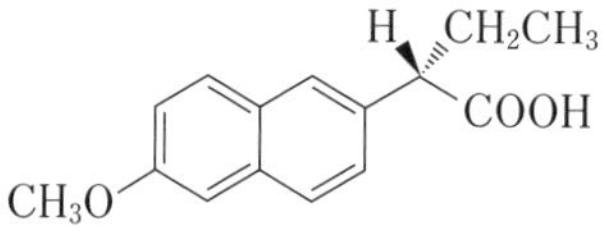

1 ㋐
2 ㋐，㋑
3 ㋑
4 ㋑，㋒
5 ㋒

No.4 **次のNewman投影式㋐，㋑，㋒のうち，化合物Xの立体配座として妥当なもののみをすべて挙げているのはどれか。**

【国家一般職・令和元年度】

化合物 X： 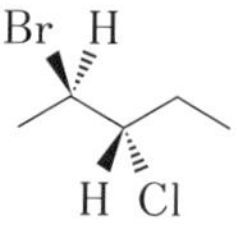

㋐ 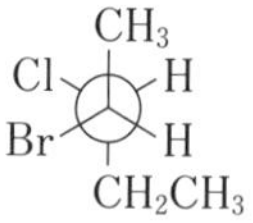

㋑ 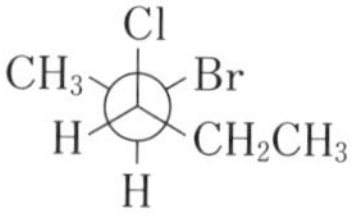

㋒ 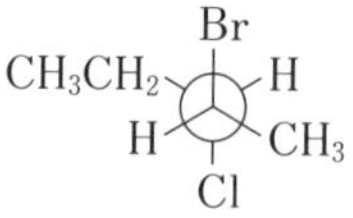

1 ㋐
2 ㋐，㋑
3 ㋑
4 ㋑，㋒
5 ㋒

No.5 **シス−1, 3−ジメチルシクロヘキサンの配座㋐〜㋓のうち，最も安定な配座とそれが環反転（リングフリップ）したときの配座の組合せとして最も妥当なのはどれか。** 【国家一般職・平成29年度】

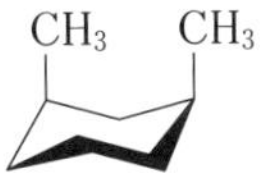

㋐

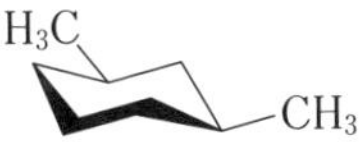

㋑

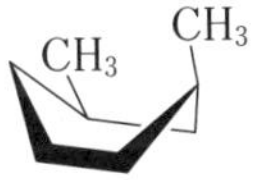

㋒

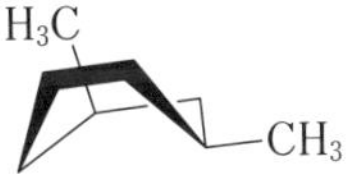

㋓

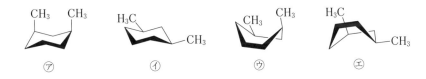

	最も安定な配座	環反転した配座
1	㋐	㋑
2	㋐	㋒
3	㋑	㋐
4	㋑	㋓
5	㋒	㋓

No.6 **次の化合物㋐〜㋓のうちから，常温でキラルなもののみをすべて選び出しているのはどれか。** 【国家総合職・平成22年度】

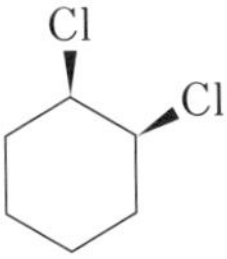

㋐

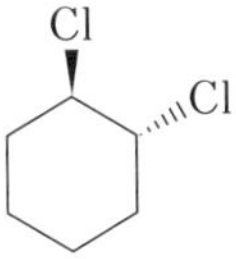

㋑

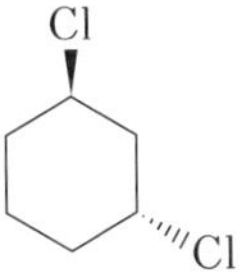

㋒

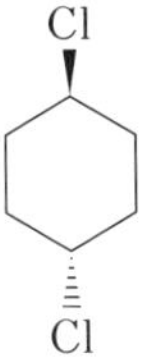

㋓

1 ㋐，㋑，㋒
2 ㋐，㋓
3 ㋑，㋒
4 ㋑，㋒，㋓
5 ㋒，㋓

No.7 **1, 2, 3, 4, 5, 6−ヘキサクロロシクロヘキサンに存在する立体異性体数はいくつか。**
ただし，鏡像異性体も区別して考えるものとする。 【国家総合職・平成28年度】

1 6個　**2** 7個　**3** 8個　**4** 9個　**5** 10個

第3章 有機化学

実戦問題の解説

No.1 の解説　不斉炭素原子と光学異性体

→問題はP.217

各化合物の構造式は次のようになる。

1

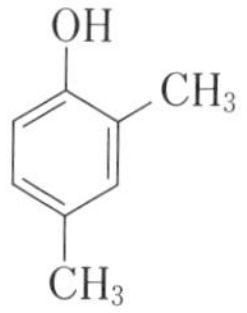
OH
CH₃
CH₃

2

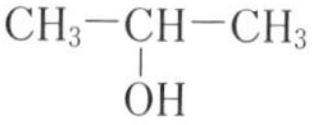
CH₃−CH−CH₃
OH

3

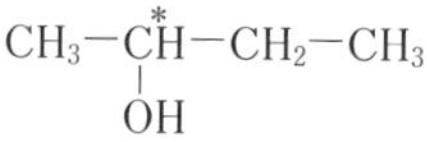
*
CH₃−CH−CH₂−CH₃
OH

4

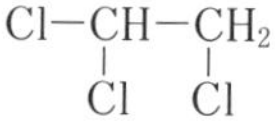
Cl−CH−CH₂
Cl　Cl

5

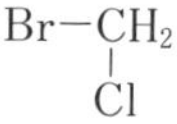
Br−CH₂
Cl

不斉炭素原子（結合している4つの原子または原子団が互いに異なる炭素原子）をもつものには光学異性体が存在するが，2−ブタノールのみ該当する。

以上より，正答は**3**である。

No.2 の解説　炭化水素の立体構造と異性体

→問題はP.217

㋐　誤りである。次図のように，シクロヘキサンの配座にはいす形と舟形などがあるが，いす形が最も安定である。舟形は2種類のいす形が互いに変換する過程で現れる配座であるが，舟形が少しねじれた2種類のねじれ舟形と呼ばれる配座のほうが少しだけ舟形よりも安定である。

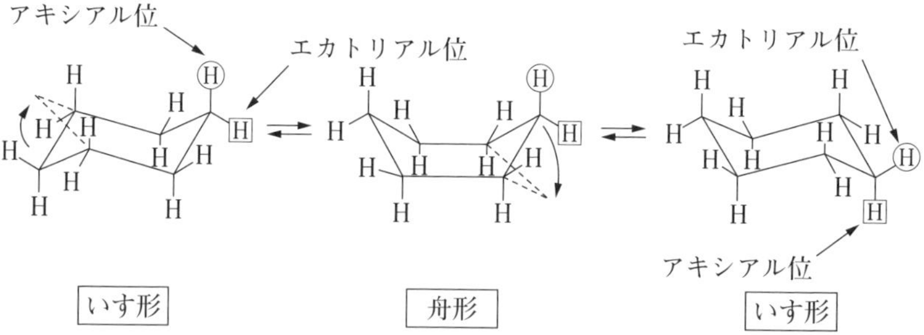
アキシアル位
エカトリアル位
エカトリアル位
アキシアル位
いす形
舟形
いす形

シクロヘキサンのいす形では，環に対して上下に突き出ているアキシアル位にあるH（左のいす形で○で囲んである）と，環に大体沿って横に突き出ているエカトリアル位にあるH（左のいす形で□で囲んである）の2種類のHがある。舟形は環にねじれの歪みとH原子どうしがいす形よりも接近している場所があることから，いす形よりも不安定である。左のいす形は，舟形を経由することで環反転（リングフリップ）できる。このとき，ア

キシアル位とエカトリアル位が互いに入れ替わることに注意したい。

㋑　正しい。次図のように，エタンには重なり形とねじれ形の配座異性体が
　あり，ねじれ形のほうが安定である（上側の表現はNewman投影式であ
　る）。両者の変換に要するエネルギーは小さいので，室温では容易に変換
　が起きる。そのため，エタンの炭素―炭素結合は結合軸まわりに回転でき
　る。

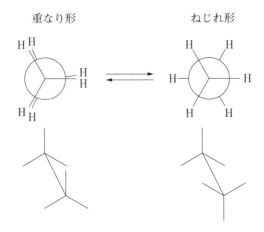

重なり形　　　　　　　　　ねじれ形

㋒　正しい。エチレンにおいて，炭素―炭素の結合軸まわりに回転するため
　には，少なくともπ結合は切断する必要があるが，室温ではそのためのエ
　ネルギーが不足しており，結合軸まわりに回転するのは難しい。

㋓　誤りである。ペンタン（C_5H_{12}）の構造異性体は，ペンタン，2-メチルブタ
　ン，2,2-ジメチルプロパンの3種類である。

　以上より，正答は**3**である。

　化合物の立体配置の絶対配置を示すとき，Cahn-Ingold-Prelog順位則が用いられる。不斉中心と結合している原子または原子団に順位を付け，最も順位の低い原子または原子団を奥に置き，残りの3つの原子または原子団を順位の高いものから順にたどるとき，時計回りになるものを*R*体，反時計回りになるものを*S*体とする。

㋐　*R*体である。順位が高いものから順に，①−NH_2，②−$COOH$，③−CH_2CONH_2，④−Hである。④を奥にして①〜③を見ると時計回りになる。

㋑　*S*体である。順位が高いものから順に，①−$COOH$，②−$CH_2C_6H_3Cl_2$，③−CH_3，④−Hである。④を奥にして①〜③を見ると反時計回りになる。

㋒　*S*体である。順位が高いものから順に，①−$COOH$，②−$C_{10}H_6OCH_3$，③−CH_2CH_3，④−Hである。④を奥にして①〜③を見ると反時計回りになる。

　以上より，正答は**1**である。

No.4 の解説　Newman投影式

→問題はP.218

化合物Xは(2*R*, 3*S*)-2-ブロモ-3-クロロペンタンである。化合物Xをかき直すと，次図の上側のようになる。なお，中央の構造式の前後を反転させたものが右の構造式である。

このようにするとNewman投影式と比較しやすい。図の下側に示したように，㋐と㋑は(2*R*, 3*R*)で化合物Xとはジアステレオマーの関係にある。㋒が化合物Xと同一である。

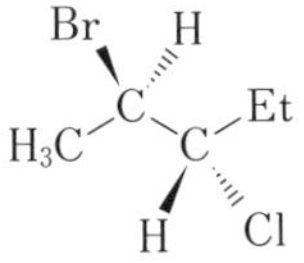

化合物 X
(2*R*, 3*S*)

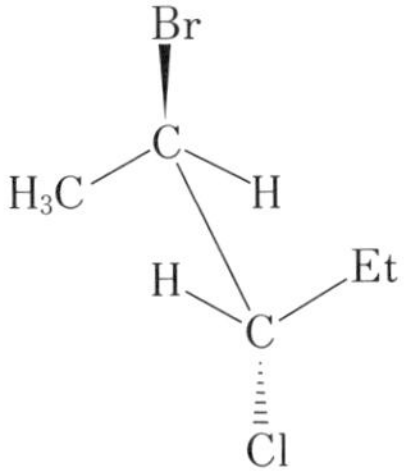

化合物 X
(2*R*, 3*S*)

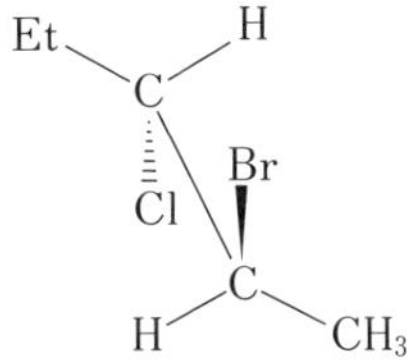

化合物 X
(2*R*, 3*S*)

㋐

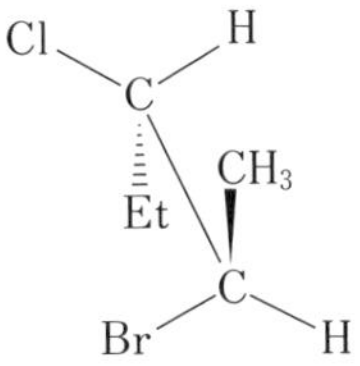

(2*R*, 3*R*)

㋑

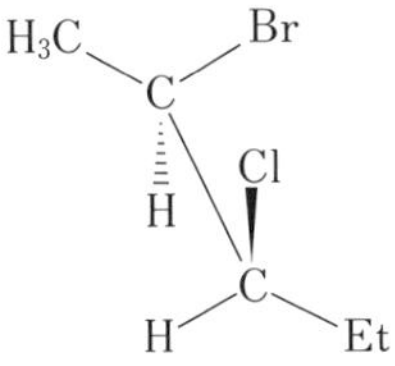

(2*R*, 3*R*)

㋒

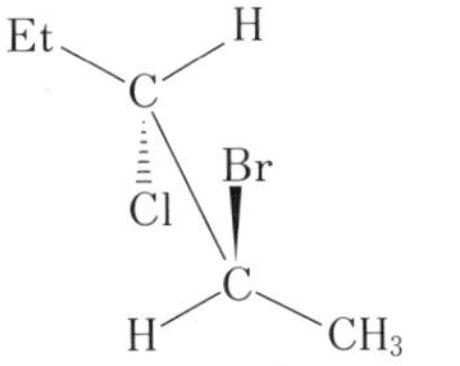

(2*R*, 3*S*)

以上より，正答は**5**である。

No.5 の解説　シクロヘキサン環の配座と安定性

→問題はP.219

㋐と㋑はいす形，㋒と㋓は舟形の配座である。安定な配座は前者のいす形のほうである。㋐は2つのメチル基がともにアキシアル位，㋑がともにエカトリアル位になっているが，後者のエカトリアル位のほうが安定である。よって，最も安定な配座は㋑である。それが環反転してもいす形は変わらないが，エカトリアル位がアキシアル位に変化するので㋐となる。

以上より，正答は**3**である。

No.6 の解説　ジクロロシクロヘキサンのキラリティー

→問題はP.219

次図において，エカトリアル位のHには□を付けてあるが，シクロヘキサン環を真上から見たとき，エカトリアル位のHと結合をくさび形で表示すると，くさびの種類は交互に変化している(真ん中と右の関係)。そのくさびの種類と逆になっているときはアキシアル位となる(真ん中と左の関係)。化合物㋐と㋓はアキラルであるが，化合物㋑と㋒にはそれぞれ対になるエナンチオマーが存在するのでキラルである。

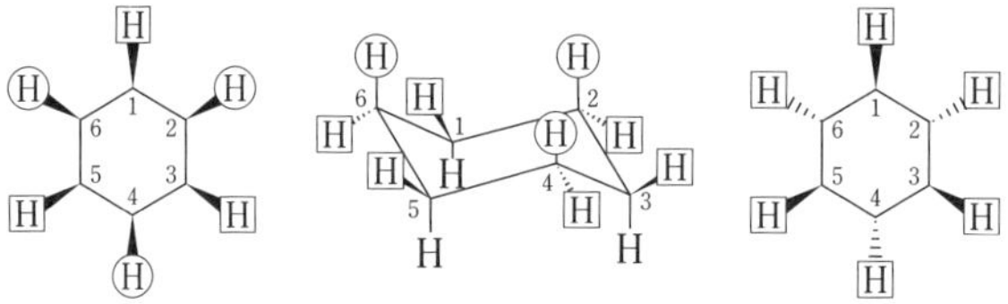

㋐

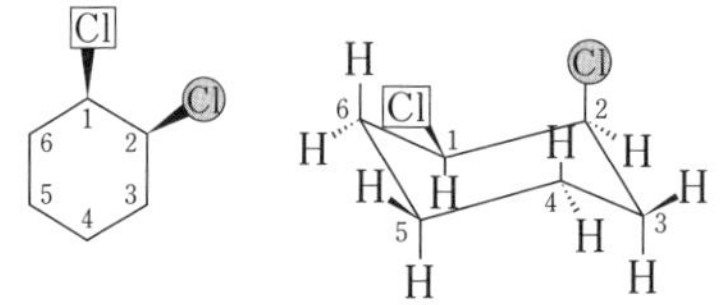

㋑

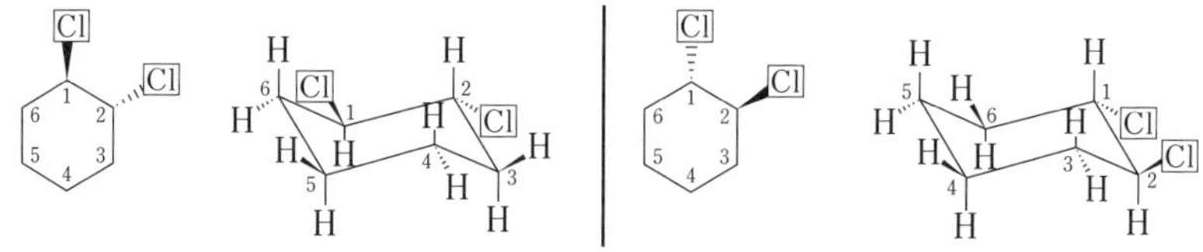

㋒

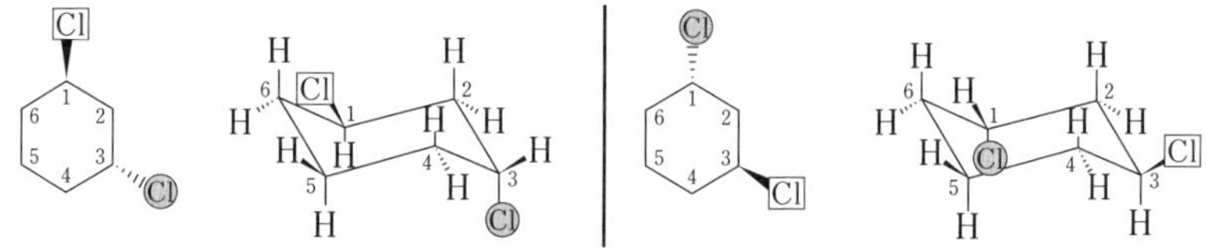

㋓

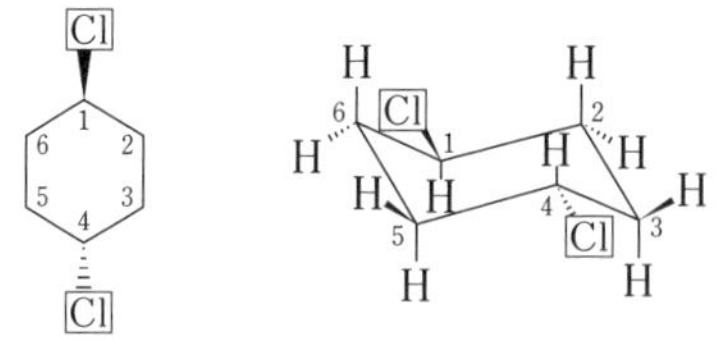

以上より，正答は**3**である。

No.7 の解説　BHCの立体異性体

→問題は P.219

1, 2, 3, 4, 5, 6-ヘキサクロロシクロヘキサンはベンゼンヘキサクロリド（BHC）とも呼ばれる。これには次図に示すように9種類の立体異性体があることが知られている。

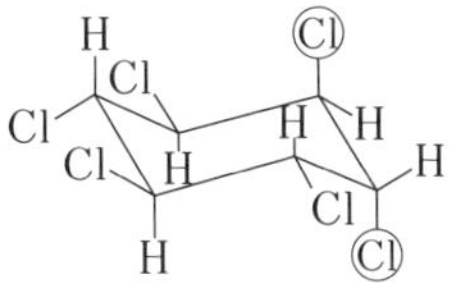

α-体
（キラル）

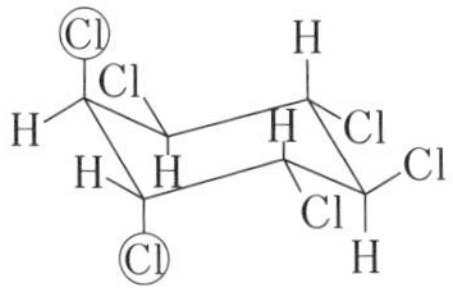

α-体
（キラル）

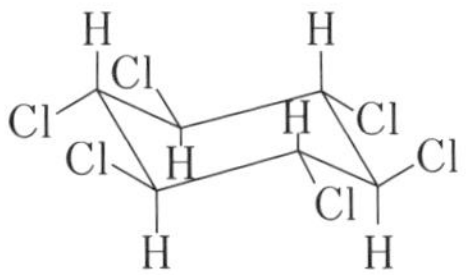

β-体
（アキラル）

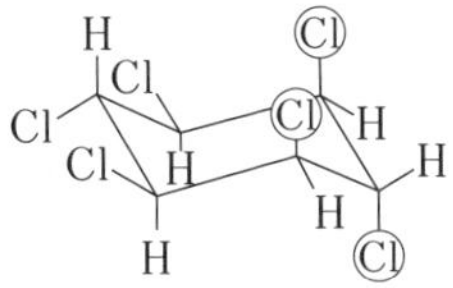

γ-体
（アキラル）

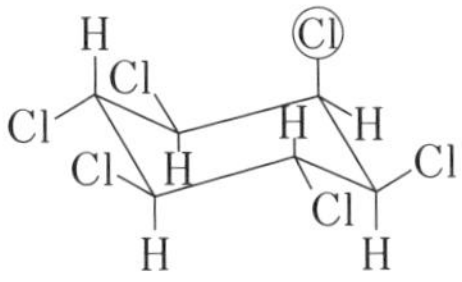

δ-体
（アキラル）

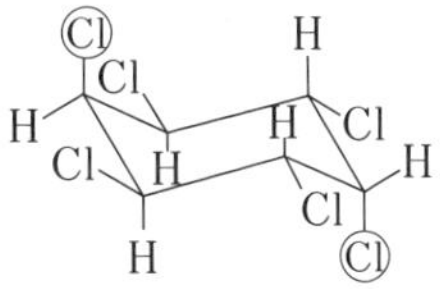

ε-体
（アキラル）

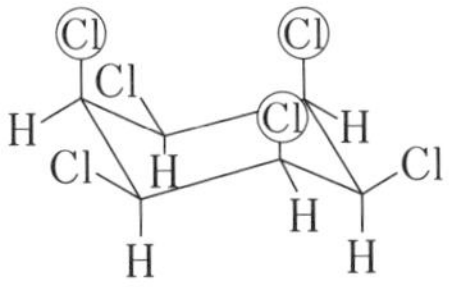

ζ-体
（アキラル）

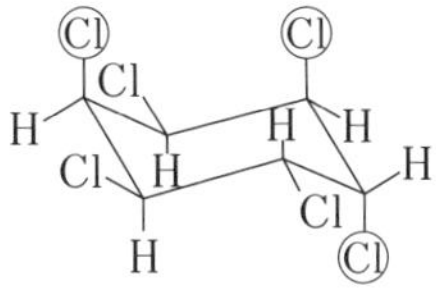

η-体
（アキラル）

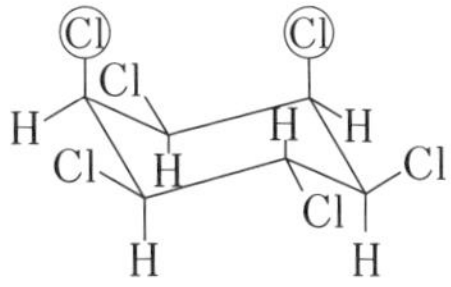

θ-体
（アキラル）

第3章 有機化学

α-体のみキラルであり，エナンチオマーの対が存在する。その他のβ～θ-体の7種類はすべてアキラルである。Clがエカトリアル位に多く結合している異性体ほど安定で，すべてがエカトリアル位であるβ-体が最も安定である。

上図において，アキシアル位にClが結合している部分に○を付けた。その数について，0個はβ-体，1個はδ-体，2個はα-体，ε-体，θ-体，3個はγ-体，ζ-体，η-体である。この個数で場合分けして異性体を数えるとよい。なお，環反転（リングフリップ）によりすべての炭素原子においてエカトリアル位とアキシアル位が入れ替わることができるので，重複して数えないように注意すること。

以上より，正答は**4**である。

正答	No.1=**3**　No.2=**3**　No.3=**1**　No.4=**5**　No.5=**3**
	No.6=**3**　No.7=**4**

有機化合物の性質

必修問題

次の㋐，㋑，㋒のそれぞれのa，bから，酸性度の高いほうを選び出したものの組合せとして最も妥当なのはどれか。 【国家一般職・令和元年度】

㋐

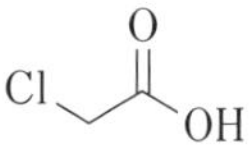

a

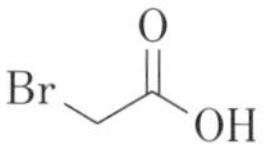

b

㋑

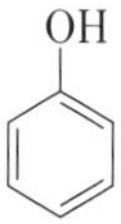

a

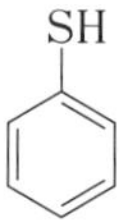

b

㋒

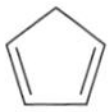

a

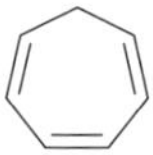

b

	㋐	㋑	㋒
1	a	a	a
2	a	a	b
3	a	b	a
4	b	a	a
5	b	b	b

〈必修問題〉の解説

㋐ aのほうが高い。ClのほうがBrよりも電気陰性度が大きいので，－OHのHがH^+として取れやすくなる。

㋑ bのほうが高い。O－HよりもS－Hのほうが結合距離が長く，S－HのHがH^+として取れやすくなる。

㋒ aのほうが高い。H^+を放出してできる共役塩基を考える。π電子がaでは6個，bでは8個となる。aの共役塩基はHückel則を満たすので芳香族性をもち安定であるが，bの共役塩基はHückel則を満たさない。つまり，共役塩基がより安定なaはH^+が解離しやすいといえる。

以上より，正答は**3**である。

正答 3

重要ポイント 1 有機化合物と酸塩基反応

⑴酸性度・塩基性度

　有機化合物の反応では，Brønstedの酸塩基反応が関わっていることが多い。それはH原子の移動が頻繁に起こり，ほとんどの場合，H^+の形をとるためである。そのような反応の起こりやすさを決めるのは，有機化合物の酸性度・塩基性度の大きさである。定量的には解離定数K_aおよびK_bを用いる。酸の強さの順番で重要なものを次に挙げる。

　　　無機強酸 ＞ $HCOOH$ ＞ CH_3COOH ＞ H_2CO_3 ＞ $PhOH$ ＞ H_2O
　　　　　　　　＞ ROH ＞ $CH{\equiv}CH$ ＞ NH_3 ＞ $CH_2{=}CH_2$ ＞ CH_3CH_3

⑵置換基効果

　H^+を放出しうるHの近くに置換基が結合すると，それによりK_aの値が変化したり，反応性が変化したりする。

(a) 誘起効果

　　電子供与基や電子吸引基が結合すると，σ結合の電子に偏りが生じる。これを**誘起効果**という。電子供与基と電子吸引基はテーマ19芳香族化合物の反応の「重要ポイント2」で詳しく扱う。

(b) 共鳴効果

　　π電子共役系の電子が電子供与基や電子吸引基のために偏る効果であり，これを**共鳴効果**という。共鳴構造の安定性を基にして反応性を考えることができる。

(c) 立体効果

　　原子または原子団がかさ高いと反応性に影響を与える。たとえば，ベンゼン環にかさ高い置換基が結合すると，o-位への反応は起きにくくなる。また，サリチル酸の場合，H^+を1個放出した陰イオンは分子内水素結合を形成して安定であるため，サリチル酸の第1酸解離定数は安息香酸のK_aよりも大きく，サリチル酸の第2酸解離定数はフェノールのK_aよりも小さくなる。

重要ポイント 2 有機化合物の安定性

⑴芳香族性

　ベンゼンやナフタレンのようなπ電子共役系ではいくつかの共鳴構造式が描ける。これはπ電子が広い範囲にわたって存在する**非局在化**により安定性が得られていることを意味する。このような環は不飽和であるが，付加反応よりも置換反応のほうが起きやすい。これは付加反応では環が変化することで安定性が損なわれるからである。このような特別な性質を**芳香族性**という。

⑵Hückel 則

　芳香族性をもつためには，分子面の上下方向に環状のπ電子共役系が存在する必要がある。このとき，nを整数としてπ電子の数が$(4n+2)$個のとき芳香族性を有する。これを**Hückel**則という。たとえば，次に示す環式炭化水素分子およびイオンはすべて芳香族性を有する。

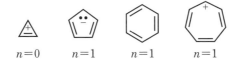

$n=0$　　　$n=1$　　　$n=1$　　　$n=1$

⑶反応中間体の安定性

　カルボラジカルは不対電子をもつので不安定な電子不足化学種である。そのため，不対電子をもつCに電子供与基の炭化水素基が結合しているほど安定となるので，以下のような序列で安定である。

　　　第三級ラジカル＞第二級ラジカル＞第一級ラジカル＞メチルラジカル

　同様に，カルボカチオン(カルベニウムイオン)も電子不足化学種なので，その安定性はカルボラジカルと同じとなる。

　　　第三級カチオン＞第二級カチオン＞第一級カチオン＞メチルカチオン

　逆に，カルバニオンは電子過剰化学種なので，その安定性はカルボラジカルやカルボカチオンとは逆となる。

　　　メチルアニオン＞第一級アニオン＞第二級アニオン＞第三級アニオン

・・

重要ポイント 3 　**有機化合物の物理的性質**

⑴沸点・融点

　分子性の有機化合物の場合，分子間力が強いほど沸点や融点は高くなる。また，分子間に水素結合が働くと沸点や融点はかなり高くなる。融点は分子の対称性にも影響を受ける。分子間力の強さについては第2章テーマ9原子・分子の構造の「重要ポイント6」で扱っている。

⑵水に対する溶解度

　水分子と水素結合できる有機化合物は水に対する溶解度が大きい。炭化水素基の極性は一般にほとんどないので疎水性であり，分子全体に占める炭化水素基の割合が大きいと水にはほとんど溶けない。

No.1 立体異性体に関する記述㋐, ㋑, ㋒のうち妥当なもののみをすべて挙げ
ているのはどれか。 【国家総合職・平成27年度】

㋐ 1, 2-シクロペンタンジオールの*cis*および*trans*異性体の沸点を比べると，
 *cis*体よりも*trans*体のほうが沸点が高い。

㋑ 1, 2-ジクロロエチレンの*cis*および*trans*異性体の沸点を比べると，*cis*体よ
 りも*trans*体のほうが沸点が高い。

㋒ 1, 2-ジクロロエタンの配座異性については，気相と液相とでゴーシュ型とア
 ンチ型の分子数比が異なっており，気相よりも液相のほうがゴーシュ型の比率
 が高い。

1 ㋐, ㋑
2 ㋐, ㋒
3 ㋑
4 ㋑, ㋒
5 ㋒

No.2 イオンや分子の構造および性質に関する記述㋐，㋑，㋒のうち妥当なものみをすべて挙げているのはどれか。　【国家一般職・平成30年度】

㋐　CO_3^{2-}イオンの三つの炭素–酸素結合の長さが等しいのは，次式のような異性化がとても速く起こっているためである。

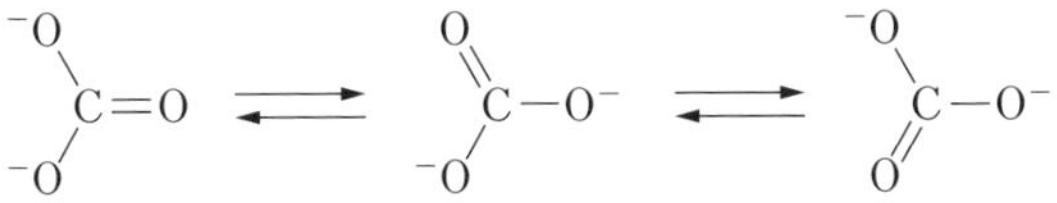

㋑　次式のようなカルボニル基とヒドロキシ基を有する化合物には平衡が存在しており，どちらもヒドロキシ基を有する化合物の方向に平衡が大きく傾いている。

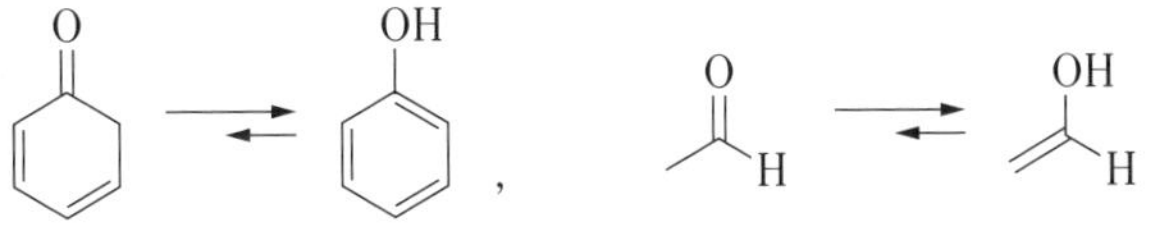

㋒　臭素と臭化鉄（Ⅲ）$FeBr_3$を用いた，トルエンの芳香環のパラ位に対する臭素化反応において，その中間体は次の共鳴構造式で表すことができる。

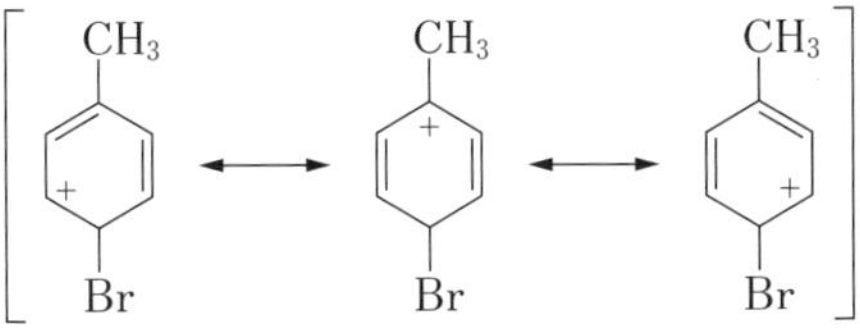

1　㋐
2　㋐，㋑
3　㋑
4　㋑，㋒
5　㋒

No.3 **次の化合物㋐，㋑，㋒のうちから，常温におけるエノール形の割合がケト形よりも多いもののみをすべて選び出しているのはどれか。**

【国家一般職・平成24年度】

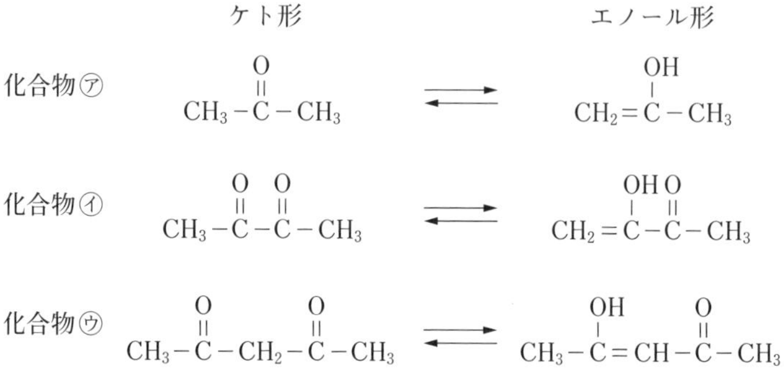

1 ㋐，㋑
2 ㋐，㋑，㋒
3 ㋐，㋒
4 ㋑
5 ㋒

No.4 **安息香酸の誘導体の性質に関する次の記述のうち最も妥当なのはどれか。**

【国家一般職・平成30年度】

1 *o*-，*m*-，*p*-クロロ安息香酸の中では，*o*-クロロ安息香酸が最も弱い酸である。
2 *o*-，*m*-，*p*-ニトロ安息香酸の中では，*o*-ニトロ安息香酸が最も弱い酸である。
3 *o*-，*m*-，*p*-ヒドロキシ安息香酸の中では，*o*-ヒドロキシ安息香酸が最も強い酸である。
4 *p*-ヒドロキシ安息香酸は，*p*-ニトロ安息香酸より強い酸である。
5 *p*-メトキシ安息香酸は，*m*-メトキシ安息香酸より強い酸である。

No.5 アミン㋐，㋑，㋒を塩基性が弱いものから順に並べたものとして最も妥当なのはどれか。 【国家一般職・平成28年度】

㋐   ㋑   ㋒

弱い ← 塩基性 → 強い
1 ㋐   ㋑   ㋒
2 ㋐   ㋒   ㋑
3 ㋑   ㋐   ㋒
4 ㋑   ㋒   ㋐
5 ㋒   ㋐   ㋑

No.6 ㋐〜㋓の化合物を酸性が弱いものから順に並べたものとして最も妥当なのはどれか。 【国家一般職・平成26年度】

㋐   ㋑   ㋒   ㋓

弱 ← 酸性 → 強
1 ㋐   ㋑   ㋒   ㋓
2 ㋐   ㋓   ㋑   ㋒
3 ㋒   ㋑   ㋐   ㋓
4 ㋓   ㋐   ㋑   ㋒
5 ㋓   ㋒   ㋑   ㋐

実戦問題の解説

No.1 の解説　立体異性体の性質の違い

→問題はP.230

㋐　正しい。*cis* 異性体はシクロペンタン環に対して同じ側に2つの－OHが隣接するため，分子間で水素結合をしにくい。これに対して，*trans* 異性体はシクロペンタン間に対して逆側に2つの－OHが位置するため，分子間で水素結合を形成しやすく，沸点が高くなる。

㋑　誤りである。1,2-ジクロロエチレンの場合，*cis* 異性体は極性分子，*trans* 分子は無極性分子となるので，分子間力は前者の *cis* 異性体のほうが高くなる。

㋒　正しい。次図にゴーシュ型とアンチ型を示す。エタンと同じく，気相中では両者の変換に要するエネルギーは小さいので，室温では容易に変換が起きる。つまり，炭素―炭素結合は結合軸まわりに回転できる。しかし，液相中においては，極性をもつゴーシュ型は溶媒により安定化されるのに対し，極性をもたないアンチ型に比べて安定となるため，ゴーシュ型の比率が高くなる。

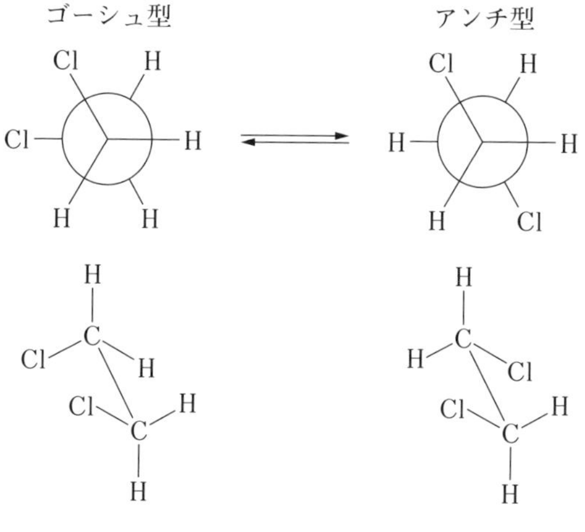

以上より，正答は**2**である。

No.2の解説　有機分子・イオンの異性化・共鳴

→問題はP.231

㋐　誤りである。CO_3^{2-}は問題文中の3つの構造式(極限構造式という)の重ね合わせで表される状態にあり，3つの状態が共鳴している。異性化がとても速く起こっているのではない。

㋑　誤りである。左側の化合物であるフェノールの平衡は著しく右に偏っているが，これはベンゼン環が存在する形が極めて安定となるためである。一方，右側の化合物であるアセトアルデヒドは逆に平衡は左に著しく偏っている。これはC＝に－OHが直接結合した構造であるエノール型が不安定であるためである。これをケト・エノール互変異性という。

㋒　正しい。トルエンにあるメチル基は電子供与基である。求電子置換反応の臭素化においてBr^+が結合してできる中間体は次のように表せる。

オルト位の置換

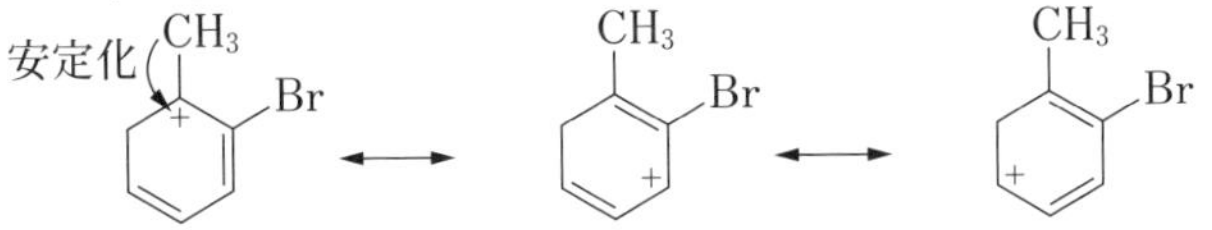

メタ位の置換

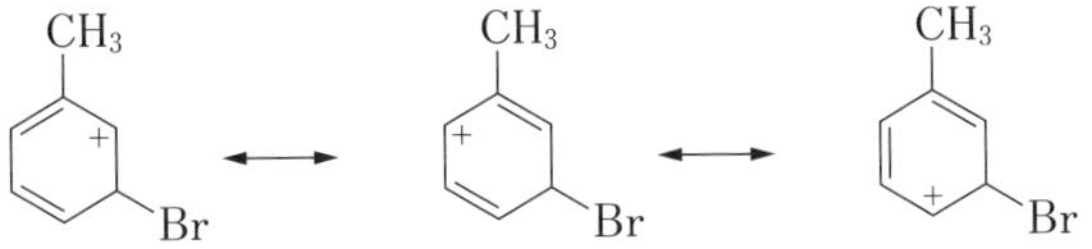

パラ位の置換

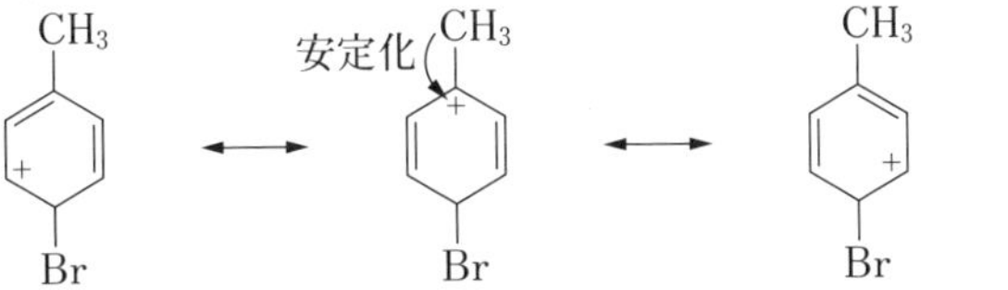

ここで，オルト位とパラ位の置換では，電子供与基により正電荷の安定化が起こる極限構造式がどちらも1つ書けるが，メタ位の置換では書けない。つまり，相対的にオルト位とパラ位で置換が起きやすくオルト・パラ配向性になる。

以上より，正答は**5**である。

No.3の解説 ケト・エノール互変異性

→問題はP.232

カルボニル化合物では，ケト形とエノール形の間で平衡状態となっているが，ほとんどの場合，ケト形のほうがエノール形よりもはるかに安定である。相互の変換は，酸触媒と塩基触媒の両方によってもたらされる。化合物㋐と㋑はケト形のほうが安定でエノール形よりも割合が大きい。しかし，化合物㋒の場合，エノール形において次のような分子内水素結合を形成して六員環を作り安定化する。そのため，エノール形のほうがケト形よりも割合が大きい。

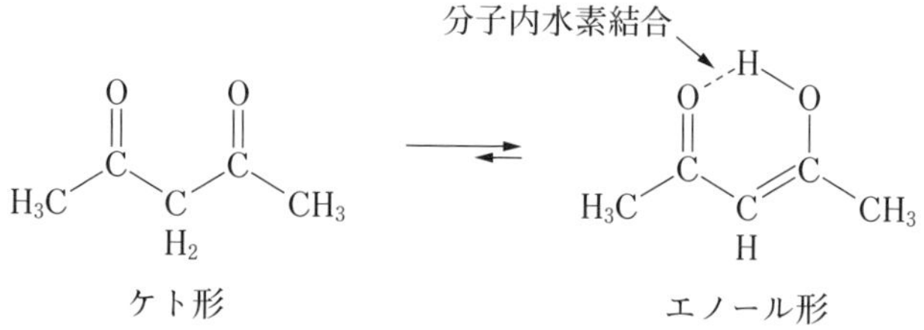

以上より，正答は**5**である。

No.4 の解説　安息香酸誘導体の酸性度

→問題は P.232

1✕ クロロ基−Clは非共有電子対をもつが電子求引(吸引)基として働く。カルボキシ基のHがH⁺として脱離するが、それに−Clが最も近い*o*−クロロ安息香酸が最も酸性が強くなると考えられる。

2✕ ニトロ基−NO₂は電子求引基である。**1**と同様に*o*−ニトロ安息香酸が最も強い酸になる。

3◎ 正しい。*o*−ヒドロキシ安息香酸(サリチル酸)では、次のように共役塩基であるサリチル酸イオンの−COO⁻と−OHの間に水素結合を形成して安定化する。オルト効果の一種である。

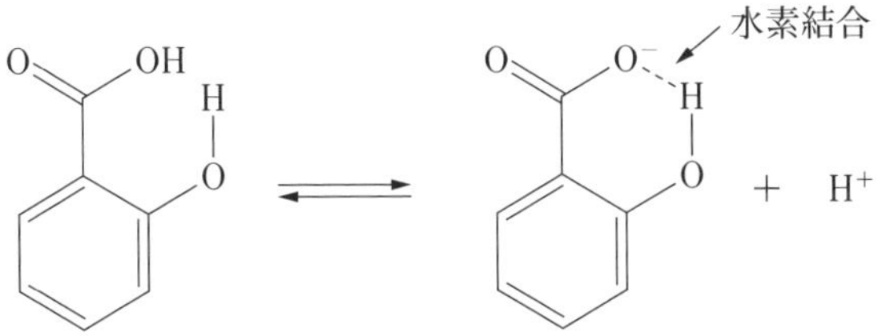

4✕ ヒドロキシ基−OHは電子供与基、ニトロ基−NO₂は電子求引基である。ベンゼン環に電子求引基が結合すると共役塩基の負電荷は非局在化して安定になるので、*p*−ニトロ安息香酸のほうが*p*−ヒドロキシ安息香酸よりも強い酸になる。

5✕ メトキシ基−OCH₃はオルト・パラ配向性の電子供与基なので、次のように*p*−メトキシ安息香酸ではカルボキシ基に対して電子供与性を示し、H⁺が脱離しにくくなる。*m*−メトキシ安息香酸ではこの効果はないので、*p*−メトキシ安息香酸のほうが*m*−メトキシ安息香酸よりも弱い酸になる。

237

　アミン㋐〜㋒の中で，㋑のピロールはHückel則を満たす芳香族化合物である。Nの非共有電子対が芳香族性に関与するため，H^+はNに結合しにくい。つまり塩基性が弱い。

　これに対して，脂肪族アミンである㋐と㋒は，Nにある非共有電子対を用いてH^+と配位結合できるため，芳香族アミンである㋑よりも塩基性が強い。

　次に，脂肪族アミンの㋐と㋒で比較すると，㋐はHがNに1個結合した2級アミンであるが，㋒ではどちらのNもHと結合していない。Hが結合せず炭化水素基が結合したほうが，その電子供与性によりN上の電子密度が高められるので塩基性が強くなる。よって，㋒のほうが㋐よりも塩基性が強いと考えられる。

　以上より，正答は**3**である。

No.6 の解説 ヒドロキシ基の酸性度 →問題はP.233

　一般に，共役塩基（H⁺が脱離したもの）が安定であるほど，酸性が強くなる。㊉のフェノールは芳香族化合物で，共役塩基のフェノキシドイオンには次のように多くの共鳴構造式を書けるので最も安定である。

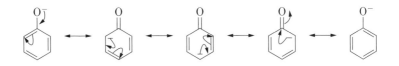

　次に，㋐～㋒のβ-炭素原子は，順に単結合，二重結合，三重結合をしているが，それぞれ sp^3, sp^2, sp 混成となることから，s性はこの順に高くなる。一般に，s性が高いほど電子が炭素原子核の近くに存在しやすくなることから安定である。よって，s性が最も大きい㋒では隣接する$-CH_2OH$のO-H結合の解離が起こりやすく，共役塩基が安定化されて酸性度が高い。逆に最も酸性が弱いのは㋐で，㋑はこれらの中間である。

　以上より，正答は**1**である。

正答	No.1＝**2**　No.2＝**5**　No.3＝**5**　No.4＝**3**　No.5＝**3**
	No.6＝**1**

有機化合物の反応理論

必修問題

　図は，2-ブロモプロパンと CH_3CH_2OH または $CH_3CH_2O^-Na^+$ との反応を
まとめたものである。いずれの反応も同じ生成物を与えるが，収率は異なる。
図の㋐〜㋓に当てはまるものの組合せとして最も妥当なのはどれか。

【国家一般職・平成30年度】

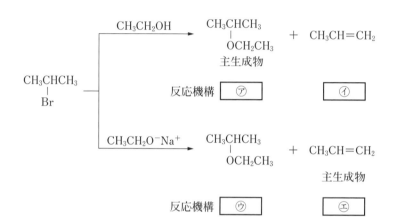

	㋐	㋑	㋒	㋓
1	S_N1	E1	S_N2	E2
2	S_N1	E2	S_N2	E1
3	S_N2	E1	S_N1	E2
4	S_N2	E2	S_N1	E1
5	S_N2	E2	S_N1	E2

〈必修問題〉の解説

まず，$(CH_3)_2CHBr$ と C_2H_5OH との反応では，求核置換反応によりエチルプロピルエーテル $(CH_3)_2CHOC_2H_5$ が主生成物となっている。$(CH_3)_2CHBr$ から Br^- が脱離して生成する $(CH_3)_2CH^+$ は2級カルボカチオンなので，3級のカチオンに次いでエタノールのようなプロトン性の極性溶媒中で安定化を受けやすい。よって，反応機構は S_N1 反応と考えられる(㋐)。後述のように，プロトン性溶媒中で S_N2 反応は起きにくい。副反応では $CH_3CH=CH_2$ が生成しているが，これは脱離反応によるものである。E2反応の場合は強塩基を必要とするが，本反応では中性の極性溶媒である C_2H_5OH 中なのでE1反応と考えられる(㋑)。なお，E1反応では生成するカルボカチオンを安定化させるため極性の大きい溶媒を必要とする。

次に，$(CH_3)_2CHBr$ と C_2H_5ONa との反応では，脱離反応により $CH_3CH=CH_2$ が主生成物となっている。$C_2H_5O^-$ は強塩基で主反応はE2反応であり(㋓)，C−Hから H^+ を引き抜くが(これが強塩基を必要とする理由である)，切断されるC−HとC−Brが反対側となる向きから反応が進み，H−C−C−Brが同一平面上にあるような配座で反応する。副反応では求核置換反応により $(CH_3)_2CHOC_2H_5$ が生成している。C_2H_5OH のようなプロトン性の溶媒だと求核試薬の $C_2H_5O^-$ が水素結合により溶媒和されて反応性が低下し S_N1 反応になるが，本反応では非プロトン性であるため S_N2 反応と考えられる(㋒)。

以上より，正答は**1**である。

正答 1

第3章 有機化学

··

重要ポイント 1 有機反応の分類

(1)置換反応

　分子中の原子または原子団が他の原子または原子団に置き換わる反応を**置換反応**という。陽イオンなどの電子不足化学種が置換反応を仕掛ける場合は**求電子置換反応**という。これに対して，陰イオンなどの電子過剰化学種が置換反応を仕掛ける場合は**求核置換反応**(Nucleophilic Substitution)という。これはさらにS_N1反応とS_N2反応に分類できる。また，ラジカルが関与する場合には**ラジカル置換反応**という。

(2)付加反応

　多重結合のπ結合が切れて分子が結合する反応を**付加反応**という。**求電子付加反応**と**ラジカル付加反応**がある。

(3)脱離反応・縮合反応

　分子からH_2OやHClのような簡単な分子が離れて多重結合や環が生成する反応を**脱離反応**(Elimination)という。これはさらにE1反応とE2反応に分類できる。H_2O分子が離れる場合は特に**脱水反応**という。また，2つの有機分子が脱離によって結ばれる反応を**縮合反応**という。

(4)転位反応

　炭素骨格が反応によって変化する反応を**転位反応**という。

重要ポイント❷ 求核置換反応の種類

⑴ S_N1 反応

　次の求核置換反応について考える。Nu^-は求核試薬，Xは脱離基である。

$$R-X + Nu^- \longrightarrow R-Nu + X^- \tag{3.1}$$

⑶.1⑴式の反応速度をv_1とするとき

$$v_1 = k_1[R-X] \tag{3.2}$$

のように1次反応となる求核置換反応を**S_N1反応**という。(3.2)式から次の反応機構が示唆される。

$$R-X \rightleftharpoons R^+ + X^- \tag{3.3}$$

$$R^+ + Nu^- \longrightarrow R-Nu \tag{3.4}$$

　(3.3)式のように反応中間体R^+が生成する過程が律速段階であり，R^+の安定性が大きいほどv_1は大きくなる。したがって，Rが3級＞2級＞1級＞CH_3の順にS_N1反応は起きやすい。このとき，より安定な中間体へと転位する可能性がある。また，(3.4)式においてNu^-が攻撃する方向によって$R-Nu$の立体配置が定まるので，$R-Nu$がキラルである場合にはラセミ混合物が得られる。S_N1反応は極性溶媒，特にプロトン性溶媒で起こりやすい。

⑵ S_N2 反応

　(3.1)式の反応速度をv_2とするとき

$$v_2 = k_2[R-X][Nu^-] \tag{3.5}$$

のように2次反応となる求核置換反応を**S_N2反応**という。(3.5)式から次の反応機構が示唆される。

$$Nu^- + R-X \rightleftharpoons [Nu\cdots R\cdots X] \rightleftharpoons Nu-R + X^- \tag{3.6}$$

　(3.6)式のように2分子が衝突して遷移状態を経由して反応が進む。Rがかさ高い基であると立体障害によって反応は起きにくくなる。したがって，RがCH_3＞1級＞2級＞3級の順にS_N2反応は起きやすい。このとき，Nu^-は脱離基Xの背後から攻撃するため立体反転が起こる。S_N2反応は極性の大きい非プロトン性溶媒で起こりやすい。

重要ポイント ❸ 付加反応の種類

⑴イオン機構

　イオンが多重結合のπ電子を攻撃して付加反応が進む機構を**イオン機構**という。たとえば，$CH_2=CH-CH_3$にHBrが付加する場合，π電子をH^+が攻撃して生成するカルベニウムイオンの安定性から2-ブロモプロパンが主生成物となる。

$$CH_2=CH-CH_3 + HBr \longrightarrow CH_3-CHBr-CH_3 \tag{3.7}$$

　結果的に，$C=C$のCに結合しているHが多いほうのCにH^+が結合して生成する化合物が主生成物となる。これを**Markovnikov則**という。

⑵ラジカル機構

　ラジカルが多重結合のπ電子を攻撃して付加反応が進む機構を**ラジカル機構**という。これはたとえば，過酸化物の存在下で起こる。$CH_2=CH-CH_3$にHBrが付加する場合，過酸化物が存在するとHBrと反応して$Br\cdot$ラジカルが生成する。これがπ電子を攻撃して生成するラジカルの安定性から1-ブロモプロパンが主生成物となる。

$$CH_2=CH-CH_3 + HBr \longrightarrow CH_2Br-CH_2-CH_3 \tag{3.8}$$

　この場合，Markovnikov則とは逆の化合物が主生成物となる。

重要ポイント ❹ 脱離反応の種類

⑴E1 反応

　次の脱離反応について考える。B^-は塩基，Xは脱離基である。

$$CH-CX + B^- \longrightarrow C=C + HB + X^- \tag{3.9}$$

(3.9)式の反応速度をv_3とするとき

$$v_3 = k_3[CH-CX] \tag{3.10}$$

のように1次反応となる脱離反応を**E1反応**という。(3.10)式から次の反応機構が示唆される。

$$\begin{array}{c} \overset{|}{\underset{H}{-C}}-\overset{|}{\underset{X}{C}}- \longrightarrow \overset{|}{\underset{H}{-C}}-C^{\pm} + X^- \end{array} \tag{3.11}$$

$$\overset{|}{\underset{H}{-C}}-C^{\pm} + B^- \longrightarrow \overset{\diagdown}{\diagup}C=C\overset{\diagup}{\diagdown} + HB \tag{3.12}$$

　E1反応では(3.11)式のように反応中間体のカルベニウムイオンが生成して反応が進むので，E1反応の安定性は3級＞2級≫1級となるが，1級では中間体が不安定で極めて起きにくい。このときより安定な中間体に転位する可能性がある。極性の大きな溶媒中ではカルベニウムイオンが安定化されるのでE1反応は起きやすくな

る。また，結果的に，C＝CのCに結合しているHが少ないほうのCからH$^+$が脱離して生成する化合物が主生成物となる。これを**Saytzeff則**という。

⑵E2 反応

(3.9)式の反応速度をv_4とするとき

$$v_4 = k_4[\mathrm{CH-CX}][\mathrm{B}^-] \tag{3.13}$$

のように2次反応となる脱離反応を**E2反応**という。(3.13)式から次の反応機構が示唆される。

$$\tag{3.14}$$

(3.14)式のように2分子が衝突して遷移状態を経由して反応が進む。塩基B$^-$がプロトン性Hを攻撃するため，一般に強塩基が必要である。また一般に，脱離反応は求核置換反応と競合関係にあり，S$_N$2反応における反応性とは逆に3級＞2級＞1級の順にE2反応は起きやすい。B$^-$がHを引き抜くとき，切断されるC−HとC−Xが互いに反対側となる方向から反応が起こり，H−C−C−Xが同一平面上にあるような配座のときに反応する。E1反応と同様にSaytzeff則を満たす。

実戦問題

No.1 求核置換反応に関する記述㋐，㋑，㋒のうちから，妥当なもののみをすべて選び出しているのはどれか。 【国家一般職・平成26年度】

㋐ S_N1反応の反応速度は，基質の濃度には依存せず，求核試薬の濃度にのみ依存する。

㋑ S_N1反応の反応速度は，中間体として生成するカルボカチオンが第三級炭素＞第二級炭素＞第一級炭素の順に速い。

㋒ 光学活性な化合物がS_N2反応するとき，必ずラセミ化が起こり，生成物は光学不活性となる。

1 ㋐
2 ㋐，㋑
3 ㋑
4 ㋑，㋒
5 ㋒

No.2 次の反応は，一分子求核置換反応（S_N1反応）であり，*tert*-ブチルアルコールが生成する。

$$(CH_3)_3CCl + H_2O \longrightarrow (CH_3)_3COH + HCl$$

このアルコールの生成反応の反応速度について，条件を変えて比較する。次の条件変更㋐，㋑，㋒のうちから，反応速度が変更前より速くなるもののみをすべて選び出しているのはどれか。 【国家一般職・平成23年度】

㋐ H_2Oの濃度を2倍にする。

㋑ H_2Oの代わりにエタノールを用いる。

㋒ $(CH_3)_3CCl$の代わりに$(CH_3)_3CBr$を用いる。

1 ㋐
2 ㋐，㋑
3 ㋐，㋒
4 ㋑，㋒
5 ㋒

No.3 ナフタレンのスルホン化に関する次の記述の㋐～㋕に当てはまるものの組合せとして最も妥当なのはどれか。 【国家総合職・平成26年度】

「ナフタレンをスルホン化する反応では，反応温度によって主生成物が異なる。40～80℃程度の比較的低温では，┌─㋐─┐が主生成物となり，160～170℃程度の比較的高温では，┌─㋑─┐が主生成物となる。┌─㋑─┐は，┌─㋒─┐による生成物である。これにより，スルホン化が┌─㋓─┐であることが確認できる。

さらに，二つ目のスルホン化が進む場合には，二つ目のスルホ基の置換は，一つ目のスルホ基が┌─㋔─┐ほうの環で起こる。」

	㋐	㋑	㋒	㋓	㋔
1	1位置換体	2位置換体	速度論的支配	不可逆的反応	置換している
2	1位置換体	2位置換体	熱力学的支配	可逆的反応	置換していない
3	1位置換体	2位置換体	熱力学的支配	不可逆的反応	置換していない
4	2位置換体	1位置換体	熱力学的支配	可逆的反応	置換している
5	2位置換体	1位置換体	速度論的支配	不可逆的反応	置換していない

実戦問題の解説

No.1 の解説　求核置換反応の特徴
→問題はP.246

㋐　誤りである。S_N1反応は1次反応であり，反応速度は基質の濃度に比例する。

㋑　正しい。S_N1反応では中間体としてカルボカチオンが生成するが，多くの炭化水素基が結合したC^+のほうが超共役による安定化を受けるので安定になる。つまり，安定性の大きさは3級カルボカチオン＞2級カルボカチオン＞1級カルボカチオン＞CH_3^+の順となり，この順にS_N1反応は起きやすい。

㋒　誤りである。キラル中心をもつ化合物にS_N2反応が起こるとき，脱離基とは逆の方向から求核試薬が攻撃する。そのとき立体反転を伴い単一の化合物を生成する。よって，ラセミ混合物は生成しない。

以上より，正答は**3**である。

No.2 の解説　S_N1反応の反応速度
→問題はP.246

㋐　誤りである。S_N1反応の速度は基質である$(CH_3)_3CCl$の濃度にのみ依存する1次反応である。よって，溶媒であるH_2Oの濃度を2倍にしても反応速度は変化しない。

㋑　誤りである。Cl^-が脱離して生じる反応中間体$(CH_3)_3C^+$がプロトン性の極性溶媒であるH_2Oにより安定化されることでS_N1反応が進むが，C_2H_5OHでは極性がH_2Oより小さく，H_2Oを用いた場合よりも$(CH_3)_3C^+$の安定化は小さい。よって，反応速度は小さくなる。

㋒　正しい。水のような極性溶媒中において，C−ClよりもC−Brのほうがイオン開裂しやすいため，$(CH_3)_3CCl$の代わりに$(CH_3)_3CBr$を用いると反応速度は大きくなる。

以上より，正答は**5**である。

No.3 の解説　速度論的支配と熱力学的支配　　　　→問題はP.247

　芳香環へのスルホン化は求電子置換反応であるが，他の求電子置換反応とは異なり可逆的反応となる（㋘）。ナフタレンのスルホン化での主生成物が，低温のときと高温のときとで異なるので，低温での反応は速度論的支配（活性化エネルギーの小さいほうに反応が進みやすい場合），高温での反応は熱力学的支配（反応熱が大きいほうに反応が進みやすい）によるものと考えられる（㋒）。

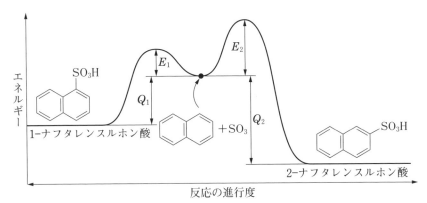

　上図のように，$Q_1 < Q_2$なのでエネルギー的には1位置換体よりも2位置換体のほうが安定である。しかし，低温では2位置換の活性化エネルギーE_2を超えるだけのエネルギーが十分に得られず，$E_1 < E_2$であるため1位置換のほうが優勢となり，1位置換体が主生成物となる（㋐）。高温になると，十分なエネルギーが得られるようになるため，1位置換体よりもエネルギー的に安定な2位置換体が主生成物となる（㋑）。ここで，スルホン化が不可逆的反応だと生成物から戻る反応がないため，常に速度論的支配になってしまうことに注意したい。

　次に，二つ目のスルホン化（ナフタレンスルホン酸のスルホン化）において，スルホ基は電子求引基で芳香環を不活性化（電子密度を低下）させるので，ナフタレンに比べてスルホン化は起きにくくなる。スルホ基による電子求引性は，スルホ基の結合している環のほうが強いので，スルホ基で置換されていない環のほうで起こる（㋓）。

　以上より，正答は**2**である。

正答　No.1＝3　No.2＝5　No.3＝2

必修問題

次の反応の主生成物である有機化合物Xとして最も妥当なのはどれか。

【国家一般職・平成30年度】

$$\underset{\text{H}}{\overset{\text{O}}{\parallel}}\text{CH}_3-\text{C} \quad \xrightarrow{\text{NaOH, H}_2\text{O, 5℃}} \quad \xrightarrow{\text{加熱}} \quad \text{有機化合物 X}$$

1

2

3

4

5

必修問題 の 解説

　アセトアルデヒドはカルボニル化合物であり，強塩基を用いた後に加熱しているのでアルドール縮合と考えられる。この反応は，強塩基によりエノラートイオンが生成し，それがカルボニル基を攻撃して反応が進む。生成物は β-位にヒドロキシ基を有するカルボニル化合物であるが，脱水により α, β-不飽和カルボニル化合物を与える。

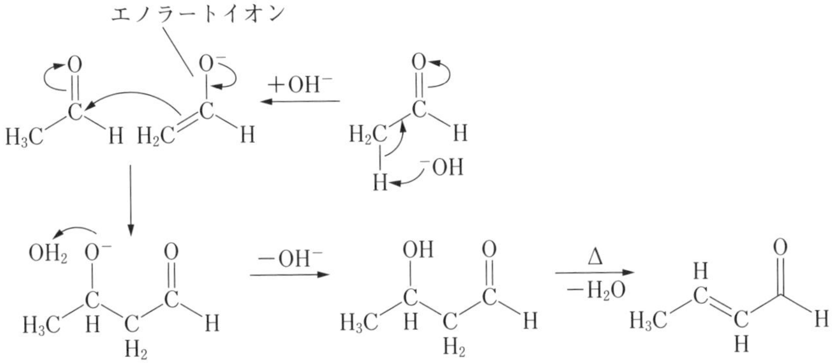

エノラートイオン

　以上より，正答は**2**である。

正答 **2**

重要ポイント 1 **飽和炭化水素**

⑴**アルカンの反応**

　アルカンは工業的には原油の分留によって得られる。アルカンは一般に反応性が低く，燃焼反応などの酸化反応がある他にはハロゲンによる置換反応がある。たとえば，メタンに塩素を光照射下で反応させると塩化アルキルが生成する。**シクロアルカン**も同様の反応性を示す。

⑵**アルカンの合成**

　アルカンは原油の熱分解(クラッキング)で得られる。また，不飽和炭化水素を白金やパラジウムなどの遷移金属触媒を用いる接触水素化反応で生成する。同様に，ベンゼンに接触水素化反応を行うとシクロヘキサンが生成する。また，Grignard試薬を水あるいはハロゲン化アルキルと反応させるとアルカンが生成する。

重要ポイント 2 **不飽和脂肪族炭化水素**

⑴**アルケンの反応**

　アルケンにある$C=C$のπ電子に対する求電子付加反応が起き，ハロゲン化水素などの酸やハロゲンなどの酸化剤などが付加する。また，アルケンに$KMnO_4$を作用させるとジオールが生成する。酸性条件では$C=C$が開裂する。なお，アルケンにオゾンを作用させてから亜鉛で処理すると，$C=C$が開裂してカルボニル化合物が得られる。

⑵**アルケンの合成**

　アルケンはアルコールからの酸触媒による脱水反応，ハロゲン化アルキルからの塩基触媒による脱ハロゲン化水反応などにより合成できる。また，トリフェニルホスフィンPh_3Pとハロゲン化アルキルとの反応で合成されるアルキルホスホニウム塩を，テトラヒドロフラン溶媒中でC_4H_9Liなどの強塩基で処理すると，リンイリドが生成する。これをカルボニル化合物と反応させると$C=O$と$Ph_3P=C$の部分が$C=C$で連結したアルケンが生成する。これを**Wittig反応**といい，炭素骨格を生成するうえで非常に有用な反応である。

$$\diagdown C=O + PPh_3=C\diagup \longrightarrow \diagdown C=C\diagup + PPh_3=O \qquad (3.15)$$

　アルケンはアルキンに水素を付加させても得られるが，生成したアルケンがさらにアルカンになるのを防ぐ必要がある。Lindlar触媒を用いるとアルケンが収率よく生成する。

⑶**アルキンの反応**

　アルキンの$C\equiv C-H$のHは比較的酸性であるため，液体アンモニア中のNH_2^-により引き抜かれてアセチリドイオンを生成する。

$$RC{\equiv}CH + NH_2^- \longrightarrow RC{\equiv}C^- + NH_3 \qquad (3.16)$$

アセチリドイオンはハロゲン化アルキルやアルキルリチウム化合物との反応でより長い炭素鎖をもつアルキンが合成できる。

$$CH_3(CH_2)_3C{\equiv}CH + BuLi \longrightarrow CH_3(CH_2)_3C{\equiv}CLi + BuH$$

$$CH_3(CH_2)_3C{\equiv}CLi + CH_3(CH_2)_4Cl$$
$$\longrightarrow CH_3(CH_2)_3C{\equiv}C(CH_2)_4CH_3 + LiCl \qquad (3.17)$$

アルキンにはアルケンと同様に求電子付加反応が起きるが，反応中間体がアルケンに比べて不安定なため，触媒を必要とすることが多い。アルキンにLindlar触媒を用いて水素化すると*cis*-アルケンが得られるが，液体アンモニア中でナトリウムで処理すると*trans*-アルケンが生成する。

(4)アルキンの合成

アセチレンはカルシウムカーバイドに水を作用させて得られる。一般に，アルキンはジハロゲン化炭化水素から2分子のハロゲン化水素を脱離させて得られる。

$$RCHX{-}CHXR' \longrightarrow RC{\equiv}CR' + 2HX \qquad (3.18)$$

重要ポイント 3 ▶ アルコール

(1)アルコールの反応

第一級アルコールRCH_2OHと第二級アルコール$RCH(OH)R'$は酸化剤によって酸化されてそれぞれアルデヒド$RCHO$とケトン$RCOR'$を生じるが，第三級アルコールは酸化されにくい。アルデヒドはさらに酸化されてカルボン酸$RCOOH$を生じる。

$$RCH_2OH \longrightarrow RCHO \longrightarrow RCOOH \qquad (3.19)$$

$$RCH(OH)R' \longrightarrow RCOR' \qquad (3.20)$$

また，**アルコール**ROHをハロゲン化水素HXと反応させるとハロゲン化アルキルRXが生成する。この反応は第三級，第二級，第一級の順に起きやすい。

$$ROH + HX \longrightarrow RX + H_2O \qquad (3.21)$$

アルコールにアルカリ金属を加えると水素を発生してアルカリ金属アルコキシドが得られる。アルコキシドイオンは強塩基であり，さまざまな有機合成反応に利用される。

$$2ROH + 2Na \longrightarrow 2RONa + H_2 \qquad (3.22)$$

濃硫酸などの酸を触媒として，アルコールは脱水反応を起こす。比較的低温ではエーテルが，比較的高温ではアルケンが生成する。

$$2CH_3CH_2OH \xrightarrow[140℃]{H_2SO_4} CH_3CH_2OCH_2CH_3 + H_2O \qquad (3.23)$$

$$CH_3CH_2OH \xrightarrow[170℃]{H_2SO_4} CH_2{=}CH_2 + H_2O \qquad (3.24)$$

第3章 有機化学

(2)アルコールの合成

アルコールはアルケンに酸触媒存在下で水を付加すると得られる。このとき主生成物はMarkovnikov則に従ったものが得られる。

$$CH_2{=}CH{-}CH_3 + H_2O \xrightarrow{\ H^+\ } CH_3{-}CH(OH){-}CH_3 \tag{3.25}$$

Markovnikov則とは逆のアルコールを得るには**ヒドロホウ素化（ハイドロボレーション）**反応を利用するとよい。これはアルケンにジボランB_2H_6をテトラヒドロフラン溶媒中で反応させてトリアルキルボランとし、これを塩基性条件下で過酸化水素を用いて酸化すると得られる。

$$CH_3(CH_2)_3CH{=}CH_2 \xrightarrow[\text{2) } H_2O_2,\ OH^-]{\text{1) } B_2H_6,\ THF} CH_3(CH_2)_3CH_2{-}CH_2OH \tag{3.26}$$

また、アルコールはアルデヒド・ケトン・カルボン酸・エステルを還元することによっても得られる。アルデヒドとケトンは常温常圧下では接触水素化を起こさないが、高温高圧化では反応が進む。アルコールは$LiAlH_4$や$NaBH_4$をアルデヒド・ケトンに作用させても得られる。カルボン酸やエステルは$NaBH_4$では還元できないが、$LiAlH_4$では還元されてアルコールを生成する。その他、Grignard試薬をアルデヒド・ケトンと作用させてもアルコールが得られる。

重要ポイント 4 ▶ カルボニル化合物

(1)カルボニル化合物の反応

ホルミル基—CHOをもつ化合物を**アルデヒド**、カルボニル基—CO—をもつ化合物を**ケトン**という。これらを合わせて**カルボニル化合物**という。アルデヒドは還元性を有するので酸化されてカルボン酸になりやすいが、ケトンは酸化されにくい。カルボニル基のα位の水素は比較的酸性なので、F_2以外のハロゲン単体により置換反応が起こる。

$$\underset{\overset{|}{H}}{\overset{\overset{O}{\|}}{-C}}-\overset{|}{C}- + X_2 \xrightarrow{H^+ or\ OH^-} \underset{\overset{|}{X}}{\overset{\overset{O}{\|}}{-C}}-\overset{|}{C}- + X^- \tag{3.27}$$

カルボニル基C＝OにはアルコールやHCNが付加する。アルデヒドにアルコールを酸触媒存在下で作用させるとアセタールが得られる。アセタールは塩基性条件下では安定であり、保護基として利用されている。

$$R'{-}\overset{\overset{O}{\|}}{CH} + 2R{-}OH \underset{}{\overset{H^+}{\rightleftharpoons}} R'{-}\overset{\overset{O{-}R}{|}}{CH}{-}O{-}R + H_2O \tag{3.28}$$

また，カルボニル化合物に塩基を触媒としてHCNを作用させると，シアノヒドリンが生成する。

$$R^1\!-\!\overset{\displaystyle O}{\overset{\|}{C}}\!-\!R^2 + H\!-\!C\!\equiv\!N \;\underset{}{\overset{\text{塩基}}{\rightleftharpoons}}\; R^1\!-\!\underset{\underset{\displaystyle C\equiv N}{|}}{\overset{\overset{\displaystyle OH}{|}}{C}}\!-\!R^2 \tag{3.29}$$

α位に水素をもつカルボニル化合物の2分子が縮合してβ-ヒドロキシカルボニル化合物を生成する反応を**アルドール縮合**という。これは塩基性条件下で行い，生じたエノラートイオンがカルボニル基を求核攻撃することで反応が進行する。

$$H_3C\!-\!\overset{\displaystyle O}{\overset{\|}{C}}H + H_2\overset{\overset{\displaystyle H}{|}}{C}\!-\!CH\!=\!O \;\overset{OH^-}{\longrightarrow}\; H_3C\!-\!\underset{}{\overset{\overset{\displaystyle OH}{|}}{C}}H\!-\!CH_2\!-\!CH\!=\!O$$

$$H_3C\!-\!\underset{\underset{\displaystyle CH_3}{|}}{\overset{\displaystyle O}{\overset{\|}{C}}} + H_2\overset{\overset{\displaystyle H}{|}}{C}\!-\!\overset{\displaystyle O}{\overset{\|}{C}}\!-\!CH_3 \;\overset{OH^-}{\longrightarrow}\; H_3C\!-\!\underset{\underset{\displaystyle CH_3}{|}}{\overset{\overset{\displaystyle OH}{|}}{C}}\!-\!CH_2\!-\!\overset{\displaystyle O}{\overset{\|}{C}}\!-\!CH_3 \tag{3.30}$$

ケトンを過酸で酸化するとエステルが得られる。これを**Baeyer–Villiger酸化**という。

$$H_5C_2\!-\!\overset{\displaystyle O}{\overset{\|}{C}}\!-\!C_2H_5 \;\overset{CF_3COOOH}{\longrightarrow}\; H_5C_2\!-\!\overset{\displaystyle O}{\overset{\|}{C}}\!-\!O\!-\!C_2H_5$$

$$\tag{3.31}$$

逆に，カルボニル化合物はLiAlH₄やNaBH₄によって還元されてアルコールになる。LiAlH₄のほうが強力でエステル，ニトリル，アミドも還元できるが，NaBH₄のほうはこれらとは反応せず，カルボニル基だけを還元できる。

$$H_3C\!-\!\overset{\displaystyle O}{\overset{\|}{C}}\!-\!CH_2\!-\!\overset{\displaystyle O}{\overset{\|}{C}}\!-\!O\!-\!C_2H_5 \;\underset{2)\,H^+}{\overset{1)\,NaBH_4}{\longrightarrow}}\; H_3C\!-\!\underset{}{\overset{\overset{\displaystyle OH}{|}}{C}}H\!-\!CH_2\!-\!\overset{\displaystyle O}{\overset{\|}{C}}\!-\!O\!-\!C_2H_5$$

$$\tag{3.32}$$

第3章 有機化学

カルボニル基—CO—を—CH₂—にまで還元するには次の2つの方法がある。**Clemmensen還元**は亜鉛アマルガムと濃塩酸を用いる方法である。

$$R^1—\overset{\overset{\displaystyle O}{\|}}{C}—R^2 \xrightarrow[\text{HCl}]{\text{Zn(Hg)}} R^1—CH_2—R^2 \qquad (3.33)$$

もう1つの方法は**Wolff-Kishner還元**で，ヒドラジンNH_2NH_2とKOHを用いるものであり，酸に不安定なカルボニル化合物に対して有用である。

$$R^1—\overset{\overset{\displaystyle O}{\|}}{C}—R^2 \xrightarrow[\text{KOH}]{\text{NH}_2\text{NH}_2} R^1—CH_2—R^2 \qquad (3.34)$$

α位に水素がないアルデヒドは強塩基により不均化して第一級アルコールとカルボン酸に不均化する。これを**Cannizzaro反応**という。

$$\langle\!\!\!\!\bigcirc\!\!\!\!\rangle—CHO \xrightarrow{\text{KOHaq}} \langle\!\!\!\!\bigcirc\!\!\!\!\rangle—CH_2OH + \langle\!\!\!\!\bigcirc\!\!\!\!\rangle—COOK \qquad (3.35)$$

⑵ カルボニル化合物の合成

(3.19)式や(3.20)式のように，アルデヒドおよびケトンはそれぞれ第一級アルコールおよび第二級アルコールの酸化により得られる。酸化剤としては$K_2Cr_2O_7$などが用いられるが，第一級アルコールの場合には生成物のアルデヒドが酸化されやすいので，有機溶媒中でCrO_3とピリジンの錯体を用いる。また，アルキンへ水を付加するとエノールを生成するが，これは不安定でカルボニル化合物に変化する。これを**ケト-エノール互変異性**という。

$$—C\equiv C— \xrightarrow[\text{H}^+]{\text{H}_2\text{O}} \underset{\text{エノール型}}{\overset{\displaystyle H}{\underset{\displaystyle OH}{}}C=C} \rightleftarrows \underset{\text{ケト型}}{\overset{\displaystyle H}{}—C—C\overset{\displaystyle}{}} \qquad (3.36)$$

重要ポイント 5 カルボン酸と誘導体

(1)カルボン酸の反応

カルボン酸は弱酸であり，pK_a は 4 〜 5 のものが多いが，電気陰性度の大きな原子や電子求引基が結合すると酸性度が増加する。弱酸としての性質の他に重要なのは，カルボン酸誘導体への変換である。たとえば，濃硫酸などの酸触媒存在下でアルコールまたはフェノール類と反応させると，脱水縮合して**エステル**を生じる。この反応は可逆である。

$$
R^1\text{—}\overset{\overset{\displaystyle O}{\|}}{C}\text{—OH} + R^2\text{—OH} \underset{}{\overset{H^+}{\rightleftarrows}} R^1\text{—}\overset{\overset{\displaystyle O}{\|}}{C}\text{—O—}R^2 + H_2O \tag{3.37}
$$

カルボン酸に塩化チオニル $SOCl_2$ などを作用させると**酸塩化物**を生じる。

$$
R\text{—}\overset{\overset{\displaystyle O}{\|}}{C}\text{—OH} \xrightarrow{SOCl_2,\ PCl_3\ or\ PCl_5} R\text{—}\overset{\overset{\displaystyle O}{\|}}{C}\text{—Cl} \tag{3.38}
$$

(2)カルボン酸の合成

カルボン酸は(3.19)式のように，第一級アルコールやアルデヒドの酸化により生成する。また，エステルの加水分解((3.37)式の逆反応)によっても生成する。さらに，ニトリルを酸により加水分解すると次のようにカルボン酸を生じる。

$$
R\text{—}C\equiv N \xrightarrow[H^+]{H_2O} R\text{—}\overset{\overset{\displaystyle OH}{\|}}{C}\text{=NH} \longrightarrow R\text{—}\overset{\overset{\displaystyle O}{\|}}{C}\text{—}NH_2 \xrightarrow{H_2O} R\text{—}\overset{\overset{\displaystyle O}{\|}}{C}\text{—OH}
$$

$$\tag{3.39}$$

また，Grignard試薬に CO_2 を作用させるとカルボン酸を生じる。これは炭素数が1個多いカルボン酸を合成するのに有用である。

$$
R\text{—}X \xrightarrow[\text{エーテル}]{Mg} R\text{—}Mg\text{—}X \xrightarrow[2)H^+]{1)CO_2} R\text{—COOH} \tag{3.40}
$$

芳香環に結合した α 位にHをもつ炭化水素基は $KMnO_4$ などの酸化剤により酸化されてカルボン酸を生じる。

$$
\underset{}{\text{⟨⟩}}\text{—}CH_3 \xrightarrow[2)H^+]{1)KMnO_4} \underset{}{\text{⟨⟩}}\text{—COOH} \tag{3.41}
$$

第3章 有機化学

⑶エステルの反応

エステル化反応(3.37)式にあるように，この反応は可逆であり，逆反応を**加水分解**という。これは酸性条件下における反応であるが，塩基を用いても加水分解は起きる。その場合は**けん化**ともいい，不可逆反応となる。生じたカルボン酸やフェノール類は中和されて塩の形で得られる。次に，エステルをアミンやアンモニアと反応させると酸アミドが得られる。

$$
\underset{\substack{O\\\|}}{R^1-C-O-R^2} + H-\underset{\substack{R^3\\|\\R^4}}{N} \longrightarrow \underset{\substack{O\quad R^3\\\|\quad|}}{R^1-C-N-R^4} + R^2-OH \tag{3.42}
$$

エステルにLiAlH₄を作用させて還元すると第一級アルコールが得られる。また，エステル1分子をGrignard試薬2分子と反応させると，対応する第三級アルコールが得られる。

$$
\underset{\substack{O\\\|}}{R^1-C-O-R^2} \xrightarrow{R^3MgX} \underset{\substack{O\\\|}}{R^1-C-R^3} \xrightarrow{R^3MgX} \underset{\substack{OH\\|\\R^3}}{R^1-C-R^3} \tag{3.43}
$$

カルボニル基のα位にHをもつエステルはナトリウムアルコキシドなどの塩基の存在下でエステル2分子が縮合して*β*-ケトエステルを生成する。これを**Claisen縮合**という。

$$
\underset{\substack{R'-O\\}}{R-CH_2-\overset{\substack{O\\\|}}{C}} + \underset{\substack{R\quad O\\}}{CH_2-C-O-R'} \xrightarrow[R'OH]{R'ONa} R-CH_2-\overset{\substack{O\\\|}}{C}-\underset{\substack{R}}{CH}-\overset{\substack{O\\\|}}{C}-O-R'
$$

$$\tag{3.44}$$

2つのエステル結合をもつジエステルが分子内でClaisen縮合して間を生成する反応は**Dieckmann縮合**という。

⑷酸アミドの反応と合成

酸アミドはカルボン酸とアミンまたはアンモニアが脱水縮合した形の化合物である。酸アミドはLiAlH₄によりアミンに還元できる。また，第一級アミンはP₄O₁₀によりニトリルに変換できる。酸アミドは酸塩化物や酸無水物をアミンやアンモニアと反応させて得られる。また，オキシム(ケトンとヒドロキシルアミンが脱水縮合したもの)に強酸を作用させても酸アミドが得られる。これを**Beckmann転位**という。

$$\tag{3.45}$$

⑸ニトリルの反応と合成

(3.39)式のように，**ニトリル**を加水分解するとカルボン酸を与える。また，ニトリルを$LiAlH_4$で還元するとアミンが得られ，Grignard試薬を作用させて酸で加水分解するとケトンが得られる。

$$R-C\equiv N \xrightarrow{R'MgX} \underset{R-C-R'}{\overset{N-MgX}{\|}} \xrightarrow{H_3O^+} \underset{R-C-R'}{\overset{O}{\|}} \tag{3.46}$$

ニトリルは第一級アミド$RCONH_2$をP_4O_{10}で脱水して得られる。あるいは，ハロゲン化アルキルのKCNによる置換反応によっても得られる。ハロゲン化アリールの場合には$CuCN$を用いる。

第3章

有機化学

259

実戦問題

No.1 **次の反応㋐，㋑，㋒のうち主生成物が妥当なもののみをすべて挙げているのはどれか。**

【国家一般職・平成30年度】

㋐

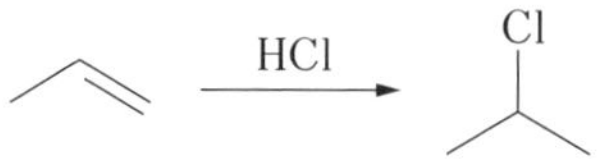
HCl
Cl

㋑

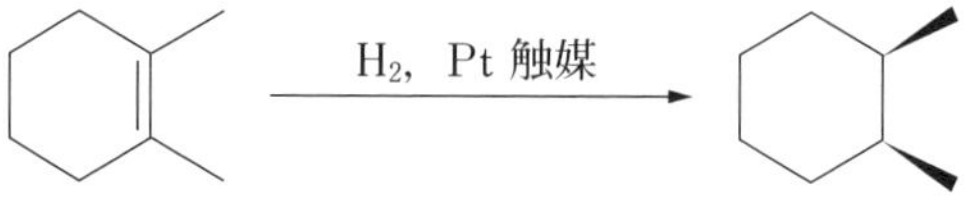
H2，Pt 触媒

㋒

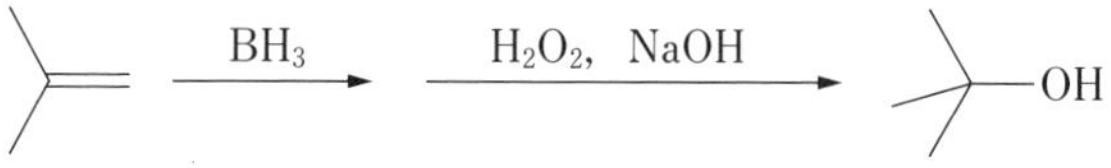
BH3
H2O2，NaOH
OH

1 ㋐
2 ㋐，㋑
3 ㋑
4 ㋑，㋒
5 ㋒

No.2 **次の反応の主生成物である化合物㋐として最も妥当なのはどれか。**

【国家一般職・平成24年度】

$$\mathrm{CH_2{=}\overset{\overset{\displaystyle CH_3}{|}}{C}{-}CH{=}CH_2} \xrightarrow{\mathrm{HBr}} \text{化合物㋐}$$

1

$$\mathrm{CH_2{=}\overset{\overset{\displaystyle CH_3}{|}}{C}{-}CH_2{-}CH_2{-}Br}$$

2

$$\mathrm{CH_2{=}\overset{\overset{\displaystyle CH_3}{|}}{C}{-}\underset{\underset{\displaystyle Br}{|}}{CH}{-}CH_3}$$

3

$$\mathrm{CH_3{-}\overset{\overset{\displaystyle CH_3}{|}}{C}{=}CH{-}CH_2{-}Br}$$

4

$$\mathrm{CH_3{-}\underset{\underset{\displaystyle Br}{|}}{\overset{\overset{\displaystyle CH_3}{|}}{C}}{-}CH{=}CH_2}$$

5

$$\mathrm{Br{-}CH_2{-}\overset{\overset{\displaystyle CH_3}{|}}{C}{=}CH{-}CH_3}$$

No.3 **化合物a～fのうち，次の二つの反応A，Bの，それぞれの主生成物である化合物㋐，㋑，㋒の組合せとして最も妥当なのはどれか。**

【国家一般職・平成27年度】

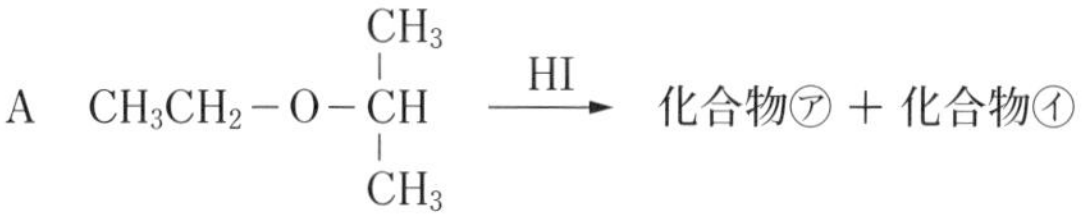
A
CH3CH2－O－CH
CH3
CH3
HI
化合物㋐ ＋ 化合物㋑

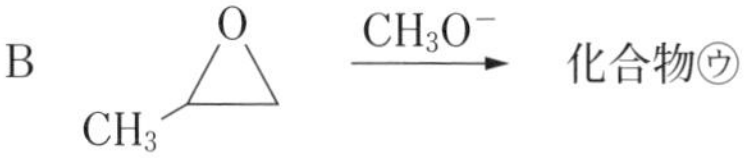
B
O
CH3
CH3O−
化合物㋒

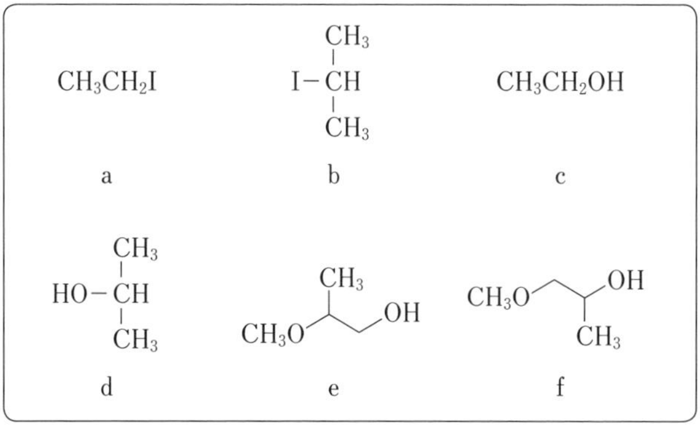
CH3CH2I
a
I－CH
CH3
CH3
b
CH3CH2OH
c
HO－CH
CH3
CH3
d
CH3O
CH3
OH
e
CH3O
OH
CH3
f

	化合物㋐	化合物㋑	化合物㋒
1	a	d	e
2	a	d	f
3	b	c	e
4	b	c	f
5	c	d	e

次の反応の主生成物である化合物 X として最も妥当なのはどれか。

【国家一般職・平成27年度】

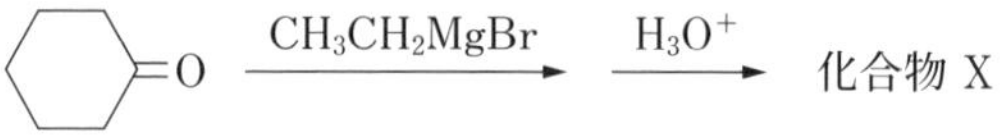

$$\bigcirc\!\!=\!\!O \xrightarrow{\text{CH}_3\text{CH}_2\text{MgBr}} \xrightarrow{\text{H}_3\text{O}^+} \text{化合物 X}$$

1 $\bigcirc$—CH$_2$CH$_3$

2 $\bigcirc$—OCH$_2$CH$_3$

3 CH$_3$CH$_2$—$\bigcirc$=O

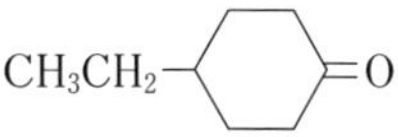

4 $\bigcirc$—OH
CH$_2$CH$_3$

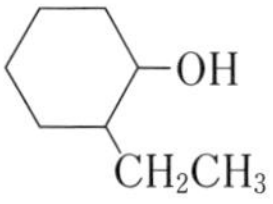

5 $\bigcirc$ OH
CH$_2$CH$_3$

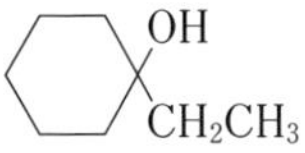

No.5 次の反応㋐，㋑，㋒の主生成物を，それぞれのa，bから選び出したもの
の組合せとして最も妥当なのはどれか。 【国家総合職・令和元年度】

㋐

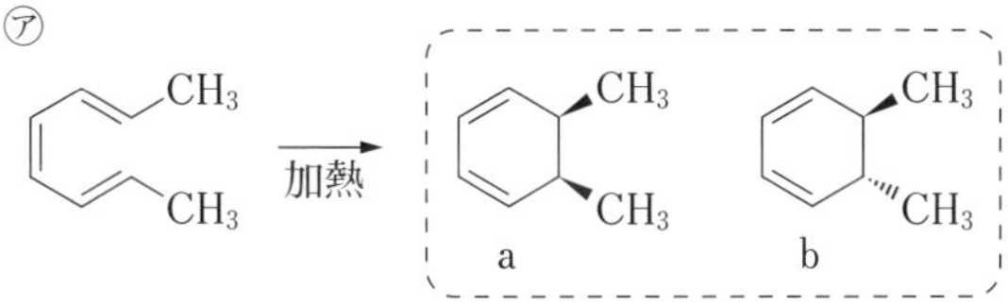

㋑

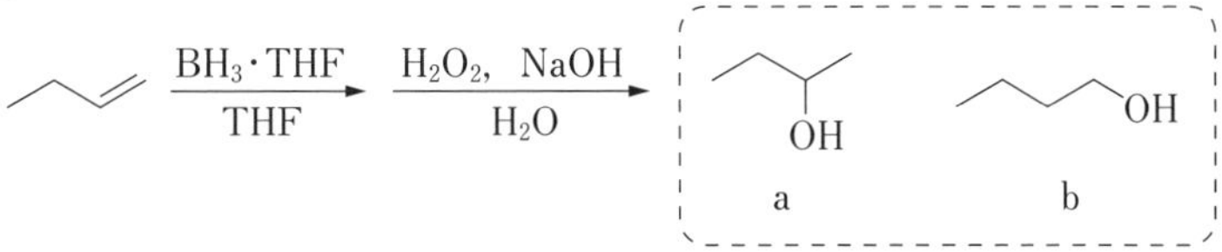

㋒

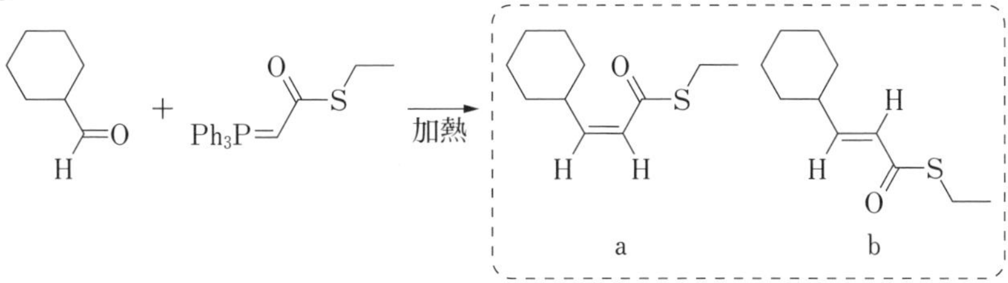

	㋐	㋑	㋒
1	a	a	a
2	a	b	a
3	a	b	b
4	b	a	a
5	b	b	b

No.6 次の化合物㋐〜㋔のうちから，図の化合物を
ディールス・アルダー反応により合成する際の原料とし
て妥当なもののみを二つ選び出しているのはどれか。

【国家一般職・平成23年度】

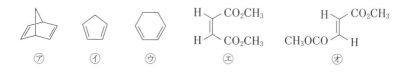

㋐ 　　　㋑ 　　　㋒ 　　　㋓ 　　　㋔

1 ㋐, ㋓

2 ㋐, ㋔

3 ㋑, ㋓

4 ㋑, ㋔

5 ㋒, ㋓

No.7 クライゼン縮合反応に関する次の記述の㋐，㋑，㋒に当てはまるものの
組合せとして最も妥当なのはどれか。　　　　　　　【国家一般職・平成28年度】

「プロパン酸エチルは，　㋐　の存在下でクライゼン縮合し，　㋑　を生じる。
また，ヘプタン二酸ジエチルがクライゼン縮合すると，　㋒　を生じる。」

	㋐	㋑	㋒
1	水素化アルミニウムリチウム	4-オキソヘキサン酸エチル	2-オキソシクロヘキサン-1-カルボン酸
2	水素化アルミニウムリチウム	2-メチル-3-オキソペンタン酸	2-オキソシクロヘキサン-1-カルボン酸
3	ナトリウムエトキシド	4-オキソヘキサン酸エチル	2-オキソシクロペンタン-1-カルボン酸エチル
4	ナトリウムエトキシド	2-メチル-3-オキソブタン酸エチル	2-オキソシクロペンタン-1-カルボン酸エチル
5	ナトリウムエトキシド	2-メチル-3-オキソペンタン酸エチル	2-オキソシクロヘキサン-1-カルボン酸エチル

No.8 次の反応の主生成物である化合物Xとして最も妥当なのはどれか。

【国家一般職・令和元年度】

1

2

3

4

5

㋐ 正しい。Markovnikov則よりH原子が多く結合した不飽和結合のC原子のほうにH$^+$が結合しやすい。よって，プロペンの1位のCにH$^+$が結合して生成する2-クロロプロパンが主生成物となる。

㋑ 正しい。Pt触媒によるH$_2$の接触付加であるが，2個のH原子が同じ方向から結合する*syn*付加となるので，環に対して2個のメチル基は同じ側に配置する。

㋒ 誤りである。ヒドロホウ素化（ハイドロボレーション）であり，Markovnikov則が与える化合物とは逆の主生成物を与える。よって，H原子は＝CH$_2$のC原子のほうに結合しやすい。主生成物は$(CH_3)_2CHCH_2OH$である。

以上より，正答は**2**である。

反応物のイソプレンにはC＝Cが2個あるが，これにH$^+$が結合してできるカルボカチオンの安定性から，1位のC原子にH$^+$が結合すると考えられる。次において，中間体Aは3級カルボカチオンで比較的安定である。H$^+$が2位または3位のC原子に結合した場合は1級カルボカチオン，H$^+$が4位のC原子に結合した場合は2級カルボカチオンとなり，3級カルボカチオンより不安定である。

中間体AにBr^-が結合すると3-ブロモ-3-メチル-1-ブテンが生成する。ここで中間体Aには中間体Bのような共鳴構造式が書ける。これにBr^-が結合すると1-ブロモ-3-メチル-2-ブテンが生成する。アルケンはC=Cに炭化水素基が多く結合しているものほど安定なので，中間体Aからの生成物3-ブロモ-3-メチル-1-ブテンよりも，中間体Bからの生成物1-ブロモ-3-メチル-2-ブテンのほうが安定である。そのため，後者が主生成物となる。なお，前者の付加様式を1, 2-付加，後者の付加様式を1,4-付加という。

以上より，正答は**3**である。

No.3 の解説　求核試薬による反応の生成物

→問題はP.261

A　HIは強酸であり，I^-が求核試薬として作用する置換反応と考えられる。I^-が攻撃するのはO原子に結合しているC原子であるが，次のように，立体障害の少ないCH_3CH_2のほうが反応しやすい。1級カルボカチオンは生成しにくいのでS_N2反応で進行する。

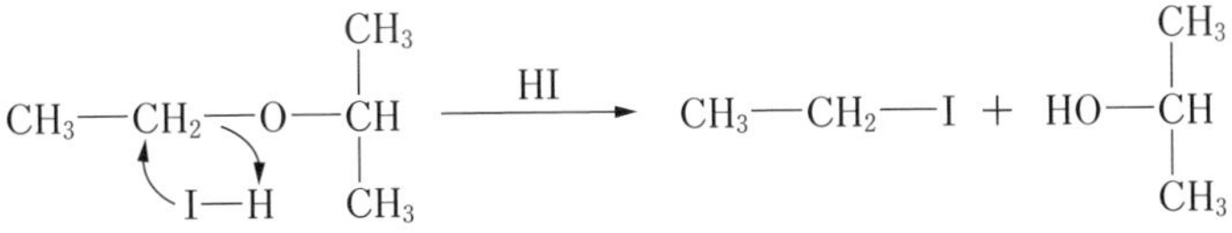

化合物㋐　化合物㋑

よって，化合物㋐はヨードエタン，化合物㋑は2-プロパノールである。

B　CH_3O^-はO原子に結合しているδ^+のC原子を攻撃すると考えられる。メチル基が結合しているほうは立体障害があるので，次のように反応が進む。

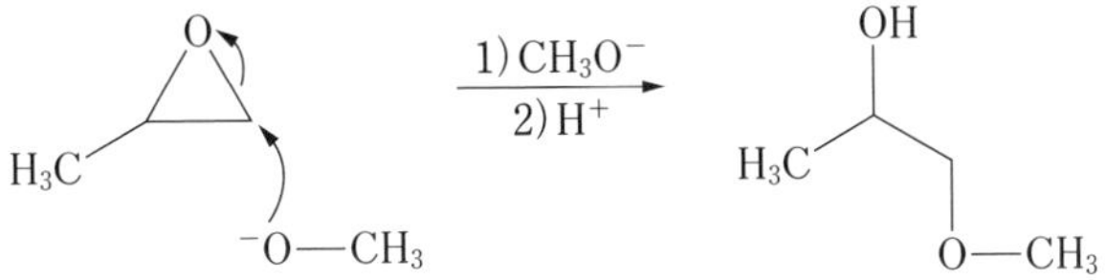

化合物㋒

よって，化合物㋒は1-メトキシ-2-プロパノールである。

以上より，正答は**2**である。

Grignard反応である。CH_3CH_2MgBr が Grignard試薬で、反応において $CH_3CH_2^-$ のように働く。もう1つの反応物であるシクロヘキサノンはカルボニル化合物であり、$C=O$ の C が $\delta+$ なので $CH_3CH_2^-$ の攻撃を受ける。

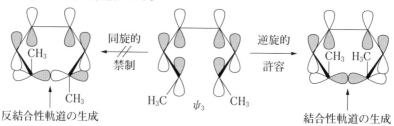

よって、化合物Xは1-エチルシクロヘキサノールである。

以上より、正答は**5**である。

㋐　aが主生成物である。共役ポリエンの電子環状反応である。熱反応の場合、HOMO（最高被占軌道）に着目する。反応物の (2E, 4Z, 6E)-2,4,6-オクタトリエンでは、トリエンの部分の分子軌道は6種類あり、エネルギーの低いほうから $\psi_1 \sim \psi_6$ とすると、$\psi_1 \sim \psi_3$ まで電子が入っている（電子は合計6個である）。すなわち、ψ_3 がHOMOであり、間に節を2個もつので、次図に示した位相となる。

環化するとき、同旋的に進むと反結合性軌道が生成して禁制となるが、逆旋的に進むと結合性軌道が生成して許容となる。このとき、2つのメチル基は環に対して同じ側にあるので cis 形が生成する。

㋑　bが主生成物である。ヒドロホウ素化（ハイドロボレーション）であり、Markovnikov則が与える化合物とは逆の主生成物を与える。よって、H_2O が付加するとき、H原子は2位のC原子のほうに結合しやすい。よって、主生成物は1-ブタノール $CH_3(CH_2)_3OH$ である。

㋒　bが主生成物である。Wittig反応であり、次のように $C=O$ と $Ph_3P=C$ の部分どうしが連結して $C=C$ を生成する。

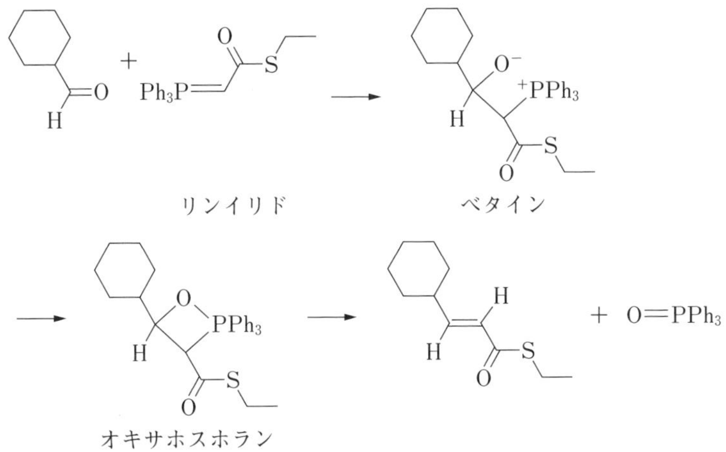

リンイリドはカルボニル化合物とすぐに反応し，ベタインを経由してオキサホスホランという四員環構造をもつ反応中間体を生成する。これが分解してアルケンが得られるが，この四員環構造の形成によって，本問では*trans*形のアルケンが生成することがわかる。

以上より，正答は**3**である。

No.6 の解説 Diels-Alder反応

→問題はP.264

Diels-Alder反応では，共役ジエンとジエノフィルが反応して付加環化反応が起こる。㋐～㋔のうち，共役ジエンは㋑と㋒であるが，生成物の炭素数を考慮すると㋑のほうであると決まる。

次に，ジエノフィルとなるのは生成物を考慮すると㋓と㋔のいずれかとなるが，生成物の2つの$-CO_2CH_3$が環に対して同じ側に位置することから，次図のように，*cis*形の㋓を用いて反応させればよいとわかる。共役ジエンの最高被占軌道（HOMO），ジエノフィルの最高空軌道（LUMO）が反応に関与するフロンティア軌道となる。

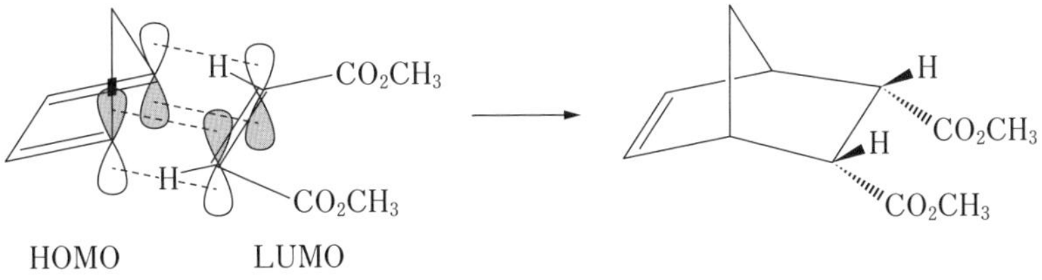

以上より，正答は**3**である。

No.7の解説　Claisen縮合とDieckmann縮合

→問題はP.264

Claisen縮合は2分子のエステルが塩基触媒存在下において縮合し，β-ケトエステルを生成する反応である。ジエステルが分子内でClaisen縮合すると環状のβ-ケトエステルが生成するが，これは特にDieckmann縮合という。

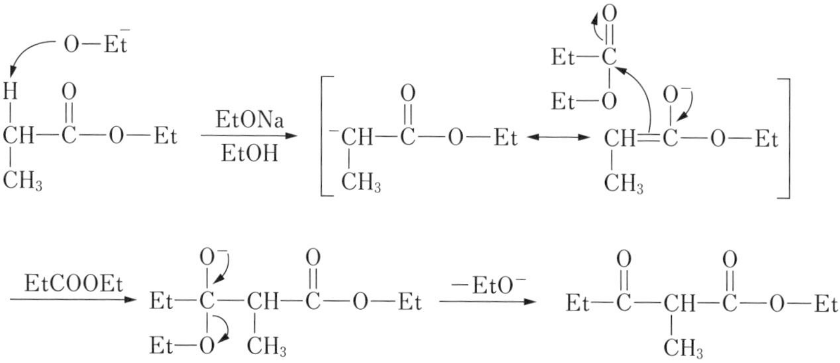

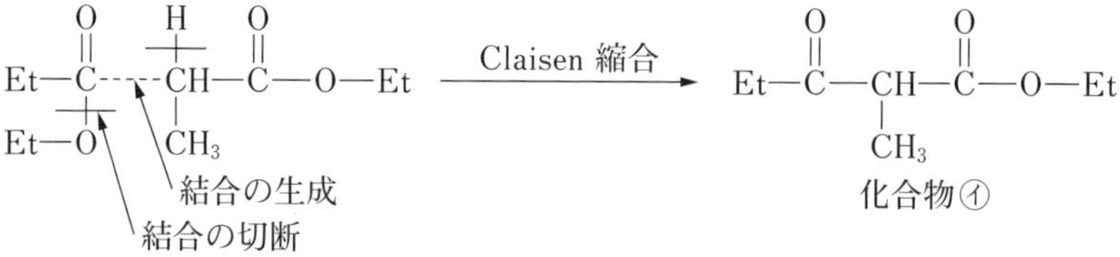

化合物㋑

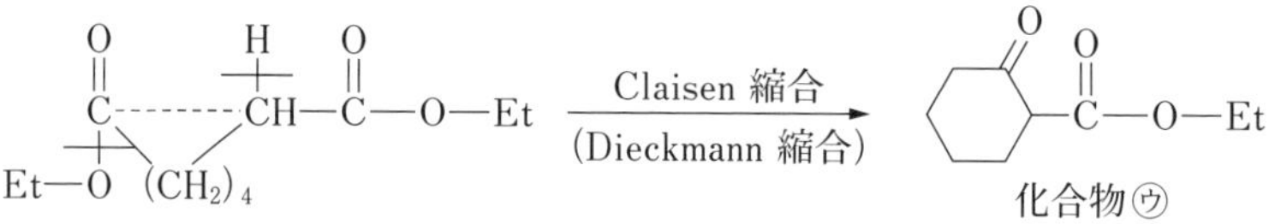

化合物㋒

プロパン酸エチルの場合，上に示すようにナトリウムエトキシドEtONaを強塩基として，エノラートイオンを生成させて縮合が進行する（㋐）。下側には縮合反応全体の様子を示した。エステルではエステル結合のC原子が1位となるので，化合物㋑は2-メチル-3-オキソペンタン酸エチルとなる。また，ヘプタン二酸ジエチルの場合，Dieckmann縮合により上に示した化合物㋒となる。これは2-オキソシクロヘキサン-1-カルボン酸エチルと命名できる。

以上より，正答は**5**である。

No.8 の解説　Michael付加

→問題はP.265

　α, β–不飽和カルボニル化合物に対する反応でMichael付加と呼ばれる。その反応機構は次のようになる。

　出発物質の1つである2–メチルシクロヘキサノン(A)から強塩基 $CH_3CH_2O^-K^+$ を用いて2位のプロトンを引き抜き，エノラートイオン(B)を発生させる。これは6位のプロトンが取れて生成するエノラートイオンよりも安定である。共鳴構造を書くとわかるようにメチル基がC=Cを安定化する。エノラートイオン(B)は不飽和結合を攻撃し，(C)を生成する。さらに(C)は溶媒のエタノールのプロトンを引き抜いて化合物Xとなる。

　以上より，正答は**2**である。

正答	No.1＝2　No.2＝3　No.3＝2　No.4＝5　No.5＝3
	No.6＝3　No.7＝5　No.8＝2

必 修 問 題

　ナフタレンの求電子置換反応に関する次の記述の㋐，㋑に当てはまるものの組合せとして最も妥当なのはどれか。

【国家一般職・平成25年度】

ナフタレン

　「ナフタレンの求電子置換反応では，C1位とC2位の2か所への求電子攻撃が考えられる。それぞれの炭素への求電子攻撃により生じる中間体の共鳴構造のうち，ベンゼン環構造を保った共鳴構造は　㋐　。たとえば，ナフタレンと臭素との反応の主生成物は，　㋑　ナフタレンである。」

	㋐	㋑
1	C1位に攻撃された場合のほうが多い	1-ブロモ
2	C1位に攻撃された場合のほうが多い	2-ブロモ
3	C2位に攻撃された場合のほうが多い	1-ブロモ
4	C2位に攻撃された場合のほうが多い	2-ブロモ
5	C1位，C2位いずれに攻撃された場合も等しい	1,2-ジブロモ

必修問題 の 解説

　芳香環に対する求電子置換反応では，陽イオンなどの求電子試薬が芳香環のπ電子を攻撃する。臭素化の場合，Br^+が求電子試薬となる。ナフタレンの1位と2位を攻撃して生成する陽イオンの共鳴構造式をそれぞれ書くと次のようになる。

1位に結合した場合

2位に結合した場合

　ベンゼン環構造を保った共鳴構造は，1位に結合した場合は2個，2位に結合した場合は1個である。よって，1位に結合した陽イオンのほうが安定であり，主生成物は1-ブロモナフタレンになる。

　以上より，正答は**1**である。

正答 | **1**

重要ポイント 1 芳香族化合物の求電子置換反応

(1)求電子置換反応

芳香環上の置換反応では，芳香環のπ電子を求電子試薬(陽イオンなどの電子不足化学種)が攻撃して反応が進む。これを**求電子置換反応**という。求電子試薬をE^+で表すと，アリール基をArとして次のように表せる。

$$Ar—H + E^+ \longrightarrow Ar—E + H^+ \tag{3.47}$$

(2)ニトロ化

ニトロ基—NO_2を導入する反応を**ニトロ化**という。また，ニトロ基をもつ化合物を**ニトロ化合物**という。求電子試薬としてはニトロニウムイオンNO_2^+が必要なので，濃硝酸と濃硫酸の混合物(混酸)を用いる。

$$HNO_3 + H_2SO_4 \longrightarrow NO_2^+ + H_2O + HSO_4^- \tag{3.48}$$

(3)スルホン化

スルホ基—SO_3Hを導入する反応を**スルホン化**という。また，スルホ基をもつ化合物を**スルホン酸**という。スルホ基は強酸性の官能基である。スルホン化には発煙硫酸(濃硫酸とSO_3の混合物)などを用いる。なお，他の求電子置換反応と異なり，スルホン化は可逆反応である。

$$2H_2SO_4 \rightleftharpoons SO_3 + H_3O^+ + HSO_4^- \tag{3.49}$$

(4)ハロゲン化

芳香環にハロゲン原子を導入する反応を**ハロゲン化**という。たとえば，ベンゼンをブロモ化してブロモベンゼンを生成する場合は，$FeBr_3$などのLewis酸の存在下でベンゼンに塩素を作用させればよい。鉄を用いても結局臭素と反応して$FeBr_3$になるので同じである。

(5)Friedel-Crafts 反応

$AlCl_3$などのLewis酸を用いてアルキル基やアシル基を芳香環に導入できる。これを**Friedel-Crafts反応**という。

$$\tag{3.50}$$

重要ポイント **2** 置換基効果と配向性

⑴電子供与基・電子吸引基

　テーマ16有機化合物の性質の「重要ポイント１」でも述べたように，―OH，―NH₂，―OR，―NHRなどのように，芳香環と結合する原子に孤立電子対があり$\delta -$となっているもの(ハロゲンを除く)や，―CH₃などの炭化水素基は，芳香環に対して電子を押し出す効果をもつ。このような置換基を**電子供与基**という。これに対して，―NO₂，―COOH，―SO₃Hなどのように，芳香環と結合する原子が$\delta +$となっているものは，芳香環から電子を引き抜く効果をもつ。このような置換基を**電子吸引基**(求引基とも書く)という。なお，―Clのようなハロゲンは孤立電子対をもつので電子供与できるが，Clの電気陰性度が大きいためにσ結合では電子が強くClのほうへ引かれるため，全体としては電子吸引基として作用する。

⑵置換基効果

　芳香環に電子供与基が結合すると，芳香環のπ電子密度が増加するので，求電子試薬の攻撃を受けやすくなり，求電子置換反応の速度は大きくなる(芳香環が活性化される)。逆に，芳香環に電子吸引基が結合すると，芳香環のπ電子密度が減少するので，求電子試薬の攻撃を受けにくくなり，求電子置換反応の速度は小さくなる(芳香環が不活性化される)。

⑶配向性

　１つの置換基が結合しているベンゼン環への求電子置換反応を考える。求電子試薬の攻撃がどの位置に起こりやすいかは，求電子試薬の攻撃を受けて生じた中間体の安定性によって決まる。電子供与基またはハロゲンが結合している場合，オルト位またはパラ位における置換が比較的安定である。これを**オルト・パラ配向性**であるという。これに対して，ハロゲンを除く電子吸引基ではメタ位における置換が比較的安定である。これを**メタ配向性**であるという。

実戦問題

No.1 トルエンの反応に関する次の記述の㋐，㋑に当てはまるものの組合せとして最も妥当なのはどれか。 【国家一般職・平成29年度】

「トルエンの芳香環に対する求電子置換反応は，主に［　㋐　］配向で起こる。また，その反応速度は，ベンゼン［　㋑　］。」

	㋐	㋑
1	オルト，パラ	より速い
2	オルト，パラ	より遅い
3	メタ	より速い
4	メタ	より遅い
5	メタ	と同程度である

No.2 次の㋐，㋑，㋒のうち芳香族求電子置換反応として妥当なもののみをすべて挙げているのはどれか。 【国家総合職・平成29年度】

㋐
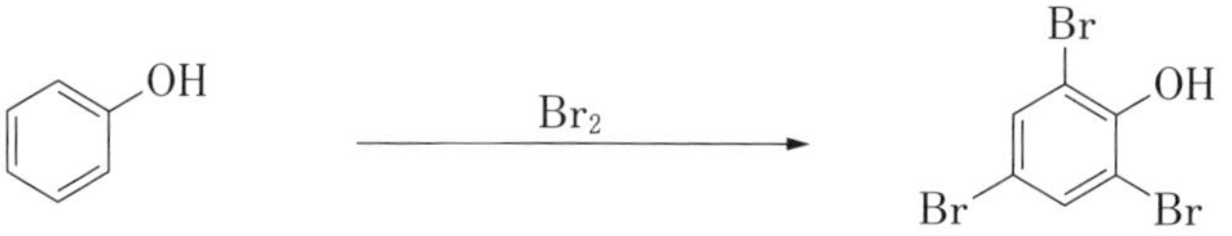

㋑
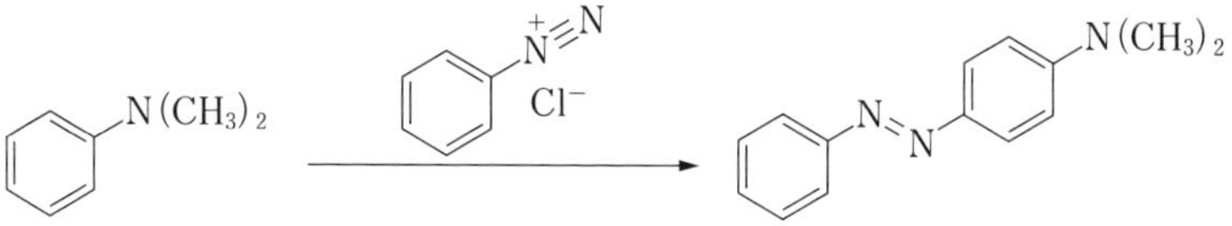

㋒
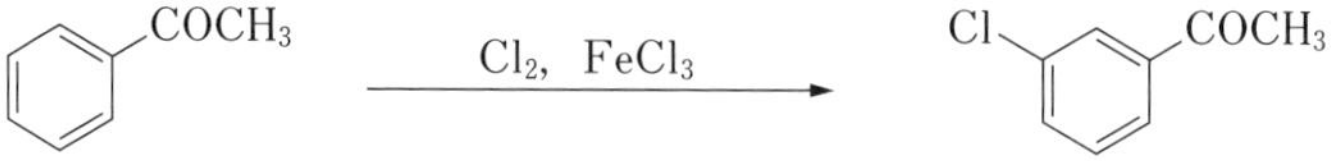

1 ㋐，㋑
2 ㋐，㋑，㋒
3 ㋐，㋒
4 ㋑，㋒
5 ㋒

No.3 **次の反応㋐，㋑，㋒のうち主生成物が妥当なもののみをすべて挙げているのはどれか。** 【国家総合職・平成29年度】

㋐ 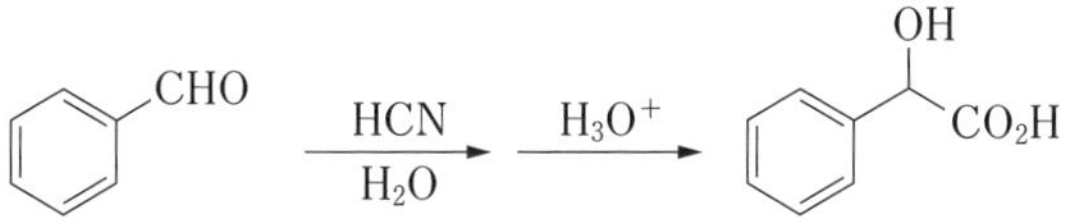

㋑ 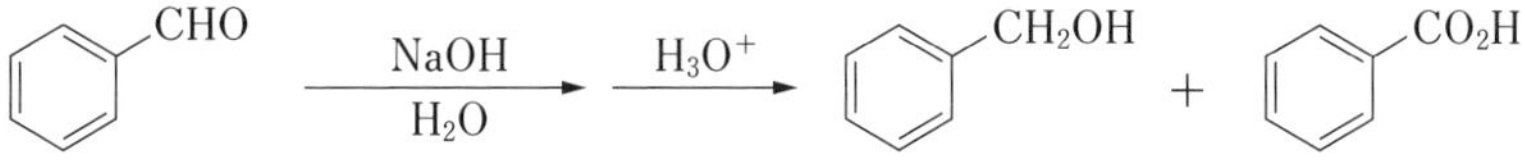

㋒ 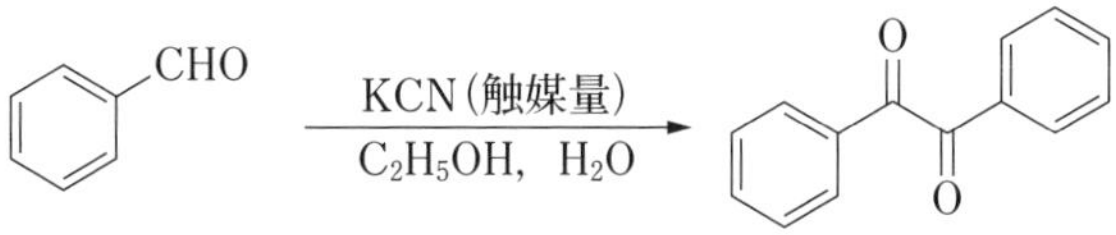

1 ㋐，㋑
2 ㋐，㋑，㋒
3 ㋐，㋒
4 ㋑
5 ㋒

No.1 の解説　求電子置換反応の配向性と反応速度

→問題は P.276

　　ベンゼン環に結合している原子がδーとなる置換基が結合している場合，オルト・パラ配向性となる。例としては，ーOH，ーNH₂，ーNHCOCH₃などベンゼン環に直接結合する原子が非共有電子対をもっているものや，ーCH₃などの炭化水素基である。これらは電子供与基として働き，ベンゼン環の電子密度を増加させる。その結果，求電子置換反応は起きやすくなる。

　　なお，ーClなどのハロゲン基はオルト・パラ配向性であるが，電子求引基として働き，ベンゼン環の電子密度を減少させるため，求電子置換反応が遅くなる。

　　また，ベンゼン環に結合している原子がδ＋となる置換基が結合している場合，メタ配向性となる。例としては，ーNO₂，ーSO₃H，ーCOOHなどである。これらは電子求引基として働き，ベンゼン環の電子密度を減少させる。その結果，求電子置換反応は起きにくくなる。

　　トルエンはーCH₃をもつが，オルト・パラ配向性の電子供与基であるため，トルエンの求電子置換反応はベンゼンのそれよりも速く進行する。

　　以上より，正答は**1**である。

→問題はP.276

No.2 の解説 芳香族求電子置換反応

㋐　正しい。フェノールにある−OHは非常に電子供与性が強く，ベンゼン環がかなり活性化される。FeBr₃などのLewis酸を触媒で必要とせず，直接Br₂と反応できる。−Brがベンゼン環に結合すると電子求引基として働くが，−OHの電子供与性が圧倒的に優勢なので，3置換して2,4,6-トリブロモフェノールの白色沈殿を生じる。

㋑　正しい。ジアゾカップリングであり，N,N-ジメチルアニリンのp-位にベンゼンジアゾニウムイオンが求電子置換反応したものである。この反応は−N(CH₃)₂の電子供与性によりベンゼン環が活性化されており，低温の反応条件でありながら反応はよく進行する。なお，加熱すると塩化ベンゼンジアゾニウムは窒素とフェノールに分解してしまうため，低温に保つ必要がある。

㋒　正しい。クロロ化であるが，Lewis酸のFeCl₃を触媒として用いて

$$Cl_2 + FeCl_3 \rightleftharpoons Cl^+ + [FeCl_4]^-$$

のようにCl⁺を生成させてベンゼン環を攻撃させる必要がある。なお，FeCl₃の代わりに鉄粉を用いても同じになる。アセトフェノンにある−COCH₃は電子求引基であり，ベンゼン環を不活性化させるので触媒が必要である。ベンゼンのクロロ化のときですら必要である。

以上より，正答は**2**である。

No.3の解説　ベンズアルデヒドの反応

→問題はP.277

㋐　正しい。ベンズアルデヒドのカルボニル基にHCNが付加してシアノヒドリンが生成し，酸により加水分解を受けてヒドロキシ酸になる。

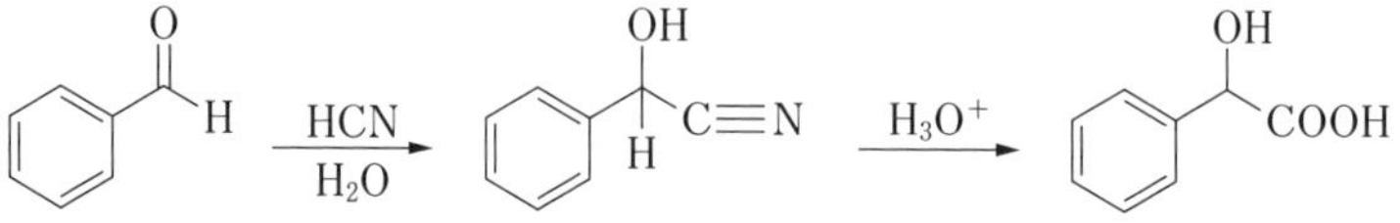

㋑　正しい。Cannizzaro反応であり，アルデヒドが塩基によりアルコールとカルボン酸に不均化する。塩基がカルボニル基の炭素を攻撃する求核試薬として働く。なお，この反応はα-位にHがないときに起こり，Hがあるとエノラートイオンが生成する。

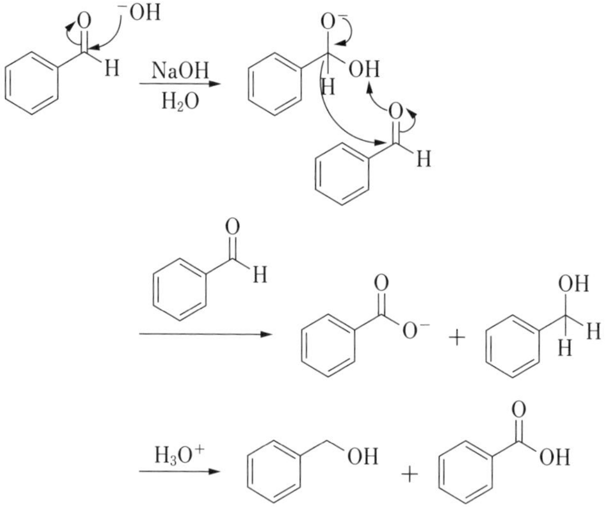

⒱　誤りである。ベンゾイン縮合である。触媒であるCN⁻により芳香族アル
　デヒドが二量化してアシロイン（α–ヒドロキシケトン）が生成する。問題
　文に示された生成物はさらに酸化された状態のものになっているが，反応
　条件を見るとアシロインを酸化する試薬は用いられていない。

以上より，正答は**1**である。

第3章　有機化学

正答　No.1＝**1**　No.2＝**2**　No.3＝**1**

有機化合物の合成経路

必修問題

アセト酢酸エチルを原料とする次の反応の㋐，㋑に当てはまる化合物の組合せとして最も妥当なのはどれか。【国家一般職・令和元年度】

必修問題 の 解説

アセト酢酸エステルを用いた合成反応であり，−COCH₂CO−のCH₂は活性メチレンで，強塩基によりプロトンが脱離して安定なカルボアニオンを生成する。これがハロゲン化アルキルに求核置換反応を起こし，化合物㋐を得る。

この後の反応条件を見ると，NaOH水溶液を加えた後，硫酸で酸性にしているのでエステルの加水分解が起きていると考えられる。また，加熱しているので脱炭酸を伴い，α-位がブチル基で置換されたケトン（化合物㋑）が生成する。

なお，化合物㋐を得た後，濃アルカリ水溶液を作用させた場合は，酢酸イオンが脱離してα-位がブチル基で置換された酢酸エステル（**3**の化合物㋑）が得られる。

以上より，正答は**4**である。

正答 **4**

重要ポイント 1 炭素間結合の生成

⑴**正電荷をもつ炭素と負電荷をもつ炭素**

　炭素間の結合を生成する反応を利用することで，複雑な有機化合物の合成が可能となる。2個のCを結合させる方法の一つは，正電荷をもつ炭素と負電荷をもつ炭素を反応させることである。正電荷をもつ炭素を有する有機化合物には次のようなものがある。

- ハロゲン化アルキル　$C^{\delta+}$—$X^{\delta-}$
- カルボニル化合物　$C^{\delta+}$＝$O^{\delta-}$
- エポキシド　$C^{\delta+}$—$O^{\delta-}$

　逆に，負電荷をもつ炭素を有する有機化合物には次のようなものがある。

- Grignard試薬などの有機金属化合物　$C^{\delta-}$—$Mg^{\delta+}X$
- エノラートイオン　$^-CH_2$—$C^{\delta+}$＝$O^{\delta-}$

⑵**炭素間結合の生成**

　上記のものを利用することで炭素間結合の生成が可能となる。たとえば，Grignard試薬とエポキシドを反応させると—CH_2CH_2OHが導入できる。

$$R\text{—}MgX + \overset{O}{\triangle} \longrightarrow R\text{—}CH_2CH_2OMgX \xrightarrow{HX} R\text{—}CH_2CH_2OH$$

$$(3.51)$$

　他には，**Claisen縮合**(3.44)式，分子内Claisen縮合である**Dieckmann縮合**，類似反応の**アルドール縮合**(3.30)式，**Michael付加**(3.52)式なども利用できる。

$$Nu^- \ \diagdown\diagup\overset{O}{\diagdown}R \longrightarrow Nu\diagdown\diagup\overset{O^-}{\diagdown}R \qquad (3.52)$$

　また，芳香環に対しては**Friedel–Crafts反応**(3.50)式も利用できる。ただし，アルキル化の場合にはLewis酸によって生じるカルベニウムイオンに転位が起こったり，アルキル基が電子供与基であることからさらなるアルキル化が進行したりする可能性があるため，アシル化を行ってから還元したほうがよい場合がある。炭素間二重結合の生成には**Wittig反応**(3.15)式が利用できる。

重要ポイント ❷ 官能基変換

(1)有機諸反応を利用した官能基変換

官能基の反応性に基づいて官能基を変換することができる。たとえば，アルコールは酸化によってカルボニル化合物やカルボン酸に変換できる。また，アルケンの求電子付加反応を利用して種々の官能基を導入できる。ニトロ化合物の還元ではアミンが得られる。

(2)炭素数の変化する反応

いくつかの反応では炭素数が変化する。**ヒドロホルミル化**はアルケンにCOとH_2を付加させてアルデヒドを生成する反応であり，工業的に重要で**オキソ法**ともいう。

$$RCH=CHR' + CO + H_2 \longrightarrow RCH_2—CHR'—CHO \tag{3.53}$$

また，(3.29)式のようにカルボニル化合物にHCNを作用させてシアノヒドリンを生成させ，(3.39)式のように生じたニトリルを加水分解すると炭素が1個多いカルボン酸が合成できる。そのニトリルを還元すれば炭素が1個多いアミンが得られる。カルボン酸はGrignard試薬をCO_2と反応させる(3.40)式でも合成できる。逆に，炭素が減少する反応としては，カルボン酸の脱炭酸反応や芳香環に結合した炭化水素基の酸化が代表的である。その他，さまざまな転位反応を利用することも有用である。

(3)保護基

官能基が複数存在する場合には，目的とする官能基以外の官能基が変化しないように留意する必要がある。場合によっては**保護基**の導入が必要である。—OHや—NH_2の保護では$(CH_3CO)_2O$によるアセチル化が利用できる。また，$C=O$の保護にはアセタール化(3.28)式を用いる。たとえば，エチレングリコールを用いた場合は次のようになる。

$$\diagup_{\diagdown}C=O + \begin{matrix} HO \\ HO \end{matrix}\diagdown \longrightarrow \diagup_{\diagdown}C\begin{matrix} O \\ \\ O \end{matrix} \tag{3.54}$$

No.1 次の反応の主生成物である化合物㋐として最も妥当なのはどれか。
ただし，▨▨▨は記述を省略している。 【国家一般職・平成25年度】

NO₂ に対して Br₂, FeBr₃ → ▨▨▨ → Fe, HCl → 化合物㋐

1

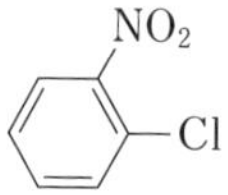

NO₂
—Cl

2

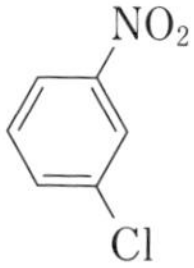

NO₂
Cl

3

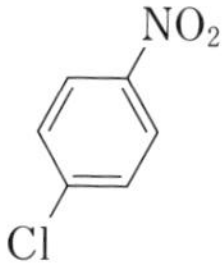

NO₂
Cl

4

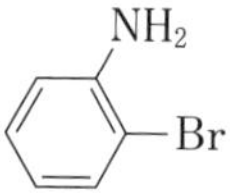

NH₂
—Br

5

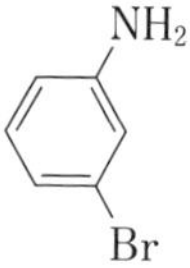

NH₂
Br

No.2 次の反応の主生成物である化合物㋐として最も妥当なのはどれか。ただし，[　] は記述を省略している。【国家一般職・平成25年度】

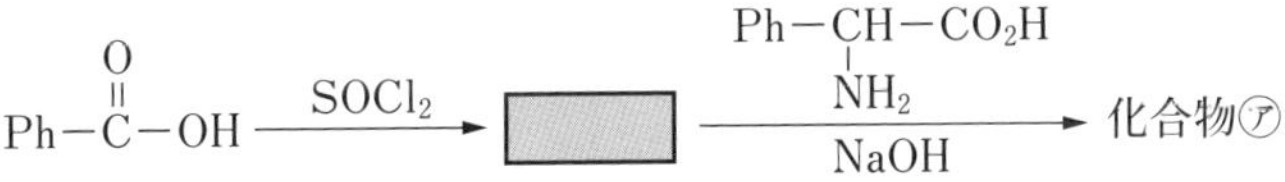
Ph−C−OH
O
SOCl2
Ph−CH−CO2H
NH2
NaOH
化合物㋐

1 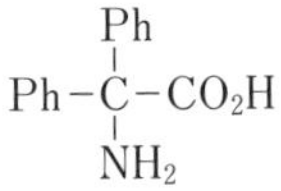

2 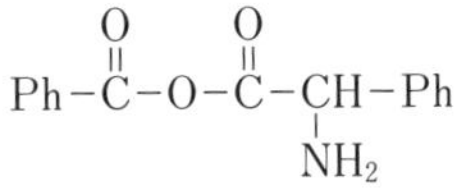

3 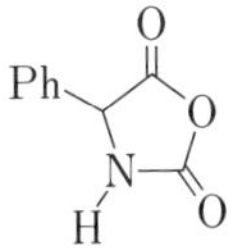

4 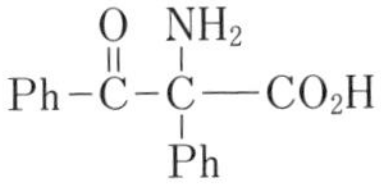

5 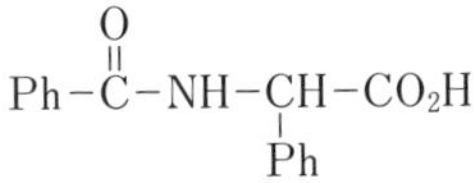

No.3 **次の反応の㋐，㋑に当てはまる化合物の組合せとして最も妥当なのはどれか。**

【国家一般職・令和元年度】

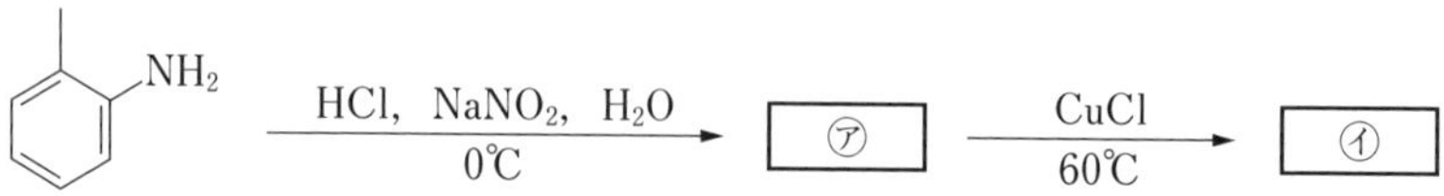

	㋐	㋑
1	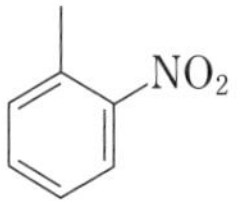	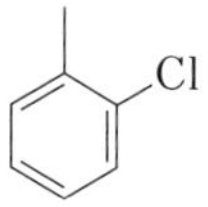
2	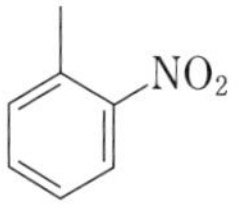	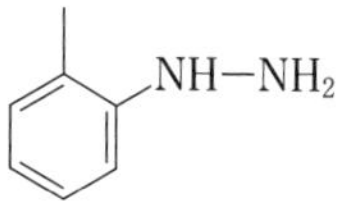
3	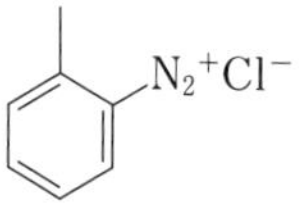	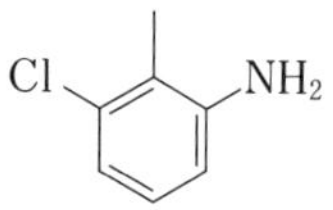
4	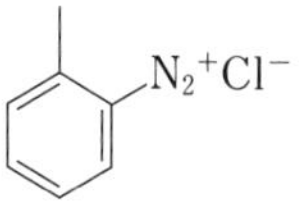	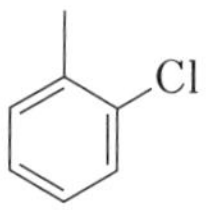
5	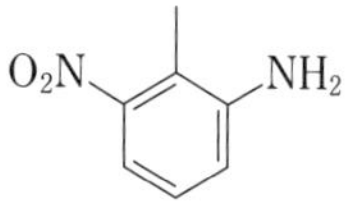	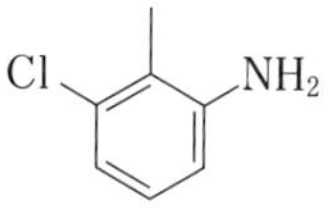

No.4 次の反応を行ったところ，主生成物として化合物Ⓑが得られるとともに，最初に反応させた化合物の一方が化合物Ⓒとして回収された。化合物Ⓑおよび©の組合せとして最も妥当なのはどれか。 【国家一般職・平成26年度】

化合物Ⓑ　　　化合物Ⓒ

1

2

3

4

5

実戦問題の解説

No.1 の解説　置換基の配向性と合成経路
→問題はP.286

ニトロ基$-NO_2$はメタ配向性なので，ニトロベンゼンをブロモ化すると主生成物は*m*-ブロモニトロベンゼンである。その後はFeとHClによりニトロ基の還元が起きてアミノ基になる。つまり，化合物㋐は*m*-ブロモアニリンである。

以上より，正答は**5**である。

No.2 の解説　酸塩化物の生成と反応
→問題はP.287

カルボン酸に塩化チオニル$SOCl_2$を作用させると酸塩化物が生成する。

$$RCOOH + SOCl_2 \longrightarrow RCOCl + HCl + SO_2$$

本問では，生成したPhCOClにアミノ酸を反応させているが，アミノ基が反応して酸アミドを生成する。一般式では次のようになる。

$$RCOCl + H_2NR' \longrightarrow RCONHR' + HCl$$

以上より，正答は**5**である。

No.3 の解説　ジアゾ化とSandmeyer反応
→問題はP.288

最初の過程はジアゾ化なので，化合物㋐はジアゾニウム塩である。次の過程はSandmeyer反応であり，芳香族ジアゾニウム塩からハロゲン化アリールやシアノ化アリールなどが得られる。つまり，CuX（XはCl，Br，CNなど）を用いてジアゾニウムの部分がXに変換される。この反応はラジカル機構であることが知られている。

$$RN_2^+ + CuX \longrightarrow RX + N_2 + Cu^+$$

以上より，正答は**4**である。

No.4 の解説　エナミンを用いた有機合成反応　　→問題は P.289

　カルボニル化合物と2級アミンを脱水縮合させるとエナミンが生成する。本問ではシクロヘキサノンとモルホリンを用いており，次のようなエナミンが生成する。これが化合物Ⓐである。エナミンは求核試薬としてPhCH₂Brに作用し，イミニウム塩を生成する。これを加水分解してシクロヘキサノンのα-位にベンジル基が結合した化合物Ⓑが得られる。このときモルホリンが回収できるので，これが化合物Ⓒである。

シクロヘキサノン　モルホリン　　　　　　　　　　エナミン

　以上より，正答は**4**である。

テーマ21　高分子化合物

必修問題

高分子化合物の性質A～Dと構造式㋐～㋓の組合せとして最も妥当なのはどれか。

【国家総合職・平成27年度】

A　樹脂として飲料水容器やフィルム，磁気テープの基材に用いられ，また，繊維として広く衣類に用いられている。送液チューブや人工血管など医療分野でも用いられている。

B　透明度が高く，硬いが，有機溶剤に溶けやすい。日用品やプラモデルの素材として，また，発泡剤を用いて発泡成型したものが断熱容器や衝撃吸収材として用いられている。

C　主に繊維として用いられ，絹に似た光沢や肌触りがあり，軽く，耐衝撃性，耐薬品性に優れる。また，耐摩耗性に優れたエンジニアリングプラスチックとしても用いられている。

D　極めて大きな耐衝撃性があり，その他の機械的強度も高い。また，透明度が高いため，CDの基板，ヘルメットの風防などに用いられている。耐熱性，難燃性などにも優れている。

㋐

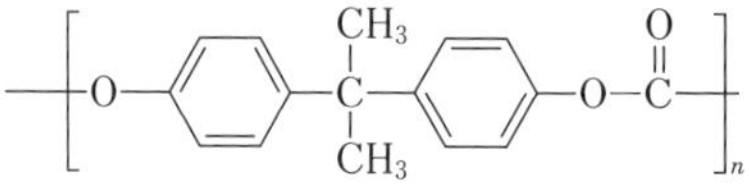
O
CH3
C
CH3
O
O
C
n

㋑

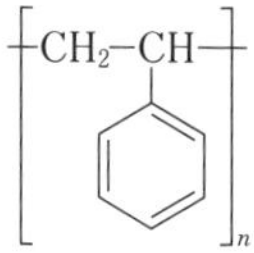
CH2－CH
n

㋒

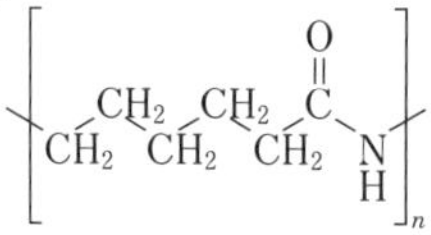
CH2
CH2
CH2
CH2
CH2
O
C
N
H
n

㋓

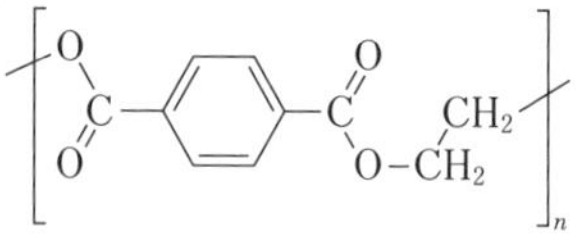
O
C
O
O
C
CH2
O－CH2
n

	A	B	C	D
1	㋐	㋑	㋓	㋒
2	㋐	㋓	㋒	㋑
3	㋒	㋓	㋐	㋑
4	㋓	㋑	㋐	㋒
5	㋓	㋑	㋒	㋐

必修問題の解説

構造式㋐～㋓は，順にポリカーボネート，ポリスチレン，ナイロン6，ポリエチレンテレフタラートである。

A　㋓のポリエチレンテレフタラートである。エチレングリコールとテレフタル酸を縮合重合して得られる。飲料水容器に用いられることからすぐにわかる。繊維状に加工してポリエステル繊維も製造されている。

B　㋑のポリスチレンである。スチレンを付加重合して得られる。発泡剤を用いて発泡成形したものは発泡スチロールとして有名である。

C　㋒のナイロン6である。ε-カプロラクタムを開環重合して得られる。絹に似た光沢や肌触りをもつポリアミド繊維である。

D　㋐のポリカーボネートである。ビスフェノールAとホスゲンを縮合重合して得られる。非常に硬いプラスチックであり，透明度も高く，耐衝撃性，耐熱性，難燃性にも優れた材料である。

以上より，正答は**5**である。

正答 **5**

重要ポイント 1 重合反応の種類

⑴付加重合

　炭素間不飽和結合をもつ単量体が次々と付加を起こして高分子化合物を生成する反応を**付加重合**という。反応は重合開始剤により連鎖的に起こる。また，触媒や重合開始剤の種類によりラジカル重合，カチオン重合，アニオン重合などの種類がある。触媒としては**Ziegler–Natta触媒**が有名である。通常，$TiCl_4$または$TiCl_3$を$AlEt_3$などの有機アルミニウム化合物と混合して作る。これはアルケンやアルカジエンの付加重合に用いられる。

⑵縮合重合

　縮合反応が逐次的に起こることにより高分子化合物が生成する反応を**縮合重合**という。テレフタル酸とエチレングリコールの縮合重合によるポリエチレンテレフタラートの合成や，アジピン酸とヘキサメチレンジアミンの縮合重合による6,6-ナイロンの合成が有名である。類似の形式として開環重合による6-ナイロンの合成や，HCHOの付加縮合によるフェノール樹脂の合成などがある。

重要ポイント 2 平均分子量

⑴数平均分子量

　高分子化合物は各分子の分子量は一定ではないので平均分子量が用いられる。単純に，高分子化合物を構成する各分子の分子量を個数比(モル比)に基づいて平均をとったものを**数平均分子量**という。数平均分子量$\overline{M}_n$は分子量M_iの分子がN_i個あるとして次のように定義される。

$$\overline{M}_n = \frac{\sum (N_i M_i)}{\sum N_i} \tag{3.55}$$

⑵重量平均分子量

　数平均分子量では分子量の比較的小さい分子の影響が大きく出るが，高分子化合物の物性は多くの場合，分子量の大きいものほど強く出てくる傾向がある。そこで，次の**重量平均分子量**$\overline{M}_w$が定義される。

$$\overline{M}_w = \frac{\sum (N_i M_i^2)}{\sum (N_i M_i)} \tag{3.56}$$

実戦問題

No.1 合成樹脂に関する記述㋐, ㋑, ㋒と樹脂名の組合せとして最も妥当なのはどれか。　【国家一般職・令和元年度】

㋐　熱硬化性樹脂であり，無色透明のため任意に着色できる。安価で美しく着色できるので日用品に広く用いられている。

㋑　耐熱性，耐水性，硬くて傷がつきにくいなどの利点から家具の化粧板や建材に用いられている。また，耐薬品性にも優れている。

㋒　レゾールとノボラックに大別される。レゾールを紙や布などに含浸させ，加熱し，成形した積層板は印刷回路基板や電気絶縁板に用いられる。

	㋐	㋑	㋒
1	尿素樹脂	フェノール樹脂	メラミン樹脂
2	尿素樹脂	メラミン樹脂	フェノール樹脂
3	フェノール樹脂	尿素樹脂	メラミン樹脂
4	フェノール樹脂	メラミン樹脂	尿素樹脂
5	メラミン樹脂	尿素樹脂	フェノール樹脂

No.2 ポリエチレンには低密度ポリエチレンと高密度ポリエチレンがある。記述㋐～㋓のうちから，低密度ポリエチレンに当てはまるものとして妥当なもののみを選び出しているのはどれか。　【国家一般職・平成26年度】

㋐　60℃程度，常圧から$2.0×10^5$Paの圧力下で，Ziegler–Natta触媒を用いて合成される。

㋑　シート状にして，透明な袋の原料に用いられる。

㋒　分子に枝分かれが少なく，結晶領域が多い。

㋓　柔軟性があり加工しやすいが，機械的な強度に劣る。

1　㋐, ㋑
2　㋐, ㋒
3　㋑, ㋒
4　㋑, ㋓
5　㋒, ㋓

No.3 **次の重合反応㋐，㋑におけるモノマーの反応率と得られる高分子の平均分子量との関係を大まかに表した図を，図Ⅰ，Ⅱ，Ⅲのうちから，それぞれ選び出したものの組合せとして最も妥当なのはどれか。**

ただし，㋐，㋑は，それぞれの《　》内の仮定が成り立つ理想的なものとする。

【国家総合職・平成25年度】

㋐ アルカリ金属などを開始剤として用いるスチレンのイオン重合
《仮定：　重合の停止反応や連鎖移動反応は起こらない。》

㋑ テレフタル酸とエチレングリコールの重縮合
《仮定：　カルボキシル基とヒドロキシ基の間の反応性は，系中に存在する高分子の分子量に依存せず不変である。》

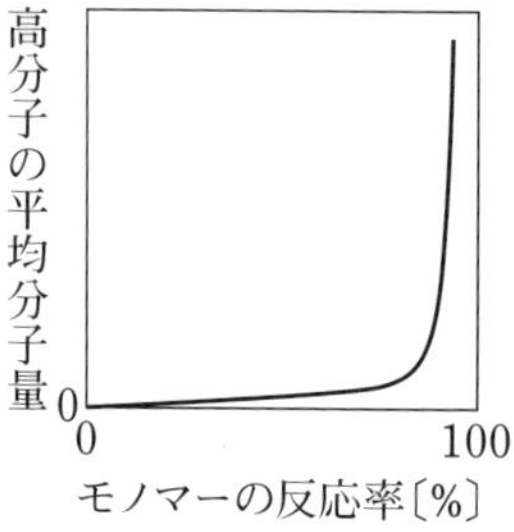

図Ⅰ

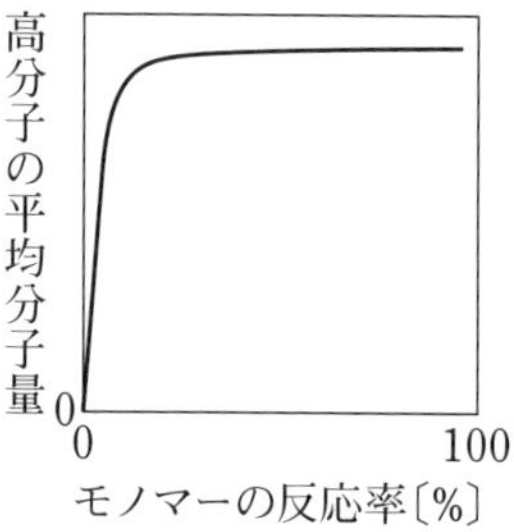

図Ⅱ

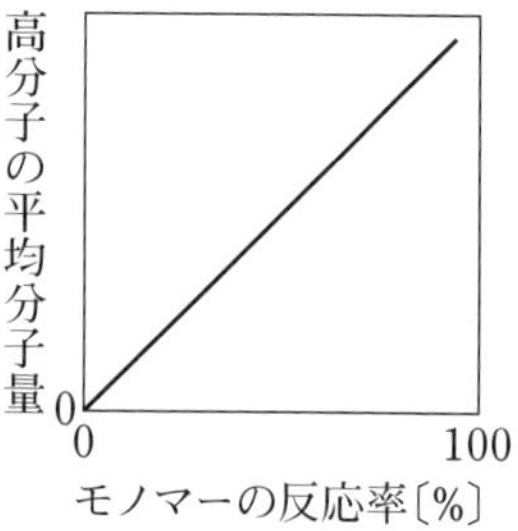

図Ⅲ

	㋐	㋑
1	Ⅰ	Ⅲ
2	Ⅱ	Ⅰ
3	Ⅱ	Ⅲ
4	Ⅲ	Ⅰ
5	Ⅲ	Ⅲ

No.4 **化合物㋐，㋑，㋒のうちから，ラジカル反応開始剤として妥当なもののみをすべて選び出しているのはどれか。** 【国家一般職・平成26年度】

㋐ 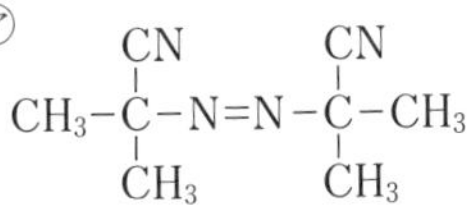　㋑ 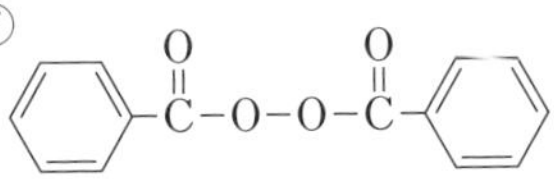　㋒ 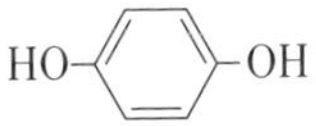

1 ㋐，㋑
2 ㋐，㋑，㋒
3 ㋐，㋒
4 ㋑
5 ㋒

No.5 **一般に，高分子を加熱すると，軟化し，さらに加熱を続けると流動性を示すようになる。非晶性高分子が軟化する温度をガラス転移温度T_gという。次の㋐，㋑，㋒のそれぞれのa，bから，T_gがより高い高分子を選び出したものの組合せとして最も妥当なのはどれか。**

ただし，各高分子は，分子量の依存性が無視できるほど大きな分子量で，結晶化度が低いものとする。 【国家一般職・平成30年度】

㋐ 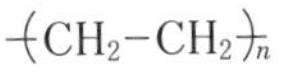 a　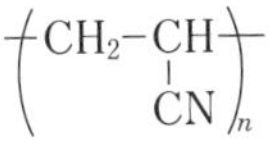 b

㋑ 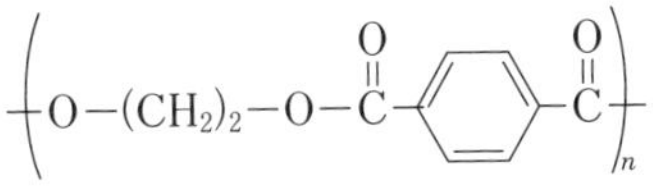 a　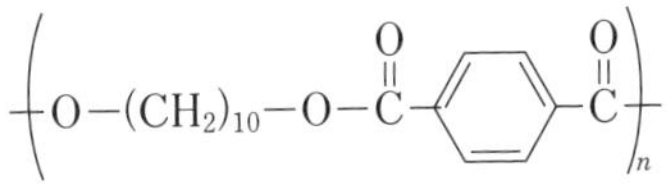 b

㋒ 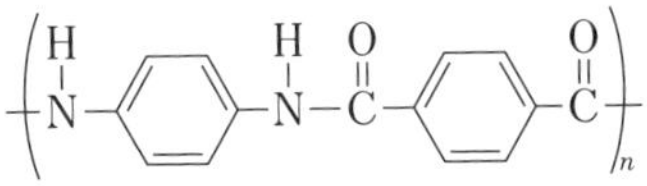 a　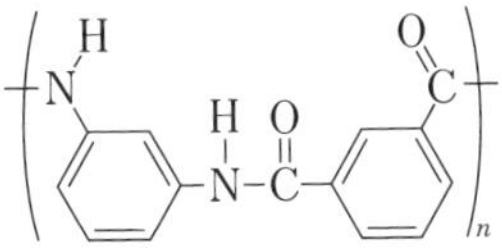 b

	㋐	㋑	㋒
1	a	b	a
2	a	b	b
3	b	a	a
4	b	a	b
5	b	b	b

No.6 **α-シアノアクリル酸エステルに関する記述㋐，㋑，㋒のうちから，妥当なもののみをすべて選び出しているのはどれか。**

なお，化学式中のRはアルキル基である。

【国家一般職・平成25年度】

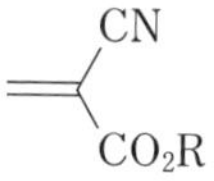

α-シアノ
アクリル酸エステル

㋐　硬化剤の混合を要しない一液型の接着剤になる。

㋑　カチオン重合により固化する。

㋒　ポリエチレンのようなポリオレフィンと接着しにくい。

1　㋐
2　㋐，㋑，㋒
3　㋐，㋒
4　㋑
5　㋑，㋒

No.7 ラジカル重合に関する次の記述の㋐, ㋑に当てはまるものの組合せとして最も妥当なのはどれか。 【国家総合職・令和元年度】

「ラジカル重合速度論において, 次に示すような素反応のみが重合速度に関与すると考える。

開始反応

$$I \longrightarrow 2R\cdot$$

$$R\cdot + M \longrightarrow P\cdot$$

成長(生長)反応

$$P\cdot + M \xrightarrow{k_p} PM\cdot (\equiv P\cdot)$$

停止反応

$$P\cdot + P\cdot \longrightarrow 2P$$

ここで, Iは開始剤, R·は開始剤の分解により生じるラジカル種, Mはモノマー, P·はポリマーラジカル種, Pは生成ポリマーとする。また, ポリマーラジカル種の全濃度を[P·], モノマーの濃度を[M]とする。成長反応速度R_pが次のように定義されるとき,

$$R_p = k_p[P\cdot][M]$$

ラジカル種の濃度が一定であるという定常状態近似を用いると, 成長反応速度は開始剤濃度の ㋐ 乗に ㋑ することが導かれる。

ただし, 成長反応の速度定数k_pはポリマーラジカル種の分子量にかかわらず一定とする。」

	㋐	㋑
1	$\frac{1}{2}$	比例
2	$\frac{1}{2}$	反比例
3	1	反比例
4	2	比例
5	2	反比例

実戦問題の解説

No.1 の解説　フェノール樹脂とアミノ樹脂の性質

→問題はP.295

㋐　尿素樹脂である。ユリア樹脂ともいう。尿素をホルムアルデヒドで付加縮合して生成する熱硬化性樹脂で，着色性に優れるので広く用いられている。

㋑　メラミン樹脂である。メラミンをホルムアルデヒドで付加縮合して生成する熱硬化性樹脂である。耐熱性，耐水性，耐薬品性に優れ，家具の化粧板や建材，食器やメラミン樹脂フォーム（スポンジ）など広く用いられている。

㋒　フェノール樹脂である。ベークライトともいう。フェノールをホルムアルデヒドで付加縮合して生成する熱硬化性樹脂である。酸触媒存在下でフェノールとホルムアルデヒドを反応させると，ノボラックという鎖状の重合体が得られる。これにヘキサメチレンテトラミンなどの硬化剤を加えて加熱するとフェノール樹脂が得られる。また，塩基触媒存在下でフェノールとホルムアルデヒドを反応させると，レゾールという低重合体が生成する。これは自己反応性の官能基（メチロール基$-CH_2OH$）をもつため，加熱するだけでフェノール樹脂が得られる。

以上より，正答は**2**である。

No.2 の解説　ポリエチレンの種類と物性

→問題はP.295

㋐　誤りである。高密度ポリエチレンに関する記述である。低密度ポリエチレンよりも低温・低圧条件下で，Ziegler–Natta触媒（トリエチルアルミニウム―四塩化チタン固体複合物）を用いて合成される。

㋑　正しい。低密度ポリエチレンは高温・高圧条件下で合成され，枝分かれを多くもつため結晶部分が少なく，フィルムに成形すると透明になる。

㋒　誤りである。高密度ポリエチレンに関する記述である。枝分かれはほとんどなく結晶性の熱可塑性樹脂であり，容器や包装用フィルムなど広く用いられている。なお，フィルムに成形しても不透明である。

㋓　正しい。低密度ポリエチレンは高密度ポリエチレンに比べて軟らかく加工しやすいが，機械的な強度では劣る。

以上より，正答は**4**である。

No.3の解説　モノマーの反応率と平均分子量の関係

→問題はP.296

㋐　Ⅲである。スチレンのイオン重合は付加重合の一種であり，ポリスチレンが生成する。重合開始剤によって付加反応が連鎖的に起こる連鎖重合なので，モノマーの反応率と，生成する高分子の平均分子量はほぼ比例関係となる。

㋑　Ⅰである。テレフタル酸とエチレングリコールの重縮合（縮合重合）であり，ポリエチレンテレフタラートが生成する。これは連鎖重合とは異なり逐次重合である。すなわち，反応の初期は低重合体が主に生成するため平均分子量の増加の割合は小さいが，そのうち低重合体どうしが縮合して分子量の大きな重合体ができるようになるため，モノマーの反応率に対して高分子の平均分子量は急激に増加する。

以上より，正答は**4**である。

No.4の解説　重合開始剤

→問題はP.297

ラジカル重合開始剤としては，ハロゲン単体，過酸化物，アゾ化合物などが用いられる。

化合物 ㋐

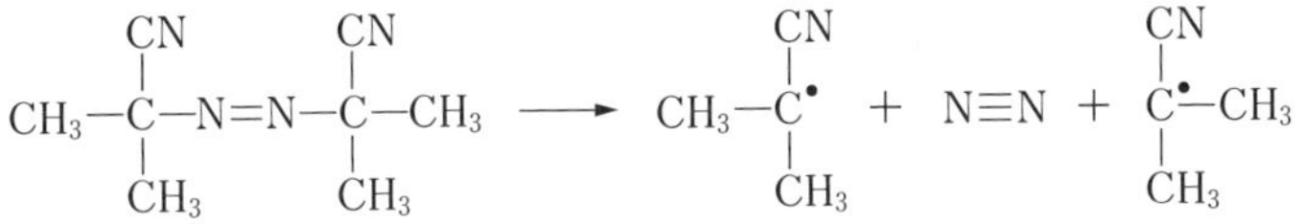

化合物 ㋑

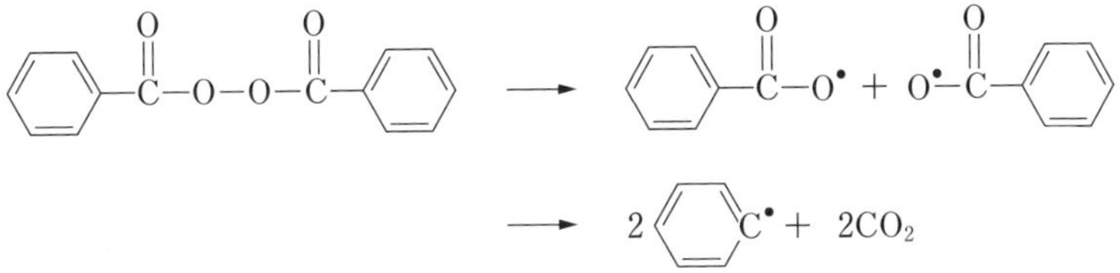

化合物 ㋒

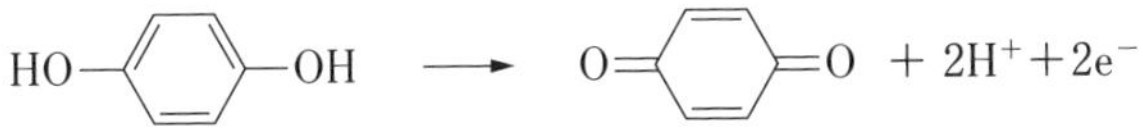

㋐ 正しい。アゾビスイソブチロニトリル（AIBN）である。ラジカル重合の開始剤や，プラスチックやゴムの発泡剤として用いられる。分解すると窒素が発生するとともに2分子の2–シアノ–2–プロピルラジカルが生成する性質を利用する。

㋑ 正しい。過酸化ベンゾイル（BPO）である。O－O結合がラジカル開裂した後，脱炭酸によりフェニルラジカルとなる。酸化剤であり抗菌作用ももつ。

㋒ 誤りである。ヒドロキノンであり，抗酸化作用を有する。ラジカルは発生しない。

以上より，正答は**1**である。

No.5の解説　高分子化合物のガラス転移温度

→問題はP.297

㋐ bである。bでは－CNが側鎖として結合している。加熱して熱運動が活発になるとき，直鎖形のaに比べて側鎖の存在が熱運動の妨げになる。その結果，ガラス転移温度T_gは高くなる。

㋑ aである。aとbはともにポリエステルであるが，メチレンの長さはaのほうがかなり短いので，相対的にベンゼン環の部分の割合は増加し，分子間力はbよりも強くなる。その結果，ガラス転移温度T_gはbよりも高くなる。

㋒ aである。aはすべてp–位で重合しているが，bはすべてm–位で重合している。aのほうが分子鎖が揃いやすく結晶化しやすいため，ガラス転移温度T_gはbよりも高くなると考えられる。bは分子鎖がジグザグ状となるため，分子どうしが接近しにくく分子間力はaよりも弱いと推測できる。

以上より，正答は**3**である。

No.6 の解説　α-シアノアクリル酸エステル

→問題はP.298

㋐ 正しい。α-シアノアクリル酸エステルは瞬間接着剤の主成分であり，被着材に付着しているわずかな水や弱塩基により重合が開始する。重合の様子を次に示す。

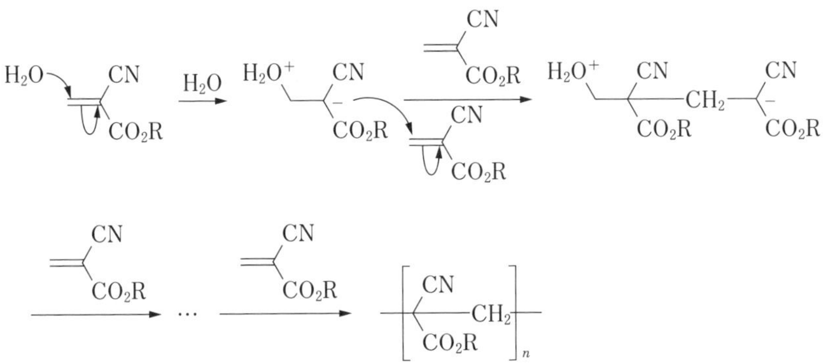

㋑ 誤りである。上のように，アニオン重合により固化する。

㋒ 正しい。ポリエチレンやポリプロピレンとは接着しにくい。これらは極性がほとんどなく，極性基をもつ接着剤が付きにくいことが多い。

以上より，正答は**3**である。

No.7 の解説　ラジカル重合の反応速度論

→問題はP.299

開始反応

$$\mathrm{I} \longrightarrow 2\mathrm{R}\cdot \qquad (1)$$

$$\mathrm{R}\cdot + \mathrm{M} \longrightarrow \mathrm{P}\cdot \qquad (2)$$

の反応速度定数を，それぞれk_d，k_iとする。一般に，結合の解離は起きにくく$k_d < k_i$であるので，式(1)が律速段階となる。式(1)と式(2)をまとめると

$$\mathrm{I} + 2\mathrm{M} \longrightarrow 2\mathrm{P}\cdot \qquad (3)$$

となり，開始反応速度をR_iとすると，式(3)の係数に注意して

$$R_i = 2k_d f[\mathrm{I}] \qquad (4)$$

と表せる。ここで，fは開始剤効率というパラメーターである。

成長(生長)反応

$$\mathrm{P}\cdot + \mathrm{M} \longrightarrow \mathrm{PM}\cdot\ (\equiv \mathrm{P}\cdot) \qquad (5)$$

に対しては，成長反応速度R_pは問題文にあるように

$$R_p = k_p[\mathrm{P}\cdot][\mathrm{M}] \qquad (6)$$

で与えられる。

<u>停止反応</u>

$$\mathrm{P\cdot + P\cdot} \longrightarrow 2\mathrm{P} \tag{7}$$

の反応速度を R_t とすると

$$R_t = 2k_t[\mathrm{P\cdot}]^2 \tag{8}$$

と表せる。

　定常状態近似を行うと，ラジカル種 P· の濃度は一定とみなすことになる。ここで，式 (5) の成長反応が起きてもラジカル種の濃度は変化しないので，$[\mathrm{P\cdot}]$ の増加速度は R_i，減少速度は R_t で考えればよい。式 (4) と式 (8) より

$$R_i = R_t$$

$$2k_d f[\mathrm{I}] = 2k_t[\mathrm{P\cdot}]^2$$

$$\therefore \quad [\mathrm{P\cdot}] = \sqrt{\frac{k_d f}{k_t}} \cdot \sqrt{[\mathrm{I}]} \tag{9}$$

の関係が得られる。よって，求める成長反応速度 R_p は式 (6) に式 (9) を代入して

$$R_p = k_p \sqrt{\frac{k_d f}{k_t}} \cdot \sqrt{[\mathrm{I}]} \cdot [\mathrm{M}]$$

と表せる。これより，成長反応速度 R_p は開始剤濃度 $[\mathrm{I}]$ の $\frac{1}{2}$ 乗に比例し，モノマー濃度 $[\mathrm{M}]$ の1乗に比例することがわかる。

　以上より，正答は **1** である。

第4章
工業化学・化学工学

無機工業化学

必修問題

金属の精錬方法に関する記述㋐，㋑，㋒とそれによって得られる金属の組合せとして最も妥当なのはどれか。 【国家一般職・平成27年度】

㋐ 水酸化ナトリウムを用いた化学処理によって，原鉱石から純粋な酸化物を取り出す。この酸化物を融解塩電解（溶融塩電解）することによって金属単体とする。

㋑ 浮遊選鉱法などで鉱石純度を高めた後，溶錬炉（自溶炉）に吹き込み，硫化物として回収する。この硫化物に空気を吹き込み，硫黄をSO_2として除去して粗金属単体とするが，さらに純度を高めるため，電解精錬を行う。

㋒ 酸化物である鉱石に炭素と塩素ガスを作用させ塩化物とする。この塩化物は加熱で容易に液体や気体になるので，蒸留によって精製した後，融解Mgで還元して金属単体とする。

	㋐	㋑	㋒
1	Al	Cu	Ti
2	Al	Ti	Cu
3	Cu	Ti	Al
4	Ti	Al	Cu
5	Ti	Cu	Al

必修問題の解説

㋐ Alである。鉱石のボーキサイトから純粋な酸化アルミニウムを取り出す方法をBayer法という。酸化アルミニウムは両性なので，水酸化ナトリウム水溶液と反応することを利用する。得られた純粋な酸化アルミニウムは溶融塩電解してアルミニウム単体が生成する。これをHall-Héroult法という。

㋑ Cuである。黄銅鉱（主成分$CuFeS_2$）などにコークス，ケイ砂，石灰石を入れて溶融させ，銅を硫化物として分離する。これを転炉で酸素を吹き込んで硫黄をSO_2として除去する。

㋒ Tiである。金紅石（ルチル）（主成分TiO_2）やイルメナイト（主成分$FeTiO_3$）をコークスにより還元し，さらに塩素と反応させて塩化チタン（Ⅳ）とする。これを蒸留した後，液体マグネシウムを用いて還元してチタン単体を得る。この方法をKroll法という。

以上より，正答は**1**である。

正答 1

重要ポイント **1** 無機物質の工業的製法

⑴**Haber-Bosch 法**

　アンモニアの工業的製法であり，N_2とH_2から鉄を主体とした触媒を用いて高圧下で合成する方法である。これは窒素肥料の原料を鉱石資源に依存していた状態から転換させる，歴史的にも重要な製法である。

⑵**接触法**

　硫酸の工業的製法であり，硫黄あるいはその化合物を燃焼させて生じたSO_2を，V_2O_5を触媒として用いた接触酸化によりSO_3を生成させ，これを濃硫酸に吸収させて発煙硫酸とし，これを希硫酸で希釈することにより濃硫酸を得る。

⑶**Ostwald 法**

　硝酸の工業的製法であり，NH_3をPtを触媒として燃焼させてNOとし，これをさらに酸化してNO_2としたものに水を作用させてHNO_3が得られる。

⑷**Solvay 法**

　アンモニアソーダ法ともいい，炭酸ナトリウムの工業的製法である。石灰石と食塩，およびアンモニアを用いることで炭酸ナトリウムが得られる。電気分解を必要としないのでコスト的に優れており，途中の過程で生じるNH_3やCO_2を回収して再利用することができるという特長もある。

⑸**陽イオン交換膜法**

　水酸化ナトリウムの工業的製法である。$NaOH$は食塩水の電気分解で得られるが，陽イオン交換膜を用いることで副反応を起こりにくくしている。

重要ポイント 2 種々の材料

(1)鉄鋼

鉄鉱石としては赤鉄鉱(主成分 Fe_2O_3)，磁鉄鉱(主成分 Fe_3O_4)が重要である。鉄鉱石の還元では**高炉—転炉法**が用いられている。高炉では鉄鉱石をコークスとともに上部から投入し，下から熱風を送って反応させる。高炉の下部には溶融鉄が溜まり，その上にはスラグが浮いている。溶融鉄には炭素などの不純物が含まれており，もろい。これを転炉で不純物を酸素と反応させて除き鉄鋼とする。

(2)アルミニウム

アルミニウムは空気中で表面に酸化被膜を形成して安定であり，さらに鉄よりも軽いため，現在多用されている金属の一つである。鉱石であるボーキサイトから Al_2O_3 を精製する**Bayer法**の後，融解した氷晶石に Al_2O_3 を加えて**溶融塩電解**することにより金属アルミニウムが得られる。これを**Hall-Héroult法**という。

(3)ポリアミド(ナイロン)

1930年代にCarothersにより開発されたポリアミドはナイロンと命名された。ポリアミド鎖にあるアミド結合間で水素結合を周期的に形成するので，ポリアミド鎖どうしがずれにくく，引っ張りに強い繊維となる。

(4)シリコン

シリコン(ケイ素)は半導体の原料として現代の電子機器の根幹を支える材料である。シリコンはシリカ(二酸化ケイ素)を炭素によって溶融還元して得られる。高純度多結晶シリコンは，粗製シリコンを塩酸でトリクロロシラン $SiHCl_3$ とし，これを蒸留により精製することで得られる。シリコン単結晶はCZ法(引き上げ法)が用いられ，溶融した多結晶シリコンを炉内で引き上げる。シリコンは高密度集積回路だけでなく太陽電池の材料としても利用されている。変換効率は単結晶，多結晶，アモルファスの順に高い。

(5)超伝導材料

超伝導体は電気抵抗がなく，いったんこれに流した電流は事実上減衰しない。また，完全反磁性という性質も示す。超伝導状態の温度上限(臨界温度)の比較的高いものが金属単体だけでなく化合物でも見いだされている。現在では銅系の酸化物超伝導体が高温超伝導体として有名である。

(6)形状記憶材料

1951年にAu-Cd合金に形状記憶効果があることが発見され，その後，Ni-Ti合金などが次々と発見されて形状記憶合金と呼ばれるようになった。

(1)**マンガン乾電池・アルカリ乾電池**

$\quad$ $(-)\,Zn\mid ZnCl_2aq,\ NH_4Claq\mid MnO_2\,(C)\,(+)$

$\quad$ $(-)\,Zn\mid KOHaq,\ ZnO\mid MnO_2\,(C)\,(+)$

$\quad$**マンガン乾電池**は1868年にLeclanchéにより開発された電池が原型となっており，最も普及している乾電池である。マンガン乾電池の電解液を強アルカリ性水溶液に替えたものが**アルカリ乾電池**であり，エネルギー密度が高くより長持ちする。

(2)**リチウム電池**

$\quad$負極にリチウム，電解液に非水系有機溶媒を用いる。正極にはMnO_2やフッ化黒鉛などを用いたものがある。長寿命であり，電圧降下や自己放電も少ないため，コンピューターのメモリーのバックアップなどに用いられる。

(3)**鉛蓄電池**

$\quad$ $(-)\,Pb\mid H_2SO_4aq\mid PbO_2\,(+)$

$\quad$1859年にPlantéにより開発されてから改良され，現在でも自動車に搭載されている重要な二次電池である。放電により$PbSO_4$が電極に付着するため，充電が可能である。

(4)**リチウムイオン二次電池**

$\quad$負極に炭素，正極に$LiCoO_2$，電解液に非水系混合溶媒を用いた蓄電池である。エネルギー密度が高く，高い安定した電圧が得られるので，ノートパソコンや携帯電話などの電子機器に広く利用されている。2019年に吉野彰らがノーベル化学賞を受賞したことは記憶に新しい。

(5)**ニッケル・水素蓄電池**

$\quad$ $(-)\,MH\mid KOHaq\mid NiOOH\,(+)$

$\quad$電解液にアルカリを用いた二次電池であり，負極に水素を蓄えた水素吸蔵合金MHを用いたものである。

(6)**燃料電池**

$\quad$負極に水素やアルコールなどの燃料，正極に酸素を連続的に供給することにより，燃焼反応を電気化学的に進行させた電池である。電解液にはリン酸水溶液が多く用いられる。電極には白金を担持した炭素を用い，リン酸水溶液は多孔質セラミックスに含浸させる。

実戦問題

No.1 イオン交換膜法に関する次の記述の㋐，㋑，㋒に当てはまるものの組合せとして最も妥当なのはどれか。 【国家一般職・平成30年度】

「代表的な電解工業に食塩電解工業がある。その中のイオン交換膜法では，両極間を[㋐]イオンのみを通過させる膜で分離し，食塩水を電気分解する。カソード側では[㋑]が，アノード側では[㋒]が得られる。」

	㋐	㋑	㋒
1	陽	水素と水酸化ナトリウム水溶液	塩素
2	陽	水酸化ナトリウム水溶液	塩化水素
3	陰	水素と水酸化ナトリウム水溶液	塩素
4	陰	水酸化ナトリウム水溶液	塩化水素
5	陰	塩化水素	水酸化ナトリウム水溶液

No.2 水素吸蔵合金は，温和な条件で可逆的に水素を吸蔵・放出できる合金の総称で，代表的なものに$LaNi_5$，Mg_2Ni，TiFe等がある。水素吸蔵合金に関する記述㋐，㋑，㋒のうち下線部が妥当なもののみをすべて挙げているのはどれか。

【国家総合職・平成30年度】

㋐ 水素原子の数密度が4.2Kにおける固体水素よりも大きい水素吸蔵合金が<u>存在する</u>。

㋑ 水素を吸蔵している水素吸蔵合金を<u>冷却</u>すると水素が放出される。

㋒ 水素吸蔵合金は，ニッケル-水素電池の<u>正極</u>材料として用いられる。

1 ㋐
2 ㋐，㋑
3 ㋐，㋑，㋒
4 ㋑，㋒
5 ㋒

No.3 無機材料の構造および形態に関する次の記述の㋐～㋓に当てはまるものの組合せとして最も妥当なのはどれか。　【国家一般職・平成23年度】

「結晶構造をとる材料は，微細な結晶粒が凝集した多結晶とそれぞれの結晶粒が成長した単結晶に分類することができる。水晶は，　㋐　であり，圧電性を示し，時計などの発振器に用いられる。

一方，非晶質固体のうち，　㋑　材料となるアモルファスシリコンの原子配列には，　㋒　距離秩序はないが，　㋓　距離秩序がある。」

	㋐	㋑	㋒	㋓
1	多結晶	液　晶	短	長
2	多結晶	液　晶	長	短
3	多結晶	半導体	短	長
4	単結晶	液　晶	短	長
5	単結晶	半導体	長	短

No.4 **次の記述㋐，㋑，㋒は，酸化アルミニウム，酸化チタン，酸化亜鉛の製造方法に関するものである。これらの製造方法と酸化物名の組合せとして最も妥当なのはどれか。** 【国家一般職・平成28年度】

㋐ 溶融させた原料金属を炉の中で約1000℃まで加熱し，金属蒸気を発生させる。この金属蒸気を空気酸化させ，送風機で空冷管に送って冷却し，製造する。

㋑ 原料鉱石を粉砕し，乾燥後過剰の濃硫酸と共に加熱し，固形物を得る。この固形物を水に溶かし，不溶物をろ過，除去する。取り出したろ液を冷却し，含まれる硫酸鉄などの不純物を析出させ，再びろ過，除去する。このろ液の濃度を調整した後，種剤を添加して加熱すると，白色の固形物が生成する。この固形物をろ別，洗浄した後，焼成処理剤を加えて，800～1000℃で焼成して製造する。

㋒ 原料鉱石を粉砕し，水酸化ナトリウム溶液を用い，加圧下170℃で加熱，抽出する。抽出残渣を分離した後，溶液を冷却し，種剤を加えて析出させる。析出物を1000～1300℃で焼成して製造する。

	㋐	㋑	㋒
1	酸化亜鉛	酸化アルミニウム	酸化チタン
2	酸化亜鉛	酸化チタン	酸化アルミニウム
3	酸化チタン	酸化亜鉛	酸化アルミニウム
4	酸化チタン	酸化アルミニウム	酸化亜鉛
5	酸化アルミニウム	酸化亜鉛	酸化チタン

ファインセラミックスは，特別な性質をもたせるために，人工合成された原料や高純度に精製された原料を用い，焼結するときの温度や時間などを精密に制御して作られる。

　ファインセラミックスの特性・用途に関する記述A，B，Cと，それに対応するファインセラミックス㋐，㋑，㋒の組合せとして最も妥当なのはどれか。

【国家一般職・平成26年度】

(特性・用途)

　A　圧電性，強誘電性，焦電性などの電気的な特性を有するものが，エレクトロニクス分野で利用されている。

　B　耐熱性に優れ，硬度が大きいことから，自動車エンジンやガスタービンのブレードに用いられる。

　C　生体毒性が低く，耐食性，耐摩耗性に優れていることから，人工骨や人工関節などの生体適合材料として用いられる。

(ファインセラミックス)

　㋐　Al_2O_3，$Ca_5(PO_4)_3OH$

　㋑　SiC，Si_3N_4

　㋒　$Pb(Zr, Ti)O_3$，$BaTiO_3$

	A	B	C
1	㋐	㋒	㋑
2	㋑	㋐	㋒
3	㋑	㋒	㋐
4	㋒	㋐	㋑
5	㋒	㋑	㋐

実戦問題の解説

No.1 の解説 食塩電解工業

→問題はP.311

イオン交換膜法による塩化ナトリウム水溶液の電気分解の電極反応は

カソード（陰極）：$2H_2O+2e^- \longrightarrow H_2\uparrow+2OH^-$　（㋑）

アノード（陽極）：$2Cl^- \longrightarrow Cl_2\uparrow+2e^-$　（㋒）

と表される。陽イオン交換膜（陰イオンは透過させない膜）を用いて電解槽のカソード側とアノード側を仕切り，陽イオンのみを通過させ，OH^-とCl^-の移動が起きないようにする（㋐）。

以上より，正答は**1**である。

No.2 の解説 水素吸蔵合金

→問題はP.311

㋐　正しい。水素吸蔵合金は多量の水素を貯蔵することができる。たとえば，Mg_2Niはバルクの体積貯蔵密度は97g/Lであり，液体水素の70g/L（大気圧下）を上回る。

㋑　誤りである。水素吸蔵に伴いエンタルピーは減少するので，冷却すると水素が吸蔵されやすくなり，加熱すると水素が放出されやすくなる。

㋒　誤りである。ニッケル–水素電池（Ni–MH）において，水素吸蔵合金から放出される水素は負極活物質（還元剤）として働くので負極材料として用いられる。正極材料にはNiOOHを用いる。

負極：$MH+OH^- \longrightarrow M+H_2O+e^-$

正極：$NiOOH+H_2O+e^- \longrightarrow Ni(OH)_2+OH^-$

以上より，正答は**1**である。

第4章 工業化学・化学工学

No.3の解説 無機材料の構造と形態

→問題はP.312

結晶とは，構成粒子が規則的に配列した固体である。そのうち，多結晶は微小な単結晶の集合体から構成され，各微結晶の間の界面である結晶粒界が存在する。そのため，各微結晶の結晶軸方向は揃っていない。一方，単結晶は結晶全体が連続的で結晶軸がすべて揃っている。水晶は二酸化ケイ素の単結晶であり（㋐），加圧すると起電力が発生する代表的な圧電材料である。この性質を利用して，水晶発振器としたクォーツ時計などに用いられている。

これに対して，結晶のような構成粒子が規則的な周期構造がなく，長距離秩序をもたない固体を非晶質あるいはアモルファスという。たとえば，半導体材料となるアモルファスシリコンは1つのSi原子が4個のSi原子と結合しており（㋑），この点においては結晶シリコンと変わらない（短距離秩序があるという＝㋓）が，十数原子離れれば規則性は見られなくなる（長距離秩序がない＝㋒）。

以上より，正答は**5**である。

No.4の解説 金属酸化物の製造方法

→問題はP.313

㋐ 酸化亜鉛である。亜鉛華とも呼ばれる白色粉末で，顔料，化粧品，医薬品などに用いられる。単体の亜鉛は典型元素のため融点や沸点は遷移金属に比べて低い（融点：420℃，沸点：907℃）。この性質を利用して亜鉛を他の金属から気体として分離し，酸化して製造できる。

㋑ 酸化チタンである。光触媒，固体触媒，顔料，光電材料，色素増感太陽電池など幅広い用途をもつ物質である。製造法には，塩素法と硫酸法がある。塩素法では，主成分がTiO_2の金紅石（ルチル）をコークスおよび塩素と反応させて$TiCl_4$とした後，酸素と反応させてTiO_2を得る。一方，硫酸法では，主成分が$FeTiO_3$のイルメナイトを濃硫酸に溶かして鉄を分離して$TiOSO_4$とし，これを加水分解して$TiO(OH)_2$としたものを焼成してTiO_2を得る。

㋒ 酸化アルミニウムである。Bayer法により，鉱石のボーキサイトから精製される。ボーキサイトはギブス石（主成分$Al(OH)_3$）やベーム石（主成分$AlOOH$）などから成る混合物であり，SiO_2やFe_2O_3なども含まれる。ボーキサイトを粉砕した後，水酸化ナトリウム水溶液を用いて加圧・加熱すると，アルミニウムは$[Al(OH)_4]^-$として抽出できる。このとき鉄は沈殿し，SiO_2は$NaOH$と反応してケイ酸イオンとして溶けている。これから$Al(OH)_3$を析出させ，焼成するとAl_2O_3が得られる。

以上より，正答は**2**である。

No.5の解説 ファインセラミックスの特性・用途

→問題はP.314

A ㋒である。圧力をかけると電圧が発生する圧電効果をもつ素子を圧電素子という。逆に，電圧をかけると物質が変形する逆圧電効果もある。チタン酸バリウム$BaTiO_3$は最初に発見された圧電セラミックスで，現在，最も一般的な圧電セラミックスはチタン酸ジルコン酸鉛$Pb(Zr, Ti)O_3$である。これは非常に大きな誘電率をもち，強誘電性である。

B ㋑である。炭化ケイ素SiCは非常に硬く耐熱性に優れた物質のため，研磨剤や耐火物などに用いられる。また，半導体でもあるのでエレクトロニクスの分野においても用いられている。窒化ケイ素Si_3N_4は非酸化物セラミックスの代表的な物質で耐熱性や硬度などに優れていることから，タービンブレードやベアリングなどに用いられている。

C ㋐である。人工骨や人工関節の材料としては，生体適合性が重要である。ヒドロキシアパタイト$Ca_5(PO_4)_3OH$は骨や歯の主成分であり，人工骨や歯科医療におけるインプラントの原料になる。関節修復に用いられるセラミックスバイオマテリアル材料としては，アルミナAl_2O_3やジルコニアZrO_2などがある。これらは化学的に安定で生体不活性であり，耐摩耗性に優れる。

以上より，正答は**5**である。

第4章 工業化学・化学工学

正答 No.1=**1** No.2=**1** No.3=**5** No.4=**2** No.5=**5**

有機工業化学

必修問題

図は，石油精製工程の例を表したものである。図中の㋐，㋑，㋒に当てはまるものの組合せとして最も妥当なのはどれか。 【国家一般職・平成24年度】

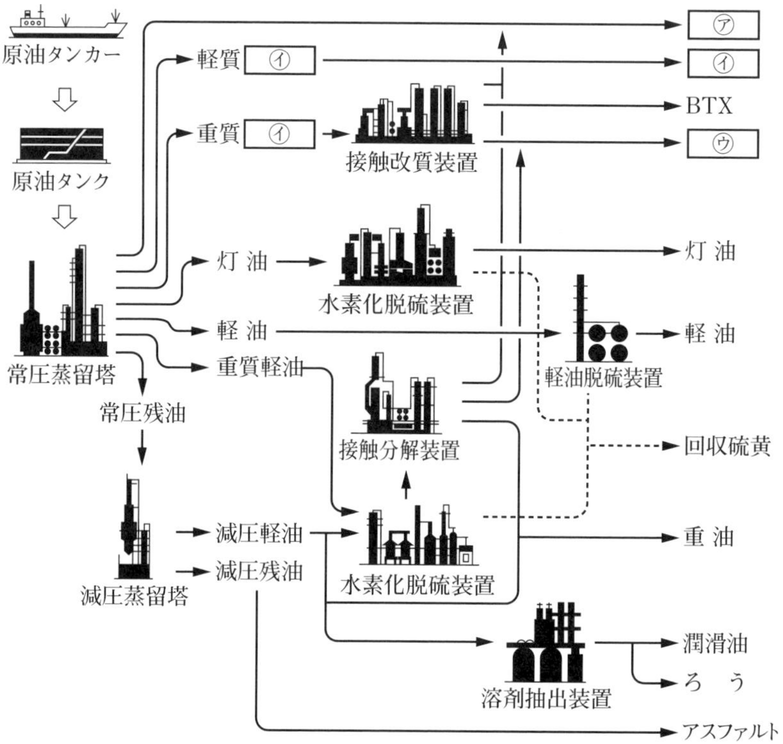

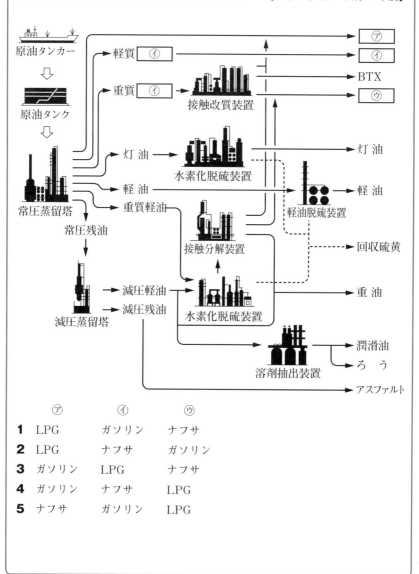

	㋐	㋑	㋒
1	LPG	ガソリン	ナフサ
2	LPG	ナフサ	ガソリン
3	ガソリン	LPG	ナフサ
4	ガソリン	ナフサ	LPG
5	ナフサ	ガソリン	LPG

必修問題の解説

原油は種々の炭化水素などを主体とした混合物であり，他に元素として窒素，酸素および硫黄も含む。石油精製工程では，まず常圧蒸留塔により分留（沸点の違いを利用して各成分に分離すること）を行う。最も沸点が低く，常温常圧下で気体のものが石油ガス（PG）であり，プロパンやブタンなどを加圧により液化したものが液化石油ガス（LPG）である（㋐）。

常温常圧下で液体成分のうち最も沸点の低い留分をナフサといい，沸点が低いものを軽質ナフサ，沸点が高いものを重質ナフサという（㋑）。重質ナフサは接触改質装置に送ってBTX（ベンゼン・トルエン・キシレンの略）やガソリンを製造する（㋒）。

液体成分で次に沸点が低いものを灯油といい，引火点がガソリンよりも高く安全性は比較的高いので家庭用燃料などに用いられる。

軽油は灯油よりも沸点が高く，ディーゼルエンジンの燃料に用いられる。重質のものは重油の製造に用いられる。

上記以外の成分を残油（残渣油）といい，重油やアスファルトなどの製造に用いられる。

以上より，正答は**2**である。

正答 2

❷ OINT

....

重要ポイント 1 ▶ 石油化学

⑴原油の分留

原油は炭化水素の混合物である。原油の分留は次図のように行われる。

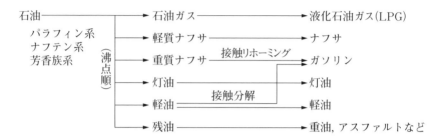

⑵接触分解（クラッキング）

石油を触媒を用いて熱分解して，より分子量の小さいアルカンやアルケンを得る操作を**接触分解（クラッキング）**という。たとえば，重油を原料として接触分解してガソリンを得る工程は工業的に重要である。

⑶接触改質（リホーミング）

原油の分留において，重質ナフサのオクタン価（ガソリンエンジン内でのノッキングの起こりにくさを表す指標）を高めるために触媒を用いて反応させる工程を**接触改質（リホーミング）**という。まず，ナフサ中の硫黄などの不純物を水素化処理し，その後，焼成ゼオライトを担体とした白金などを主体とする触媒と水素の存在下で反応させる。これにより分枝アルカンの割合が増加する。

⑷水蒸気改質

石油や石炭から水素を得る方法で，水蒸気を用いるので**水蒸気改質**という。燃料電池へ供給する水素を得る手段として活発な研究が進められている。工業的には天然ガスの水蒸気改質が重要である。たとえば，エチレンは主としてナフサを水蒸気と混合して800～900℃で無触媒で熱分解すると大量に得られる。これを精製する工程を合わせた設備がエチレンプラントであり，石油化学コンビナートの中核をなす。

重要ポイント 2 　有機化合物の工業的製法

(1)ヒドロホルミル化（オキソ法）

　ヒドロホルミル化(3.53)式はアルケン，一酸化炭素，水素から元のアルケンより炭素数が1多いアルデヒドを合成する方法であり，**オキソ法**ともいう。

(2)Hoechst-Wacker 法

　$PdCl_2$と$CuCl_2$を触媒としてアルケンを酸化してカルボニル化合物を得る方法を**Hoechst-Wacker法**という。エチレンを原料とすると，アセトアルデヒドが得られる。

$$2CH_2=CH_2 + O_2 \longrightarrow 2CH_3-CHO \tag{4.1}$$

　なお，エチレンと酢酸をこの方法で酸化すると酢酸ビニルが得られる。

$$2CH_2=CH_2 + 2CH_3COOH + O_2 \longrightarrow 2CH_2=CH-OCOCH_3 + 2H_2O \tag{4.2}$$

(3) Sohio 法（アンモ酸化）

　プロペンをビスマス系の触媒の存在下，アンモニアと酸素を作用させてアクリロニトリルを製造する方法を**Sohio法**または**アンモ酸化**という。副生成物としてシアン化水素やアセトニトリルも得られる。

$$2CH_3-CH=CH_2 + 2NH_3 + 3O_2 \longrightarrow 2CH_2=CH-C\equiv N + 6H_2O \tag{4.3}$$

(4)クメン法

　クメンを酸化して過酸化物とし，これを酸で転位させてフェノールとアセトンを得る工業的製法を**クメン法**という。クメンはベンゼンとプロペンからFriedel-Crafts反応で合成する。

$$C_6H_6 + CH_2=CHCH_3 \longrightarrow C_6H_5CH(CH_3)_2 \tag{4.4}$$

$$C_6H_5CH(CH_3)_2 + O_2 \longrightarrow C_6H_5C(OOH)(CH_3)_2$$
$$\longrightarrow C_6H_5OH + (CH_3)_2CO \tag{4.5}$$

(5)酢酸合成法

　酢酸の多くは，現在，メタノールと一酸化炭素を反応させて得ている。

$$CH_3OH + CO \longrightarrow CH_3COOH \tag{4.6}$$

　現在ではイリジウム系の触媒が用いられている。

第4章　工業化学・化学工学

No.1 エチレンはさまざまな有機化合物の原料として用いられている。㋐～㋓はエチレンの誘導体の合成法であり，それぞれの合成法に用いられている触媒には，それを構成する特徴的な元素がある。㋐～㋓の合成法とその元素の組合せとして最も妥当なのはどれか。　【国家総合職・平成26年度】

㋐　オキシ塩素化法による塩化ビニルの合成

$$CH_2=CH_2 \xrightarrow{+空気} \xrightarrow{+HCl} CH_2=CHCl$$

㋑　Wacker法によるアセトアルデヒドの合成

$$CH_2=CH_2 \xrightarrow{+H_2O} \xrightarrow{+\frac{1}{2}O_2} CH_3CHO$$

㋒　直接酸化によるエチレンオキシドの合成

$$CH_2=CH_2 \xrightarrow{\frac{1}{2}O_2} \overset{O}{\overset{\diagup \diagdown}{CH_2-CH_2}}$$

㋓　低圧条件下でのポリエチレンの合成

$$nCH_2=CH_2 \longrightarrow \cdots(CH_2-CH_2)_n$$

	㋐	㋑	㋒	㋓
1	Cu	Ti	Ag	Pd
2	Cu	Pd	Ag	Ti
3	Ag	Ti	Cu	Pd
4	Ag	Pd	Cu	Ti
5	Ag	Ti	Pd	Cu

No.2 **あるポリマーの工業的製法等に関する次の記述の空欄に当てはまるものとして最も妥当なのはどれか。** 【国家総合職・平成30年度】

「エチレンと塩素から化合物Aを合成し，これを熱分解して化合物Bを製造する。このとき副生する塩化水素は，オキシ塩素化法によって化合物Aの合成に利用される。化合物Bを塩素化した後に，脱ハロゲン化水素化して化合物Cを製造する。化合物B，Cを適切な割合で共重合させて得られるポリマーは，[　　　]に用いられている。」

1 紙おむつの吸水材
2 瞬間接着剤
3 食品用ラップフィルム
4 光ファイバー
5 有機ELディスプレイの発光材

No.3 **図は，石油系芳香族炭化水素の生産系統の概略を表したものである。図の㋐，㋑，㋒に当てはまるものの組合せとして最も妥当なのはどれか。**
【国家一般職・平成29年度】

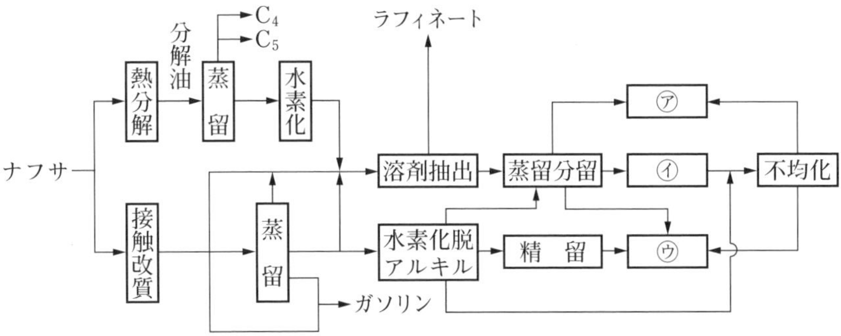

	㋐	㋑	㋒
1	キシレン	トルエン	ベンゼン
2	キシレン	ベンゼン	トルエン
3	トルエン	ベンゼン	キシレン
4	ベンゼン	キシレン	トルエン
5	ベンゼン	トルエン	キシレン

実戦問題の解説

No.1の解説 エチレン誘導体の合成法

→問題はP.322

㋐ Cuである。塩化ビニルの工業的製法では，まず$FeCl_3$を触媒としてエチレンに塩素を付加する。

$CH_2=CH_2+Cl_2 \longrightarrow CH_2ClCH_2Cl$

次に，CH_2ClCH_2Clを加熱・加圧すると分解して塩化ビニルが得られる。

$CH_2ClCH_2Cl \longrightarrow CH_2=CHCl+HCl$

ここで，生成したHClをO_2と混合し，$CuCl_2$を触媒としてエチレンと反応させると，再びCH_2ClCH_2Clが得られる。

$2CH_2=CH_2+4HCl+O_2 \longrightarrow 2CH_2ClCH_2Cl+2H_2O$

この工程をオキシ塩素化法という。このようにすると，全体として副生成物が生じない。

㋑ Pdである。エチレンを$PdCl_2$を含む塩酸に吹き込み，アセトアルデヒドを得る。

$CH_2=CH_2+PdCl_2+H_2O \longrightarrow CH_3CHO+Pd+2HCl$

Wacker法では還元されて生成したPdを過剰の$CuCl_2$と反応させることにより$PdCl_2$を再生できる。$CuCl_2$はCuClとなるが，O_2で酸化することで$CuCl_2$に戻る。

$Pd+2CuCl_2 \longrightarrow PdCl_2+2CuCl$

$4CuCl+O_2+4HCl \longrightarrow 4CuCl_2+2H_2O$

㋒ Agである。Agを担持したアルミナを触媒とし，高温高圧下でエチレンをO_2で酸化するとエチレンオキシドが生成する。これを酸触媒存在下で加水分解するとエチレングリコールが得られる。

㋓ Tiである。Ziegler-Natta触媒($Al(C_2H_5)_3-TiCl_4$)を用いてエチレンを付加重合すると高密度ポリエチレン(HDPE)が得られる。エチレンのラジカル重合により生成する低密度ポリエチレン(LDPE)の反応条件に比べて，かなり低圧・低温の条件で進行する。

以上より，正答は**2**である。

No.2の解説 ポリ塩化ビニリデンの製法

→問題はP.323

エチレンに塩素を作用させると付加反応が起こり，1, 2-ジクロロエタンCH_2ClCH_2Cl(化合物A)が生成する。

$CH_2=CH_2+Cl_2 \longrightarrow CH_2ClCH_2Cl$

これを熱分解すると塩化水素が脱離して塩化ビニル$CH_2=CHCl$(化合物B)を得る。

$CH_2ClCH_2Cl \longrightarrow CH_2=CHCl+HCl$

生成した塩化水素はオキシ塩素化法に用いられて1, 2−ジクロロエタンの合成に利用される。塩化ビニルに塩素を付加すると1, 1, 2−トリクロロエタン$CH_2ClCHCl_2$が生じる。

$$CH_2=CHCl+Cl_2 \longrightarrow CH_2ClCHCl_2$$

これを強塩基（NaOHや$Ca(OH)_2$）を用いて脱塩化水素を行うと塩化ビニリデン$CH_2=CCl_2$（化合物C）が生成する。

$$CH_2ClCHCl_2+NaOH \longrightarrow CH_2=CCl_2+NaCl+H_2O \quad (NaOHの場合)$$

塩化ビニリデンに少量の塩化ビニルを添加して得られた共重合体は，食品用ラップフィルムに用いられている。

以上より，正答は**3**である。

No.3 の解説　石油系芳香族炭化水素の生産系統

→問題はP.323

ナフサの改質に関する問題である。ナフサの中でも沸点の高い成分である重質ナフサはアルカンやシクロアルカンが主成分であり，そのままではオクタン価が低いためノッキングが起こりやすい。そこで，水素を用いて脱硫した後に不純物を除き，接触分解装置に送られて接触改質を行う。

接触改質では触媒の働きにより分枝状のアルカンや芳香族炭化水素が多く含まれる改質ガソリン（オクタン価は高くなっている）が得られる。このとき，分解産物であるエチレン，プロピレン，ブタジエンなど分子量の小さい炭化水素も得られる。改質ガソリンにはBTX（ベンゼン・トルエン・キシレンの略）が豊富に含まれ，石油化学工業の原料として重要である。

[ア]～[ウ]はベンゼン，トルエン，キシレンのいずれかであるが，図において，[イ]は不均化反応を受けている。これより，トルエン2分子からベンゼンとキシレン（*o*−体，*m*−体，*p*−体の混合物）を得る反応とわかる。

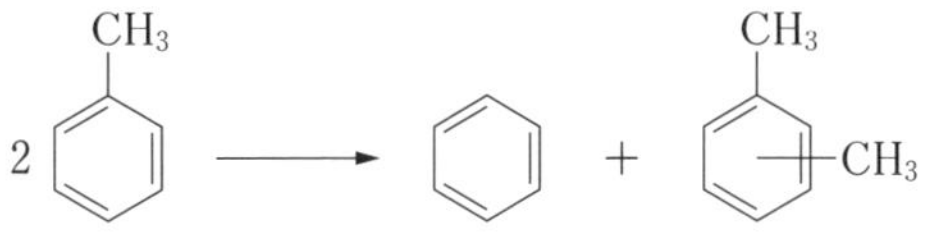

また，[ウ]はその2段階前に水素化脱アルキル反応を受けているので，炭化水素基をもたないベンゼンと考えられる。よって，[ア]はキシレンである。

以上より，正答は**1**である。

正答　**No.1=2　No.2=3　No.3=1**

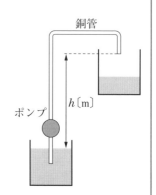

必修問題

　図のように，断面積 S〔m^2〕の銅管によって，地下のタンクから屋上のタンクへ水を流量 V〔$m^3 \cdot s^{-1}$〕でくみ上げたい。地下のタンクの水面から銅管の流出口までの高さは h〔m〕である。このとき，1kg の水をくみ上げるのに必要なポンプの仕事〔$J \cdot kg^{-1}$〕として最も妥当なのはどれか。

　ただし，地下および屋上のタンクの水面にかかる圧力は等しいものとし，地下のタンク内の水面の面積は非常に大きいものとする。また，流れのエネルギー損失はないものとし，重力加速度の大きさを g とする。

【国家一般職・令和元年度】

1 $\dfrac{V^2}{2S^2} + gh$

2 $\dfrac{V^2}{2S^2} + 2gh$

3 $\dfrac{V^2}{S^2} + gh$

4 $\dfrac{V^2}{S^2} + 2gh$

5 $\dfrac{2V^2}{S^2} + 2gh$

必修問題 の 解説

くみ上げる水の速さは $\dfrac{V}{S}$ [m·s⁻¹] で与えられる。Bernoulliの式より，単位質量当たりのエネルギー収支式は，左辺を下流側，右辺を上流側として次のように表せる。

$$\frac{0^2}{2}+g\cdot 0+\frac{P}{\rho}+W=\frac{\left(\dfrac{V}{S}\right)^2}{2}+gh+\frac{P}{\rho}+F$$

ここで，下流側の高さおよび流量を基準にとって0としており，P は大気圧，ρ は水の密度，W は求める単位質量当たりのポンプの仕事である。なお，F は損失頭であるが本問では0である。

$$\therefore \quad W=\frac{V^2}{2S^2}+gh$$

以上より，正答は**1**である。

正答 **1**

重要ポイント 1 ▶ 流体と流れの基本

⑴流体の流速

気体と液体を合わせて**流体**という。流れている流体の密度を $\rho\,[\mathrm{kg\,m^{-3}}]$，体積流量を $Q\,[\mathrm{m^3s^{-1}}]$ とすると，質量流量 $w\,[\mathrm{kg\,s^{-1}}]$ は

$$w = Q\rho \tag{4.7}$$

と表される。また，断面積を $A\,[\mathrm{m^2}]$ とすると，平均流速 $\bar{u}\,[\mathrm{m\,s^{-1}}]$ は

$$\bar{u} = \frac{Q}{A} \tag{4.8}$$

で与えられる。

⑵Newton 流体と非 Newton 流体

流体はその内部摩擦に由来する**粘性**をもつ。いま，x 軸に沿って流れる流速 $u\,[\mathrm{m\,s^{-1}}]$ の流体について，それと垂直な方向を y 軸とする。このとき，速度勾配である $\dfrac{\mathrm{d}u}{\mathrm{d}y}\,[\mathrm{s^{-1}}]$ は**剪断速度**と呼ばれ，$\dot{\gamma}\,[\mathrm{s^{-1}}]$ と表されることも多い。これは粘性抵抗により流体の各部分が引き離されていく速度を表す。粘性抵抗は剪断圧力 $\tau\,[\mathrm{Pa}]$ で表され

$$\tau = \mu\frac{\mathrm{d}u}{\mathrm{d}y} = \mu\dot{\gamma} \tag{4.9}$$

と関連付けられる。(4.9)式を **Newton の粘性法則**といい，比例定数 $\mu\,[\mathrm{Pa\,s}]$ を**粘度**という。ここで，μ が剪断速度 $\dot{\gamma}$ によらず一定の流体を **Newton 流体**，μ が $\dot{\gamma}$ や時間に依存する流体を**非 Newton 流体**という。

重要ポイント 2 ▶ 流れの状態と性質

⑴Reynolds 数 (Re)

円管内を流れる流体の状態は，流速によって視覚的に異なったものとなる。流速が小さければ流体はきれいな層を形成して流れるが，流速が大きくなると流れに乱れが生じて渦が発生する。Reynolds はこれを実証し，流体の平均流速を $\bar{u}\,[\mathrm{m\,s^{-1}}]$，流体の密度を $\rho\,[\mathrm{kg\,m^{-3}}]$，流体の粘度を $\mu\,[\mathrm{Pa\,s}]$，管直径を $D\,[\mathrm{m}]$ とすると

$$Re = \frac{\rho\bar{u}D}{\mu} \tag{4.10}$$

で表される無次元数 Re が同じであれば，流れの状態も同じであることを発見した。Re を **Reynolds 数**といい，流体力学において極めて重要な役割を果たすものである。Re は粘性力に対する慣性力の比と考えることができる。

(2)Reynolds 数と流れの状態

Re が小さいと慣性力よりも粘性力のほうが優勢となり，秩序だった層状の流れとなる。これを**層流**という。逆に，Re が大きいと慣性力が粘性力よりも支配的となって乱れ，渦状に流体が動くようになる。これを**乱流**という。これらの中間領域は**遷移域**と呼ばれる。Re との関係は次表のようになっている。

Re	流れの状態
0～2100	層流
2100～4000	遷移域
4000～	乱流

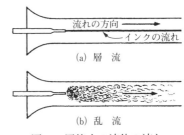

(a) 層 流

(b) 乱 流

図1　円管内の流体の流れ

重要ポイント 3　流れの基礎方程式

(1)連続方程式

流体の密度 $\rho\,[\mathrm{kg\,m^{-3}}]$ が空間的・時間的に変化しないとき，この流体を**非圧縮性流体**という。非圧縮性流体の流れにおける質量保存則に当たる**連続方程式**は，速度を $\boldsymbol{v}\,[\mathrm{m\,s^{-1}}]$ として，次のように表現できる。

$$\nabla\cdot\boldsymbol{v}=\mathrm{div}\,\boldsymbol{v}=0 \tag{4.11}$$

ただし，$\nabla=\left(\dfrac{\partial}{\partial x},\ \dfrac{\partial}{\partial y},\ \dfrac{\partial}{\partial z}\right)$ は微分演算子ナブラである。

(2)運動方程式

非圧縮性の Newton 流体の場合，密度 $\rho\,[\mathrm{kg\,m^{-3}}]$ だけでなく粘度 $\mu\,[\mathrm{Pa\,s}]$ も一定となる。流体の速度を $\boldsymbol{v}\,[\mathrm{m\,s^{-1}}]$，圧力を $p\,[\mathrm{Pa}]$，重力加速度を $\boldsymbol{g}\,[\mathrm{m\,s^{-2}}]$，時間を $t\,[\mathrm{s}]$ として，単位体積当たりの流体の運動方程式は

$$\rho\frac{\partial\boldsymbol{v}}{\partial t}+\rho\,(\boldsymbol{v}\cdot\nabla)\,\boldsymbol{v}=-\nabla p+\mu\nabla^2\boldsymbol{v}+\rho\boldsymbol{g} \tag{4.12}$$

と表せる。(4.12) 式を **Navier-Stokes の式**という。左辺の各項は順に時間変化，対流，右辺の各項は順に圧力，粘性，重力を表す項となっている。(4.12)式のうち，左辺第2項の対流項が非線形性を示すため，(4.12)式を解析的に解くことは困難であったが，近年ではコンピューターの進歩により克服されてきている。

(3)エネルギー保存則

非圧縮性流体の流れている管の2か所の断面を，A（上流側）とB（下流側）とする。粘性の影響が無視できる流体（これを**完全流体**という）を考えると，流れに関与する物理量が時間的に変化しない**定常流**で，外部からの熱や仕事のやりとりがないときのエネルギー保存則は，流体の速度を$u[\mathrm{m\,s^{-1}}]$，密度を$\rho[\mathrm{kg\,m^{-3}}]$，圧力を$P[\mathrm{Pa}]$，断面での鉛直方向の位置座標（高さ）を$Z[\mathrm{m}]$，重力加速度の大きさを$g[\mathrm{m\,s^{-2}}]$として

$$\frac{\rho u_\mathrm{A}^2}{2}+\rho g Z_\mathrm{A}+P_\mathrm{A}=\frac{\rho u_\mathrm{B}^2}{2}+\rho g Z_\mathrm{B}+P_\mathrm{B} \tag{4.13}$$

となる。(4.13)式を**Bernoulliの式**という。(4.13)式の両辺をρで割ると単位質量当たりのエネルギー保存則となる。

$$\frac{u_\mathrm{A}^2}{2}+g Z_\mathrm{A}+\frac{P_\mathrm{A}}{\rho}=\frac{u_\mathrm{B}^2}{2}+g Z_\mathrm{B}+\frac{P_\mathrm{B}}{\rho} \tag{4.14}$$

単位質量当たりのエネルギーを**頭**(head)といい，速度頭，位置頭，圧力頭などという。

(4)エネルギー収支式

完全非圧縮性流体がAからBまで流れる間に単位質量当たり$W[\mathrm{J\,kg^{-1}}]$の仕事をされた場合，(4.14)式の左辺にWを加えればよい。粘性による摩擦を考慮する必要のある場合には，それによるエネルギー損失分$F[\mathrm{J\,kg^{-1}}]$を右辺に加えればよい。これを**損失頭**という。

$$\frac{u_\mathrm{A}^2}{2}+g Z_\mathrm{A}+\frac{P_\mathrm{A}}{\rho}+W=\frac{u_\mathrm{B}^2}{2}+g Z_\mathrm{B}+\frac{P_\mathrm{B}}{\rho}+F \tag{4.15}$$

熱交換器が付いているような場合には，さらに(4.15)式を補正する必要がある。

重要ポイント 4 　円管内の流れ

(1)円管内層流

管長L，管半径Rの円管内の粘度μ，平均流速$\bar{u}$の層流における圧力損失ΔPは，管直径を$D=2R$として

$$\Delta P=\frac{8L\mu}{R^2}\bar{u}=\frac{32L\mu}{D^2}\bar{u} \tag{4.16}$$

となる。これを**Hagen-Poiseuilleの法則**という。

(2)円管内乱流

円管内の乱流では，Navier-Stokesの式(4.12)の解析的取り扱いが難しい。そこで，流速分布を実験結果から経験的に与える法則がある。管壁から管中心に向かう方向の距離をy，管半径をR，最大流速をu_{max}とすると，流速uは

$$u = u_{max}\left(\frac{y}{R}\right)^{\frac{1}{n}} \tag{4.17}$$

で与えられる。これを**指数法則**といい，nは実験的パラメーターで，通常6〜10の値をとるが，$n=7$とすることが多い。その場合は(4.17)式を**7分の1乗則**という。(4.17)式のとき，平均流速$\bar{u}$は

$$\bar{u} = \frac{2n^2}{(n+1)(2n+1)} u_{max} \tag{4.18}$$

となる。(4.18)式の係数は$n=6$，7，8，9，10に応じて，それぞれ0.79，0.82，0.84，0.85，0.87となるので，乱流は層流に比べて平坦な流速分布となる。

(3)管摩擦係数と Fanning の式

管長L，管直径Dの円管内を流れる流体の圧力損失ΔP[Pa]は次のように与えられる。

$$\Delta P = 4f \cdot \frac{\rho u^2}{2} \cdot \frac{L}{D} \tag{4.19}$$

(4.19)式を**Fanning の式**という。fは**管摩擦係数**(無次元の係数)である。また，

$\dfrac{\Delta P}{\rho}$[J kg^{-1}]は(4.15)式の損失頭F[J kg^{-1}]の一部であり，**摩擦損失頭**という。

(4)管摩擦係数と Reynolds 数

管摩擦係数fは管壁の粗さだけでなく流れの状態で決まるのでReynolds数とも相関関係がある。層流の場合，(4.10)式，Hagen-Poiseuilleの法則(4.16)式，(4.19)式より，層流域では

$$f = \frac{16}{Re} \tag{4.20}$$

が成立することが示される。乱流の場合には指数法則などの経験則と組み合わせてfとReの関係が解釈される。実験により，図2のようになることが知られている。

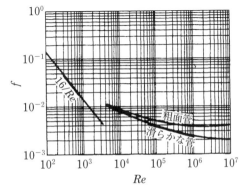

図2　摩擦係数fとReynolds数Reとの関係

No.1 図のように水が入っている大きなタンクがある。タンクの下方側壁には，面積5.0cm²の小孔があり，そこから水が流出している。このタンクに毎分0.12m³の水を緩やかに供給し続けたところ，水位が一定となった。このときの小孔の中心から水面までの高さ h はいくらか。

ただし，重力加速度の大きさを10m·s⁻²，流量係数を0.60とし，タンクの断面積は小孔の面積に比べて十分大きいものとする。　【国家一般職・平成28年度】

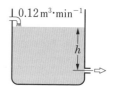

1　1.6m

2　2.2m

3　4.5m

4　5.6m

5　7.7m

No.2 流体中の物体に作用する力に関する次の記述の㋐，㋑，㋒に当てはまるものの組合せとして最も妥当なのはどれか。 【国家総合職・平成30年度】

「密度 ρ〔$\mathrm{kg \cdot m^{-3}}$〕，粘度 μ〔Pa·s〕の流体中を，直径 d_p〔m〕の球が，速さ v〔$\mathrm{m \cdot s^{-1}}$〕で運動しているとき，球が流体から受ける抵抗 D〔N〕は次式で表される。

$$D = C_\mathrm{D}\left(\frac{\rho v^2}{2}\right)\left(\frac{\pi d_\mathrm{p}^2}{4}\right)$$ （ここで，C_D〔—〕は抵抗係数）

図は，レイノルズ数 Re_p〔—〕（$=\rho v d_\mathrm{p}/\mu$）と C_D の関係を表したものである。

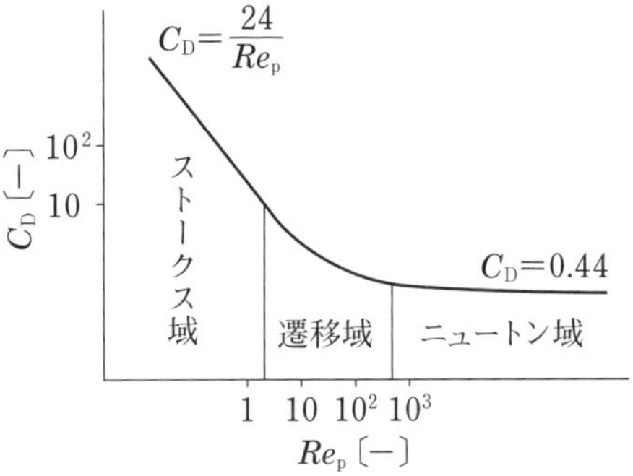

$\rho = 1000\mathrm{kg \cdot m^{-3}}$，$\mu = 1.0\mathrm{mPa \cdot s}$ の流体中を，$d_\mathrm{p} = 0.50\mathrm{mm}$ の球が，$v = 1.0\mathrm{mm \cdot s^{-1}}$ で運動しているとき，Re_p と C_D の関係は [㋐] にあり，D は [㋑] に比例する。球が流体から受ける抵抗には，摩擦抵抗と形状抵抗があり，一般に，[㋐] では，[㋒] のほうが大きい。」

	㋐	㋑	㋒
1	ストークス域	v	摩擦抵抗
2	ストークス域	v^2	形状抵抗
3	ストークス域	v^2	摩擦抵抗
4	ニュートン域	v	摩擦抵抗
5	ニュートン域	v^2	形状抵抗

No.3 **粉体を充填した容器に流体を流す操作に関する次の記述の㋐，㋑に当てはまるものの組合せとして最も妥当なのはどれか。**

ただし，流体および粒子の壁摩擦による影響は無視できるものとする。

【国家一般職・平成27年度】

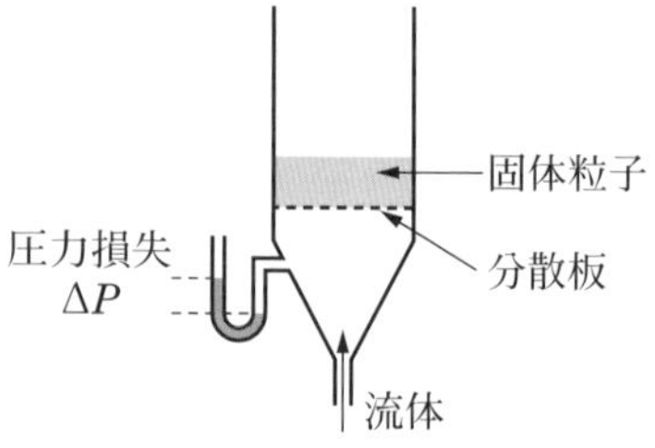

図Ⅰ

「図Ⅰのように，球状の固体粒子を分散板上に充填して，底部より流速Uで流体を流す。Uを十分小さい状態から徐々に大きくし，そのときの圧力損失ΔPを計測した。図A，B，Cは，UとΔPの関係を表したグラフであるが，両者の関係を適切に示しているのは図[㋐]である。グラフの傾きが変化するときの流速をU_{mf}とする。Uが小さいときには，流体は粒子の間隙を通過して流れるが，流速が大きくなると粒子は浮遊し，運動をするようになる。U_{mf}はこのような変化が起こる流速と考えられ，流体の粘度が大きいとき，U_{mf}は[㋑]なる。」

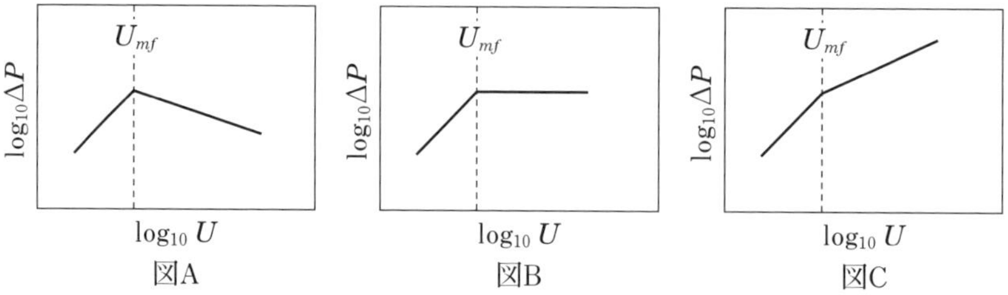

	㋐	㋑
1	A	大きく
2	B	小さく
3	B	大きく
4	C	小さく
5	C	大きく

No.4 分子の平均自由行路より孔径が小さい多孔質体を気体が透過するとき，気体分子はクヌーセン流れに従うことが知られている。クヌーセン流れにおいて，気体が厚さ l，透過係数 C の多孔質膜を透過するときのガス透過速度 Q は，膜を挟んだ分圧差を ΔP，膜面積を A として，

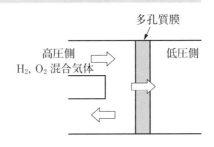

$$Q = C\frac{A\Delta P}{l}$$

で表される。また，C は，気体の分子量を M，絶対温度を T として，膜固有の値 K を用いると，

$$C = \frac{K}{\sqrt{MT}}$$

となる。図のように酸素の透過係数が 8.0×10^{-11} mol·m^{-1}·s^{-1}·Pa^{-1} の多孔質膜を挟んで，高圧側に水素と酸素の混合気体を供給し，低圧側に気体透過を行った。流れはクヌーセン流れに従い，高圧側は圧力が 400 kPa，水素と酸素のモル比が $1 : 1$ であり，低圧側の圧力（水素分圧と酸素分圧の和）が 100 kPa であったとき，低圧側における水素のモル分率はいくらか。

ただし，水素と酸素の分子量を，それぞれ 2，32 とし，$\sqrt{73} = 8.5$ とする。

【国家一般職・平成27年度】

1　0.65

2　0.70

3　0.75

4　0.80

5　0.85

実戦問題 の 解説

No.1 の解説 タンク下の小孔から流出する水
→問題は P.332

タンクの下方側壁にある小孔から流出する水の速さを V とすると

$$V=\frac{0.12\mathrm{m}^3\cdot\mathrm{min}^{-1}}{60\mathrm{s}\cdot\mathrm{min}^{-1}}\times\frac{1}{5.0\times10^{-4}\,\mathrm{m}^2}=4.0\mathrm{m}\cdot\mathrm{s}^{-1}$$

と求まる。流量係数を R とすると，Torricelli の定理より

$$V=R\sqrt{2gh}$$

が成立する。よって，h は次のようになる。

$$\therefore\quad h=\frac{1}{2g}\left(\frac{V}{R}\right)^2=\frac{1}{2\times10\mathrm{m}\cdot\mathrm{s}^{-2}}\times\left(\frac{4.0\mathrm{m}\cdot\mathrm{s}^{-1}}{0.60}\right)^2=2.2\mathrm{m}$$

以上より，正答は**2**である。

No.2 の解説 流体中の物体に作用する力 →問題は P.333

Reynolds 数 Re_p は次のように求められる。

$$Re_\mathrm{p}=\frac{\rho v d_\mathrm{p}}{\mu}=\frac{1000\mathrm{kg}\cdot\mathrm{m}^{-3}\times1.0\times10^{-3}\mathrm{m}\cdot\mathrm{s}^{-1}\times0.50\times10^{-3}\mathrm{m}}{1.0\times10^{-3}\mathrm{Pa}\cdot\mathrm{s}}=0.50$$

よって，Re_p と C_D の関係は Stokes 域にあるとわかる（㋐）。抵抗係数 C_D は

$$C_\mathrm{D}=\frac{24}{Re_\mathrm{p}}=\frac{24}{0.50}=48$$

と求められ，球が流体から受ける抵抗 D は次のように表せる。

$$D=\frac{24}{Re_\mathrm{p}}\left(\frac{\rho v^2}{2}\right)\left(\frac{\pi d_\mathrm{p}^2}{4}\right)=\frac{\mu}{\rho v d_\mathrm{p}}\cdot3\pi\rho v^2 d_\mathrm{p}^2=3\pi\mu d_\mathrm{p}\cdot v$$

よって，D は v に比例する（㋑）。Stokes 域では，抵抗 D のうち，摩擦抵抗が $\frac{2}{3}D$，形状抵抗が $\frac{1}{3}D$ になることが知られている（㋒）。

以上より，正答は**1**である。

No.3 の解説 粉体を充填した容器に流体を流す操作 →問題は P.334

流速 U が小さいうちは，粉体は流動していないため，流速 U を上げていくにつれて圧力損失 ΔP は増加していく。このとき，次の Fanning の式が成立している。

$$\Delta P=4f\cdot\frac{\rho U^2}{2}\cdot\frac{L}{D}$$

ここで，f は管摩擦係数，L は管の長さ，D は管の直径である。これより $\log_{10}\Delta P$ と $\log_{10}U$ の関係が右上がりの直線になることがわかる。

336

　そして，流速Uがさらに増加し，固体粒子下部の流体の圧力が全粉体の重量による圧力よりも大きくなると，粉体は静止状態を保つことができなくなって浮遊状態となり流動化が始まる。このときの流速U_{mf}を流動化開始速度という。

　$U>U_{mf}$の領域では粉体が流体によって吹き上げられている状態になるので，圧力損失ΔPは流速Uによらず一定となる。ゆえに図Bが適切である。

　また，流体の粘度が大きいほど粉体は吹き上げられやすいと考えられるので，U_{mf}は小さくなる。

　以上より，正答は**2**である。

No.4 の解説　多孔質膜を透過する気体　　　　　→問題は P.335

　透過係数Cの式において，温度Tと膜固有の値KはH_2でもO_2でも共通なので，Cは気体の分子量Mの平方根に反比例する。以降では，H_2とO_2で異なる量には添え字を付けて区別する。

$$\therefore \quad \frac{C_{H_2}}{C_{O_2}} = \sqrt{\frac{M_{O_2}}{M_{H_2}}} = \sqrt{\frac{32}{2}} = 4$$

ガス透過速度Qの式において，膜面積Aと膜厚lはH_2でもO_2でも共通なので

$$\frac{Q_{H_2}}{Q_{O_2}} = \frac{C_{H_2}}{C_{O_2}} \cdot \frac{\Delta P_{H_2}}{\Delta P_{O_2}} = 4 \cdot \frac{\Delta P_{H_2}}{\Delta P_{O_2}} \tag{1}$$

となる。高圧側において，H_2とO_2の分圧は，ともに$400\text{kPa} \times \dfrac{1}{2} = 200\text{kPa}$となる。一方，低圧側における$H_2$のモル分率を$x$とすると，$H_2$の分圧は$100x\text{kPa}$，$O_2$の分圧は$100(1-x)\text{kPa}$と表せる。よって，分圧差は

$$\Delta P_{H_2} = (200 - 100x)\,\text{kPa} \tag{2}$$

$$\Delta P_{O_2} = \{200 - 100(1-x)\}\,\text{kPa} = (100 + 100x)\,\text{kPa} \tag{3}$$

となる。ここで，ガス透過速度の比は低圧側における分圧比に等しいので，式(1)～式(3)より，次の関係が成り立つ。

$$4 \times \frac{(200 - 100x)\,\text{kPa}}{(100 + 100x)\,\text{kPa}} = \frac{100x\,\text{kPa}}{100(1-x)\,\text{kPa}}$$

$$3x^2 - 13x + 8 = 0$$

$$\therefore \quad x = \frac{13 - \sqrt{73}}{6} \quad (\because \quad 0 < x < 1)$$

$$= 0.75 \quad (\because \quad \sqrt{73} = 8.5)$$

以上より，正答は**3**である。

正答　No.1＝2　No.2＝1　No.3＝2　No.4＝3

必修問題

　図Ⅰのように，質量流量0.30kg·s⁻¹で流れている90℃の液体Aを，質量流量0.33kg·s⁻¹で20℃の水が導入されている二重管式熱交換器を用いて冷却したところ，水の出口温度は60℃，Aの出口温度は30℃となった。

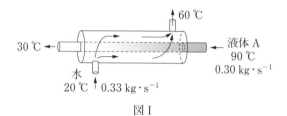

60 ℃

30 ℃ ←

液体 A
90 ℃
0.30 kg·s⁻¹

水
20 ℃　0.33 kg·s⁻¹

図Ⅰ

　図Ⅱのように，二重管式熱交換器の向きを逆にして，水をAと同じ方向に流した場合，Aの理論上の最低出口温度はおよそいくらか。

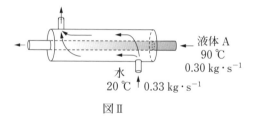

液体 A
90 ℃
0.30 kg·s⁻¹

水
20 ℃　0.33 kg·s⁻¹

図Ⅱ

　ただし，水とAの比熱容量は，いずれも温度によらず一定であり，水の比熱容量を$4.2×10^3$J·kg⁻¹·K⁻¹とする。また，外部への熱損失はないものとする。

【国家一般職・平成29年度】

1　24℃

2　30℃

3　36℃

4　48℃

5　60℃

必修問題 の 解説

　図Ⅰと図Ⅱにおいて，液体Aと水の熱容量〔J・K^{-1}〕を，それぞれC_A，C_wとする。なお，図Ⅰでも図Ⅱでも両者の質量流量が同じ条件なので，熱容量は共通の値を用いることができる。図Ⅰについて，単位時間当たりの熱量保存則は次のように表せる。

$$C_A \times (90-30)\,K = C_w \times (60-20)\,K \tag{1}$$

一方，求める温度をx〔℃〕とすると，図Ⅱについても同様に次の式が成り立つ。

$$C_A \times (90-x)\,K = C_w \times (x-20)\,K \tag{2}$$

式(1)と式(2)を辺々割ると，xは次のように計算できる。

$$\frac{90-x}{90-30} = \frac{x-20}{60-20}$$

$$\therefore \quad x℃ = 48℃$$

　以上より，正答は**4**である。

正答 **4**

重要ポイント **1** 伝導伝熱

⑴Fourier の法則

　熱は高温物体から低温物体に流れる。x軸方向に熱が流れる場合について，伝熱速度（単位時間当たりの熱の移動量）を$Q\,[\mathrm{W}]$，断面積を$A\,[\mathrm{m}^2]$，温度を$T\,[\mathrm{K}]$とすると

$$dQ = -k\frac{dT}{dx}dA \tag{4.21}$$

が成り立つ。これを**Fourier の法則**という。(4.21)式で$\dfrac{dT}{dx}\,[\mathrm{K\ m^{-1}}]$は温度勾配を表しており，比例定数$k\,[\mathrm{W\ m^{-1}K^{-1}}]$は**熱伝導率**または**熱伝導度**という。

⑵**無限に広い多層平板の伝熱**

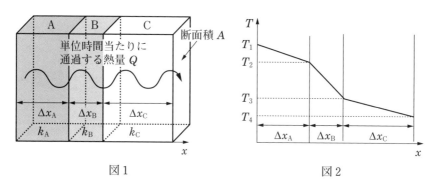

図1　　　　　　　　　　　図2

　図1のように，無限に広いとみなせる平板A，B，Cを3つ合わせたものを考える。温度勾配の様子が図2である。図1，2のように変数を設定すると，伝熱速度$Q\,[\mathrm{W}]$は，(4.21)式より

$$Q = -k_\mathrm{A}\frac{T_2-T_1}{\Delta x_\mathrm{A}}A = -k_\mathrm{B}\frac{T_3-T_2}{\Delta x_\mathrm{B}}A = -k_\mathrm{C}\frac{T_4-T_3}{\Delta x_\mathrm{C}}A \tag{4.22}$$

となる。これよりT_2およびT_3を消去すると，Qは両端の温度差T_1-T_4を用いて

$$Q = \frac{T_1-T_4}{\dfrac{\Delta x_\mathrm{A}}{k_\mathrm{A}A}+\dfrac{\Delta x_\mathrm{B}}{k_\mathrm{B}A}+\dfrac{\Delta x_\mathrm{C}}{k_\mathrm{C}A}} \tag{4.23}$$

と表せる。(4.23)式の分母に現れる

$$R = \frac{\Delta x}{k\mathrm{A}} \tag{4.24}$$

を**熱抵抗**といい，各平板の熱の伝わりにくさを表す量である。

⑶**無限に長い中空円筒の半径方向の伝熱**

図3のように，無限に長いとみなせる中空円筒の長さLの部分を考える。中心軸から半径方向にr軸をとり，内半径をr_1，外半径をr_2とする。半径rにおける円筒の側面積Aは$A=2\pi rL$であるから，そこでの伝熱速度$Q(r)$は，(4.21)式より

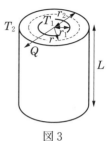

図 3

$$Q(r) = -2\pi rLk\frac{\mathrm{d}T}{\mathrm{d}r} \tag{4.25}$$

となる。ただし，Tは温度であり，$r=r_1$で$T=T_1$，$r=r_2$で$T=T_2$とする。(4.25)式をこの境界条件で解くと，伝熱速度Qは

$$Q = \frac{2\pi Lk(T_1-T_2)}{\ln\dfrac{r_2}{r_1}} \tag{4.26}$$

で与えられることがわかる。したがって，この場合の熱抵抗Rは

$$R = \frac{\ln\dfrac{r_2}{r_1}}{2\pi Lk} \tag{4.27}$$

である。

第4章 工業化学・化学工学

重要ポイント **2**　**対流伝熱**

(1)Newton の冷却の法則

　温度 T_{m}[K] の媒質(流体)の中に置かれた温度 T_{s}[K] の高温の固体が冷却されるとき，伝熱速度 Q[W] は，経験的に伝熱面積を A[m²] として

$$Q=h(T_{\mathrm{s}}-T_{\mathrm{m}})A \tag{4.28}$$

が成り立つ。これを**Newton の冷却の法則**といい，比例定数 h[W m⁻²K⁻¹] を**熱伝達係数**または**熱伝達率**という。

(2)強制対流伝熱

　図 4 のように，厚さ l，熱伝導率 k の金属壁を通して，2 つの流体間に熱の移動が行われる場合の温度分布を考える。流体の Re が大きいとき流体の温度はほぼ均一になるが，流体と金属壁の間には層流状態が保たれている極薄い領域(境膜)があり，この部分の温度勾配は大きい。図 4 のように温度を定義すると，金属壁内部は伝導伝熱なので Fourier の法則(4.21)式より，伝熱面積を A として

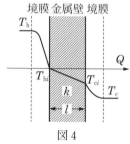

図 4

$$Q=k\frac{(T_{hi}-T_{ci})}{l}A \tag{4.29}$$

となる。2 か所の境膜の厚さは不明であるが，Newton の冷却の法則(4.28)式より

$$Q=h_{\mathrm{h}}(T_{\mathrm{h}}-T_{hi})A \tag{4.30}$$
$$Q=h_{\mathrm{c}}(T_{ci}-T_{\mathrm{c}})A \tag{4.31}$$

と書ける。ただし，h_{h} および h_{c} は，それぞれ高温側および低温側の境膜の熱伝達係数である。(4.29)式，(4.30)式，(4.31)式より

$$Q=\frac{T_{\mathrm{h}}-T_{\mathrm{c}}}{\dfrac{1}{h_{\mathrm{h}}A}+\dfrac{l}{kA}+\dfrac{1}{h_{\mathrm{c}}A}} \tag{4.32}$$

となる。(4.32)式の分母は各部分の熱抵抗の和の形をしているので，分母を $\dfrac{1}{UA}$

とおくと(4.32)式は

$$Q=U(T_{\mathrm{h}}-T_{\mathrm{c}})A \tag{4.33}$$

と簡潔に表せる。この U[W m⁻²K⁻¹] を**総括熱伝達係数**という。

⑶ 熱交換器

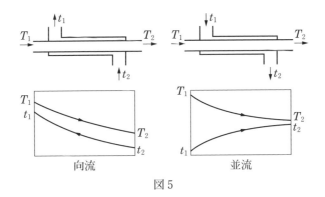

図5

高温物体から低温物体に固体壁を通して熱を伝える**熱交換器**について考える。最も単純な構造の換熱型熱交換器として向流式と並流式を図5に示した。固体壁の伝導伝熱だけでなく，流体の対流伝熱も考える必要があるので，(4.33)式のように総括熱伝達係数$U[\mathrm{W\,m^{-2}\,K^{-1}}]$を用いる。向流式の場合の計算を以下に示す。高温流体(比熱容量$C[\mathrm{J\,kg^{-1}\,K^{-1}}]$)が質量流量$W[\mathrm{kg\,s^{-1}}]$，温度$T_1[\mathrm{K}]$で入って温度$T_2[\mathrm{K}]$で出ていくとき，低温流体(比熱容量$c[\mathrm{J\,kg^{-1}\,K^{-1}}]$)が質量流量$w[\mathrm{kg\,s^{-1}}]$，温度$t_2[\mathrm{K}]$で入って温度$t_1[\mathrm{K}]$で出ていくとする。伝熱速度を$Q[\mathrm{W}]$とすると，熱の収支式は

$$Q = CW(T_1 - T_2) = cw(t_1 - t_2) \tag{4.34}$$

となる。また，伝熱式は

$$Q = U_\mathrm{i}\Delta T_\mathrm{lm}A_\mathrm{i} = U_\mathrm{o}\Delta T_\mathrm{lm}A_\mathrm{o} \tag{4.35}$$

と表せる。ただし，A_iおよびA_oは，それぞれ内管の内面積および外面積，U_iおよびU_oはそれぞれに対応した総括熱伝達係数である。また，ΔT_lmは対数平均温度差であり

$$\Delta T_\mathrm{lm} = \frac{\Delta T_1 - \Delta T_2}{\ln\dfrac{\Delta T_1}{\Delta T_2}} \tag{4.36}$$

である。ただし，$\Delta T_1 = T_1 - t_1$，$\Delta T_2 = T_2 - t_2$である。流体の温度変化は直線的ではないため，温度差の平均として単純な算術平均とすると大きな誤差を生じる可能性がある。

第4章 工業化学・化学工学

No.1 図のように，耐火レンガの外側に断熱レンガを重ねた炉壁がある。各レンガの厚さ，熱伝導度は表のとおりである。この炉壁の高温 (T_H) 側から低温 (T_L) 側へ熱が定常状態で流れているとする。ここで，これらのレンガを熱伝導度 0.80W·m^{-1}·K^{-1} のレンガで置き換えるとすると，同じ温度差 (T_H-T_L) を得るのに必要なレンガの厚さはおよそいくらか。

ただし，伝熱面積はすべて等しいものとする。

【国家一般職・平成30年度】

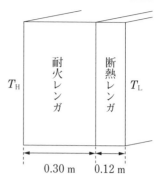

	耐火レンガ	断熱レンガ
厚さ〔m〕	0.30	0.12
熱伝導度〔W·m^{-1}·K^{-1}〕	1.2	0.20

1 0.34m

2 0.42m

3 0.50m

4 0.68m

5 0.75m

[No.2] 伝熱に関する次の記述の㋐，㋑に当てはまるものの組合せとして最も妥当なのはどれか。
【国家一般職・平成24年度】

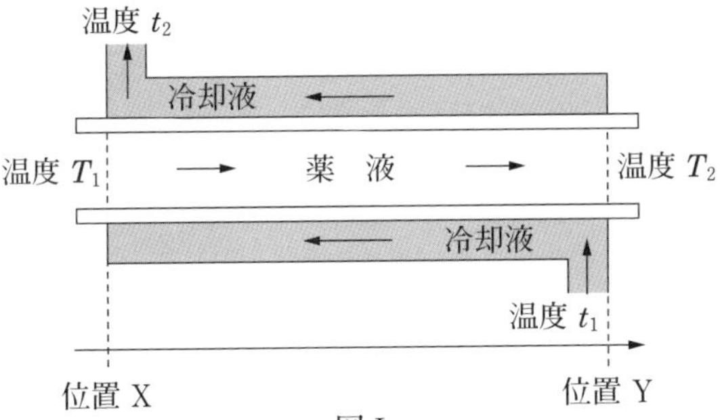

温度 t_2
冷却液
温度 T_1
薬　液
温度 T_2
冷却液
温度 t_1
位置 X
位置 Y

図 I

「図 I のような向流二重管式熱交換器を用いて，高温の薬液を冷却することを考える。ただし，熱交換器の内管と外管を流れる液体の重量流量〔kg/s〕は等しく，冷却液の比熱容量〔J/(kg·K)〕は，薬液のものより大きいとする。

この熱交換器により，薬液から冷却液に移動する熱量Qは，定常状態において，

$$Q = UA\Delta T$$

と表すことができる。ここで，Uは総括伝熱係数，Aは伝熱面積，ΔTは次式

$$\Delta T = \frac{(T_1 - t_2) - (T_2 - t_1)}{\boxed{㋐}}$$

で与えられる温度のパラメーターである。

また，位置Xから位置Yにおける薬液および冷却液の温度分布を表しているのは，図 [㋑] である。」

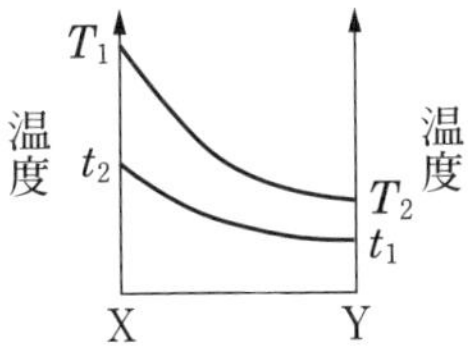

T_1
温度
t_2
温度
T_2
t_1
X
Y

図 II

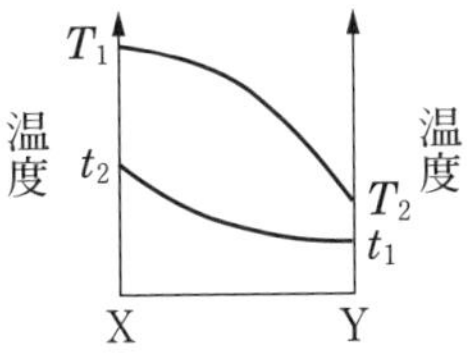

T_1
温度
t_2
温度
T_2
t_1
X
Y

図 III

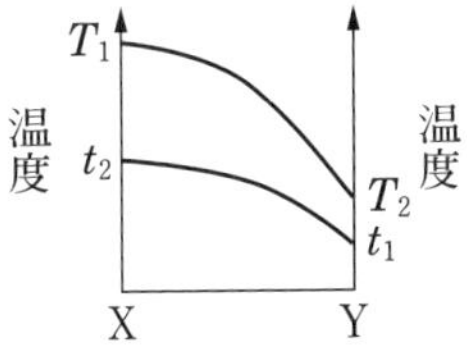

T_1
温度
t_2
温度
T_2
t_1
X
Y

図 IV

	㋐	㋑
1	$\log_e\left(\frac{T_1 - t_2}{T_2 - t_1}\right)$	II
2	$\log_e\left(\frac{T_1 - t_2}{T_2 - t_1}\right)$	III
3	$\log_e\left(\frac{T_1 - t_2}{T_2 - t_1}\right)$	IV
4	2	II
5	2	III

No.3 上ぶたのない十分に大きな断熱容器に0℃の水を入れ，冷凍庫内で冷却したときに生成する氷の厚さXを求めたい。次の記述の㋐，㋑に当てはまるものの組合せとして最も妥当なのはどれか。

【国家総合職・平成29年度】

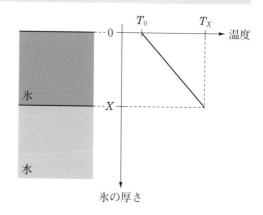

「氷の密度をρ，氷の熱伝導率をλ，水の融解潜熱をLとする。図は，この系の温度分布を模式的に表したものであり，氷の上面の温度T_0は冷凍庫内の温度と等しく，氷と水の界面の温度をT_X（$=0$℃）とする。氷層の生成速度は十分に遅く，氷層内部の熱の移動は定常状態であり，ρは温度に対して一定で，氷の温度変化に要する熱量は無視できるものとする。

このとき，熱流束は ㋐ で示され，その大きさは$\dfrac{\mathrm{d}X}{\mathrm{d}t}\rho L$と等しい。これらの関係から，$X$と時間$t$の関係は$X=$ ㋑ となる。ただし，$t=0$のとき$X=0$とする。」

	㋐	㋑
1	$\dfrac{\lambda\,(T_0-T_X)}{X}$	$\sqrt{\dfrac{2\lambda\,(T_X-T_0)}{\rho L}t}$
2	$\dfrac{\lambda\,(T_0-T_X)}{X}$	$\sqrt{\dfrac{2\lambda}{\rho L\,(T_X-T_0)}t}$
3	$\dfrac{\lambda\,(T_0-T_X)}{X}$	$1-\exp\left(\dfrac{\lambda}{\rho L\,(T_X-T_0)}t\right)$
4	$\dfrac{\lambda X}{T_0-T_X}$	$\sqrt{\dfrac{2\lambda}{\rho L\,(T_X-T_0)}t}$
5	$\dfrac{\lambda X}{T_0-T_X}$	$1-\exp\left(\dfrac{\lambda}{\rho L\,(T_X-T_0)}t\right)$

実戦問題 の 解説

No.1 の解説　二層のレンガの伝熱
→問題はP.344

　耐火レンガにはA，断熱レンガにはB，置き換えた後のレンガにはCの添え字を付けて表す。厚さをΔx，熱伝導度をk，伝熱面積をAとする。定常状態では，各層の伝熱速度（Qとする）は等しいので，Fourierの法則より次の関係が成り立つ。

$$Q = -k_A \frac{T_M - T_H}{\Delta x_A} = -k_B \frac{T_L - T_M}{\Delta x_B} = -k_C \frac{T_L - T_H}{\Delta x_C} \tag{1}$$

これより，次の3式が得られる。

$$Q\Delta x_A = k_A(T_H - T_M) \tag{2}$$
$$Q\Delta x_B = k_B(T_M - T_L) \tag{3}$$
$$Q\Delta x_C = k_C(T_H - T_L) \tag{4}$$

式(2)と式(3)よりT_Mを消去する。

$$Qk_B\Delta x_A = k_A k_B(T_H - T_M)$$
$$Qk_A\Delta x_B = k_A k_B(T_M - T_L)$$
$$\therefore \quad Q(k_B\Delta x_A + k_A\Delta x_B) = k_A k_B(T_H - T_L) \tag{5}$$

式(4)と式(5)を辺々割って整理すると，Δx_Cが求められる。

$$\therefore \quad \Delta x_C = \frac{k_C}{k_A k_B}(k_B\Delta x_A + k_A\Delta x_B) = k_C\left(\frac{\Delta x_A}{k_A} + \frac{\Delta x_B}{k_B}\right)$$

$$= 0.80\,\text{W}\cdot\text{m}^{-1}\cdot\text{K}^{-1} \times \left(\frac{0.30\,\text{m}}{1.2\,\text{W}\cdot\text{m}^{-1}\cdot\text{K}^{-1}} + \frac{0.12\,\text{m}}{0.20\,\text{W}\cdot\text{m}^{-1}\cdot\text{K}^{-1}}\right)$$

$$= 0.68\,\text{m}$$

　以上より，正答は**4**である。

　図Ⅰの向流二重管式熱交換器では対流伝熱を考える必要がある。単位時間当たりに薬液から冷却液に移動する熱量Qに関する与式

　　　$Q=UA\Delta T$

において，総括伝熱係数Uは伝熱のしやすさを表す量で，その逆数は熱抵抗に相当する。

　図Ⅰのような装置において，流体の温度変化は直線的にならないので，薬液の入口の温度差T_1-t_2と，薬液の出口の温度差$t_1-T_2=-(T_2-t_1)$の平均として，単純に算術平均を用いると誤差が大きくなる恐れがあるため，対数平均温度差が用いられる。

$$\Delta T=\frac{(T_1-t_2)-(T_2-t_1)}{\log_e\left(\dfrac{T_1-t_2}{T_2-t_1}\right)}$$

　また，向流式熱交換器における流体の温度分布は，ともに下に凸の曲線となるので図Ⅱが適当である。

　以上より，正答は**1**である。

→問題は P.346

No.3 の解説 冷凍庫内で冷却したときに生成する氷の厚さ

熱流束について次式が成り立つ。

$$\frac{\lambda\,(T_0-T_X)}{X}=-\frac{dX}{dt}\,\rho L$$

これは線形一階微分方程式であり，次のように解くことができる。

$$\frac{dX}{dt}=\frac{\lambda\,(T_X-T_0)}{\rho LX}$$

$$\int X\,dX=\int \frac{\lambda\,(T_X-T_0)}{\rho L}\,dt$$

$$\frac{X^2}{2}=\frac{\lambda\,(T_X-T_0)}{\rho L}\,t+C \quad (C は積分定数)$$

$t=0$ のとき $X=0$ より $C=0$ である。

$$\frac{X^2}{2}=\frac{\lambda\,(T_X-T_0)}{\rho L}\,t$$

$$\therefore \quad X=\sqrt{\frac{2\lambda\,(T_X-T_0)}{\rho L}\,t}$$

以上より，正答は**1**である。

第4章 工業化学・化学工学

正答 No.1=4 No.2=1 No.3=1

必 修 問 題

　精留塔に関する次の記述の㋐，㋑に当てはまるものの組合せとして最も妥当なのはどれか。
【国家総合職・令和元年度】

　「60mol％のエタノール水溶液を第1精留塔に100kmol・h^{-1}で供給し，塔頂より90mol％のエタノール水溶液を40kmol・h^{-1}で留出させた。塔底缶出液は，別系統から40kmol・h^{-1}で送られてくる20mol％のエタノール水溶液と混合され，第2精留塔へ原料として供給される。第2精留塔では，塔頂より80mol％のエタノール水溶液を20kmol・h^{-1}で留出させる。このとき，第1精留塔の缶出液のエタノール組成は ㋐ mol％，第2精留塔の缶出液のエタノール組成は ㋑ mol％である。」

	㋐	㋑
1	10	20
2	30	13
3	30	20
4	40	13
5	40	20

必修問題 の 解説

題意は次図で表すことができる。

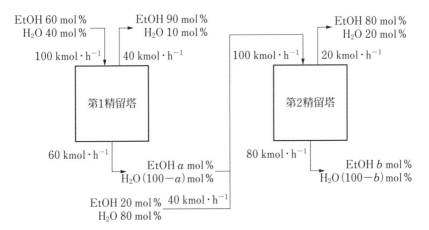

各精留塔について，流入量と流出量が等しいことから，

第1精留塔の缶出液の流量：$(100-40)\,\mathrm{kmol\cdot h^{-1}}=60\mathrm{kmol\cdot h^{-1}}$

第2精留塔の流入量：$(60+40)\,\mathrm{kmol\cdot h^{-1}}=100\mathrm{kmol\cdot h^{-1}}$

第2精留塔の缶出液の流量：$(100-20)\,\mathrm{kmol\cdot h^{-1}}=80\mathrm{kmol\cdot h^{-1}}$

と決まる。

ここで，求める第1精留塔および第2精留塔の缶出液のエタノール組成を，図のようにそれぞれ$a\,\mathrm{mol\%}$，$b\,\mathrm{mol\%}$とする。第1精留塔における物質収支条件よりaが求まる。

$100\mathrm{kmol\cdot h^{-1}}\times60\mathrm{mol\%}=60\mathrm{kmol\cdot h^{-1}}\times a\,\mathrm{mol\%}+40\mathrm{kmol\cdot h^{-1}}\times90\mathrm{mol\%}$

∴ $a\,\mathrm{mol\%}=40\mathrm{mol\%}$

次に，第2精留塔における物質収支条件よりbが求まる。

$60\mathrm{kmol\cdot h^{-1}}\times40\mathrm{mol\%}+40\mathrm{kmol\cdot h^{-1}}\times20\mathrm{mol\%}$

$\quad=80\mathrm{kmol\cdot h^{-1}}\times b\,\mathrm{mol\%}+20\mathrm{kmol\cdot h^{-1}}\times80\mathrm{mol\%}$

∴ $b\,\mathrm{mol\%}=20\mathrm{mol\%}$

以上より，正答は**5**である。

正答 **5**

第4章 工業化学・化学工学

....

重要ポイント 1 化学工学の基本計算

⑴物質・熱の収支条件

物質収支の条件は質量保存則の，エネルギー収支の条件はエネルギー保存則(熱力学第一法則)の表現の一つである。一般に，ある系について次の収支条件が成立する。

(系内での蓄積量)＝(系への流入量)＋(系内での生成量)
 －(系からの流出量)－(系内での消費量)　　　　(4.37)

系内での生成や消費がないときは，(4.37)式は

(系内での蓄積量)＝(系への流入量)－(系からの流出量)　　　(4.38)

となる。また，系内の様子が時間的に変化しない状態である**定常状態**では系内での蓄積量が 0 となるので，より簡単に次の式で表される。

(系への流入量)＝(系からの流出量)　　　　　　　(4.39)

⑵湿り基準と乾き基準

蒸留塔や乾燥器などから出てくる混合気体などの組成について，H_2O を含んだ全量に対して組成比をとったとき，この比を**湿り基準**(wet basis)，全量から H_2O を除いた分に対して比をとった場合を**乾き基準**(dry basis)という。

....

重要ポイント 2 蒸留

⑴単蒸留

液体混合物中の各成分の蒸気圧の差を利用して物質を分離する操作を**蒸留**といい，蒸発する段階が 1 回だけの操作を特に**単蒸留**という。ある時刻の蒸留器内の低沸点成分(目的成分)について液相中および発生蒸気中のモル分率をそれぞれ x および y，最初の液量を F_0，モル分率を x_0，最終的な液量を F_1，モル分率を x_1 とすると，物質収支条件より

$$\ln \frac{F_1}{F_0} = \int_{x_0}^{x_1} \frac{dx}{y-x} \tag{4.40}$$

が得られる。これを **Rayleigh の式**という。また

$$\beta = \frac{F_0 - F_1}{F_0} \tag{4.41}$$

を**留出率**という。さらに，留出液の平均組成 x_D は

$$x_D = \frac{x_0 F_0 - x_1 F_1}{F_0 - F_1} = \frac{x_0 - (1-\beta) x_1}{\beta} \tag{4.42}$$

と表される。

(2)平衡フラッシュ蒸留

原料を連続的に供給し，これを蒸留器内に噴射（フラッシュ）して分離する方法が**平衡フラッシュ蒸留**であり，このとき気液の組成は平衡状態となる。原料の蒸気留分量をV，液留分量（残液量）をL，低沸点成分の原料中のモル分率をx_F，蒸気留分中のモル分率をy，液留分中のモル分率をxとすると，全物質収支から

$$y = -\frac{L}{V}(x - x_F) + x_F \tag{4.43}$$

が得られる。(4.43)式をRaoultの法則などの平衡式と連立してxとyが求まる。

(3)多段蒸留塔

図1のように，内部に多数の棚段（多孔板）をもつ蒸留塔を考える。各棚段の上には液体が溜まっているが，下から蒸気が上がってきてこの液体に触れると凝縮し，その凝縮熱により棚段上の液体が蒸発する。

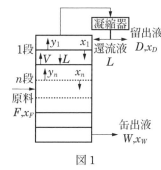

図1

(a) 濃縮部（原料供給段よりも上部）の操作線

蒸気量をV，液体量をL，n段の液組成をx_n，留出液量をD，その組成をx_Dとすると，$(n+1)$段の蒸気組成y_{n+1}は

$$y_{n+1} = \frac{L}{V}x_n + \frac{D}{V}x_D \tag{4.44}$$

となる。

(b) 回収部（原料供給段よりも下部）の操作線

蒸気量をV'，液体量をL'，m段の液組成をx_m，缶出液量をW，その組成をx_Wとすると，$(m+1)$段の蒸気組成y_{m+1}は

$$y_{m+1} = \frac{L'}{V'}x_m + \frac{W}{V'}x_W \tag{4.45}$$

となる。

(c) 還流比

凝縮器から出る凝縮液を蒸留塔に戻すことを**還流**という。還流液量Lと留出液量Dの比をRとすると

$$R = \frac{L}{D} \tag{4.46}$$

となるが，これを**還流比**という。Rが大きいほど蒸気が液体とよく接触するので分縮（混合蒸気の凝縮）しやすくなる。

第4章 工業化学・化学工学

(d) q線

　液体の割合がq，蒸気の割合が$1-q$で原料が供給されているとする。原料供給部分での下降流および上昇流の物質収支を考え，(4.44)式と(4.45)式を組み合わせると

$$(1-q)y=-qx+x_F \tag{4.47}$$

となる。これを表す直線を**q線**または**qライン**という。

(e) McCabe-Thiele法

　蒸留塔の理論段数の求め方に**McCabe-Thiele法**があり，次の作図手順で行われる。

　ⅰ．$x-y$図を描き，対角線上にx_W, x_F, x_Dに相当するA，C，Dをそれぞれ定める。

　ⅱ．点Cからq線を引く。

　ⅲ．点Dより濃縮部操作線(4.44)式を引く。q線との交点をBとする。

　ⅳ．点Bと点Aを通る直線を引いたものが回収部操作線(4.45)式である。

　ⅴ．点Dから出発して，二つの操作線と平行線の間の領域で階段作図を行い，点Aまでのステップ数Sを求める。

　ⅵ．Sにはスチル(蒸留缶)底部またはリボイラー(缶出液を加熱して一部をスチルに戻す装置)での1段が含まれているので，理論段数nは$n=S-1$となる。

　ⅶ．実際には各段で気液が完全に平衡となってはいないので，実際の段数n_aは段効率Eを用いて補正する。

$$E=\frac{n}{n_a} \tag{4.48}$$

重要ポイント 3 機械的分離

⑴膜分離法

　ふるいのように物質を分離するのが**膜分離法**であり，多孔性膜と非多孔性膜を用いる場合に大別される。膜分離法で重要な因子は**阻止率R**である。透過前の膜表面濃度をc_M，透過液の濃度をc_Pとすると

$$R = 1 - \frac{c_P}{c_M} \tag{4.49}$$

で表される。c_Mの代わりに原料液の濃度c_Fを用いることもある。膜分離法には分離対象の粒子サイズによっていくつかの種類がある。

(a) 一般ろ過

　粒子サイズが$1\,\mu m$以上のものに適用され，ろ紙やろ布などを用いる。

(b) 精密ろ過(MF)

　粒子サイズが$0.1\,\mu m$前後のものに適用され，メンブレンフィルターを用いる。

(c) 限外ろ過(UF)

　コロイド(10^{-9}～10^{-7}mの粒子)に適用され，低分子を透過させる膜を用いる。

(d) 逆浸透法(RO)

　溶質やイオンを阻止して溶媒のみを通す半透膜が用いられる。10^{-10}mの程度までの分離が可能である。

(e) ナノろ過(NF)

　適用範囲が限外ろ過と逆浸透法の両方にまたがる。

⑵集塵

(a) 遠心力集塵

　気体を回転させて遠心力により2～$300\,\mu m$程度のものを分離できる。微粒子は分離できないが，安価であり粗い粒子を分離できるので，他の集塵法と併用される。

(b) 洗浄集塵

　ベンチュリースクラバーが有名であり，液体を噴霧して微粒子を高速度に処理できるが，圧力損失が大きい。

(c) ろ過集塵

　ろ紙などのフィルターを用いた集塵法で，フィルターの孔径を変えることでさまざまなサイズの粒子の分離が可能である。

(d) 電気集塵

　コロナ放電によりイオン化させた気体を微粒子と衝突させ，それを集塵極で捕集する。微粒子を効率よく分離できる。

第4章 工業化学・化学工学

(3)沈降

流体中の微粒子が重力により沈降するのを利用して分離することができる。微粒子を含む流体が重力沈降室に入ったとき，微粒子が底に沈降するまでにかかる時間を**沈降時間**，微粒子が底までは沈降せずに重力沈降室を通過するのにかかる時間を**滞留時間**という。沈降時間のほうが滞留時間よりも短ければ沈降による物質分離が可能である。このとき，Stokes域（$Re < 2$）では終末速度（鉛直方向成分）u が

$$u = \frac{D_p^2 (\rho_p - \rho_f) g}{18\mu} \tag{4.50}$$

で与えられる。これを**Stokesの法則**という。ただし，D_p は微粒子径，ρ_p は微粒子の密度，ρ_f は流体の密度，μ は流体の粘度，g は重力加速度の大きさである。

重要ポイント 4 ▶ 調湿・乾燥

(1)湿度

空気中の水蒸気量の割合を湿度といい，湿度を調節することを**調湿**という。湿り空気の全圧を P，水蒸気の分圧を p とする。単位質量の乾き空気に対する水蒸気量の割合を**絶対湿度** H [kg(H$_2$O)/kg(dry air)] といい

$$H = \frac{18p}{29(P-p)} \tag{4.51}$$

で表される。ただし，18は水の分子量，29は空気の平均分子量である。

(2)含水率

含水率は湿り基準または乾き基準で表した固体中の水分の割合で表される。それぞれ w [kg(H$_2$O)/kg(wet)]，W [kg(H$_2$O)/kg(dry)] とすると，次の関係が成り立つ。

$$W = \frac{w}{1-w} \tag{4.52}$$

$$w = \frac{W}{1+W} \tag{4.53}$$

(3)恒率乾燥期間と減率乾燥期間

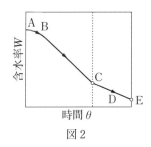

図2

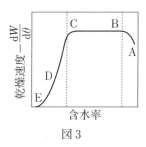

図3

　湿り基準含水率が$W[kg(H_2O)/kg(wet)]$の材料を，一定の湿度，温度，流速の気流中に置いたとき，Wの時間θに対する変化をグラフに表すと図2のようになる。含水率の時間変化の大きさ$-\dfrac{dW}{d\theta}[kg(H_2O)/(kg(wet)\cdot s)]$が**乾燥速度**であり，それを含水率$W$に対してグラフに示したものが図3である。これを**乾燥特性曲線**という。区間BCのように，乾燥速度が含水率によって変化せず一定の領域を**恒率乾燥期間**，区間CDのように含水率の低下によって乾燥速度が減少する部分を**減率乾燥期間**という。また，境界の点Cでの含水率を**限界含水率**という。

(4)恒率乾燥速度

　恒率乾燥期間では，材料の表面が十分に濡れているので，水の蒸発速度は自由表面での水の蒸発速度に等しい。このとき，空気から材料表面に伝わる熱量と水の蒸発に用いられる熱量がつりあっている。材料の比表面積を$a[m^2/kg(dry)]$とすると，伝熱速度$Q[W]$は気流の温度を$T[K]$，材料表面の温度を$T_w[K]$として

$$Q=h(T-T_w)a \tag{4.54}$$

と表せる。ただし，$h[W/(m^2\cdot K)]$は境膜伝熱係数である。これより，**恒率乾燥速度**$R_c[kg(H_2O)/(kg(wet)\cdot s)]$は

$$R_c=\frac{Q}{\lambda_w}=\frac{h(T-T_w)a}{\lambda_w} \tag{4.55}$$

となる。ただし，$\lambda_w[J/kg]$は温度T_wでの蒸発熱である。

第4章

工業化学・化学工学

(5)**減率乾燥速度**

　減率乾燥期間では材料内部からの水の供給が不十分であり，表面に乾いている部分が生じているため，単位面積当たりの乾燥速度が減少する。有効濡れ面積は含水率に比例するので，**減率乾燥速度R_f**は含水率Wに対して直線的に変化する。乾燥が進まなくなる含水率（図2の点E）をW_eとすると，R_fは$W-W_e$に比例するので，限界含水率をW_cとすると

$$R_f = R_c \frac{W-W_e}{W_c-W_e} \tag{4.56}$$

で与えられる。

(6)**乾燥時間**

　材料を含水率W_1からW_2にまで乾燥に要する時間θは，乾燥速度Rを積分して求められる。

$$R = -\frac{dW}{d\theta}$$

$$\theta = \int_{W_1}^{W_2} \frac{dW}{R} \tag{4.57}$$

　恒率乾燥期間と減率乾燥期間にまたがる場合は，(4.57)式の定積分をそれぞれに分けて計算する。

実戦問題

No.1 物質の分離法に関する記述㋐〜㋓のうち，妥当なもののみを挙げているのはどれか。　【国家一般職・令和元年度】

㋐　気相や液相中の物質が，その相と接触する他の相との界面において，濃縮される現象を吸着という。活性炭，シリカゲル，活性アルミナ，ゼオライトなどが吸着剤として広く用いられている。

㋑　二酸化炭素の温度と圧力が臨界温度および臨界圧力を超えると，超臨界流体となり，これを溶剤として用いる抽出法を超臨界抽出という。コーヒー豆や紅茶からカフェインを抽出する際に用いられている。

㋒　膜の細孔径と粒子の大きさの差や膜への親和性の違いを利用して，溶液から物質を分離する方法を膜分離という。膜を用いる濾過法として，一般的に，限外濾過は海水の淡水化に用いられ，逆浸透はコロイド粒子やタンパク質分子の分離に用いられている。

㋓　液体に対する気体の溶解度は，圧力が高く温度が低いほど小さく，圧力が低く温度が高いほど大きくなる。これを用いて，特定の液体に溶けやすい気体を分離する方法をガス吸収という。一般に，二酸化硫黄の吸収はメタノールなどの有機溶媒を用いて行われる。

1　㋐，㋑
2　㋐，㋒
3　㋑，㋒
4　㋑，㋓
5　㋒，㋓

No.2 炭素90.0wt%と灰分（無機物質）10.0wt%から成るコークスを空気中で燃焼させたところ，燃焼ガスの組成は次のようになった。

N_2：78.6mol%, CO_2：14.0mol%, CO：1.00mol%, O_2：6.40mol%

また，燃え殻中の灰分と未燃焼炭素の質量比は4：1であった。このとき，燃焼ガスを100kmol 発生させるのに必要なコークスの質量はおよそいくらか。

ただし，炭素の原子量を12.0とする。　【国家総合職・令和元年度】

1　100kg
2　156kg
3　185kg
4　206kg
5　276kg

第4章 工業化学・化学工学

No.3 ベンゼン30mol%，トルエン70mol％の混合溶液を流量120kmol・h^{-1}で，図のような連続蒸留塔に供給し，塔頂部よりベンゼン90mol%で回収した。このとき塔底部のベンゼンが20mol%であったとすると，塔頂部で回収される留出液の流量はおよそいくらか。

【国家一般職・平成27年度】

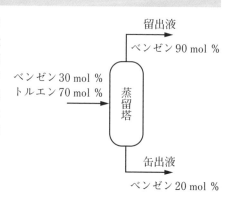

留出液

ベンゼン90 mol %

ベンゼン30 mol %
トルエン70 mol %

蒸留塔

缶出液

ベンゼン20 mol %

1 5kmol・h^{-1}
2 9kmol・h^{-1}
3 17kmol・h^{-1}
4 24kmol・h^{-1}
5 28kmol・h^{-1}

No.4 あるプラントから20.0wt％の水酸化ナトリウムを含む排水が400kg・h^{-1}で出ている。この排水を98.0wt％の濃硫酸で中和した後，中和によって生成する硫酸ナトリウムを水で溶解し系外に排出したい。このとき，加えるべき水の流量の最小値はおよそいくらか。

ただし，水1.00kgに対して溶解する硫酸ナトリウムは0.130kgとし，水酸化ナトリウムの式量を40.0，硫酸ナトリウムの式量を142，硫酸の分子量を98.0，水の分子量を18.0とする。

【国家一般職・令和元年度】

1 7.34×10^{2}kg・h^{-1}
2 7.50×10^{2}kg・h^{-1}
3 7.70×10^{2}kg・h^{-1}
4 7.92×10^{2}kg・h^{-1}
5 1.09×10^{3}kg・h^{-1}

No.5 25wt%の無機塩を含む水溶液を，単一蒸発缶に連続的に供給し，2000kg・h^{-1}の割合で水を除去している。この蒸発プロセスにおける缶出物は80wt%の析出塩と20wt%の飽和水溶液（塩濃度30wt%）から成るスラリーである。このスラリー中の析出塩の析出速度はおよそいくらか。

ただし，この蒸発プロセスにおいて無機塩は変化しないものとする。

【国家一般職・平成30年度】

1 3.9×10^2kg・h^{-1}

2 4.8×10^2kg・h^{-1}

3 5.7×10^2kg・h^{-1}

4 6.6×10^2kg・h^{-1}

5 7.5×10^2kg・h^{-1}

No.6 図のように，気体燃料のエタンを毎分1.0kmol送り出し，それにある量の空気を混ぜ合わせて，完全燃焼させている。このとき，エタンがすべて反応し，生成ガスに含まれる水蒸気の割合が14vol%であったとすると，1分当たりの空気の供給量およ

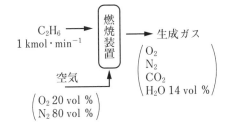

び酸素の過剰率$\left(= \dfrac{酸素の過剰量}{酸素の理論必要量} \right)$の組合せとして最も妥当なのはどれか。

ただし，空気の組成は，酸素20vol%，窒素80vol%とし，すべての気体は理想気体の挙動を示すものとする。

【国家一般職・平成28年度】

	空気の供給量	酸素の過剰率
1	20kmol・min^{-1}	14%
2	20kmol・min^{-1}	20%
3	25kmol・min^{-1}	43%
4	30kmol・min^{-1}	20%
5	30kmol・min^{-1}	71%

No.7 図のように，蒸発成
分が蒸留装置で凝縮することな
く留出する連続蒸留（フラッシ
ュ蒸留）を考える。密閉され，
一定温度に保たれた蒸留装置
に，ベンゼンとトルエンを連続
的に1：1のモル比で合計
1.00kmol/h供給したところ，
留出液量が0.50kmol/hとな

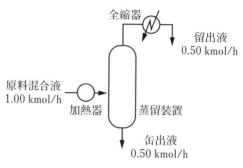

った。このとき，留出液のベンゼンのモル分率はおよそいくらか。

　ただし，ベンゼン，トルエンの溶液は理想溶液と考えてよく，蒸留時の温度にお
ける純粋なベンゼン，トルエンの飽和蒸気圧はそれぞれ330kPa，150kPaとし，
$\sqrt{55}$＝7.42とする。

【国家一般職・平成26年度】

1　0.5

2　0.6

3　0.7

4　0.8

5　0.9

No.8 **McCabe-Thiele法に関する次の記述の㋐，㋑，㋒に当てはまるものの組合せとして最も妥当なのはどれか。**

【国家総合職・平成26年度】

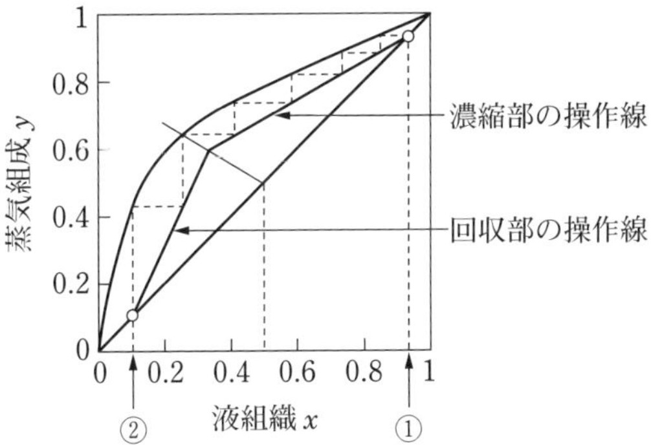

「図は，ある2成分系溶液を分離するための蒸留塔の [㋐] を求める際に用いられるMcCabe-Thiele法の階段作図である。塔頂における留出液の組成は，図中の [㋑] で示される。図中の濃縮部の操作線は，ある段における液組成と [㋒] 蒸気組成の関係を示している。」

	㋐	㋑	㋒
1	理論段数	①	その1段上の段に向かう
2	理論段数	①	その1段下の段からくる
3	還流比	①	その1段下の段からくる
4	還流比	②	その1段上の段に向かう
5	還流比	②	その1段下の段からくる

No.9 **蒸留に関する次の記述の[ア]，[イ]に当てはまるものの組合せとして最も妥当なのはどれか。** 【国家総合職・平成29年度】

「蒸留塔を全還流で運転すると，還流比Rは [ア] となり，このときの塔段数を最小理論段数N_mと呼ぶ。変形したラウールの式

$$\frac{y}{1-y}=\frac{\alpha x}{1-x}$$ （ここで，xは溶液の組成，yは蒸気の組成，αは相対揮発度）

で気液平衡を表すことができ，αが一定とみなせる場合は，解析的にN_mを求めることができる。留出液と缶出液の低沸点成分のモル分率（組成）を，それぞれx_D，x_Wとすると，

$$N_m+1=\frac{\boxed{イ}}{\log_e \alpha}$$

となる。」

	㋐	㋑
1	0	$\log_e\left(\frac{x_D}{1-x_D}\frac{x_W}{1-x_W}\right)$
2	0	$\log_e\left(\frac{x_D}{1-x_D}\frac{1-x_W}{x_W}\right)$
3	0	$\log_e\left(\frac{\alpha x_D}{1-x_D}\frac{x_W}{1-x_W}\right)$
4	無限大	$\log_e\left(\frac{x_D}{1-x_D}\frac{x_W}{1-x_W}\right)$
5	無限大	$\log_e\left(\frac{x_D}{1-x_D}\frac{1-x_W}{x_W}\right)$

No.10 乾燥に関する次の記述の㋐，㋑，㋒に当てはまるものの組合せとして最も妥当なのはどれか。 【国家総合職・平成28年度】

「ある含水固体材料を温度 t_0〔℃〕，湿度 H_0〔kg-水蒸気・(kg-乾燥空気)$^{-1}$〕の熱風で乾燥する。この材料の乾燥固体質量基準の含水率 w〔kg-水・(kg-乾量)$^{-1}$〕は，乾燥時間 θ〔s〕に対して図Aのように変化し，その過程は図中のⅠ，Ⅱ，Ⅲの期間に分けられる。このとき含水率 w の変化と乾燥固体質量基準の乾燥速度 $-\dfrac{dw}{d\theta}$〔kg-水・(kg-乾量)$^{-1}$・s^{-1}〕の関係，すなわち乾燥特性曲線は，図B，Cのうちでは，[㋐]となる。乾燥速度が一定である期間Ⅱでは，材料の温度は[㋑]。また，この期間では[㋒]の関係が成り立つ。ここで，k_H〔kg・m^{-2}・s^{-1}〕は湿度差を推進力とする物質移動係数，t_m〔℃〕は材料の温度，H_m〔kg-水蒸気・(kg-乾燥空気)$^{-1}$〕は t_m における飽和湿度，h〔kJ・m^{-2}・s^{-1}・K^{-1}〕は空気-水間の伝熱係数，λ_m〔kJ・kg^{-1}〕は t_m における水の蒸発潜熱である。」

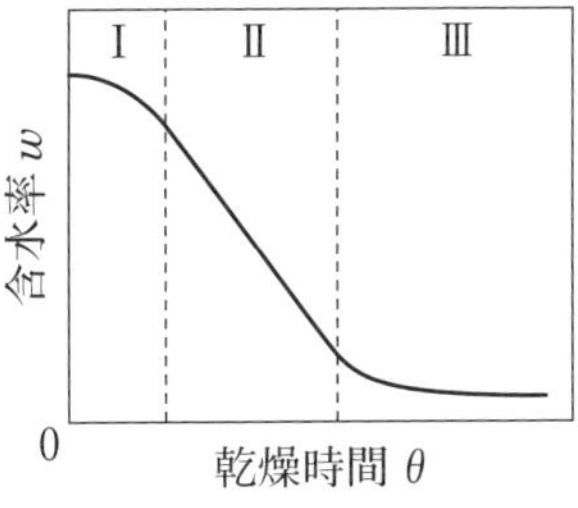

図A　乾燥による含水率の変化

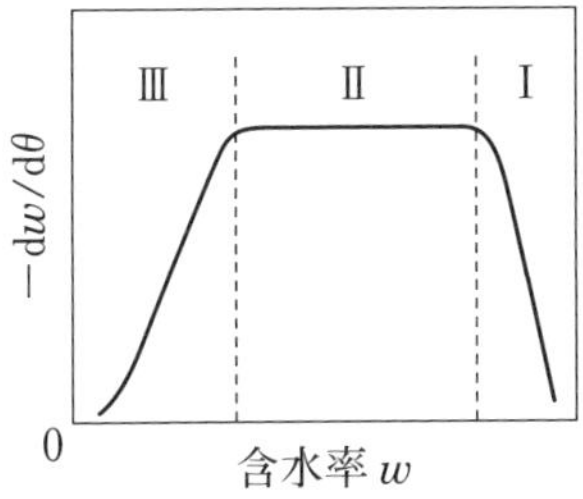

図B

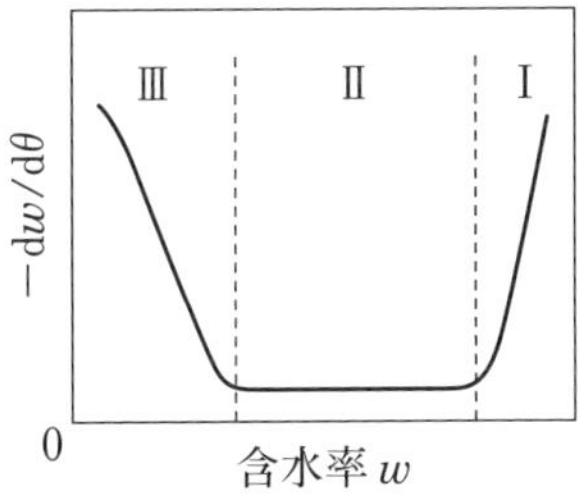

図C

	㋐	㋑	㋒
1	図B	一定に保たれる	$k_H(H_m-H_0)=\dfrac{h}{\lambda_m}(t_0-t_m)$
2	図B	一定に保たれる	$k_H(H_m-H_0)>\dfrac{h}{\lambda_m}(t_0-t_m)$
3	図B	一定の割合で低下する	$k_H(H_m-H_0)=\dfrac{h}{\lambda_m}(t_0-t_m)$
4	図C	一定に保たれる	$k_H(H_m-H_0)=\dfrac{h}{\lambda_m}(t_0-t_m)$
5	図C	一定の割合で低下する	$k_H(H_m-H_0)>\dfrac{h}{\lambda_m}(t_0-t_m)$

㋐　正しい。物体の界面で濃度が周囲よりも高くなる現象を吸着という。た
とえば，活性炭は浄水器などに，シリカゲルや活性アルミナは乾燥剤など
に，ゼオライトは触媒などに用いられる。

㋑　正しい。一般に，臨界温度と臨界圧力を上回った条件下では，物質は超
臨界流体となる。これは気体と液体の両方の性質をあわせもち，気体のよ
うに固体を浸出し，液体のように物質を溶解させる性質をもつ。二酸化炭
素の臨界温度は32℃，臨界圧力は7.4MPaで比較的温和な条件のため，溶
媒などとしてよく用いられている。

㋒　誤りである。限外濾過(UF)は1nm〜50nm程度の粒子を分離するもの
で，大きさはコロイド粒子の領域となる。タンパク質やウイルスなどを分
離するのに用いられる。これに対し，逆浸透(RO)は浸透圧以上の圧力を
かけて1nmより小さい粒子を分離する方法であり，海水の淡水化に用いら
れるイオン交換膜がその例である。

㋓　誤りである。液体に対する気体の溶解度は，圧力が高いほど大きい。ま
た，温度が高いほど小さくなるが，これは液体に対する気体の溶解におけ
るエンタルピー変化は一般に負(発熱過程)であるためである。ガス吸収
は，たとえば，火力発電所の排気ガスから酸性雨の原因となる二酸化硫黄
を除くときに行われている。メタノールを溶媒として酸性ガスを吸収する
方法はレクチゾール法という。

以上より，正答は**1**である。

必要なコークスの質量を$x$kgとすると，それに含まれる炭素は0.900$x$kg，灰
分が0.100$x$kgとなる。これを燃焼させてCO_2が14.0kmol，COが1.00kmol生成
している。また，灰分の質量は変化しないことに着目すると，燃え殻中の灰
分の質量は0.100$x$kgのままで，未燃焼炭素の質量は0.100$x$kg$\times\dfrac{1}{4}$＝0.0250$x$kg
とわかる。よって，炭素の質量について次の関係が成り立つ。

$0.900x$kg＝$(14.0+1.00)$kmol$\times 12.0$g/mol＋$0.0250x$kg

∴　$x$kg＝206kg

以上より，正答は**4**である。

No.3 の解説　連続蒸留塔の留出液の流量　→問題は P.360

　以下，単位時間当たりで考える。求める留出液の流量を$x$kmolとすると，缶出液の流量は$(120-x)$kmolと表せる。ベンゼンについての物質収支条件は次のようになる。

　　　$120\text{kmol}\times0.30=x\text{kmol}\times0.90+(120-x)\text{kmol}\times0.20$

　　　$\therefore\ x\text{kmol}=17\text{kmol}$

　以上より，正答は**3**である。

No.4 の解説　排水の中和に必要な流量　→問題は P.360

　以下，単位時間当たりで考える。水酸化ナトリウムの硫酸による中和反応は

　　　$H_2SO_4+2NaOH \longrightarrow Na_2SO_4+2H_2O$

で表される。NaOHの物質量は

　　　$\dfrac{400\text{kg}\times0.200}{40.0\text{g/mol}}=2.00\text{kmol}$

であるから，中和に必要なH_2SO_4，中和で生成するNa_2SO_4とH_2Oの質量は，それぞれ次のようになる。

　　　$1.00\text{kmol}\times98.0\text{g/mol}=98.0\text{kg}$

　　　$1.00\text{kmol}\times142\text{g/mol}=142\text{kg}$

　　　$2.00\text{kmol}\times18.0\text{g/mol}=36.0\text{kg}$

　中和するのに必要な98.0wt％濃硫酸に含まれる溶媒の水の質量は

　　　$98.0\text{kg}\times\dfrac{1-0.980}{0.980}=2.00\text{kg}$

であり，Na_2SO_4を飽和させるのに必要な水の質量は

　　　$1.00\text{kmol}\times142\text{g/mol}\times\dfrac{1.00\text{kg}}{0.130\text{kg}}=1092\text{kg}$

と求まる。排水に含まれる水の質量は

　　　$400\text{kg}\times(1-0.200)=320\text{kg}$

であるから，加えるべき水の最小の質量は次のようになる。

　　　$\{1092-(36.0+2.00+320)\}\text{kg}=734\text{kg}$

　以上より，正答は**1**である。

以下，単位時間当たりで考える。供給される水溶液の質量を$x$kg（無機塩が0.25$x$kg，水が0.75$x$kg），缶出液の質量を$y$kgとする。缶出液の内訳は，析出した無機塩の質量が0.80$y$kg，無機塩の飽和水溶液が0.20$y$kgである。さらに，塩濃度が30wt％なので，無機塩の飽和水溶液は溶質の無機塩の質量が0.20$y$kg×0.30＝0.060$y$kg，溶媒の水の質量が0.20$y$kg×$(1-0.30)$＝0.14$y$kgとなる。

水を2000kg除去していることを考慮すると，無機塩および水の物質収支条件は次のようになる。

$0.25x$kg$=(0.80y+0.060y)$kg

$0.75x$kg$=(2000+0.14y)$kg

∴ $y$kg＝820kg

よって，求める析出塩の析出速度は次のようになる。

$0.80y$kg$\cdot$h$^{-1}=6.6\times10^2$kg$\cdot$h^{-1}

以上より，正答は**4**である。

以下，単位時間当たりで考える。空気の供給量を$x$kmolとすると，エタンの完全燃焼に伴う量的関係は次表のようにまとめられる（単位はkmol）。

	2C_2H_6 +	7O_2 ⟶	4CO_2 +	6H_2O	N_2	合計
反応前	1.0	0.20x	0	0	0.80x	$x+1.0$
変化量	−1.0	−3.5	+2.0	+3.0	0	+0.5
反応後	0	0.20x−3.5	2.0	3.0	0.80x	$x+1.5$

生成ガスに含まれるH_2Oの割合からxが求められる。

$$\frac{3.0\text{kmol}}{(x+1.5)\text{kmol}}=0.14$$

∴ $x$kmol＝20kmol

また，O_2の過剰率は次のようになる。

$$\frac{(0.20x-3.5)\text{kmol}}{3.5\text{kmol}}\times100\%=14\%$$

以上より，正答は**1**である。

No.7 の解説　連続蒸留（フラッシュ蒸留）

→問題はP.362

以下，単位時間当たりで考える。原料混合液のベンゼンとトルエンのモル比が1：1なので，流量はともに$1.00\text{kmol}\times\frac{1}{2}=0.500\text{kmol}$である。

留出液のベンゼンのモル分率をxとすると，留出液のトルエンのモル分率は$1-x$なので，ベンゼンの流量は$0.50x$kmol，トルエンの流量は$0.50(1-x)$ kmolになる。

ここで物質収支条件を考えると，缶出液のベンゼンとトルエンの流量は，それぞれ

ベンゼン：$(0.500-0.50x)\text{kmol}=0.50(1-x)\text{kmol}$

トルエン：$\{0.500-0.50(1-x)\}\text{kmol}=0.50x\text{kmol}$

とわかる。つまり，缶出液のベンゼンのモル分率は$1-x$，トルエンのモル分率はxである。缶出液は理想溶液なので，Raoultの法則よりベンゼンの分圧は$330(1-x)$kPa，トルエンの分圧は$150x$kPaとなる。蒸留装置内の混合蒸気の組成と留出液の組成は等しいので，ベンゼンのモル分率について次の関係が成立する。

$$\frac{330(1-x)\text{kPa}}{\{330(1-x)+150x\}\text{kPa}}=x$$

$$6x^2-22x+11=0$$

$$\therefore\quad x=\frac{11\pm\sqrt{55}}{6}$$

$0<x<1$，$\sqrt{55}=7.42$よりxは次のようになる。

$$x=\frac{11-\sqrt{55}}{6}=0.6$$

以上より，正答は**2**である。

No.8 の解説　McCabe-Thiele法

→問題はP.363

McCabe-Thiele法は，蒸留塔の理論段数を求めるときに用いられる作図法である（㋐）。濃縮部にある点①は留出液の組成を表しており（㋑），これは1段前の蒸気の組成に等しい（㋒）。

以上より，正答は**2**である。

第4章 工業化学・化学工学

還流比 R は，留出液量を D，還流液量を L とすると

$$R = \frac{L}{D}$$

で定義される。蒸留塔を全還流（凝縮液をすべて蒸留塔に戻す操作）で運転すると，$D=0$ なので R は無限大となり，塔段数は最小になる。このときの段数が最小理論段数 N_m である。

各段での操作線と平衡線（Raoultの式）は，n 段目のときに添え字 n を付けて表す。また，添え字の w は (N_m+1) 段を示す。

段	操作線	平衡線
1	$x_D = y_1$	$\dfrac{y_1}{1-y_1} = \dfrac{\alpha x_1}{1-x_1}$
2	$x_1 = y_2$	$\dfrac{y_2}{1-y_2} = \dfrac{\alpha x_2}{1-x_2}$
…	…	…
n	$x_{n-1} = y_n$	$\dfrac{y_n}{1-y_n} = \dfrac{\alpha x_n}{1-x_n}$
…	…	…
N_m+1	$x_{w-1} = y_w$	$\dfrac{y_w}{1-y_w} = \dfrac{\alpha x_w}{1-x_w}$

平衡線の式をすべて掛け合わせると

$$\frac{x_D}{1-x_D} = \frac{\alpha^{N_m+1} x_w}{1-x_w}$$

$$\therefore \quad N_m+1 = \frac{\log_e \left(\dfrac{x_D}{1-x_D} \dfrac{1-x_w}{x_w} \right)}{\log_e \alpha}$$

が得られる。これを Fenske の式という。

以上より，正答は **5** である。

No.10の解説　含水固体試料の乾燥　　　　　　　　→問題はP.365

　図Aにおいて曲線は右下がりで$\dfrac{dw}{d\theta}<0$であるから，乾燥速度$-\dfrac{dw}{d\theta}$は正
の値である。期間Ⅰでは図Aの傾きの絶対値は増加していくので，乾燥速度
が増加していることがわかる。よって，乾燥特性曲線は図Bである（乾燥が
進むにつれて含水率wは減少することに注意する）。

　期間Ⅱでは一定の割合で乾燥が進んでおり恒率乾燥期間という。表面が十
分に濡れていて，蒸発速度が自由表面での水の蒸発速度に等しい状態であ
る。よって，単位時間当たりに空気から流入する熱量と水の蒸発に要する熱
量（蒸発潜熱）が等しいため，材料の温度は一定に保たれる。

　$k_H(H_m-H_0)$〔$kg \cdot m^{-2} \cdot s^{-1}$〕は，単位断面積を単位時間当たり湿度差を原動
力として移動する水の質量を表している。また，$\dfrac{h}{\lambda_m}(t_0-t_m)$〔$kg \cdot m^{-2} \cdot s^{-1}$〕は
同じ次元となることが確かめられるが，空気と材料表面の温度差を原動力と
して，単位断面積を単位時間当たり蒸発する水の質量を表している。恒率乾
燥期間では両者が一致する。

　なお，期間Ⅲは減率乾燥期間であり，材料表面の水分がなくなり，材料内
部から表面への水分の移動量が蒸発量に追い着かず，乾燥速度が減少してい
く。このとき，空気から材料に伝わる熱量のほうが，蒸発により奪われる熱
量よりも大きくなるため，材料の温度は上昇していく。

　以上より，正答は**1**である。

正答	No.1＝1	No.2＝4	No.3＝3	No.4＝1	No.5＝4
	No.6＝1	No.7＝2	No.8＝2	No.9＝5	No.10＝1

必修問題

　　原料成分Aについての二次反応2A ──→ Bは液相反応である。この反応を管型押出し流れ反応器で行うことを考える。原料溶液のAの濃度をC_0とし，一定の温度および体積流量で反応させた。この温度での反応速度定数をkとしたとき，反応率がxに達するまでの平均滞在時間として最も妥当なのはどれか。

【国家一般職・令和元年度】

1　$\dfrac{1}{kC_0}$

2　$\dfrac{1}{kC_0(1-x)^2}$

3　$\dfrac{x}{kC_0(1-x)^2}$

4　$\dfrac{1}{kC_0(1-x)}$

5　$\dfrac{x}{kC_0(1-x)}$

必修問題 の 解説

反応開始から時間 t 経過したときの反応率（反応速度）を r，原料溶液の A の濃度を C とすると，二次反応なので反応速度式は

$$r = -kC^2 \tag{1}$$

と表せる（反応工学では反応速度を濃度の時間変化率と定義することが多く絶対値にしない）。また，反応率（転化率）が x のとき

$$x = \frac{C_0 - C}{C_0}$$

$$\therefore \quad C = C_0(1-x) \tag{2}$$

である。求める平均滞在時間（平均滞留時間）を τ とすると，管型押出し流れ反応器の場合，式 (1) と式 (2) を用いて次のように計算できる。

$$\tau = \int_{C_0}^{C} \frac{\mathrm{d}C}{r} = -\int_{C_0}^{C} \frac{\mathrm{d}C}{kC^2}$$

$$= -\frac{1}{k}\left[-\frac{1}{C}\right]_{C_0}^{C} = \frac{1}{k}\left(\frac{1}{C} - \frac{1}{C_0}\right)$$

$$= \frac{1}{k}\left\{\frac{1}{C_0(1-x)} - \frac{1}{C_0}\right\} = \frac{x}{kC_0(1-x)}$$

以上より，正答は **5** である。

正答 **5**

第 4 章 工業化学・化学工学

P◎INT

重要ポイント 1 **反応の種類**

(1)可逆反応と不可逆反応

　すべての反応は熱力学的に**可逆反応**であるが，逆反応の速度が極めて小さく無視できる場合は反応速度論では**不可逆反応**として扱われる。反応速度論については，第1章物理化学のテーマ6で詳しく扱っている。

(2)均一系反応と不均一系反応

　気体や液体が完全に混合して一つの相を成して反応する場合を**均一系反応**という。これに対して，固体と液体の反応など，二つ以上の相を成して反応する場合を**不均一系反応**という。

重要ポイント 2 **反応装置と液体の流れ**

(1)回分操作と連続操作（流通操作）

　鍋で料理を作る場合のように，槽型反応器に反応物を入れて反応させ，それを槽から取り出す操作を**回分操作**という。これに対して，反応物を流しながら反応させる操作を**連続操作**または**流通操作**という。

(2)完全混合流れと押し出し流れ（ピストン流れ）

　槽型反応器では新たに反応物が流入したときに前からある反応物や生成物と混合するが，瞬時に混合して均一になるとする場合を**完全混合流れ**という。これに対して管型反応器では反応物を連続的に流し込むため，均一に混合することなく反応しながら流れていく。このような流れを**押し出し流れ**または**ピストン流れ**という。

重要ポイント 3 **反応装置の種類**

(1)回分反応器

　単一槽で回分操作を行う場合の反応容器を**回分反応器**という。撹拌により完全混合するので層内は均一であるが，時間とともに濃度は変化するので非定常状態である。反応器の体積をV，着目している反応物成分のモル濃度をC，物質量をn，反応速度をrとする。物質収支は(4.37)式を用いて

図1

$$dn = 0 + 0 - 0 - rVdt$$

$$r = -\frac{1}{V} \cdot \frac{dn}{dt} = -\frac{dC}{dt} \tag{4.58}$$

となる。これを時間で定積分するとモル濃度変化が求まる。

⑵連続槽型反応器

　槽型反応器を直列に連結した装置を**連続槽型反応器**といい，反応物を連続的に供給して反応させる連続操作である。撹拌により完全混合流れとなっているので層内は均一であるが，液体は次の反応槽へ次々と送られるので時間とともに濃度は変化しないとみなせる定常状態である。流入液について，体積流量(流通速度)をF，着目している反応物成分のモル濃度をC_0，反応器の体積をV，反応器および流出液のモル濃度をC，反応速度をrとする。物質収支は(4.37)式を用いて

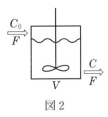

図2

$$V\mathrm{d}C = FC_0\mathrm{d}t + 0 - FC\mathrm{d}t - rV\mathrm{d}t$$

$$F(C_0-C) - rV = V\frac{\mathrm{d}C}{\mathrm{d}t} \tag{4.59}$$

となるが，定常状態では$\dfrac{\mathrm{d}C}{\mathrm{d}t}=0$なので

$$F(C_0-C) - rV = 0 \tag{4.60}$$

とできる。これより

$$\tau = \frac{V}{F} = \frac{C_0-C}{r} \tag{4.61}$$

となる。この時間の次元をもつτは回分反応器の反応時間に当たるもので**滞留時間**という。また，**反応率**xは

$$x = \frac{C_0-C}{C_0} \tag{4.62}$$

で定義されるので，(4.61)式は

$$\tau = \frac{C_0 x}{r} \tag{4.63}$$

とも表される。

⑶連続流通式反応器

　管型反応器では押し出しながら液体を流通
させるので連続操作となる。これを**連続流通
式反応器**という。撹拌はなく管内は不均一で
あるが，連続槽型反応器と同様に液体は次々
と送られるので時間とともに濃度は変化しな
いとみなせる定常状態である。断面積Sで長
さlの管を考える。体積流量（流通速度）をF，

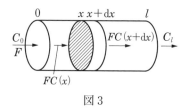

図3

着目している反応物成分の入口でのモル濃度をC_0，入口から長さxでのモル濃度を
$C(x)$，反応速度をrとする。微小部分Sdxについて物質収支は(4.37)式を用いて

$$0 = FC(x) + 0 - FC(x+dx) - rSdx$$

$$\frac{Sdx}{F} = -\frac{C(x+dx) - C(x)}{r} \tag{4.64}$$

となる。これを長さlの部分について積分すると，管体積$V = Sl$，出口でのモル濃
度C_lを用いて，滞留時間$\tau = \dfrac{V}{F}$が

$$\tau = \int_{C_0}^{C_l} \frac{dC}{r} \tag{4.65}$$

で与えられる。

実戦問題

No.1 **原料Aについての二次反応を，回分反応器を用いて液相で行う。この反応の反応速度定数は$3.0\times10^{-7}\mathrm{m^3\cdot mol^{-1}\cdot s^{-1}}$である。Aの初期濃度を$3.0\ \mathrm{kmol\cdot m^{-3}}$としたとき，Aの反応率を90%とするための反応時間はおよそいくらか。**

【国家一般職・平成29年度】

1　1.2×10^2s
2　1.0×10^3s
3　1.2×10^3s
4　1.0×10^4s
5　1.2×10^4s

No.2 **液相反応プロセスに関する次の記述の㋐，㋑に当てはまるものの組合せとして最も妥当なのはどれか。**　【国家一般職・平成24年度】

「次の反応式で表される液相反応は，原料成分Aについての一次反応である。

$$\mathrm{A} \longrightarrow \mathrm{B}$$

Aの反応速度$-r_A$は，Aの濃度をC_A〔mol/m^3〕とすると，

$$-r_A=kC_A \quad (k\text{は反応速度定数})$$

と表せる。この反応を，完全混合流れが仮定できる体積V〔m^3〕の連続槽型反応器で行うことを考える。

Aの濃度が1.2kmol/m^{3}の原料溶液を，体積流量0.30m^3/minで反応器へ注入し，一定の温度で反応させた。この温度でのkは0.25min^{-1}である。この反応が定常状態であるときのAの物質収支は，反応器出口におけるAの物質量流量をF_A〔mol/min〕とすると，

$$360=F_A \boxed{㋐} r_AV$$

と表せる。また，Aの反応率を80%以上にするための最小のVは，［㋑］m^{3}である。」

	㋐	㋑
1	＋	4.8
2	＋	7.2
3	−	3.6
4	−	4.8
5	−	7.2

No.3 A $\longrightarrow$ Bで表され，定容系とみなせる液相反応がAについての一次反応であるとき，この反応を定容回分反応器，連続槽型反応器，管型反応器を用いて行う。転化率が50%となるまでの反応時間あるいは平均滞留時間をそれぞれt_b, τ_c, τ_pとしたとき，t_b, τ_c, τ_pの大小関係として最も妥当なのはどれか。

ただし，原料の初期濃度および反応速度定数はそれぞれの反応器で等しいものとする。また，連続槽型反応器は定常状態で操作されており，定容回分反応器内および連続槽型反応器内はそれぞれ完全混合流れ，管型反応器内は押出し流れであるとする。

ただし，自然対数の底eを2.72とする。　【国家総合職・令和元年度】

1　$t_b < \tau_c < \tau_p$
2　$t_b = \tau_p < \tau_c$
3　$t_b = \tau_c = \tau_p$
4　$\tau_c < t_b < \tau_p$
5　$\tau_c = \tau_p < t_b$

No.4 A $\longrightarrow$ Bで表される液相1次不可逆反応があり，反応速度$-r_A$〔$mol \cdot m^{-3} \cdot s^{-1}$〕は，Aの濃度を$C_A$〔$mol \cdot m^{-3}$〕として，

$$-r_A = 5.00 \times 10^{-4} C_A$$

で表される。この反応を連続槽型反応器で行うとき，反応器に必要な体積V〔m^3〕に関する次の記述の㋐，㋑に当てはまるものの組合せとして最も妥当なのはどれか。

なお，原料中のAの濃度をC_{A0}〔$mol \cdot m^{-3}$〕，原料供給速度をv_0〔$m^3 \cdot s^{-1}$〕，反応器内での反応率をx_Aとしたとき，反応器の空間時間t〔s〕は，

$$t = \frac{V}{v_0} = \frac{C_{A0} x_A}{-r_A}$$

と表すことができる。　【国家一般職・平成27年度】

「原料供給速度を$8.00 \times 10^{-4} m^3 \cdot s^{-1}$，原料中のAの濃度を$2000 mol \cdot m^{-3}$としたとき，1台の反応器で，成分Aを90.0%反応させるために必要な反応器体積は［㋐］m^3である。また，2台の同じ大きさの反応器を直列に接続する場合，最終的に成分Aを90.0%反応させるために必要な2台の反応器の合計体積は，1台の場合［㋑］。」

	㋐	㋑
1	14.4	より小さくなる
2	14.4	と等しい
3	14.4	より大きくなる
4	18.0	より小さくなる
5	18.0	より大きくなる

実戦問題 の 解説

反応開始から時間 t 経過したときの反応速度を r，原料 A の濃度を C とする。また，原料 A の初期濃度を C_0，反応速度定数を k とする。二次反応なので反応速度式は

$$r = -kC^2 \tag{1}$$

と表せる。一方，反応速度の定義より

$$r = \frac{\mathrm{d}C}{\mathrm{d}t} \tag{2}$$

であるから，式 (1) と式 (2) を連立して

$$\frac{\mathrm{d}C}{\mathrm{d}t} = -kC^2 \tag{3}$$

という線形一階微分方程式が得られる。原料 A の反応率が 90 ％のとき，$C = 0.10C_0$ である。求める時間を t_1 とすると，式 (3) を解くことにより求められる。

$$\frac{\mathrm{d}C}{C^2} = -k\,\mathrm{d}t$$

$$\int_{C_0}^{0.10C_0} \frac{\mathrm{d}C}{C^2} = -\int_{0}^{t_1} k\,\mathrm{d}t$$

$$\left[-\frac{1}{C} \right]_{C_0}^{0.10C_0} = -kt_1$$

$$\frac{1}{C_0} - \frac{1}{0.10C_0} = -kt_1$$

$$\therefore \quad t_1 = \frac{9.0}{kC_0}$$

$$= \frac{9.0}{3.0 \times 10^{-7}\,\mathrm{m^3 \cdot mol^{-1} \cdot s^{-1}} \times 3.0 \times 10^{3}\,\mathrm{mol \cdot m^{-3}}}$$

$$= 1.0 \times 10^{4}\,\mathrm{s}$$

以上より，正答は **4** である。

入口での原料 A の体積流量を F_{A0} とすると

$$F_{A0}=1.2\times10^3\mathrm{mol/m^3}\times0.30\mathrm{m^3/min}=3.6\times10^2\mathrm{mol/min}$$

である。ここで，物質収支条件より次の関係が成り立つ。

$$F_{A0}=F_A-r_A V$$

反応率が80％のとき $F_A=0.20F_{A0}$ であり，反応速度式を用いると，V を求めることができる。

$$F_{A0}=0.20F_{A0}+kC_A V$$

$$\therefore\quad V=\frac{0.80F_{A0}}{kC_A}=\frac{0.80\times3.6\times10^2\mathrm{mol/min}}{0.25\mathrm{min^{-1}}\times1.2\times10^3\times(1-0.80)\,\mathrm{mol/m^3}}=4.8\mathrm{m^3}$$

よって，これが反応率を80％以上にするために必要な反応器の体積の最小値である。

以上より，正答は**4**である。

● 定容回分反応器

反応開始時の A の濃度を C_{A0}，時間 t 経過したときの A の濃度を C_A，転化率を x_A，反応速度を r_A とすると

$$C_A=C_{A0}(1-x_A) \tag{1}$$

と表せる。反応速度の定義と式(1)より

$$r_A=\frac{\mathrm{d}C_A}{\mathrm{d}t}=-C_{A0}\frac{\mathrm{d}x_A}{\mathrm{d}t}$$

$$\therefore\quad \mathrm{d}t=-C_{A0}\frac{1}{r_A}\mathrm{d}x_A \tag{2}$$

となる。ここで，一次反応の反応速度式は，式(1)を用いて

$$r_A=-kC_A=-kC_{A0}(1-x_A) \tag{3}$$

で与えられる。式(3)を式(2)に代入すると

$$\mathrm{d}t=\frac{1}{k(1-x_A)}\mathrm{d}x_A$$

と変形できる。これを $x_A=0$ から $x_A=0.50$ まで積分すると，求める平均反応時間 t_b が得られる。

$$\int_0^{t_b}\mathrm{d}t=\frac{1}{k}\int_0^{0.50}\frac{1}{1-x_A}\mathrm{d}x_A$$

$$\therefore\quad t_b=\frac{1}{k}\left[-\log_e(1-x_A)\right]_0^{0.50}=\frac{\log_e 2}{k} \tag{4}$$

● 連続槽型反応器

反応容器の体積を V_r，原料溶液の体積流量を F とすると，$\dfrac{V_r}{F}$ は時間の次元をもち，転化率が x_A になるまでの平均反応時間を意味する。原料溶液中の A の濃度を C_{A0} とすると，$\dfrac{V_r}{F}$ は反応速度 r_A を用いて次のように表せる。

$$\frac{V_r}{F} = \frac{C_{A0}x_A}{-r_A}$$

ここで，定容回分反応器と同様に式(3)が成り立つので，

$$\frac{V_r}{F} = \frac{x_A}{k(1-x_A)}$$

となる。求める平均滞留時間 τ_c は $x_A = 0.50$ のときの $\dfrac{V_r}{F}$ の値であるから，次のようになる。

$$\tau_c = \frac{0.50}{k(1-0.50)} = \frac{1}{k} \tag{5}$$

● 管型反応器

管の断面積を S，原料の体積流量を F，入口からの距離が X の部分における A の濃度を $C_A(X)$ とすると，物質収支条件より次の関係が成り立つ。

$$r_A S\,dX = FC_A(X) - FC_A(X+dX)$$

$$\therefore \quad \frac{r_A S}{F} = \frac{C_A(X) - C_A(X+dX)}{dX} = \frac{dC_A}{dX}$$

転化率が50%になる距離を $X=L$ とすると，SL が反応容器の体積 V_r に相当する。求める平均滞留時間 τ_p は $\dfrac{V_r}{F}$ で求められる。

$$\frac{S}{F}\int_0^L dX = \int_{C_A(0)}^{0.50C_A(0)} \frac{dC_A}{r_A}$$

$$\frac{S}{F}L = \int_{C_A(0)}^{0.50C_A(0)} \frac{dC_A}{-kC_A}$$

$$\frac{V_r}{F} = \left[\frac{\log_e C_A}{k}\right]_{0.50C_A(0)}^{C_A(0)}$$

$$\therefore \quad \tau_p = \frac{\log_e 2}{k} \tag{6}$$

$\log_e 2 < 1$，および式(4)〜式(6)から $t_b = \tau_p < \tau_c$ であることがわかる。

以上より，正答は**2**である。

反応率がx_AのときのAの濃度C_Aは

$$C_A = C_{A0}(1-x_A)$$

と表せる。与えられた空間時間の式より，求める反応器体積Vは次のようになる。

$$\frac{V}{v_0} = \frac{C_{A0}x_A}{kC_{A0}(1-x_A)} = \frac{x_A}{k(1-x_A)}$$

$$\therefore \quad V = \frac{v_0 x_A}{k(1-x_A)} = \frac{8.00\times10^{-4}\mathrm{m^3 \cdot s^{-1}} \times 0.900}{5.00\times10^{-4}\mathrm{s^{-1}} \times (1-0.900)} = 14.4\mathrm{m}^3$$

次に，体積がV'の反応器を2台直列に接続した連続槽型反応器（合計体積は$2V'$）について考える。体積が$2V'$の反応器1台で反応させた場合と比べて反応率が大きくなることは，以下のように示される。

濃度C_{A0}の原料を第1反応器に体積流量v_0で供給し，出口で濃度がC_{A1}になったとする。そして，濃度C_{A1}の溶液を第2反応器に体積流量v_0で供給し，出口で濃度がC_{A2}になったとする。与えられた空間時間の式より

$$\frac{V'}{v_0} = \frac{C_{A1}-C_{A0}}{-kC_{A1}} = \frac{C_{A2}-C_{A1}}{-kC_{A2}}$$

$$C_{A1} = \frac{v_0}{kV'+v_0}C_{A0}$$

$$C_{A2} = \frac{v_0}{kV'+v_0}C_{A1}$$

$$\therefore \quad C_{A2} = \left(\frac{v_0}{kV'+v_0}\right)^2 C_{A0} \tag{1}$$

が得られる。ここで，2台全体での反応率が90.0％なので

$$C_{A2} = (1-0.900)C_{A0} = 0.100C_{A0} \tag{2}$$

となる。式(1)と式(2)を比較して値を代入すると，V'が求められる。

$$\frac{v_0}{kV'+v_0} = \sqrt{0.100}$$

$$\therefore \quad V' = \frac{(\sqrt{10.0}-1)v_0}{k} = \frac{(3.16-1)\times 8.00\times10^{-4}\mathrm{m^3 \cdot s^{-1}}}{5.00\times10^{-4}\mathrm{s^{-1}}}$$

$$= 3.46\mathrm{m}^3$$

よって，$2V' < V$である。

以上より，正答は**1**である。

正答 No.1＝**4** No.2＝**4** No.3＝**2** No.4＝**1**

第5章

分析化学

必 修 問 題

　0.10mol・L^{-1}のリン酸（H$_3$PO$_4$）水溶液10mLを0.10mol・L^{-1}の水酸化ナトリウム水溶液で滴定したところ，図のような滴定曲線を得た。点Xにおける被滴定液中に存在するリン原子を含む化学種のうち，最も存在割合が大きい化学種および2番目に存在割合が大きい化学種の組合せとして最も妥当なのはどれか。
【国家一般職・令和元年度】

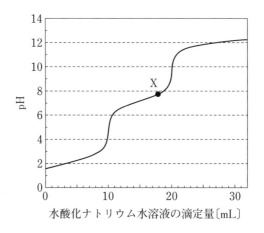

	最も存在割合が大きい化学種	2番目に存在割合が大きい化学種
1	H$_3$PO$_4$	H$_2$PO$_4^-$
2	H$_2$PO$_4^-$	HPO$_4^{2-}$
3	HPO$_4^{2-}$	H$_2$PO$_4^-$
4	HPO$_4^{2-}$	PO$_4^{3-}$
5	PO$_4^{3-}$	HPO$_4^{2-}$

必修問題 の 解説

リン酸H_3PO_4は水溶液中で次のように3段階で電離する。

$$H_3PO_4 \rightleftarrows H^+ + H_2PO_4^- \qquad\qquad (1)$$
$$H_2PO_4^- \rightleftarrows H^+ + HPO_4^{2-} \qquad\qquad (2)$$
$$HPO_4^{2-} \rightleftarrows H^+ + PO_4^{3-} \qquad\qquad (3)$$

与えられた滴定曲線を見ると，第1中和点は滴定量が10mL，第2中和点は滴定量が20mLである。Xは第2中和点の直前であるから，式(1)の解離は完了し，式(2)の解離が完了する少し前である。よって，最も存在割合が大きい化学種はHPO_4^{2-}，2番目に存在割合が大きい化学種は$H_2PO_4^-$である。

リン酸の各化学種のpHに対するモル分率の変化は次図のようになる。

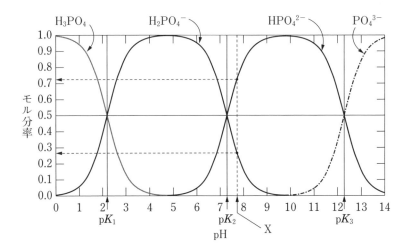

なお，第3中和点に相当するpHはかなり大きく，滴下している水酸化ナトリウム水溶液のpHである13にかなり近いため，滴定量30mLでのpHジャンプは見られていない。

以上より，正答は**3**である。

正答 **3**

重要ポイント 1 酸塩基滴定

酸と塩基の中和反応を利用する滴定法で，酸の標準溶液でアルカリを定量する**アルカリ滴定**と，アルカリの標準溶液で酸を定量する**酸滴定**がある。酸塩基滴定ではpHを濃度変数として用いるが，ここでは弱酸を強塩基で滴定する場合のpH変化について考察しておこう（弱酸：HA，強塩基NaOH）。

(1)**当量点以前**

当量点までの溶液は，弱酸HAと中和反応によって生じた弱酸の塩NaAの混合溶液であり，緩衝溶液とみなせる。したがって，HAの濃度をC_A，NaAの濃度をC_Bとすると

$$[H^+] = K\frac{C_A}{C_B} \quad \left(K = \frac{[H^+][A^-]}{[HA]} \cdots 解離定数\right)$$

$$pH = pK + \log_{10}\frac{C_B}{C_A}$$

滴定率fを$f = \dfrac{塩基添加量}{当量点に達するまでに必要な塩基添加量}$で定義すると上式は次のように書き換えられる。

$$pH = pK + \log_{10}\frac{f}{1-f}$$

(2)**当量点**

溶液中にはNaAのみが存在するからNaAの加水分解を考えればよい。塩の加水分解より

$$[OH^-] = \sqrt{K_W\frac{C_B}{K}}$$

K_W：水のイオン積

当量点において溶液は塩基性である。

(3)**当量点以後**

NaOHが過剰になるのでNaAの加水分解は抑制

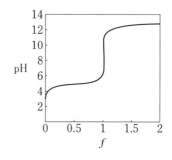

され，NaOH溶液とみなすことができる。

この滴定の滴定曲線は右上図のようになり，当量点は塩基性領域にある。酸塩基滴定では当量点を知るのに指示薬の変色を用いるが，この場合は変色域が塩基性領域にあるような指示薬を用いなければならない。

重要ポイント 2 ▶ 沈殿滴定

沈殿生成反応を利用して行う滴定である。代表的なものを次に挙げる。

⑴ Volhard 法

KSCN溶液を用いた Ag^+ の滴定。Ag^+ と沈殿生成するハロゲンイオンやその他の陰イオンの滴定にも間接的に用いられる。指示薬としては Fe^{3+} を使う。

⑵ Mohr 法

$AgNO_3$ 溶液を用いた Cl^-，Br^- の滴定。指示薬として K_2CrO_4 を使う。

⑶ Fajans 法（吸着指示薬法）

フルオレッセインやエオシンなどの吸着による発色を利用する方法。Cl^- を $AgNO_3$ を用いて滴定する場合，フルオレッセインを吸着指示薬として用いると，フルオレッセインは当量点前は溶液中にあり緑色だが，当量点を過ぎると過剰の Ag^+ により正に帯電した $AgCl$ 沈殿に吸着し，フルオレッセイン酸銀となり，深赤色となる。

第5章

分析化学

387

酸化剤と還元剤の間の電子の授受を利用した滴定法であり，当量点を知るためには酸化還元指示薬を用いる場合（過マンガン酸カリウムを酸化剤として用いた滴定では，指示薬の役割も兼ねる）と，滴定液の電位を測定する場合がある。

○ Nernstの式

$$O_x + ne^- \longrightarrow Red$$

$$E = E° - \frac{RT}{nF} \ln \frac{[Red]}{[O_x]}$$

（$E°$：標準酸化還元電位　F：Faraday定数　R：気体定数）

25℃では $\frac{RT}{F} = 0.059$

上式により滴定の各段階での電位が求められる。

重要ポイント **4** ▶ キレート滴定（錯化滴定）

金属イオンの錯体生成を利用した滴定法。特にEDTAとのキレート生成反応を利用した滴定はよく用いられる。

滴定において金属の分析濃度をCとし，M，ML，ML_2，……などの濃度の比をα_0，α_1，α_2，……とすると

$$\alpha_0 = \frac{[M]}{C}$$

$$\alpha_1 = \frac{[ML]}{C}$$

$$\vdots$$

$$\alpha_n = \frac{[ML_n]}{C}$$

$$\alpha_0 + \alpha_1 + \cdots\cdots + \alpha_n = 1 \tag{5.1}$$

(5.1)および平衡定数の式を用いてC，$[ML]$などを消去すると

$$\alpha_0 = \frac{1}{1 + \beta_1[L] + \beta_2[L]^2 + \cdots\cdots + \beta_n[L]^n}$$

$$\alpha_1 = \frac{\beta_1[L]}{1 + \beta_1[L] + \beta_2[L]^2 + \cdots\cdots + \beta_n[L]^n}$$

$$\vdots$$

$$\alpha_n = \frac{\beta_n[L]^n}{1 + \beta_1[L] + \beta_2[L]^2 + \cdots\cdots + \beta_n[L]^n}$$

（β：逐次安定度定数）

となる。したがって，逐次安定度定数βと平衡における配位子濃度$[L]$さえわかれば，溶液中の全化学種の濃度がわかる。

第5章

分析化学

実戦問題

No.1 キレート試薬の一つであるEDTA（エチレンジアミン四酢酸）に関する記述㋐～㋓のうち妥当なもののみをすべて挙げているのはどれか。

【国家一般職・平成29年度】

㋐ EDTAが金属イオンに配位する場合，その配位数は常に4である。

㋑ Na^+，K^+は，EDTAを用いたキレート滴定により定量できる。

㋒ Ca^{2+}，Mg^{2+}は，EDTAを用いたキレート滴定により定量できる。

㋓ EDTAを用いたキレート滴定を利用して，SO_4^{2-}等の陰イオンを間接的に定量できる。

1 ㋐
2 ㋐，㋑
3 ㋐，㋒
4 ㋑，㋒，㋓
5 ㋒，㋓

実戦問題の解説

No.1 の解説 EDTAによるキレート滴定

→問題はP.390

㋐ 誤りである。EDTA（エチレンジアミン四酢酸）は次図のように六座配位子として作用する。EDTAのように複数の配位座をもつ化学種が金属イオンに配位してできる錯体をキレート錯体という。

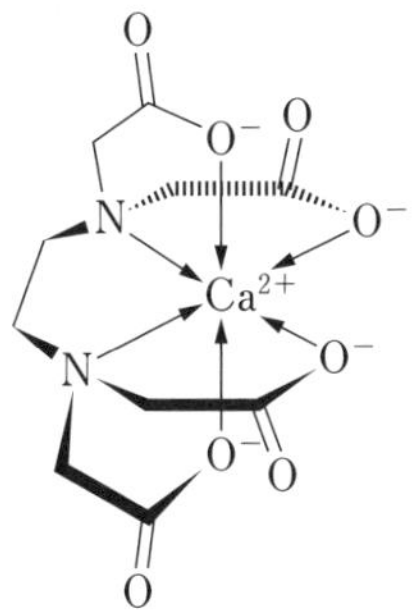

㋑ 誤りである。EDTAはアルカリ金属イオンと安定な錯体を形成できない。逆に，この性質を利用してEDTAは金属イオンの分離に利用できる。

㋒ 正しい。Ca^{2+}やMg^{2+}はEDTAと安定なキレート錯体を形成するため，定量に利用することができる。これをキレート滴定という。

㋓ 正しい。キレート滴定には間接滴定法がある。EDTAとは直接反応しない陰イオン，アルカリ金属イオン，アンモニウムイオンなどを，金属イオンと定量的に反応させて分離して除き，過剰の金属イオンに対してキレート滴定を行う。たとえば，SO_4^{2-}の定量では，過剰の$BaCl_2$水溶液を加えて$BaSO_4$として沈殿させ，残ったBa^{2+}をキレート滴定する。

以上より，正答は**5**である。

第5章 分析化学

正答 No.1＝5

必 修 問 題

Cd²⁺を含む水溶液とNi²⁺を含む水溶液に，緩衝液を用いてpHを調整した後，硫化水素を吹き込む。これらの水溶液のpHを1に調整した場合とpHを4に調整した場合における沈殿の生成に関する記述の組合せとして最も妥当なのはどれか。

ただし，Cd²⁺およびNi²⁺の濃度はいずれも1L当たり0.01mol程度であり，CdSおよびNiSの溶解度積は，それぞれ $5.0 \times 10^{-28}\,mol^2/L^2$ および $2.0 \times 10^{-21}\,mol^2/L^2$ である。また，硫化水素濃度はほぼ飽和状態の0.1mol/Lであり，硫化水素の第一解離定数を $1.0 \times 10^{-7}\,mol/L$，第二解離定数を $1.3 \times 10^{-13}\,mol/L$ とする。　【国家一般職・平成26年度】

	pHを1に調整した場合	pHを4に調整した場合
1	CdSのみ沈殿し，Ni²⁺は沈殿しない。	CdS, NiSとも沈殿する。
2	CdSのみ沈殿し，Ni²⁺は沈殿しない。	NiSのみ沈殿し，Cd²⁺は沈殿しない。
3	Cd²⁺, Ni²⁺とも沈殿しない。	CdSのみ沈殿し，Ni²⁺は沈殿しない。
4	Cd²⁺, Ni²⁺とも沈殿しない。	CdS, NiSとも沈殿する。
5	NiSのみ沈殿し，Cd²⁺は沈殿しない。	CdSのみ沈殿し，Ni²⁺は沈殿しない。

必修問題 の 解説

2価の金属イオンをM^{2+}と表すと，硫化物MSの溶解平衡は次のように表せる。

$$MS \rightleftharpoons M^{2+} + S^{2-}$$

溶解度積をK_{sp}とすると

$$K_{sp} = [M^{2+}][S^{2-}]$$

であり，MSが水溶液中で飽和になっていれば成立する。硫化水素の水溶液中の電離平衡は

$$H_2S \rightleftharpoons H^+ + HS^-$$

$$HS^- \rightleftharpoons H^+ + S^{2-}$$

であり，各段階の電離定数を，それぞれK_1，K_2とすると

$$K_1 = \frac{[H^+][HS^-]}{[H_2S]}, \quad K_2 = \frac{[H^+][S^{2-}]}{[HS^-]}$$

で表される。これらの式から$[HS^-]$を消去すると

$$K_1 K_2 = \frac{[H^+]^2[S^{2-}]}{[H_2S]}$$

となるが，ここで$[H_2S] = 0.1\,\mathrm{mol/L}$に保たれるので

$$[S^{2-}] = \frac{K_1 K_2 [H_2S]}{[H^+]^2}$$

$$= \frac{1.0 \times 10^{-7}\,\mathrm{mol/L} \times 1.3 \times 10^{-13}\,\mathrm{mol/L} \times 0.1\,\mathrm{mol/L}}{(10^{-pH}\,\mathrm{mol/L})^2}$$

$$= 1.3 \times 10^{2pH-21}\,\mathrm{mol/L}$$

という関係が成り立つ。

$[M^{2+}] = 0.01\,\mathrm{mol/L}$なので

$$[M^{2+}][S^{2-}] = 0.01\,\mathrm{mol/L} \times 1.3 \times 10^{2pH-21}\,\mathrm{mol/L}$$

$$= 1.3 \times 10^{2pH-23}\,\mathrm{mol^2/L^2}$$

である。

pH=1のとき$1.3 \times 10^{-21}\,\mathrm{mol^2/L^2}$で，CdSの$K_{sp}$より大きいのでCdSは沈殿するが，NiSの$K_{sp}$よりは小さいので$Ni^{2+}$は沈殿しない。

pH=4のとき$1.3 \times 10^{-15}\,\mathrm{mol^2/L^2}$で，これはCdSとNiSの$K_{sp}$より大きいので，両方沈殿する。

以上より，正答は**1**である。

正答 **1**

重要ポイント **1** イオンの定性分析

⑴陰イオン

　陰イオンには陽イオンのような系統的な分析法はないが，$BaCl_2$および$AgNO_3$による沈殿生成の有無と沈殿の酸に対する溶解性によって，5属（または3属）に分類されている。

⑵陽イオン

　次に，硫化水素法による分属試薬と，各属に所属するイオンの表を掲げておく。

属	分属試薬	所属イオン
1	希HCl	Ag^+，Pb^{2+}，Hg^+
2	H_2S	Pb^{2+}，Hg^{2+}，Cu^{2+}，Cd^{2+}，Bi^{3+}，Sn^{2+}，
		Sn^{4+}，Sb^{3+}，Sb^{5+}，As^{3+}，As^{5+}
3	NH_4Cl+NH_4OH	Fe^{3+}，Al^{3+}，Cr^{3+}
4	$(NH_4)_2S$	Co^{2+}，Ni^{2+}，Mn^{2+}，Zn^{2+}
5	$(NH_4)_2CO_3$	Ca^{2+}，Sr^{2+}，Ba^{2+}
6	——	Mg^{2+}，Na^+，K^+，NH_4^+

重要ポイント **2** 溶解度積

　飽和溶液における陰陽両イオンの濃度 (mol/L) の積。難溶性塩の**溶解度積**は一定の温度において一定の値である。

$$C_xA_y \rightleftharpoons xC^+ + yA^-$$

$$K=[C^+]^x[A^-]^y \cdots\cdots 溶解度積（厳密には活量に対して成り立つ）$$

重要ポイント **3** 平衡計算

⑴酸塩基平衡

　化学平衡計算は，a）**質量作用の法則**（平衡定数），b）**物質均衡**（マスバランス），c）**電荷均衡**の3つの原則によって式を立てて解くのが基本である。以下，典型的な例について考察しよう。

1）弱酸（弱塩基）溶液～一塩基酸（一酸塩基）～

　酸解離定数K，濃度Cである弱酸HAの溶液の水素イオン濃度について考えてみよう。

溶液中では，$HA \rightleftharpoons H^+ + A^-$

$$H_2O \rightleftharpoons H^+ + OH^-$$

酸解離定数より

$$K = \frac{[H^+][A^-]}{[HA]} \qquad (5.2)$$

マスバランスより

$$C = [HA] + [A^-] \qquad (5.3)$$

電荷均衡より

$$[H^+] = [OH^-] + [A^-] \qquad (5.4)$$

(5.3)，(5.4)を用いて(5.2)から $[A^-]$，$[HA]$ を消去すると

$$K = \frac{[H^+]([H^+] - [OH^-])}{C - ([H^+] - [OH^-])} \qquad (5.5)$$

水のイオン積 K_w を用いて $[OH^-]$ を消去すると

$$[H^+]^3 + K[H^+]^2 - (K_w + KC)[H^+] - KK_w = 0$$

となる。

　ただし，ほとんどの問題においては，(5.5)で $[H^+] \gg [OH^-]$（溶液は酸性なので）より，$[OH^-]$ を無視して $[H^+]$ の2次方程式を導いたり，さらに $C \gg [H^+]$（ある程度酸濃度が高い場合）より C に対し $[H^+]$ を無視するというような近似を行い，計算する。

2）弱酸（弱酸基）溶液〜多塩基酸（多酸塩基）〜

$$H_3A \rightleftharpoons H^+ + H_2A^- \qquad K_1 = \frac{[H^+][H_2A^-]}{[H_3A]}$$

$$H_2A^- \rightleftharpoons H^+ + HA^{2-} \qquad K_2 = \frac{[H^+][HA^{2-}]}{[H_2A^-]}$$

$$HA^{2-} \rightleftharpoons H^+ + A^{3-} \qquad K_3 = \frac{[H^+][A^{3-}]}{[HA^{2-}]}$$

　このように逐次解離する多塩基酸の場合，第1段解離によるH⁺によって以後の解離が抑制されるため，第2段解離以後は無視し，1）のように扱ってよい（つまり，$K_1 \gg K_2 > K_3$）。

3）塩の加水分解

　弱酸と強塩基の塩として代表的な酢酸ナトリウムについて検討する。酢酸ナトリウム水溶液（濃度 C）においては

$$CH_3COONa \longrightarrow CH_3COO^- + Na^+ \quad \cdots\cdots 塩は完全に電離$$

$$CH_3COO^- + H_2O \rightleftharpoons CH_3COOH + OH^- \quad \cdots\cdots 加水分解 \qquad (5.6)$$

(5.6)の平衡定数を K' とすると

$$K' = \frac{[CH_3COOH][OH^-]}{[CH_3COO^-]} \qquad (5.7)$$

マスバランスより

$$C = [Na^+] = [CH_3COOH] + [CH_3COO^-] \qquad (5.8)$$

第5章 分析化学

電荷均衡より

$$[H^+] + [Na^+] = [OH^-] + [CH_3COO^-] \tag{5.9}$$

(5.8)，(5.9)を用いて(5.7)の$[CH_3COOH]$と$[CH_3COO^-]$を消去する。

また，酢酸(CH_3COO^-の共役酸)の解離定数Kと水のイオン積K_wを用いて

$$\frac{K_w}{K} = \frac{[OH^-]([OH^-] - [H^+])}{C - ([OH^-] - [H^+])}$$

となる。

ここで，$[OH^-] \gg [H^+]$，$C \gg [OH^-]$を用いて近似すれば，$[OH^-] = \sqrt{\dfrac{K_w C}{K}}$となり，$[OH^-]$などが求まる。

4）緩衝溶液

緩衝溶液とは少量の酸，塩基を加えてもpHがあまり変化しない溶液で，酢酸＋酢酸ナトリウムのように互いに共役な酸塩基対を含む。ここでは，CH_3COOH(濃度C_A)＋CH_3COONa(濃度C_B)の緩衝溶液について検討する。溶液中では

$$CH_3COOH \rightleftharpoons CH_3COO^- + H^+$$

$$K_A = \frac{[CH_3COO^-][H^+]}{[CH_3COOH]} \tag{5.10}$$

$$CH_3COO^- + H_2O \rightleftharpoons CH_3COOH + OH^-$$

$$K_B = \frac{[CH_3COOH][OH^-]}{[CH_3COO^-]} \tag{5.11}$$

マスバランスより

$$C_A + C_B = [CH_3COOH] + [CH_3COO^-] \tag{5.12}$$

$$C_B = [Na^+] \tag{5.13}$$

電荷均衡より

$$[Na^+] + [H^+] = [CH_3COO^-] + [OH^-] \tag{5.14}$$

(5.12)〜(5.14)を用いて(5.10)から$[CH_3COO^-]$，$[CH_3COOH]$を消去。

$$K_A = \frac{[H^+]\{C_B + ([H^+] - [OH^-])\}}{C_A - ([H^+] - [OH^-])}$$

$C_A \gg [H^+]$，$C_B \gg [OH^-]$を用いて近似すれば

$$[H^+] = \frac{K_A C_A}{C_B}$$

⑵ **錯生成平衡**

中心金属が配位数 n の M, 配位子が L である錯体の生成について考える。

$$M+L \rightleftharpoons ML \qquad K_1 = \frac{[ML]}{[M][L]}$$

$$ML+L \rightleftharpoons ML_2 \qquad K_2 = \frac{[ML_2]}{[ML][L]}$$

$$\cdots\cdots \qquad\qquad \cdots\cdots$$

$$ML_{n-1}+L \rightleftharpoons ML_n \qquad K_n = \frac{[ML_n]}{[ML_{n-1}][L]}$$

$K_1,\ K_2,\ \cdots\cdots,\ K_n$：逐次生成定数 (逐次安定度定数)

（多くの場合 $K_1 > K_2 > \cdots\cdots > K_n$）

全反応式は

$$M+nL \rightleftharpoons ML_n \qquad \beta_n = \frac{[ML_n]}{[M][L]^n} \qquad \beta_n：全生成定数（全安定度定数）$$

2種の生成定数の間には次の関係がある。

$$\beta_n = K_1 K_2 \cdots\cdots K_n$$

第5章

分析化学

No.1 水溶液 **A，B，C** は，**Ag⁺，Fe²⁺，Al³⁺** のいずれかの硝酸塩が溶解したものであり，これらには次のような性質がある。**A，B，C** それぞれに含まれているイオンの組合せとして最も妥当なのはどれか。 【国家一般職・平成26年度】

A 水溶液は弱酸性であり，$K_3[Fe(CN)_6]$ 水溶液を加えると青色の沈殿を生じる。

B アンモニア水を加えると白色沈殿を生じる。この沈殿は希塩酸を加えても，NaOH 水溶液を加えても溶解する。

C 希塩酸を加えると白色の沈殿を生じるが，この沈殿はアンモニア水を加えると溶解し，無色の水溶液となる。

	A	B	C
1	Ag^+	Al^{3+}	Fe^{2+}
2	Al^{3+}	Ag^+	Fe^{2+}
3	Al^{3+}	Fe^{2+}	Ag^+
4	Fe^{2+}	Ag^+	Al^{3+}
5	Fe^{2+}	Al^{3+}	Ag^+

No.2 CH_3COO^-，I^-，PO_4^{3-}，SO_4^{2-} のナトリウム塩を含む試料水溶液がある。この水溶液に図のような分離操作を行ったとき，沈殿A，沈殿Cとして分離されるイオンの組合せとして最も妥当なのはどれか。 【国家一般職・平成28年度】

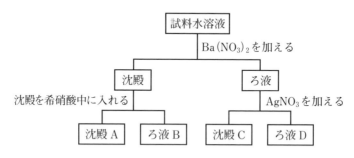

	沈殿A	沈殿C
1	CH_3COO^-	PO_4^{3-}
2	PO_4^{3-}	CH_3COO^-
3	PO_4^{3-}	I^-
4	SO_4^{2-}	CH_3COO^-
5	SO_4^{2-}	I^-

[No.3] **7種類のイオンBr^-，Cl^-，F^-，NO_2^-，NO_3^-，PO_4^{3-}，SO_4^{2-}を含む試料溶液をイオン交換クロマトグラフィーで分析した。図は，この分析で得られたクロマトグラムである。図中の㋐～㋔に当てはまるものの組合せとして最も妥当なのはどれか。**

ただし，試料溶液の各イオンの濃度は等しくない。 【国家一般職・平成25年度】

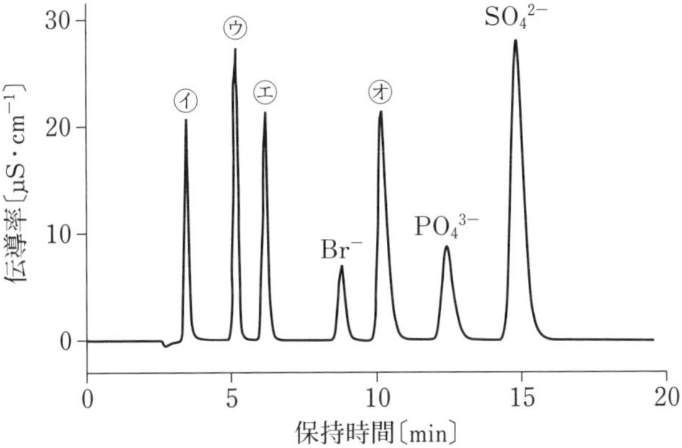

カラム：[㋐] イオン交換樹脂を充填したカラム
溶離液：4.0mmol/L炭酸ナトリウム水溶液

	㋐	㋑	㋒	㋓	㋔
1	陽	Cl^-	F^-	NO_3^-	NO_2^-
2	陽	F^-	Cl^-	NO_2^-	NO_3^-
3	陰	Cl^-	F^-	NO_3^-	NO_2^-
4	陰	F^-	Cl^-	NO_2^-	NO_3^-
5	陰	F^-	Cl^-	NO_3^-	NO_2^-

No.1 の解説 金属イオンの性質

→問題は P.398

A　Fe^{2+}である。水溶液中では加水分解して弱酸性を示す。

$Fe^{2+}+H_2O \rightleftharpoons FeOH^++H^+$

また、ヘキサシアニド鉄(Ⅲ)酸カリウム$K_3[Fe(CN)_6]$水溶液を加えると濃青色のターンブル青が沈殿する。

B　Al^{3+}である。アンモニア水を加えると水酸化アルミニウムの白色沈殿が生じる。

$Al^{3+}+3NH_3+3H_2O \longrightarrow Al(OH)_3\downarrow+3NH_4^+$

$Al(OH)_3$は両性水酸化物であり、酸の水溶液にも強塩基の水溶液にも溶ける。

$Al(OH)_3+3H^+ \longrightarrow Al^{3+}+3H_2O$

$Al(OH)_3+OH^- \longrightarrow [Al(OH)_4]^-$

C　Ag^+である。希塩酸を加えると$AgCl$の白色沈殿が生じる。これにアンモニア水を加えると錯イオンを形成して無色の水溶液となる。

$AgCl+2NH_3 \longrightarrow [Ag(NH_3)_2]^++Cl^-$

以上より、正答は**5**である。

No.2 の解説 陰イオンの分離操作

→問題は P.398

試料水溶液に$Ba(NO_3)_2$を加えると、$Ba_3(PO_4)_2$と$BaSO_4$が沈殿する。この沈殿を希硝酸中に入れると、弱酸の塩である$Ba_3(PO_4)_2$は溶けるが(ろ液B)、強酸の塩である$BaSO_4$は溶けない(沈殿A)。

次に、$Ba(NO_3)_2$を加えた後のろ液に$AgNO_3$を加えると黄色のAgIが沈殿するが(沈殿C)、CH_3COO^-は沈殿しない(ろ液D)。

以上より、正答は**5**である。

No.3の解説　イオン交換クロマトグラフィー

→問題はP.399

　陰イオンを分析するので，陰イオンを吸着できる陰イオン交換樹脂を用いる。試料溶液を陰イオン交換樹脂 (固定相) に入れて吸着させる。その後，少しずつ溶出させていくが，陰イオン交換樹脂に強く吸着している陰イオンほど保持時間が長くなり，溶出が遅くなる。

　クロマトグラムを見ると，2価や3価の陰イオンの保持時間が長くなっているが，価数が1価の陰イオンよりも強く樹脂に結合していたためと考えられる。選択肢の陰イオンはすべて1価であるが，サイズの大きいものは樹脂に保持されやすくなるので，F^-，Cl^-，NO_2^-，NO_3^-の順に溶出してくると考えられる。

　以上より，正答は**4**である。

第5章

分析化学

正答　No.1=**5**　No.2=**5**　No.3=**4**

必 修 問 題

　ある物質の溶液の赤外スペクトルを測定したところ，図Ⅰのようになった。この溶液を希釈し，同じセルを用いて赤外スペクトルを測定したところ，図Ⅱのようになった。希釈後の溶液の濃度は希釈前の溶液の濃度のおよそ何倍か。

　ただし，溶媒の赤外吸収はないものとし，$\log_{10} 2 = 0.301$とする。また，次に示すランベルト・ベールの法則が成立するものとする。

【地方上級・平成28年度】

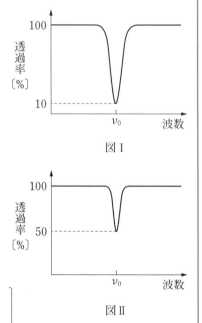

図Ⅰ

図Ⅱ

$$I = I_0 \cdot 10^{-\varepsilon c l}$$

$\begin{cases} I：透過光の強度 \\ I_0：入射光の強度 \\ \varepsilon：溶液のモル吸光係数 \\ c：溶液の濃度 \\ l：溶液の厚さ \end{cases}$

1　0.3倍

2　0.4倍

3　0.5倍

4　0.6倍

5　0.7倍

必修問題 の 解説

Lambert-Beerの法則は

$$\log_{10} \frac{I}{I_0} = -\varepsilon c l$$

と表せる。ここで $\frac{I}{I_0}$ は透過率である。希釈前の濃度を c_1，希釈後の濃度を c_2 とし，

図ⅠおよびⅡの波数 ν_0 における透過率を代入すると次のようになる。

$$\log_{10} 0.10 = -\varepsilon c_1 l$$

$$\log_{10} 0.50 = -\varepsilon c_2 l$$

$$\therefore \quad \frac{c_2}{c_1} = \frac{\log_{10} 0.50}{\log_{10} 0.10} = \log_{10} 2 = 0.3$$

以上より，正答は **1** である。

正答 **1**

第5章

分析化学

重要ポイント 1 Lambert-Beer の法則

光の吸収に関する重要な法則

$$I(x) - I(x+dx) = \varepsilon^* cI(x)\,dx$$

$$\frac{I(x) - I(x+dx)}{dx} = \varepsilon^* cI(x) - \int_{I_0}^{I} \frac{dI}{I}$$

$$= \int_0^l \varepsilon^* c\,dx$$

$$\ln\frac{I_0}{I} = \varepsilon^* cl \;\rightarrow\; \underset{\text{吸光度}}{\log\frac{I_0}{I}} = \underset{\text{モル吸光係数}}{\varepsilon cl}$$

濃度：c

I_0 入射光　I 透過光　l セル長

Lambert-Beerの法則が厳密に成立する条件

○入射光が単色光であること。

○溶液界面における反射・光度計内部の迷光などがないこと。

○真溶液 (溶質・溶媒分子による散乱，懸濁物による乱反射がない) であること。

○溶液濃度が変化しても溶質の化学種の溶存状態が一定で，濃度変化に伴って分子の解離，会合の平衡が移動しないこと。

重要ポイント 2 分析法

⑴原子吸光分析

炎などを用いて試料を基底状態の原子に解離させ，中空陰極ランプ等で特定波長の光を通過させて外殻電子の励起に基づく吸収を測定。定量分析に有用であるが，定量元素ごとに別の光源を要する，有機成分の分析ができない，などの短所をもつ。

⑵炎光光度分析 (フレーム分析)

試料溶液を炎中に噴霧し，熱励起された原子，イオンなどの外殻電子が再び低いエネルギー状態に遷移するとき発する光を測定。アルカリ金属，アルカリ土類金属の定量分析に有用。

⑶蛍光X線分析

X線を試料に照射し，外部にたたき出された内殻電子の空位に，より高いエネルギー準位にある電子が遷移するときに発する固有X線を測定。X線の分光系には，波長分散型 (WDX) とエネルギー分散型 (EDX) がある。

⑷X線回折分析

試料 (結晶性固体) にX線を照射したときのRayleigh散乱による回折X線を測定し，結晶構造に関する情報を得る。

$n\lambda = 2d\sin\theta$　……Braggの式

（λ：回折X線の波長，d：格子面間隔，n：正の整数，θ：Bragg角）

この式によるdが結晶構造に特有である。

(5)光電子分光法 (ESCA，XPS，UPS)

X線等を原子に照射したときに光電効果により発生する光電子の運動エネルギーを測定する。これから電子の結合エネルギーがわかり，元素の同定や状態分析が可能である。

(6)Auger 電子分光法 (AES)

Auger電子（空位への電子遷移において，固有X線の発生の代わりにそのエネルギーをもらって放出される電子）の運動エネルギーから，元素の同定や結合状態の分析が可能である。

(7)紫外吸収スペクトル (UV)

UV領域に吸収帯をもつ化合物（共役二重結合を有する化合物，芳香族）に紫外線を当ててその吸収波長を測定する。微量な共役系の検出や定量に有用。

(8)赤外吸収スペクトル (IR)

赤外線を照射し，分子振動のうち双極子モーメントの変化を起こす振動による吸収を測定する。有機官能基の分析に用いる。分子振動は変角振動と伸縮振動に分けられる。

(9)Raman スペクトル法

分子振動のうち分子の分極率の変化を起こすものによって生じる入射光の波数変化（Raman散乱）を測定する。有機官能基の分析に有用で，水溶液試料の測定などでIRを補完する。

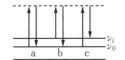

a：Rayleigh散乱

b：⎫
c：⎬Raman散乱 $\nu_0 + \nu_i$（Anti−Stokes線）
 　⎭ $\nu_0 - \nu_i$（Stokes線）
　　　　　→こちらを測定（入射光より低振動数領域）

(10)核磁気共鳴吸収法 (NMR)

偶数個の陽子と偶数個の中性子からできているもの以外の原子核は，核磁気モーメントとスピン量子数Iが0ではなく，均一な静磁場H_0中では2つの値によって決まる$(2I+1)$個の方向のうちの1つをとる。静磁場中の核に$\nu = \gamma H_0 / 2\pi$（γ：磁気回転比）を満たす周波数の振動磁場を照射すると，電磁エネルギーが吸収され，核スピンの遷移が起こる。プロトンは$I=1/2$なので，2つの状態間で遷移可能である。この共鳴周波数は，核の環境が異なれば電子の遮蔽効果の違いにより異なる。化学シフト，スピン−スピン相互作用，積分強度から化合物の構造に関する知見が得られる。測定法にはCW法とFT法がある。

⑪**質量分析法 (MS)**

　分子をイオン化し，質量/電荷数の順に並べたスペクトルを測定する。分子量や分子構造についての情報が得られるが，異性体の区別がつかない場合が多い。イオン化の方法には，電子衝撃法 (タングステンなどのフィラメントに電流を流して熱電子を発生させ，試料にぶつける：EI法)，化学イオン化法 (イオン反応で電荷を供給する：CI法)，FAB法 (加速した原子を当ててイオン化する) などがある。また，イオンの分離・検出法には磁場型方式，四重極型方式がある。

⑫**旋光分散法 (ORD)，円偏光二色性法 (CD)**

　光学活性物質に関して，光学活性吸収帯付近の，ORDでは異常分散 (コットン効果)，CDでは左右円偏光の吸収差を決定し，絶対配置，立体配座などに関する情報を得る。

コットン効果…旋光分散曲線 (波長vs比旋光度) が極大値，極小値を1つずつもつような異常分散を示す現象。

⑬**常磁性共鳴吸収法 (ESR)**

　電磁波を照射し，磁場中の不対電子の磁気双極子モーメントに関するエネルギー遷移による吸収を測定する。不対電子周囲に関する情報が得られ，遷移金属イオン，フリーラジカルなど常磁性体の検出，分析に有用である。

⑭**蛍光分析**

　励起した分子軌道電子が，最低励起状態から基底状態に再び遷移するときに発する蛍光を測定する。蛍光物質や試料に蛍光試薬を反応させたものに関して，定量分析に主として用いる。吸光光度分析よりも感度が優れており，超微量の共役系有機化合物の検出などに有用である。

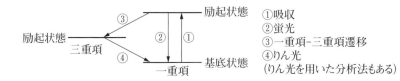

　電磁波を用いた分析法は，用いる波長 (電磁波領域) について問われることもあるので，波長および相互作用の対象 (波長によってエネルギーが決まるので相互作用の相手も必然的に決まる) に関してまとめておこう。

電磁波領域	波長 (cm)	エネルギー (eV)	相互作用対象	分析法
X線	$10^{-6} \sim 10^{-9}$	$10^2 \sim 10^5$	内殻電子	蛍光X線分析 X線回折分析 X線吸収分析
極紫外線 紫外線 可視光線	$10^{-4} \sim 10^{-6}$	$1 \sim 10^2$	外殻電子	原子吸光分析 炎光光度分析 原子発光分析
			分子軌道電子	紫外吸収分析 蛍光分析 Raman分析 旋光分散法 円偏光二色性法
赤外線	$10^{-1} \sim 10^{-4}$	$10^{-3} \sim 1$	分子	赤外吸収分析
マイクロ波	$10^2 \sim 10^{-1}$	$10^{-6} \sim 10^{-3}$	不対電子	常磁性共鳴吸収法
ラジオ波	10^2	10^{-6}以下	原子核	核磁気共鳴吸収法

重要ポイント 3 クロマトグラフィー

固定相と移動相への分配係数や吸着性の違いからくる移動速度の違いを利用する。

⑴**ガスクロマトグラフィー（GC）……移動相が気体**

固定相が液体の分配クロマトグラフィーと固定相が固体の吸着クロマトグラフィーがある。

⑵**液体クロマトグラフィー（LC）……移動相が液体**

試料成分の拡散が遅いため分析に非常に時間がかかったが，高速液体クロマトグラフィー（HPLC）の開発で分析効率はGCに追いついた。

　1）カラムクロマトグラフィー

　　・吸着クロマトグラフィー……固体固定相への吸着性の差を利用

　　・分配クロマトグラフィー……液体固定相との分配係数の差を利用

　　　固定相（極性液体），移動相（低極性液体）→順相（normal phase法）

　　　固定相（低極性液体），移動相（極性液体）→逆相（reverse phase法）

　　・イオン交換クロマトグラフィー……イオン交換体を固定相とする

　　・サイズ排除クロマトグラフィー……分子次元の細孔をもつ多孔性粒子内への浸透の差（分子ふるい効果）を利用

　2）ペーパークロマトグラフィー（PC）

　3）薄層クロマトグラフィー（TLC）……毛管現象による移動相溶媒の展開を利用

第5章
分析化学

No.1 **Li の炎色反応に関する次の記述の㋐, ㋑に当てはまるものの組合せとして最も妥当なのはどれか。**

ただし, プランク定数は 6.6×10^{-34} J·s, 真空中の光速は 3.0×10^8 m/s とする。
【国家一般職・平成23年度】

「Li の炎色反応により生じる赤色光は, 励起された Li 原子中の電子が ㋐ に移る際に放出され, その波長は約 6.7×10^2 nm である。このとき, 励起状態にある原子と基底状態にある原子のもつエネルギーの差は約 ㋑ J になる。」

	㋐	㋑
1	2p 軌道から 2s 軌道	3.0×10^{-19}
2	2p 軌道から 2s 軌道	1.5×10^{-48}
3	3p 軌道から 3s 軌道	1.5×10^{-48}
4	3s 軌道から 3p 軌道	3.0×10^{-19}
5	3s 軌道から 3p 軌道	1.5×10^{-48}

No.2 **原子吸光分析法に関する記述㋐〜㋓のうち妥当なもののみをすべて挙げているのはどれか。**
【国家一般職・平成27年度】

㋐ 原子吸光分析法は, 原子が励起状態から基底状態に戻るときに放出するスペクトル線に相当する光を, 基底状態の測定対象の原子に吸収させ, その吸収強度を測定することによって元素の分析を行う方法である。

㋑ 原子吸光の光源には測定対象とする元素に適したものを用いる必要があり, 陰極がその元素の金属や合金で作られた中空陰極ランプを用いることが多い。

㋒ 試料中の元素を原子化する方法には, 化学炎を用いて原子化するフレーム法や黒鉛の炉に電流を流し発生するジュール熱で原子化する電気加熱炉法がある。

㋓ アルカリ金属などのイオン化されやすい元素の原子吸光分析では, 原子化する段階でイオン化が起こり, 吸光感度が低下する。これは, 測定する元素よりもイオン化エネルギーの高い元素を試料中に加えることで抑制できる。

1 ㋐, ㋑, ㋒
2 ㋐, ㋑, ㋓
3 ㋐, ㋒
4 ㋑, ㋓
5 ㋒, ㋓

No.3 **図は，室温で測定したアントラセン（シクロヘキサン溶液）の蛍光スペクトルである。このスペクトルに関する記述㋐～㋓のうちから，妥当なもののみをすべて選び出しているのはどれか。**

【国家一般職・平成26年度】

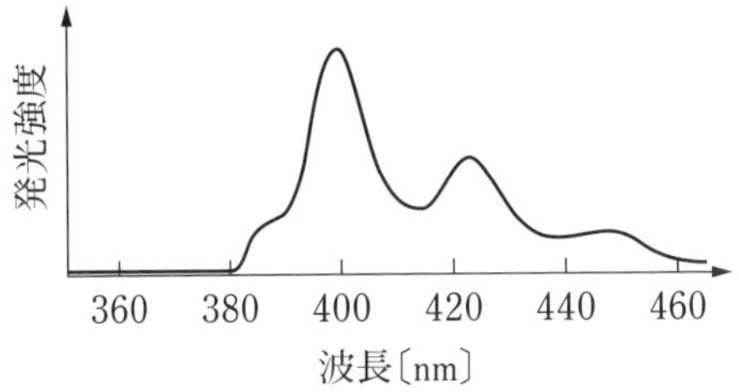

㋐　このスペクトルの測定時の励起光の波長は，380nmより短波長である。

㋑　このスペクトルに見られる複数のピークは，電子励起状態の複数の振動準位から電子基底状態の最低振動準位への遷移に由来する。

㋒　試料溶液の温度を高くすると，この蛍光スペクトルの強度は増大する。

㋓　試料溶液に酸素が溶存すると，この蛍光スペクトルの強度は減少する。

1　㋐，㋑，㋒
2　㋐，㋒
3　㋐，㋓
4　㋑，㋒，㋓
5　㋑，㋓

No.4 **共役二重結合に関する次の記述の㋐～㋓に当てはまるものの組合せとして最も妥当なのはどれか。**

【国家一般職・平成30年度】

「1, 3−ブタジエン$CH_2=CH-CH=CH_2$の2位と3位の炭素原子間の結合距離は，エタンの炭素原子間の結合距離より［　㋐　］。

紫外・可視吸収スペクトルにおいて，1, 3−ブタジエンは217nmに吸収極大が現れるが，これは［　㋑　］遷移によるものである。この遷移は共役系の二重結合の数が増えるにつれて［　㋒　］側にシフトする。このような効果を［　㋓　］という。」

	㋐	㋑	㋒	㋓
1	長い	$\pi \rightarrow \pi^*$	長波長	深色効果
2	長い	$n \rightarrow \pi^*$	長波長	浅色効果
3	短い	$\pi \rightarrow \pi^*$	長波長	深色効果
4	短い	$\pi \rightarrow \pi^*$	短波長	浅色効果
5	短い	$n \rightarrow \pi^*$	短波長	浅色効果

No.5 赤外分光に関する次の記述の㋐，㋑，㋒に当てはまるものの組合せとして最も妥当なのはどれか。

【国家一般職・平成28年度】

「赤外領域の電磁波吸収の基となる遷移としては，分子振動や [㋐] のエネルギー準位間のものがある。また，分子振動のうち，赤外吸収を起こすのは，振動によって分子全体の [㋑] が変化する場合であり，そのとき，分子振動と等しい振動数の赤外線が吸収される。炭素−炭素結合の伸縮振動によって吸収される赤外線については，単結合より二重結合のほうが，振動数は [㋒] なる。」

	㋐	㋑	㋒
1	結晶の格子振動	電気双極子モーメント	小さく
2	結晶の格子振動	電気双極子モーメント	大きく
3	結晶の格子振動	分極率	大きく
4	双極子の配向	電気双極子モーメント	小さく
5	双極子の配向	分極率	小さく

No.6 アセチレンの振動スペクトルに関する次の記述の下線部㋐，㋑，㋒のうち妥当なもののみをすべて挙げているのはどれか。

【国家一般職・平成29年度】

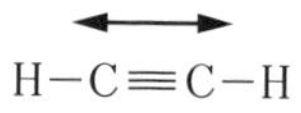

図Ⅰ

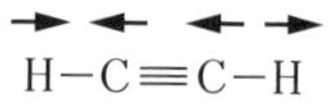

図Ⅱ

「・図ⅠのようなC−C三重結合の伸縮振動は㋐赤外不活性である。

・図ⅡのようなC−H結合の非対称な伸縮振動は㋑ラマン不活性である。

・波長435.83nmの励起光をアセチレンに照射すると，波長476.85nmのストークス線が観測された。このラマン効果に対応する振動は㋒$3284\,cm^{-1}$に現れる。」

1 ㋐，㋑

2 ㋐，㋑，㋒

3 ㋐，㋒

4 ㋑

5 ㋒

No.7 質量分析装置に関する次の記述の㋐，㋑，㋒に当てはまるものの組合せとして最も妥当なのはどれか。　【国家一般職・令和元年度】

「質量分析装置は，イオンの生成・ ㋐ ・検出の三つの働きをもつ部分によって構成される。イオン化の方法として，電子イオン化 (EI) 法は，試料分子に電子を衝突させる方法であり，電子が比較的低エネルギーの場合には，分子から1個の電子を失ったカチオンラジカルが生成する。電子のエネルギーが増すと ㋑ が生成する。また，エレクトロスプレーイオン化 (ESI) 法や ㋒ が開発され，分子量10万を超えるタンパク質などの分子量の測定が可能になった。」

	㋐	㋑	㋒
1	分離	フラグメントイオン	マトリックス支援レーザー脱離イオン化 (MALDI) 法
2	分離	フラグメントイオン	化学イオン化 (CI) 法
3	分離	両性イオン	マトリックス支援レーザー脱離イオン化 (MALDI) 法
4	濃縮	フラグメントイオン	化学イオン化 (CI) 法
5	濃縮	両性イオン	化学イオン化 (CI) 法

第5章

分析化学

No.8 飛行時間型質量分析計 (TOF-MS) に関する次の記述の㋐, ㋑に当てはまるものの組合せとして最も妥当なのはどれか。

ただし, 記述中の ▨▨▨ は, 表記を伏せていることを示す。

なお, 1Da=1.66×10⁻²⁷kg (¹²C原子の質量の1/12) である。

【国家一般職・平成30年度】

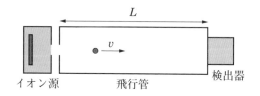

イオン源　　　　　飛行管　　　　　　検出器

「図は, TOF-MSの概念図である。

静止した状態から, 一定の電圧Vで加速されたイオンの速さvは, エネルギー保存則より,

$v=$ ▨▨▨

と表される。ここで, mはイオンの質量, zはイオンの電荷数, eは電気素量である。

長さLの飛行管を, イオンが速さvで飛行すると仮定すると, 飛行時間Tは,

$T=L/v$

であるので,

$T=$ ▨▨▨

と表される。LとVが一定であれば, Tはm/z ㋐ する。

理論上, TOF-MSでは, 測定可能な質量の上限は ㋑ とされる。」

	㋐	㋑
1	に比例	ない
2	に比例	10^5Da程度
3	の平方根に比例	ない
4	の平方根に反比例	ない
5	の平方根に反比例	10^5Da程度

No.9 **熱重量・示差熱分析（TG–DTA）に関する次の記述の㋐，㋑，㋒に当てはまるものの組合せとして最も妥当なのはどれか。** 【国家一般職・令和元年度】

「シュウ酸カルシウム一水和物（$CaC_2O_4 \cdot H_2O$）のTG–DTAを空気中で測定したところ，図のようなTG–DTA曲線を得た。

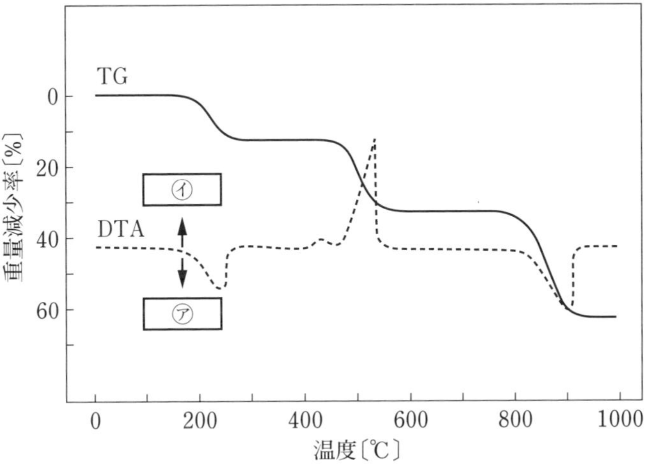

シュウ酸カルシウム一水和物は，3段階の重量減少を示し，1段階目では，[㋐]を伴う脱水反応が進行する。さらに温度を上げていくと2段階目の重量減少が大きな[㋑]ピークと共に観測される。この過程では，熱分解に伴い，[㋒]が脱離する。」

	㋐	㋑	㋒
1	吸熱	発熱	CO
2	吸熱	発熱	CO_2
3	吸熱	発熱	C_2O_4
4	発熱	吸熱	CO
5	発熱	吸熱	CO_2

第5章 分析化学

No.10 2種類の溶質A，Bと溶媒のみから成る試料溶液Xのガスクロマトグラム
を得た。このクロマトグラムにおけるAとBの各ピークは，定量が可能なほど分離
しており，それぞれのピーク面積S_AとS_Bの比S_A/S_Bは1.2であった。

次に，X 1000gに対して，A 0.10gを加えて十分に混合した試料溶液Yを調製
し，Xの測定と同じ条件でYのガスクロマトグラフィーを測定した。得られたYの
クロマトグラムにおけるS_A/S_Bは1.5であった。S_A，S_BがそれぞれA，Bの質量に
比例すると仮定すると，X 1000g中のAの質量は何gと見積もられるか。

【国家一般職・平成25年度】

1 0.2g

2 0.3g

3 0.4g

4 2g

5 3g

実戦問題の解説

No.1の解説 Liの炎色反応

→問題はP.408

金属粉末や金属塩化物などをガスバーナーの外炎（酸化炎）に入れると，エネルギーにより金属原子に解離し，電子が励起される。励起した原子は光を放出すると基底状態に戻るが，このとき金属元素に特有の輝線スペクトルが見られる。これが炎色反応である。

Liは基底状態で1s軌道に2個，2s軌道に1個の電子をもつ。したがって，最もエネルギーの低い空軌道である2p軌道から2s軌道に戻る過程が対応する（㋐）。なお，選択肢の中には2p以外の軌道から2s軌道に移るものがないことに着目するとよい。Planck定数をh，真空中の光速をc，放出される光の波長をλとすると，そのエネルギーは次のように計算できる。

$$\frac{hc}{\lambda}=\frac{6.6\times10^{-34}\mathrm{J\cdot s}\times3.0\times10^{8}\mathrm{m/s}}{6.7\times10^{2}\times10^{-9}\mathrm{m}}=3.0\times10^{-19}\mathrm{J}\quad(㋑)$$

以上より，正答は**1**である。

No.2の解説 原子吸光分析法

→問題はP.408

㋐ 正しい。原子吸光分析法では，まず試料を加熱により原子化する。その原子に光源から光を入射させ，原子に吸収させる。このとき，元素により吸収する波長が異なる。そして透過光の強度を分光器で検出することにより，入射光と透過光の強度比から吸光度が求められ，それに比例する濃度もわかる。

㋑ 正しい。原子吸光の光源にはホローカソードランプが用いられる。ランプ内にネオンやアルゴンなどの不活性ガスが封入されており，電圧をかけてイオン化させ，中空陰極（ホローカソード）に衝突させて発光させる。

㋒ 正しい。原子化する方法としては，化学炎を利用するフレーム法や，黒鉛炉を用いる電気加熱炉法がある。

㋓ 誤りである。試料中にアルカリ金属元素が多く含まれていると，それがイオン化して測定する元素のイオン化が妨げられる。これをイオン化干渉という。イオン化干渉を抑制するには，測定する元素よりもイオン化エネルギーの低い元素（セシウムなど）を添加する。

以上より，正答は**1**である。

No.3の解説 アントラセンの蛍光スペクトル →問題はP.409

㋐ 正しい。蛍光分析では試料に励起光を照射して分子軌道電子を電子励起状態の振動準位に遷移させる。その後，直ちに余剰のエネルギーを失って励起状態の最低振動準位に行く。そして，励起状態の最低振動準位から電子基底状態の振動準位に遷移するときに放出される光が蛍光である。つまり，励起光よりも蛍光のほうがエネルギーが小さく，波長は長くなる。よって，得られたスペクトルの最短波長は380nmなので，励起光の波長はこれよりも短い。

㋑ 誤りである。複数のピークは最低励起状態の振動準位から，複数の電子基底状態の振動準位への遷移に由来する。

㋒ 誤りである。高温にすると発光する分子の周囲の分子の熱運動が活発になり，衝突によりエネルギーを失いやすくなる。そのため蛍光スペクトルの強度は減少する。

㋓ 正しい。発光する分子が溶存酸素と衝突するとエネルギー移動が起こり，蛍光が起こらなくなる。そのため，蛍光スペクトルの強度は減少する。

以上より，正答は**3**である。

No.4の解説 1,3-ブタジエンの紫外・可視吸収スペクトル →問題はP.409

1,3-ブタジエン$CH_2=CH-CH=CH_2$の2つのC=Cは共役しており，中央のC−Cは二重結合性を帯びるため，エタンCH_3-CH_3にあるような通常のC−Cよりも結合距離が短くなる(㋐)。

紫外・可視吸収スペクトルの測定では，紫外領域の217nmに吸収極大が見られるが，これはπ共役系の電子の$\pi\rightarrow\pi^*$遷移によるものである(㋑)。π共役系が長くなるほどHOMO(最高被占軌道)とLUMO(最低空軌道)間のエネルギー差が小さくなり，吸収する光は長波長側にシフトする(㋒)。このように長波長側にシフトすることを深色効果という(㋓)。

以上より，正答は**3**である。

No.5の解説 赤外分光の遷移と活性

→問題はP.410

赤外分光法は，分子振動（変角振動や伸縮振動）や結晶の格子振動のエネルギーに相当する光（赤外領域になる）を吸収させ（㋐），官能基などの分子構造を解析するのに用いられる。赤外光を吸収すると，分子全体の電気双極子モーメントが変化する（㋑）。つまり，分子全体の電気双極子モーメントが変化する振動が赤外活性となる。なお，分子全体の分極率が変化する振動はRaman活性である。

また，単結合より二重結合のほうが，吸収される赤外線の波数や振動数は大きくなる（㋒）。これは次のようなモデルで考えるとわかる。質量m_1の原子と質量m_2の原子が結合したものについて伸縮振動を考える。結合をばね定数kのばねに置き換えて考えると調和振動子とみなす。その波数$\tilde{\nu}$は

$$\tilde{\nu}=\frac{1}{2\pi c}\sqrt{\frac{k}{\mu}}$$

と表せる。ここで，cは真空中の光速，μは換算質量で

$$\mu=\frac{m_1 m_2}{m_1+m_2}$$

で与えられる。単結合よりも二重結合のほうが強くkが大きくなる。その結果，波数$\tilde{\nu}$も大きく，振動数（$c\tilde{\nu}$となる）も大きくなる。

以上より，正答は**2**である。

No.6の解説 アセチレンの振動スペクトル

→問題はP.410

㋐ 正しい。図Ⅰのような伸縮振動が起きても，分子の電気双極子モーメントは0のまま変化しないので，赤外不活性である。

㋑ 正しい。分子全体の分極率が変化する振動はRaman活性となるが，分極率に変化があるかを判断するのは難しいことが多い。しかし，アセチレンのように対称中心をもつ分子では，交互禁制律が成り立つ。すなわち，赤外不活性ならRaman活性となり，赤外活性ならRaman不活性となる。図Ⅱの非対称な伸縮振動において，分子の電気双極子モーメントは明らかに変化するので赤外活性であり，逆にRaman不活性とわかる。

㋒ 誤りである。3100～2700cm^{-1}の領域にはC−Hの振動が赤外分光で観測される。3000cm^{-1}を超えるのは不飽和結合しているCのC−Hであり，アセチレンの3284cm^{-1}に現れる振動は，C≡C−HにあるC−Hの伸縮振動を赤外分光で観測したものと考えられる。

以上より，正答は**1**である。

第5章 分析化学

No.7の解説　質量分析装置の構成

→問題はP.411

質量分析装置では，まず分子をイオン化して帯電させる。次に，生じたイオンを分離した後 (㋐)，検出器で検出する。イオン化の方法をいくつか挙げる。

●化学イオン化法 (CI法)

まずメタンやアンモニアなどに熱電子を衝突させて一次イオンを生じさせる。そして，イオン分子反応によりプロトン化されて生成した二次イオンを，試料分子と反応させて試料をイオン化させる方法である。加熱および試料の気化が必要なので，熱に弱い分子や高分子化合物の測定には向いていない。

●電子イオン化法 (EI法)

運動エネルギーをもつ熱電子を気相中の分子に照射して分子をイオン化する。このとき，電子のエネルギーが小さいと1価のカチオンラジカルが生成するが，エネルギーが大きくなると，分子内の結合が切断されてフラグメントイオンが生成するようになる (㋑)。CI法と同様に熱に弱い分子や高分子化合物の測定には向いていない。

●高速原子衝撃法 (FAB法)

試料をグリセリンなどのマトリックスと混合し，アルゴンやキセノンなどの不活性ガスを高速で衝突させてイオン化する方法である。極性の小さい分子や熱に弱い分子に適しているが，高分子化合物のイオン化はできない。

●エレクトロスプレーイオン法 (ESI法)

電圧をかけたキャピラリーに試料溶液を窒素とともに通して微細帯電液滴を気相中に噴射する。このとき生じるイオンは試料が脱プロトン化されたもので，複雑なフラグメントイオンではない。液滴は気相を移動する間に溶媒が蒸発して試料由来のイオンが得られる。

●マトリックス支援レーザー脱離イオン化法 (MALDI法)　(㋒)

レーザー照射でイオン化しやすい物質 (マトリックス) を試料と混合し，これにパルスレーザーを照射して試料をイオン化させる。このとき，レーザー光のエネルギーの多くはマトリックスに吸収されて試料とマトリックスが気化する。その後，電子移動により試料由来のイオンが生成する。MALDI法の開発と実用化は，2002年にノーベル化学賞を授与された田中耕一の功績によるものが大きい。

以上より，正答は**1**である。

→問題はP.412

No.8 の解説 飛行時間型質量分析計（TOF-MS）

イオンの電荷はzeとなる。電場からされた仕事がイオンの運動エネルギーの増加になるので

$$\frac{1}{2}mv^2 = zeV$$

$$\therefore \quad v = \sqrt{\frac{2zeV}{m}}$$

となる。イオンが飛行管内を速さvで等速直線運動すると仮定すると、飛行時間Tは

$$T = \frac{L}{v} = \frac{L}{\sqrt{2eV}}\sqrt{\frac{m}{z}}$$

と表せる。よって、LとVが一定であればTは$\frac{m}{z}$の平方根に比例する（㋐）。

理論上、TOF-MSでは測定可能な質量の上限はなく（㋑）、高分子化合物の質量分析に適するので、現在、生命化学の分野ではMALDI法と組み合わせたMALDI-TOF MSが広く利用されている。

以上より、正答は**3**である。

第5章

分析化学

シュウ酸カルシウム一水和物は，次の3段階で分解する。

$$CaC_2O_4 \cdot H_2O \longrightarrow CaC_2O_4 + H_2O\uparrow \tag{1}$$

$$CaC_2O_4 + \frac{1}{2}O_2 \longrightarrow CaCO_3 + CO + \frac{1}{2}O_2$$

$$\longrightarrow CaCO_3 + CO_2\uparrow \tag{2}$$

$$CaCO_3 \longrightarrow CaO + CO_2\uparrow \tag{3}$$

式(1)〜(3)における固体の質量減少率は，原子量を$A_r(H)=1$，$A_r(C)=12$，$A_r(O)=16$，$A_r(Ca)=40$として，それぞれ次のように求められる。

(1)　$\dfrac{18}{146} \times 100\% = 12.3\%$

(2)　$\dfrac{28}{146} \times 100\% = 19.2\%$

(3)　$\dfrac{44}{146} \times 100\% = 30.1\%$

　これはTGのデータに合致している。DTAの下向きのピークは吸熱，上向きのピークは発熱を表す。式(2)ではCaC_2O_4の酸化分解があるために発熱となっている。他は熱分解で吸熱反応である。

　以上より，正答は**1**である。

No.10の解説　溶液のガスクロマトグラフィー

→問題はP.414

試料溶液X 1000g中に，Aがxg含まれるとすると，$\frac{S_A}{S_B}=1.2$よりBは$\frac{x}{1.2}$g含まれる。これにA 0.10gを加えて調製した試料溶液Yについて，$\frac{S_A}{S_B}=1.5$より，次の関係が成り立つ。

$$\frac{(x+0.10)\,\mathrm{g}}{\frac{x}{1.2}\,\mathrm{g}}=1.5$$

$$\therefore\quad x\mathrm{g}=0.4\mathrm{g}$$

以上より，正答は**3**である。

正答					
	No.1=**1**	No.2=**1**	No.3=**3**	No.4=**3**	No.5=**2**
	No.6=**1**	No.7=**1**	No.8=**3**	No.9=**1**	No.10=**3**

必修問題

　図は，$CDCl_3$中で測定したある化合物の^1H NMRスペクトルである。この化合物の構造式として最も妥当なのは次のうちではどれか。

　ただし，シグナルA〜Eは，それぞれ七重線，三重線，六重線，二重線，三重線として観測されている。　　　　　【国家一般職・令和元年度】

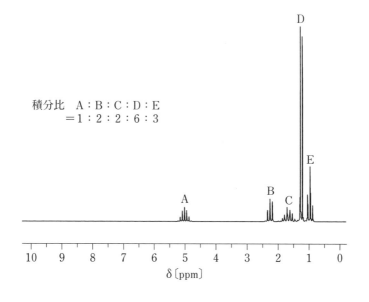

積分比　A：B：C：D：E
　　　＝1：2：2：6：3

1 ![構造式1]

2 ![構造式2]

3 ![構造式3]

4 ![構造式4]

5 ![構造式5]

必修問題 の 解説

　選択肢の有機化合物を考慮すると，この有機化合物はエステルであり，積分比からAは1個，Bは2個，Cは2個，Dは6個，Eは3個のプロトンによるシグナルとわかる。Aの七重線は，隣接するC原子に結合している6個のプロトン（Dに相当する）とスピン-スピン相互作用でカップリングしていることを意味することから，この有機化合物はイソプロピル基−CH(CH₃)₂をもつとわかる。

　Aはδ5.0ppmで最も低磁場側（δが大きいほう）にあるが，これはO原子による脱遮蔽効果によるもので，−COOCH−のプロトンと帰属できる。つまり，−COOCH(CH₃)₂という構造をもつエステルである**3**か**4**ということになる。

　3だとするともう1つイソプロピル基があるので，7重線がもう一組見られるはずであるが，スペクトルには存在しない。**4**のCH₃CH₂CH₂−にある等価なプロトンについて，左からE（三重線），C（六重線），B（三重線）と帰属できる。

　以上より，正答は**4**である。

正答 **4**

<hr />

重要ポイント 1 ▶ 有機化合物の分離

(1)結晶法

溶媒に対する溶解度の差を利用した方法で再結晶などがある。

(2)蒸留法

沸点差を利用した方法で分留などがある。

(3)昇華法

昇華性を利用して分離する。

(4)抽出法

極性溶媒と非極性溶媒の2相(主に水と有機溶媒)に対する分配係数の差を用いる方法。

<hr />

重要ポイント 2 ▶ 核磁気共鳴スペクトル (NMR)

有機化合物については通常^{1}Hおよび^{13}Cの核磁気共鳴吸収が観測でき,化合物の構造についての知見が得られる。

・^{1}H NMRの情報

(1)化学シフト

核の環境が異なれば共鳴周波数が異なるので,ピークの位置も異なる。

(2)スピン—スピン相互作用

プロトンのスピンが介在する結合電子を通して互いに作用を及ぼし合う現象。

メチレン基のプロトン　　　　　　　　　　　隣接するメチルプロトン

↑ ↑		
↑ ↓, ↓ ↑	スピン量子数の組合せは3種	
↑ ↑		

隣接炭素につくプロトンに影響　→　3つに分裂　強度比1:2:1

分裂の大きさJ:
スピン–スピン結合定数

一般にn個のプロトンとカップリングしている場合,$(n+1)$個に分裂する。

(3)積分比

積分強度はピーク面積を表し,積分強度の比がプロトン数の比となる。

重要ポイント **3** 赤外吸収スペクトル（IR）

　有機化合物のもつ官能基に関する情報が得られる。スペクトル解析は高波数側から行い，まず4000〜1400cm^{-1}に現れるC，N，Oなどの各原子との伸縮振動等に基づく特性吸収帯を調べ，低波数側の指紋領域で確認を行う。

(1)質量分析法（MS）

　質量/電荷数の大きさに並んだ質量スペクトルを測定することで，分子イオンピークから分子量が，フラグメントイオンピークから分子構造についての知見が得られる。

・分子イオン

　分子量Mの分子に対してEI法，FAB法ではM$^+$，CI法では〔M+1〕$^+$の分子イオンピークが観測される。

・フラグメントイオン

　分子イオンが開裂して原子間の結合が切れて生成したイオン

　特に切れやすい化学結合

　　1）　α開裂　　　　　　　　　　　2）　β開裂（McLafferty転移）

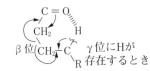

　　　　電気陰性度の大きなもの
　　　　ex.OH

(2)紫外吸収スペクトル（UV）

　共役系化合物に関する知見が得られる。一般に共役系が長いほど，また非共有電子対をもつO，Nと共役系が共役するほど，吸収が長波長側になる。

No.1 図は，ある化合物の ^{1}H NMRスペクトルである。この化合物の構造式として最も妥当なのはどれか。

【国家一般職・平成28年度】

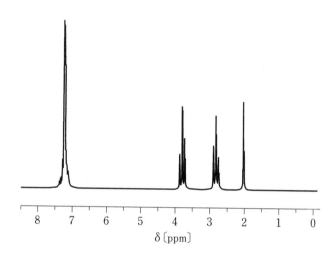

1

2

3

4

5

No.2 図は，ある化合物の¹H NMRスペクトルである。この化合物の構造式として最も妥当なのはどれか。

ただし，シグナルD，E，Fは，それぞれ四重線，一重線，三重線として観測されている。

【国家一般職・平成30年度】

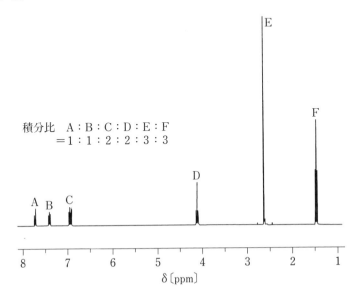

積分比　A：B：C：D：E：F
　　　＝1：1：2：2：3：3

E

F

D

A　B　C

δ〔ppm〕

1

2

3

4

5

図は，ある化合物の**IRスペクトル**である。この化合物として最も妥当なのはどれか。 【国家一般職・平成29年度】

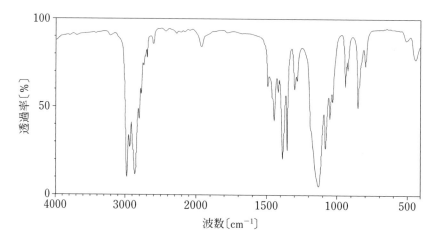

1 アセトアルデヒド

2 アセトン

3 酢酸

4 ジエチルエーテル

5 メタノール

No.4 図は，$C_9H_{10}O_2$で示される化合物の^{13}C NMRスペクトル（$CDCl_3$溶媒）である。この化合物の構造式として最も妥当なのはどれか。

【国家総合職・平成29年度】

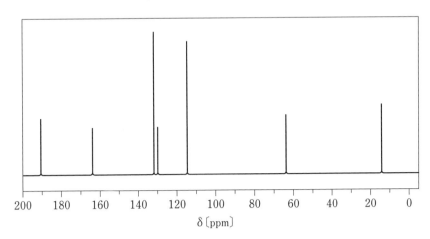

δ〔ppm〕

1 OCOCH$_3$

CH$_3$

2 CO$_2$H

H$_3$C   CH$_3$

3 CHO

CH$_3$
OCH$_3$

4 CHO

OC$_2$H$_5$

5 COCH$_3$
OCH$_3$

有機化合物のスペクトルデータに関する記述㋐，㋑，㋒のうち妥当なものみをすべて挙げているのはどれか。 【国家総合職・平成30年度】

㋐ 化合物Aの水素H^aとH^bについて，^{1}H NMRスペクトルにおける化学シフトδ（ppm）の値を比べると，H^bのほうが小さい。

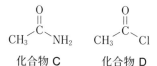

化合物 A

㋑ 化合物Bの炭素C^aとC^bについて，^{13}C NMRスペクトルにおける化学シフトδ（ppm）の値を比べると，C^bのほうが小さい。

化合物 B

㋒ 化合物Cと化合物Dの赤外吸収スペクトルにおけるC＝O伸縮振動の吸収の波数$\tilde{\nu}$（cm^{-1}）を比べると，化合物Dのほうが小さい。

$$CH_3 - \overset{O}{\underset{}{C}} - NH_2 \qquad CH_3 - \overset{O}{\underset{}{C}} - Cl$$

化合物 C　　　　化合物 D

1 ㋐

2 ㋐，㋑

3 ㋑

4 ㋑，㋒

5 ㋒

No.6 図は，ある化合物の^{1}H NMRスペクトル，^{13}C NMRスペクトル，IRスペクトルである。この化合物の構造式として最も妥当なのはどれか。

【国家一般職・平成24年度】

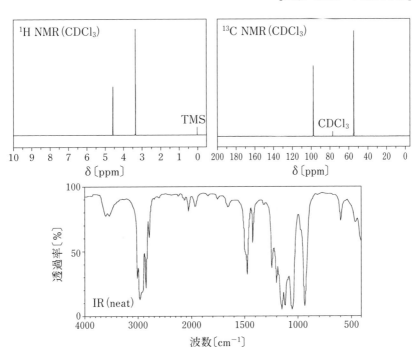

1 $H-C\equiv C-CH_2-Cl$

2 $H_2C=CH-CH_2-Cl$

3 $CH_3-O-CH_2-O-CH_3$

4 $HO-CH_2-CH_2-CH_2-OH$

5 $H_2N-CH_2-CO_2H$

分子式$C_8H_{10}O$で示される化合物の^{1}H NMRスペクトルと^{13}C NMRスペクトルのデータを以下に示す。この化合物の構造式として最も妥当なのはどれか。
ただし，Jは結合定数である。 【国家総合職・令和元年度】

^{1}H NMR(CDCl$_3$)：δ1.41 (3H，二重線，J=6.5Hz)
　　　　　　　　2.73 (1H，一重線)
　　　　　　　　4.77 (1H，四重線，J=6.5Hz)
　　　　　　　　7.19〜7.36 (5H，多重線)
^{13}C NMR(CDCl$_3$)：δ25.1，70.1，125.4，127.3，128.4，146.0

1
OH

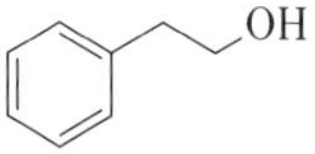

2
O

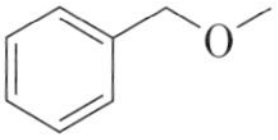

3
OH

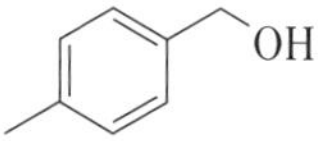

4
O

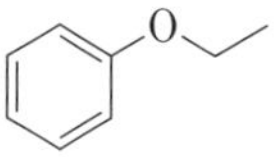

5
OH

432

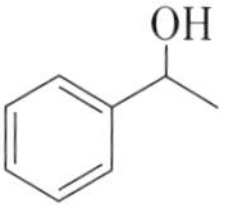

実戦問題 の 解説

No.1 の解説 ¹H NMRスペクトルによる構造決定（1）
→問題はP.426

　　かなり低磁場側のδ7.2ppm付近のシグナルはベンゼン環上のプロトンによるものである。δ3.8ppm付近の三重線とδ2.8ppm付近の三重線は$-CH_2-CH_2-$のプロトンによるものであり、この時点で**2**か**3**に絞られる。**3**だとホルミル基$-CHO$のプロトンはカルボニル基による強力な脱遮蔽効果でかなり低磁場側（δ9～10ppm）に一重線が見られるはずであるが、スペクトルには存在しない。よって、δ2.0ppm付近の一重線はヒドロキシ基$-OH$のプロトンと考えられる。

　　以上より、正答は**2**である。

No.2 の解説 ¹H NMRスペクトルによる構造決定（2）
→問題はP.427

　　選択肢の有機化合物を考慮すると、積分比からAは1個、Bは1個、Cは2個、Dは2個、Eは3個、Fは3個のプロトンによるシグナルとわかる。

　　低磁場側にあるA、B、Cのシグナルはベンゼン環上のプロトンであるが、**3**と**4**のパラ二置換体では等価なプロトンが2種類なので合致しない。また、**5**だと$-OH$のプロトンは積分比1の一重線として見られるはずであるが、スペクトルには存在しない。なお、**3**や**4**にある$-OCH_3$のプロトンは積分比3の一重線で見られるはずが、Oによる脱遮蔽効果を考えるとEは高磁場側に寄り過ぎている（δ3～4ppm程度）。よって、この時点で**1**か**2**に絞られる。

　　1または**2**の$-CH_2-$のプロトンは、積分比2の四重線として見られるはずなのでDが候補となる。Dはδ4.1ppm付近で比較的低磁場であり、O原子による脱遮蔽効果と考えられる。ベンゼン環による脱遮蔽効果はそこまで強くなく、δ2～3ppm程度である。

　　以上より、正答は**2**である。

No.3 の解説 IRスペクトルによる有機化合物の特定
→問題はP.428

　　1～**3**はいずれも$C=O$をもつ化合物であり、その場合、この伸縮振動による強い吸収が1700～1800cm⁻¹に現れるはずである。しかし、スペクトルには存在しないので、**4**か**5**に絞られる。

　　5はヒドロキシ基$-OH$をもつが、その場合、この伸縮振動によるブロードな吸収が3200～3600cm⁻¹に現れるはずである。しかし、スペクトルには存在しない。**4**はエーテルであり、$C-O$の伸縮振動や$C-O-C$の逆対称伸縮振動による強い吸収が1000～1200cm⁻¹に見られている。

　　以上より、正答は**4**である。

δ191ppmのシグナルはカルボニル基のCによるものであり，**3～5**に絞られる。

3にはベンジル位のC（−CH₃のC）があるが，これによるシグナルはδ20～40ppmに現れるはずであるが，スペクトルには存在しない。よって，**4**か**5**に絞られる。

δ110～170ppmに現れているシグナルはベンゼン環のCによるものと考えられるが，4種類のシグナルが見えるので，異なる置換基の結合したパラ二置換体である。もし，**5**のように異なる置換基の結合したオルト二置換体なら，6種類のシグナルが見えるはずである。

以上より，正答は**4**である。

㋐　正しい。^{1}H NMRスペクトルにおいて，ホルミル基−CHOのプロトンはδ9～10ppm程度，ベンゼン環上のプロトンはδ6～9ppm程度である。

㋑　誤りである。^{13}C NMRスペクトルにおいて，エーテル結合に関与するCはδ50～90ppm程度，ベンゼン環のCはδ100～160ppm程度である。

㋒　誤りである。−NH₂は電子供与基，−Clは電子求引基である。電子求引基が結合すると，C＝OにおいてOからCに電子が引き戻されて二重結合性が増加し，結合が強くなるため，C＝O伸縮振動の吸収の波数は高周波側にシフトする。

以上より，正答は**1**である。

No.6 の解説 ¹H NMR, ¹³C NMR, IRスペクトルによる構造決定   →問題は P.431

　　まず，¹H NMR スペクトルにおいて，シグナルが2か所であることから，等価なプロトンが2種類あることがわかる。また，¹³C NMR スペクトルも同様であり，等価なC原子が2種類とわかる。この時点で**3**に絞ることができる。

　　ただ，解像度の問題で細かい違いが見えていない可能性もあるので，IRスペクトルも含めて見当してみる。

1✗ ¹H NMR スペクトルの δ4.6ppm は，H−C≡C−や−CH₂−Cl の H では低磁場側過ぎる。それぞれ δ3～4ppm，δ2～3ppm 程度である。

2✗ **1**と同様に，¹H NMR スペクトルにおいて，−CH₂−Cl の H に対応するシグナルが見られない。

3◎ 正しい。¹H NMR スペクトルにおいて，δ4.6ppm は−CH₂−，δ3.4ppm は CH₃−に帰属できる。¹³C NMR スペクトルにおいて，エーテル結合しているCは一般に δ50～90ppm 程度であるが，分子中央の−CH₂−のCは2個のO原子と結合しており，大きな脱遮蔽効果によりかなり低磁場側の δ98ppm になっていると考えられる。IRスペクトルにおいては，C−Oの伸縮振動やC−O−Cの逆対称伸縮振動によると思われる強い吸収が1000～1300cm⁻¹付近に見られている。

4✗ IRスペクトルでは，ヒドロキシ基−OH の伸縮振動によるブロードな吸収が3200～3600cm⁻¹に現れるはずであるが見られていない。

5✗ ¹H NMR スペクトルにおいて，カルボキシ基−CO₂H のプロトンによる δ10ppm 以上のシグナルが見られていない。

第5章
分析化学

　¹H NMR スペクトルにおいて，δ7.19～7.36ppm に 5H が見られるが，これはベンゼン環に結合した H であり，ベンゼン一置換体とわかり，**3** が除外される。

　また，δ1.41ppm に 3H があるが，これは－CH₃の H によるものであり，**1** が除外される。これが二重線であることから隣接プロトンは 1 個であり（結合定数 J ＝6.5Hz はビシナルカップリングである），**5** の－CH(OH)－CH₃の－CH₃とわかる。

　なお，δ4.77ppm は **5** のベンジル位の H（ヒドロキシ基が結合した C に結合している H）であり，隣接する－CH₃のプロトンによってカップリングして四重線となっている。ヒドロキシ基の H は分子間で素速いプロトン交換によりデカップリングされていると考えられる。

　¹³C NMR スペクトルにおいて，δ25.1ppm は－CH₃の C，δ70.1ppm は－CH(OH)－の C，δ125.4ppm 以上のシグナルはベンゼン環の C と帰属できる。

　以上より，正答は **5** である。

正答	No.1＝**2**　No.2＝**2**　No.3＝**4**　No.4＝**4**　No.5＝**1**　No.6＝**3**　No.7＝**5**

第6章

生物化学

━━━━ 必修問題 ━━━━

　生体を構成する物質に関する記述㋐〜㋓のうち妥当なもののみをすべて挙げているのはどれか。　【国家一般職・平成28年度】

㋐　タンパク質は，アミノ酸がペプチド結合で結ばれている高分子で，その構造と機能は連結しているアミノ酸の構成比によってすべて決定される。

㋑　タンパク質を構成するアミノ酸の多くは，分子内に不斉炭素をもっており，鏡像異性体が存在する。ヒトの細胞に含まれるアミノ酸は，ほとんどがL形である。

㋒　アミロースは，コメやジャガイモに多く含まれる多糖類であり，その主骨格はグルコースが α-1, 4結合で連なった構造となっている。また，セルロースは，植物細胞壁等に多く含まれる多糖類であり，その主骨格はグルコースが β-1, 4結合で連なった構造となっている。

㋓　グルコースには一組の鏡像異性体が存在するが，ヒトが利用することができるグルコースは，L形のみである。

1 ㋐　　　**2** ㋐, ㋒　　　**3** ㋑, ㋒　　　**4** ㋑, ㋓　　　**5** ㋒, ㋓

━━━━ 必修問題 ━━━━ の **解説**

㋐　誤りである。タンパク質は20種類のアミノ酸がペプチド結合したものである。アミノ酸配列には，タンパク質分子が機能を決めるのに必要な情報が含まれる。

㋑　正しい。ただしグリシンは不斉炭素をもたず，鏡像異性体は存在しない。

㋒　正しい。アミロースは植物由来のデンプンである。唾液中の α-アミラーゼにより α-1, 4結合を分解され，主にマルトースを生じる。セルロースは植物細胞の被膜を形成し，β-1, 4結合のため α-アミラーゼでは分解されない水不溶性食物繊維である。

㋓　誤りである。グルコースなど天然の単糖のほとんどはD形である。

　以上より，正答は**3**である。

正答 **3**

重要ポイント ❶ アミノ酸とタンパク質

タンパク質は，20種類の**アミノ酸**が**ペプチド結合**で連なった高分子であり，その構成アミノ酸の側鎖によって物理的・化学的性質は異なる。

⑴**アミノ酸**

アミノ酸は，アミノ基（$-NH_2$）とカルボキシ基（$-COOH$）をもつ。カルボキシ基の結合している炭素をα炭素といい，このα炭素は不斉炭素であり，グリシン以外のアミノ酸は鏡像異性体（D，L）が存在する。

アミノ酸

$$
\begin{array}{ccc}
& COOH & \\
H_2N & -C^{\alpha}- & H \\
& R &
\end{array}
\qquad
\begin{array}{ccc}
& COOH & \\
H & -C^{\alpha}- & NH_2 \\
& R &
\end{array}
$$

L-α-アミノ酸　　　　D-α-アミノ酸

20種類のアミノ酸のうち，生体内で合成することができないものを必須アミノ酸といい，メチニン，フェニルアラニン，リシン，トリプトファン，イソロイシン，ロイシン，バリン，ヒスチジン，トレオニンの9種類である。必須アミノ酸のうち，不足しているものを制限アミノ酸という。

アミノ酸は側鎖の構造から，酸性，塩基性，中性に分類される。酸性アミノ酸は，アスパラギン酸とグルタミン酸，塩基性アミノ酸はリシン，アルギニン，ヒスチジン，これら以外は中性アミノ酸となる。

また側鎖の性質から，疎水性，親水性に分類される。疎水性アミノ酸はアラニン，バリン，ロイシン，イソロイシン，メチオニン，トリプトファンである。親水性アミノ酸はグリシン，セリン，スレオニン，システイン，チロシン，アスパラギン，グルタミンである。

⑵**タンパク質**

天然のタンパク質に含まれるアミノ酸は，L-α-アミノ酸である（グリシンを除く）。アミノ酸のアミノ基と他のアミノ酸のカルボキシ基で，脱水縮合（ペプチド結合）したものをペプチドといい，多数のペプチドがつながったものをポリペプチドという。タンパク質は数百から数千のアミノ酸から成るポリペプチドである。

ペプチド結合

$$
\begin{array}{c}
R_1 O H R_2 O \\
H_3N^+ - \overset{|}{\underset{|}{C}} - C + H - {}^+\overset{|}{N} - \overset{|}{\underset{|}{C}} - C \\
 H O^- H H O^-
\end{array}
$$

$$
\longrightarrow H_3N^+ - \overset{R_1}{\underset{H}{\overset{|}{\underset{|}{C}}}} - \boxed{\overset{O}{\overset{\|}{C}} - \overset{}{\underset{H}{\overset{|}{N}}}} - \overset{R_2}{\underset{H}{\overset{|}{\underset{|}{C}}}} - C\overset{O}{\underset{O^-}{}} + H_2O
$$

タンパク質は，形状，組成や機能で分類される。形状による分類では，水に可溶性な酵素類を含む球状タンパク質と，水に難溶性な繊維状タンパク質に分けられる。組成による分類では，アミノ酸のみから成る単純タンパク質と糖鎖などが結合した複合タンパク質に分けられる。機能による分類では，酵素(ペプシン，トリプシン)，輸送タンパク質(ヘモグロビン，アルブミン)，収縮タンパク質(アクチン，ミオシン)，調節タンパク質(ホルモン)，防御タンパク質(免疫グロブリン)，貯蔵タンパク質(カゼイン)，構造タンパク質(コラーゲン)に分けられる。

⑶ タンパク質の構造

　タンパク質の構造は，1次構造から4次構造までの4段階に分けられる。

1次構造：タンパク質のアミノ末端(N末端)からカルボキシ末端(C末端)までの直
　　　　　鎖状に並んだアミノ酸配列。

2次構造：タンパク質の部分的な立体構造。ヘリックス構造，βシート構造がある。
　　　　　αヘリックスは1本のポリペプチド鎖が規則正しくらせん状に巻いた構造
　　　　　で，βシートは2本のポリペプチド鎖が平行に並ぶ構造である。これらの
　　　　　構造は水素結合により安定する。

3次構造：2次構造の折りたたみによる立体構造。この構造の安定には，水素結合，
　　　　　イオン結合，疎水性相互作用，ジスルフィド結合(S-S結合)が関与する。

4次構造：3次構造が集まった集合体。3次構造をサブユニット構造といい，異種，ま
　　　　　たは同種のサブユニット構造が複数集まり，タンパク質構造をとる。ヘ
　　　　　モグロビンがこれに当たる。

重要ポイント 2　糖質

　糖質は生体内において，エネルギー源，生体を構成する成分，生理活性物質として重要である。糖質はアルデヒド基($-CHO$)，またはカルボニル基($-CO-$)と2個以上のアルコール性水酸基($-OH$)をもつ炭素数3以上の化合物で，$(CH_2O)_n$で表す。糖質は**単糖類**，**少糖類(オリゴ糖)**，**多糖類**に分類される。

⑴ 単糖類

　単糖類は，構成する炭素の数により分類される。

三炭糖(トリオース)：グリセルアルデヒド，ジヒドロキシアセトン

四炭糖(テトロース)：エリスロース，スレオース

五炭糖(ペントース)：リボース，キシロース

六炭糖(ヘキソース)：グルコース，フルクトース，トレハロース

　また構造的特徴として，アルデヒド基を含むものをアルドース(ブドウ糖，ガラクトースなど)，カルボニル基を含むものをケトース(フルクトースなど)に分類できる。

　生体における最も基本的な単糖はD形である。

⑵ 少糖類 (オリゴ糖)

少糖類 (オリゴ糖) は，2個以上10個程度の単糖がグリコシド結合したものであり，単糖の重合度により二糖類，三糖類，…と分類する。ブドウ糖と果糖 (フルクトース) から成るショ糖 (スクロース)，ブドウ糖2分子から成る麦芽糖 (マルトース)，ブドウ糖とガラクトースから成る乳糖 (ラクトース) が代表的な二糖類である。

⑶ 多糖類

多糖類は多数の単糖がグリコシド結合により重合したものであり，同じ単糖が多数重合したものをホモ多糖，2種類以上の単糖が多数重合したものをヘテロ多糖という。デンプン，グリコーゲン，セルロースはグルコースが多数重合したホモ多糖であり，ヒアルロン酸，コンドロイチン硫酸はヘテロ多糖である。

重要ポイント 3 脂質

脂質は水に溶けにくく，アルコール，クロロホルムなどの有機溶媒に溶ける有機物質である。脂質は脂肪酸とアルコールが結合した**単純脂質**，脂質に糖鎖やリン酸基を結合した**複合脂質**，脂質を分解して得られる**誘導脂質**に分類される。

⑴ 単純脂質

脂肪やロウがこれに当たる。脂肪はエネルギー貯蔵物質として重要であり，天然に存在する脂肪のほとんどはトリアシルグリセロール (グリセリンに脂肪酸が3個ついたもの，中性脂肪) である。

⑵ 複合脂質

リンを含むものをリン脂質，糖を含むものを糖脂質という。リン脂質は細胞膜を構成する主要な脂質であり，グリセリンをもつものをグリセロリン脂質，スフィンゴシンをもつものをスフィンゴリン脂質という。糖脂質は脳神経系などの構成成分であり，セレブロシド，ガングリオシドがある。

⑶ 誘導脂質

単純脂質や複合脂質の加水分解によって生成する物質のうち，脂溶性のものをさす。脂肪酸，コレステロール，脂溶性ビタミン (ビタミンA，D，E，K) などがある。

第6章 生物化学

実戦問題

No.1 タンパク質に関する次の記述の㋐，㋑，㋒に当てはまるものの組合せとして最も妥当なのはどれか。 【国家一般職・平成23年度】

「・ α-ヘリックスやβ-シートといったタンパク質の二次構造は，タンパク質[㋐]中のカルボニル基とアミノ基との間の水素結合により形成される。

・ 水溶性の球状タンパク質では，[㋑]側鎖の多くはタンパク質内部に集合している。

・ タンパク質にドデシル硫酸ナトリウム（SDS）と還元剤を加えて加熱した後，SDSを十分に含むゲル中でタンパク質を電気泳動すると，その[㋒]の違いに応じた移動度で分離される。」

	㋐	㋑	㋒
1	主　鎖	親水性	電荷量
2	主　鎖	疎水性	電荷量
3	主　鎖	疎水性	分子量
4	側　鎖	親水性	電荷量
5	側　鎖	疎水性	分子量

No.2 タンパク質を構成するアミノ酸に関する記述㋐～㋓のうち妥当なもののみをすべて挙げているのはどれか。 【国家一般職・平成28年度】

㋐ ロイシンは，ヒトの必須アミノ酸であり，その構造異性体であるイソロイシンもヒトの必須アミノ酸である。

㋑ セリンとトレオニンは，いずれも末端に水酸基をもつ中性側鎖アミノ酸であり，ヒトの必須アミノ酸である。

㋒ アルギニンは，塩基性アミノ酸であり，生体タンパク質を構成するアミノ酸の中で最も高い等電点を示す。アルギニンはヒトの必須アミノ酸ではない。

㋓ フェニルアラニンとチロシンは，いずれも芳香環を含む非極性側鎖をもつアミノ酸で，ヒトの必須アミノ酸である。

1 ㋐，㋑
2 ㋐，㋒
3 ㋐，㋓
4 ㋑，㋒
5 ㋑，㋒，㋓

No.3 タンパク質中のアミノ酸残基に関する記述㋐～㋓のうちから，妥当なもののみを選び出しているのはどれか。 【国家一般職・平成26年度】

㋐ プロリンは環状の構造をしており，α-ヘリックス構造の安定化に寄与することから，プロリンを多く含む領域は安定なα-ヘリックス構造をとる。

㋑ ヒスチジンは，イミダゾール環窒素に孤立電子対があり，金属と配位結合することができる。ヘモグロビンやシトクロムなど金属を含むタンパク質に含まれる。

㋒ システインは，SH基の酸化により，同じペプチド鎖または他のペプチド鎖のシステインとの間にジスルフィド結合を形成する。

㋓ グルタミンとアスパラギンは，生理的なpH範囲で側鎖が負電荷をもち，イオン結合することによりタンパク構造の安定化に寄与する。

1 ㋐，㋑
2 ㋐，㋒
3 ㋑，㋒
4 ㋑，㋓
5 ㋒，㋓

No.4 生体膜に関する次の記述の㋐～㋓に当てはまるものの組合せとして最も妥当なのはどれか。 【国家一般職・平成26年度】

「生体膜を構成する脂質のうち，主要なものは[㋐]であり，一つの極性部分と二つの長い疎水性の[㋑]の部分を有している。水相では，[㋐]は疎水性相互作用により脂質二重層を形成する。そのため，生体膜は表面が[㋒]の性質を，内部が[㋓]の性質を有する。」

	㋐	㋑	㋒	㋓
1	リン脂質	脂肪酸の炭化水素鎖	疎水性	親水性
2	リン脂質	脂肪酸の炭化水素鎖	親水性	疎水性
3	リン脂質	イソプレノイド鎖	疎水性	親水性
4	コレステロール	イソプレノイド鎖	疎水性	親水性
5	コレステロール	イソプレノイド鎖	親水性	疎水性

No.1 の解説　タンパク質　　　　　　　　　　　　　　　　　→問題は P.442

ⓐ 「主鎖」が当てはまる。二次構造におけるポリペプチド鎖の主鎖は，α-ヘリックス，β-シートといった規則的な配置をとり，ポリペプチド鎖のペプチド結合間の水素結合により安定化される。

ⓘ 「疎水性」が当てはまる。アルブミンなどの水溶性の球状タンパク質の非極性側鎖をもつアミノ酸は，ポリペプチド分子の内部に存在し，他の疎水性アミノ酸と結合する。

ⓤ 「分子量」が当てはまる。SDSポリアクリルアミドゲル電気泳動 (SDS-PAGE) では，タンパク質の試料に2-メルカプトエタノールを含む緩衝液を加えて加熱し，タンパク質のS-S結合を切断し，SDSを結合させて棒状にしたタンパク質を調製する。このサンプルをSDS含有緩衝液中でポリアクリルアミドゲル内を電気泳動する。SDSとタンパク質の複合体 (負電荷をもつ) は，ゲルの網目を通るふるい効果によって，分子量の小さいものほど速く陽極方向に移動する。この性質を利用して，分子量の異なるタンパク質を精度よく分離することができる。

以上より，正答は**3**である。

No.2 の解説　タンパク質を構成するアミノ酸　　　　　　　　　→問題は P.442

ⓐ 正しい。生体に必須であるが，十分な量を生合成できないため，摂取しなければならないアミノ酸を必須アミノ酸という。

ⓘ 誤りである。セリンとトレオニンは，中性のヒドロキシアミノ酸であるが，セリンは必須アミノ酸ではない。

ⓤ 正しい。分子全体として，電荷が0のときのpHを等電点 (pI) という。アルギニンは最もアルカリ性が強く，pI＝10.76である。

ⓔ 誤りである。フェニルアラニン，チロシン，トリプトファンは芳香族アミノ酸である。チロシンは必須アミノ酸ではない。チロシンはフェニルアラニンから生合成され，ホルモンや神経伝達物質の原料となる。

以上より，正答は**2**である。

No.3 の解説　タンパク質中のアミノ酸残基

→問題はP.443

㋐　誤りである。プロリンはコラーゲンに多く含まれる。プロリンはその環構造がペプチド鎖を折り曲げることによって，それぞれのα鎖がらせん構造を形成しやすくなる。プロリンが存在することによって，α鎖のらせん構造はα-ヘリックスとなることができなくなる。

㋑　正しい。ヒスチジンは塩基性アミノ酸であり，側鎖はpH7で正電荷をもつ。また必須アミノ酸である。

㋒　正しい。たとえばシスチンはシステインどうしが酸化され，ジスルフィド結合したものである。

㋓　誤りである。生理的なpH (pH7.4) で，側鎖が負電荷をもつものは，酸性アミノ酸であるグルタミン酸とアスパラギン酸である。グルタミン，アスパラギンは，中性アミノ酸の酸アミドである。

以上より，正答は**3**である。

No.4 の解説　生体膜

→問題はP.443

生体膜は脂質とタンパク質から成り，脂質はシートが2枚重なる脂質二重層をつくっている。最も大量に存在する膜脂質はリン脂質で (㋐)，リン酸を含む親水性の頭部が1対の疎水性の尾部 (脂肪酸の炭化水素鎖＝㋑) に結合している。脂質二重層は親水性の頭部を外側に (㋒)，疎水性の尾部を内側にした (㋓) 構造となっている。

以上より，正答は**2**である。

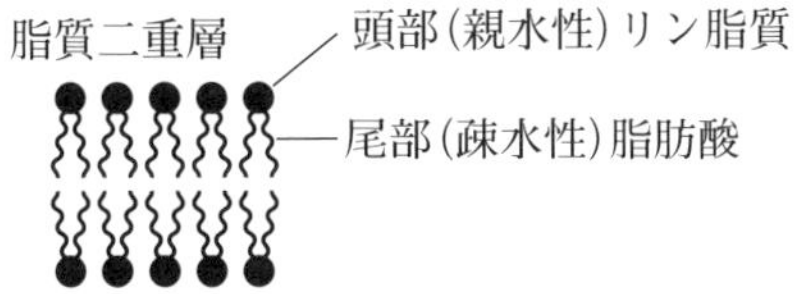

正答　No.1＝**3**　No.2＝**2**　No.3＝**3**　No.4＝**2**

生合成反応

必修問題

ミカエリス・メンテン型の酵素反応では，酵素Eと基質Sが会合して反応物Pを生成する。あるミカエリス・メンテン型酵素反応の反応速度Vを基質濃度[S]に対してプロットしたところ，図のaの曲線となった。また，この反応系に化合物Xを加えたところ，図のbの曲線となった。この反応に関する記述㋐，㋑，㋒のうちから，妥当なもののみをすべて選び出しているのはどれか。

【国家一般職・平成26年度】

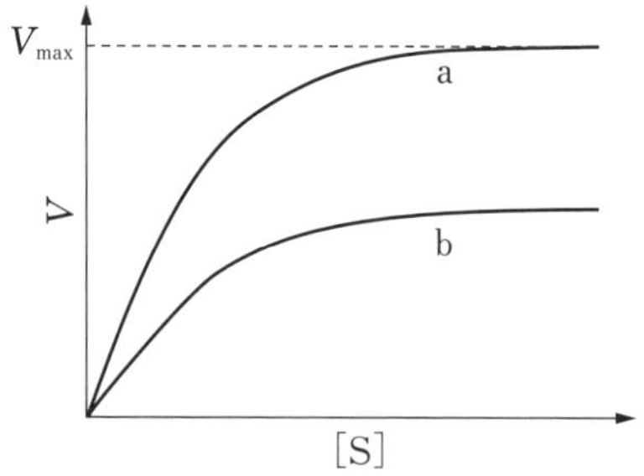

㋐　基質濃度がミカエリス定数K_mに等しいときの反応速度は，この反応の最大速度V_{max}の1/2に相当する。

㋑　基質濃度が十分低いとき，反応速度は基質濃度にほぼ比例する。

㋒　化合物Xによる阻害は競争的阻害であり，酵素の活性中心に，化合物Xが基質や補酵素と競争的に結合することにより表れる。

1　㋐
2　㋐，㋑
3　㋐，㋒
4　㋑
5　㋑，㋒

必修問題の解説

㋐ 正しい。反応速度が最大値の半分$\left(\frac{1}{2}V_{max}\right)$になるときの基質濃度をミカエリス定数$K_m$という。

㋑ 正しい。酵素反応速度は基質濃度に比例して速くなるが，ある濃度以上になると反応速度は一定になり，最大反応速度(V_{max})を示す。

㋒ 誤りである。化合物Xによる阻害は，V_{max}が減少していることから，非競合的阻害である。酵素または酵素–基質複合体の活性部位と異なる部位に結合し，酵素活性を減少させる。

以上より，正答は**2**である。

正答 2

重要ポイント **1** 酵素の特徴

酵素はある特定の基質とのみ (基質特異性)，ある特定の反応を触媒する生体触媒であり (反応特異性)，温和な条件で極めて大きな触媒活性をもつタンパク質である。酵素は基質結合部位と触媒官能基群により機能を発揮する。

重要ポイント **2** 補因子

酵素の中にはタンパク質部分のみでは活性をもたず，**補因子**として金属イオンや，有機低分子化合物 (補酵素) を必要とするものがある。このような酵素のタンパク質部分のみをアポ酵素と呼び，補因子を含む活性のあるタンパク質をホロ酵素と呼ぶ。

(1)金属イオン

Zn^{2+}，Mg^{2+}，Mn^{2+}，Fe^{3+}，Fe^{2+}，Cu^{2+}，K^+，Na^+ など。

(2)補酵素

還元力を転移するもの (NAD，NADP，FMN，FAD，CoQ など)，リン酸基を転移するもの (ATP など)，アシル基で転移するもの (CoA) などがある。これらの**補酵素**は，多くの類似反応の酵素で共通に用いられる。特に ATP は，生体内でエネルギーの通貨として用いられる。

重要ポイント **3** 酵素反応の速度論

酵素反応ではまず，酵素 (E) の基質結合部位に基質 (S) が結合し，基質・酵素複合体 (ES) を形成し，次に基質の化学結合の組み換えを行う。すなわち

$$\mathrm{E+S} \underset{k_{-1}}{\overset{k_1}{\rightleftharpoons}} \mathrm{ES} \overset{k_2}{\longrightarrow} \mathrm{E+P}$$

上のようなスキームで反応が進行する。ここで反応速度 V は $[ES]$ と k_2 に比例して

$$V = k_2[\mathrm{ES}] \tag{6.1}$$

ここで，中間体である ES 複合体の濃度に対して定常状態近似を用いると

$$\frac{\mathrm{d}[\mathrm{ES}]}{\mathrm{d}t} = k_1[\mathrm{E}][\mathrm{S}] - k_{-1}[\mathrm{ES}] - k_2[\mathrm{ES}] = 0$$

$$k_1[\mathrm{E}][\mathrm{S}] = k_{-1}[\mathrm{ES}] + k_2[\mathrm{ES}] \tag{6.2}$$

溶液中の遊離の酵素の濃度 $[E]$ と ES 複合体の濃度 $[ES]$ の和は酵素の全濃度 $[E]_0$ であり

$$[\mathrm{E}]_0 = [\mathrm{E}] + [\mathrm{ES}] \tag{6.3}$$

(6.2)，(6.3) より [E] を消去して整理すると

$$[ES] = \frac{[E]_0 [S]}{K_m + [S]} \qquad (6.4) \qquad \text{ただし} \frac{k_{-1} + k_2}{k_1} = K_m$$

この K_m は Michaelis 定数と呼ばれる。この (6.4) を (6.1) に代入して

$$V = \frac{V_{max} [S]}{K_m + [S]} \qquad (6.5) \qquad \text{ただし} V_{max} = k_2 [E]_0$$

(6.5) を Michaelis-Menten の式と呼ぶ。酵素濃度 $[E]_0$ を一定にして反応速度 V を基質濃度 $[S]$ に対してプロットすると，次図のようになる。

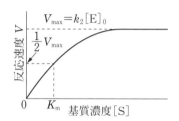

また，(6.5) の逆数をとると次の式が得られ，x 軸に $1/[S]$ を，y 軸に $1/V$ をプロットすると，右図のようになる。

$$\frac{1}{V} = \frac{1}{V_{max}} + \frac{K_m}{V_{max}} \cdot \frac{1}{[S]}$$

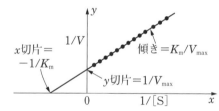

これを Lineweaver-Burk プロットと呼び，y 切片が $1/V_{max}$，x 切片が $-1/K_m$，傾きが K_m/V_{max} になる。

重要ポイント 4　阻害

　酵素は特殊な小分子やイオンにより**阻害**を受ける。阻害には可逆的なものと不可逆的なものがあるが，重要なのは次の2つの可逆的阻害である。

⑴競合阻害

$$E + I \rightleftharpoons EI$$

　酵素が阻害剤と結合して EI 複合体をつくり，反応に寄与しない酵素ができてしまう場合で，このときも基質濃度が十分に高ければ，事実上ほとんどの酵素が基質と反応しているため V_{max} は変化しない。

⑵非競合阻害

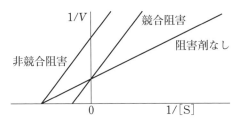

$$E \underset{+S}{\rightleftharpoons} ES \longrightarrow E+P$$
$$+I \updownarrow \qquad +S \updownarrow +I$$
$$EI \rightleftharpoons ESI$$

　酵素の基質結合部位以外に阻害剤が結合する場合で，阻害剤の結合した酵素は反応を起こさない。このときはV_{max}が低下するが，K_mは変化しない。

　この⑴と⑵の場合をLineweaver-Burkプロットすると次図のようになり，阻害が競合阻害か非競合阻害かプロットにより決定できる。

重要ポイント 5 ▶ 酵素の反応条件

　酵素には活性が最大になるpH，温度，金属イオン濃度，還元剤の有無がある。

⑴pH

　酵素タンパク質のアミノ酸残基の電荷が変化するので，活性が変化する。

⑵温度

　酵素反応も化学反応なので温度を上げると反応速度は上昇するが，あまり高温ではタンパク質が熱失活してしまうため，反応速度が低下する。

⑶還元剤

　細胞内部は通常還元状態であるので，細胞内酵素は還元剤を必要とする場合が多い。

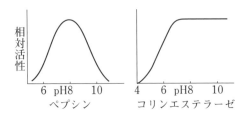

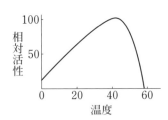

重要ポイント 6 アロステリック酵素

　酵素の基質結合部位以外に小分子が結合してその活性が変化する酵素で，多くの場合いくつかのサブユニットから成り，Michaelis-Mentenの式からはずれて，S字形の曲線（シグモイド曲線）を示す。例としては，ヘモグロビンやアスパラギン酸カルバモイル基転移酵素がある。

重要ポイント 7 代謝

　ヒトは糖質，脂質，タンパク質を必要とし，大部分は分解され，細胞内での化学反応により必要なエネルギー（ATP）を生み出す。これを**代謝**という。特に糖質代謝，脂質代謝，アミノ酸・タンパク質代謝はそれぞれが関連している。

糖質代謝：解糖系（グルコース分解），糖新生（グルコース合成），グリコーゲン合成，グリコーゲン分解，TCAサイクル，ペントースリン酸化経路

脂質代謝：脂肪酸分解（β酸化），脂肪酸合成，コレステロール合成，ケトン体合成

アミノ酸・タンパク質代謝：アミノ酸代謝，アミノ窒素代謝，特殊アミノ酸代謝，タンパク質合成・分解

⑴**糖質代謝**

　糖固有の代謝を受け，解糖系に運ばれる。解糖はグルコースがピルビン酸または乳酸にまで分解される代謝経路で，細胞質において行われる。その後ピルビン酸は，ミトコンドリア内のTCAサイクルにおいて分解され，その過程でNADHやFADH2を産生し，**電子伝達系**で酸化的リン酸化によりATPを作り出す。

⑵**脂質代謝**

　脂質，特にトリアシルグリセロール（TG）は，主なエネルギー源として利用され，細胞内で加水分解され，脂肪酸とグリセロールになる。グリセロールは解糖系に入り，代謝されてATPを産生する。脂肪酸はミトコンドリアにおいてβ酸化を受けて，アセチルCoAとなり，TCAサイクルでATPを産生する。

　コレステロールはステロイドホルモン（副腎皮質ホルモン，エストロゲンなど）やビタミンDの原料であり，生体膜や胆汁の成分として重要である。食事由来のコレステロールは，小腸から吸収されるが，十分に摂取されなかった場合，肝臓で合成される。アセチルCoAから数段階の酵素反応を経て，コレステロールの約80％は代謝され胆汁酸となり，胆汁中に排泄される。

　肝臓でアセチルCoAの一部は，アセト酢酸，3-ヒドロキシ酢酸，アセトンなどのケトン体を合成する。ケトン体は血中に放出され，筋肉や神経組織などにおいて再びアセチルCoAに変換された後，TCAサイクルに入り，エネルギー源となる。

第6章
生物化学

⑶アミノ酸・タンパク質代謝

　食事由来のタンパク質は胃や小腸などの消化管内で，種々の酵素によりアミノ酸にまで分解され，吸収される。糖質や脂質などのエネルギー源が不足する場合には，アミノ酸はエネルギー源としても利用されたり，再びタンパク質合成に利用されたりする。

　アミノ酸の代謝は脱アミノ基反応により生じたケト酸の代謝と，アミノ基由来のアンモニアの代謝に分けられる。ケト酸はもとのアミノ酸の性質により，TCAサイクルに入りATPを産生したり，糖新生系に入りブドウ糖を新生したり，脂肪酸合成系で脂肪酸を合成したりする。またアミノ酸のアミノ基から遊離するアンモニアの無毒化のため，肝臓で尿素回路によって尿素に変換される。そして尿素は腎臓から尿として排泄される。

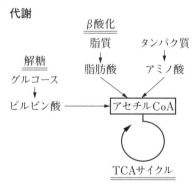

代謝

β酸化

重要ポイント 8 ▶ 核酸

　核酸には，**デオキシリボ核酸（DNA）とリボ核酸（RNA）**がある。核酸は**モノヌクレオチド**という単位から構成され，モノヌクレオチドは**ヌクレオシド**とリン酸から成り，ヌクレオシドは糖と塩基から成る。モノヌクレオチドはプリン塩基をもつプリンヌクレオチド（ATP，GTPなど）とピリミジン塩基をもつピリミジンヌクレオチド（CTP，dTTP，UTPなど）に分かれる。DNAとRNAはヌクレオシドの糖と一部の塩基が異なる。ヌクレオチドの糖は五炭糖であり，DNAはデオキシリボース，RNAはリボースをもつ。塩基はDNAがアデニン（A），シトシン（C），グアニン（G），チミン（T）から成り，RNAはTの代わりにウラシル（U）で構成されている。

　DNAはポリヌクレオチドの2本鎖で構成され，右巻きの2重らせん構造をとっている。2本鎖構造は塩基間の水素結合で安定化し，互いに相手の塩基が決まっており，これを塩基対という。AとT，CとGは互いに塩基対となる。RNAは1本鎖である。

重要ポイント 9 ▶ ヌクレオチド代謝

　ヌクレオチドの生合成は，デノボ経路 (新規合成経路) とサルベージ経路 (再利用経路) に分けられる。プリンヌクレオチドとピリミジンヌクレオチドに共通の五炭糖リン酸はペントースリン酸経路で合成される。

　不必要になった核酸は，分解され排泄される。プリンヌクレオチドは尿酸に代謝され，尿中に排泄される。ピリミジンヌクレオチドはアンモニア，二酸化炭素，水に分解され，アンモニアは尿素サイクルで無毒化され，尿素として尿中に排泄される。

重要ポイント 10 ▶ タンパク質合成のための遺伝情報

　タンパク質の合成は，**DNAの転写**，**翻訳** (トランスレーション) により行われる。この流れを**セントラルドグマ**という。

　DNAの転写では，DNAを鋳型にしてRNAポリメラーゼという酵素の働きにより，RNA (メッセンジャーRNA，mRNA前駆体) が合成される。遺伝情報をもつエクソン (翻訳領域) とそうでないイントロン (非翻訳領域) が含まれるため，RNA合成の後，イントロン部分を除去し，エクソン部分を結合させ，完全なmRNA (成熟mRNA) をつくる。この過程を**RNAスプライシング**という。

　翻訳では，核内でつくられたmRNAは，細胞質に出て**リボソーム**に移行する。リボソームではmRNA上の3つの塩基配列を1組として，1つのアミノ酸が対応しており，この1組を**コドン**という。トランスファーRNA (tRNA) はコドンに従い，アミノ酸を運搬し，次第にアミノ酸が結合しタンパク質が合成される。開始コドンはメチオニン (AUG) で，終始コドンはUAA，UAG，UGAである。

第6章

生物化学

実戦問題

No.1 **ビタミンに関する記述㋐～㋔のうち，妥当なもののみをすべて挙げているのはどれか。** 【国家一般職・令和元年度】

㋐ 必要とするビタミンの種類や量は，すべての生物種で共通である。
㋑ ビタミン過剰症は，脂溶性ビタミンを過剰に摂取したときに多く見られる。
㋒ パントテン酸は，ビタミンAに分類され，水溶性である。
㋓ アスコルビン酸は，ビタミンCに分類され，脂溶性である。
㋔ トコフェロールは，ビタミンEに分類され，脂溶性である。

1 ㋐
2 ㋐，㋓
3 ㋑，㋒，㋔
4 ㋑，㋔
5 ㋒，㋓

No.2 **次の生体内の代謝反応系㋐，㋑，㋒を，反応出発物質1molが各下線部の化合物まで完全に代謝した場合に生成するATPの量が多いものから順に並べたものとして最も妥当なのはどれか。**
ただし，各反応系は理想的な条件で進むものとし，代謝反応系の継続に必要なATPや補酵素等の消費は考慮しなくてよいものとする。
【国家一般職・平成29年度】

㋐ アセチルCoAを反応出発物質としてクエン酸回路と呼吸鎖により二酸化炭素と水が生成する反応系
㋑ グルコース6-リン酸を反応出発物質としてペントースリン酸経路によりリボース5-リン酸が生成する反応系
㋒ グルコースを反応出発物質として解糖系によりピルビン酸が生成する反応系

	多 ←ATP生成量→ 少		
1	㋐	㋑	㋒
2	㋐	㋒	㋑
3	㋑	㋐	㋒
4	㋒	㋐	㋑
5	㋒	㋑	㋐

No.3 **メッセンジャーRNA（mRNA）に関する記述㋐～㋓のうち，妥当なもののみをすべて挙げているのはどれか。** 【国家一般職・令和元年度】

㋐ RNAポリメラーゼがDNA内のオペレーターに結合することで，転写が開始される。

㋑ 一般的に，真核生物において，mRNAは，核内でヘテロ核RNA（hnRNA）として転写され，細胞質中でイントロンが除かれることで成熟mRNAとなる。

㋒ 真核生物のmRNAは5′末端にキャップ構造，3′末端にホリデイ構造をもつ。

㋓ 原核生物のmRNAは，1分子のmRNAが複数のタンパク質をコードするポリシストロニックであることが多い。

1 ㋐，㋑
2 ㋐，㋒
3 ㋑，㋓
4 ㋒
5 ㋓

第6章 生物化学

No.4 **図は，遺伝情報を司る核酸を構成している主なヌクレオチド8種類の構造を表したものである。人体内では，Ⓐ～Ⓗのヌクレオチド間で相補的塩基対が形成されることによって遺伝情報が伝達される。たとえば，ⒷとⒼは，転写過程における正常な相補的塩基対である。ヌクレオチドに関する記述㋐，㋑，㋒のうち妥当なもののみをすべて挙げているのはどれか。**　【国家一般職・平成29年度】

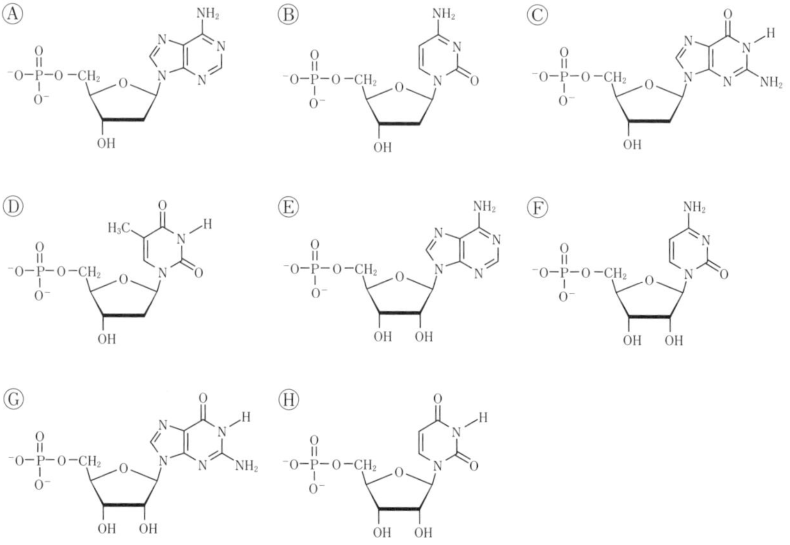

㋐　Ⓐ，Ⓒ，Ⓔ，Ⓖは，いずれもRNAの構成ヌクレオチドである。

㋑　遺伝情報の複製においては，ⒶとⒷおよびⒸとⒹのみが正常な相補的塩基対である。

㋒　遺伝情報の翻訳においては，ⒺとⒽおよびⒻとⒼのみが正常な相補的塩基対である。

1　㋐
2　㋐，㋑
3　㋐，㋑，㋒
4　㋑，㋒
5　㋒

No.5 遺伝子操作技術に関する㋐～㋑の記述のうち妥当なもののみを挙げているのはどれか。　【国家一般職・平成27年度】

㋐　制限酵素は，DNAを5′末端から順次切断し，モノヌクレオチドに分解するものであり，遺伝子操作においてよく利用されている。

㋑　プラスミドは細胞核外で増殖するDNAであり，あるDNA断片を組み込んだプラスミドを大腸菌の中に入れ，さらにその大腸菌を増殖させることで，当該DNA断片を大量増幅できる。

㋒　cDNAはmRNAから逆転写酵素により合成したDNAであり，mRNAの塩基配列をcDNAから知ることができる。

㋓　PCR（ポリメラーゼ連鎖反応）は，DNAの変性，耐熱性のDNAポリメラーゼによる塩基伸長反応，鋳型プライマーとDNAの会合の三つの過程を，95℃程度の高温で行い，増幅したい塩基配列をもつDNAを合成する反応である。

1　㋐，㋑
2　㋐，㋒
3　㋑，㋒
4　㋑，㋓
5　㋒，㋓

No.6 **分子生物学研究等で用いられる技術に関する記述㋐～㋔のうち妥当なもののみをすべて挙げているのはどれか。** 【国家一般職・平成28年度】

㋐ ノーザンブロッティングは，核酸の相補性を利用して，RNAの混合溶液から特定の塩基配列をもつtRNAのみを検出する方法である。

㋑ サザンブロッティングは，核酸の相補性を利用して，DNAの混合溶液から特定の塩基配列をもつDNAのみを検出する方法である。

㋒ ウェスタンブロッティングは，タンパク質と核酸の相補性を利用して，タンパク質の混合物から特定のタンパク質のみを検出する方法である。

㋓ DNAマイクロアレイは，DNAの相補性を利用して，DNAの混合溶液から特定の塩基配列をもつDNAのみを検出する方法で，DNAチップとも呼ばれる。

㋔ PCR法は，DNAの相補性を利用して，DNAの特定部位を短時間で大量に増幅する方法であり，PCRとはポリメラーゼ連鎖反応のことである。

1 ㋐，㋑
2 ㋐，㋒，㋔
3 ㋑，㋓
4 ㋑，㋓，㋔
5 ㋒，㋔

実戦問題の解説

No.1の解説　ビタミン
→問題はP.454

[ア]　誤りである。生物によって，ビタミンとして働く物質は異なる。ビタミンは微量で生体内での代謝が正常に機能するための物質である。生体内では合成できないため，食物などから摂取しなければならない。

[イ]　正しい。脂溶性ビタミンは，ビタミンA，D，E，Kなどがある。過剰の水溶性ビタミンは水に溶け，尿中に排泄されるが，脂溶性ビタミンは排出されにくく，過剰症を起こすことがある。

[ウ]　誤りである。パントテン酸は水溶性ビタミンであり，コエンザイムA（CoA）の構成成分である（ビタミンAではない〈[イ]の解説参照〉）。体内でシステインとATPからCoAを生成する。酵母，胚芽，豆類に多く含まれる。

[エ]　誤りである。アスコルビン酸はビタミンCに分類され，水溶性である。強い還元性をもち，欠乏すると壊血病になる。

[オ]　正しい。トコフェロール，トコトリエノールはビタミンEに分類され，脂溶性である。強い抗酸化作用をもち，過酸化脂質の生成や発癌物質の産生を抑制する。

以上より，正答は**4**である。

No.2の解説　代謝反応
→問題はP.454

ATPはアデノシンにリン酸基3個が直列に結合した高エネルギーリン酸化合物である。生命維持のための活動エネルギーはすべてATPのリン酸基とリン酸基との結合がもつ化学的エネルギーを介して行われる。

[ア]　クエン酸回路（TCA回路）では，1分子のアセチルCoAから12.5分子のATPを産生する。

[イ]　ペントースリン酸経路（ホスホグルコン酸回路）では，2分子のNADPHが生成される。

[ウ]　解糖系では1分子のグルコースから2分子のATPが生成される。

以上より，生成するATPの量が多いものから順に，[ア]，[ウ]，[イ]となるので，正答は**2**である。

No.3 の解説 メッセンジャーRNA

→問題はP.455

㋐ 誤りである。RNAポリメラーゼⅡが，DNA上のプロモーター配列という決まった配列に結合することで，転写が開始する。

㋑ 誤りである。真核生物では成熟mRNAとなった後，核膜孔を通じて細胞質へ移行する。

㋒ 誤りである。hnRNAの転写中に5′末端にキャップ構造が付加し，3′末端に20～200ヌクレオチド長のポリ(A)尾部が付加する。

㋓ 正しい。原核生物のmRNAは，ポリシストロン性転写物として転写され，転写されながら翻訳される。ポリシストロン性mRNAは，複数のタンパク質をコードする。

以上より，正答は**5**である。

No.4 の解説 ヌクレオチド

→問題はP.456

㋐ 誤りである。DNAの糖はデオキシリボース，RNAではリボースである。

㋑ 誤りである。複製はDNA合成過程である。塩基がⒶアデニンとⒹチミンおよび，ⒷシトシンとⒸグアニンが相補的塩基対である。

㋒ 正しい。翻訳は真核生物の細胞質のリボソーム上で，塩基がⒺアデニンとⒽウラシルおよび，ⒻシトシンとⒼグアニンが相補的塩基対である。

以上より，正答は**5**である。

No.5 の解説　遺伝子操作技術

→問題は P.457

㋐ 誤りである。制限酵素はDNAの特定の塩基配列を認識し，切断する酵素である。この配列内で2本鎖の両方を切断し，DNA配列のほとんどは，パリンドローム（回文）配列である。

㋑ 正しい。プラスミドは細菌内で宿主の染色体DNAとは独立に複製可能な環状2本鎖DNAである。

㋒ 正しい。cDNAはmRNAに相補的配列をもつDNAである。

㋓ 誤りである。PCRはプライマーから鋳型DNA依存性伸長反応を用いて複製を繰り返し，プライマーに挟まれたDNAの特定部分を試験管内で増幅する技術である。94℃で2本鎖DNAを熱変性し，1本鎖へ解離する。50℃程度へ温度を下げ，目的とするDNA部位を挟むプライマーを会合させ，部分的2本鎖を形成する。次にTaqポリメラーゼを加え，72℃へ上げるとプライマーからDNA合成が生じる。94℃—50℃—72℃のサイクルを30〜35回繰り返し，特定のDNA部分を増幅する。

以上より，正答は**3**である。

No.6 の解説　分子生物学研究等の技術

→問題は P.458

㋐ 誤りである。㋑の解説を参照。

㋑ 正しい。ノーザンブロッティングはmRNAを検出し，サザンブロッティングはDNAを検出する。mRNA（DNA）を組織中や細胞から抽出し，アガロースゲルで電気泳動し，膜へ写す。それを相補的はDNAをプローブと反応させ，2重鎖を形成したプローブを検出する。これによりmRNA（DNA）を測定できる。

㋒ 誤りである。ウェスタンブロッティングはタンパク質を電気泳動後，メンブレンに転写し，抗体を用いて検出する。

㋓ 正しい。DNAマイクロアレイはRNAをcDNAに変換し，チップ上のDNA配列と結合させる。この方法を使うことで，遺伝子発現の違いを網羅的に調べることができる。

㋔ 正しい。PCR法はプライマーからの鋳型RNA依存性伸長反応を用いて，複製を繰り返し，プライマーで挟まれたDNAの特定部分を試験管内で増幅するポリメラーゼ連鎖反応である。

以上より，正答は**4**である。

正答　**No.1=4　No.2=2　No.3=5　No.4=5　No.5=3　No.6=4**

索　引

編集協力：㈲中村編集デスク

●本書の内容に関するお問合せについて

　本書の内容に誤りと思われるところがありましたら，まずは小社ブックスサイト
（jitsumu.hondana.jp）中の本書ページ内にある正誤表・訂正表をご確認ください。正誤表・訂正表がない場合や訂正表に該当箇所が掲載されていない場合は，書名，発行年月日，お客様の名前・連絡先，該当箇所のページ番号と具体的な誤りの内容・理由等をご記入のうえ，郵便，FAX，メールにてお問合せください。

　〒163-8671　東京都新宿区新宿1-1-12　実務教育出版　第2編集部問合せ窓口
　FAX：03-5369-2237　　　E-mail：jitsumu_2hen@jitsumu.co.jp

【ご注意】
※電話でのお問合せは，一切受け付けておりません。
※内容の正誤以外のお問合せ（詳しい解説・受験指導のご要望等）には対応できません。

公務員試験

技術系　新スーパー過去問ゼミ　**化学**

2020年9月10日　初版第1刷発行　　　　　　　　　〈検印省略〉

編　者　資格試験研究会
発行者　小山隆之

発行所　株式会社　実務教育出版
　　　　〒163-8671　東京都新宿区新宿1-1-12
　　　　☎編集　03-3355-1812　　販売　03-3355-1951
　　　　振替　00160-0-78270
組　版　美研プリンティング
印　刷　精興社
製　本　ブックアート

©JITSUMUKYOIKU-SHUPPAN　2020　　　　本書掲載の試験問題等は無断転載を禁じます。
ISBN 978-4-7889-3673-7 C0030　Printed in Japan
乱丁，落丁本は本社にておとりかえいたします。

[公務員受験BOOKS]

実務教育出版では、公務員試験の基礎固めから実戦演習にまで役に立つさまざまな入門書や問題集をご用意しています。過去問を徹底分析して出題ポイントをピックアップし、すばやく正確に解くテクニックを伝授します。あなたの学習計画に適した書籍を、ぜひご活用ください。

なお、各書籍の詳細については、弊社のブックスサイトをご覧ください。

https://www.jitsumu.co.jp

人気試験の入門書

何から始めたらよいのかわからない人でも、どんな試験が行われるのか、どんな問題が出るのか、どんな学習が有効なのかが1冊でわかる入門ガイドです。「過去問模試」は実際に出題された過去問でつくられているので、時間を計って解けば公務員試験をリアルに体験できます。

★「公務員試験早わかりブック」シリーズ [年度版] ●資格試験研究会編

都道府県職員になるための早わかりブック

市町村職員になるための早わかりブック

警察官になるための 早わかりブック

消防官になるための 早わかりブック

社会人が受けられる**公務員試験**早わかりブック

高校卒で受けられる**公務員試験**早わかりブック
[国家一般職(高卒)・地方初級・市役所初級等]

社会人基礎試験 早わかり問題集

市役所新教養試験 Light & Logical 早わかり問題集

過去問正文化問題集

問題にダイレクトに書き込みを加え、誤りの部分を赤字で直して正しい文にする「正文化」という勉強法をサポートする問題集です。完全な見開き展開で書き込みスペースも豊富なので、学習の能率アップが図れます。さらに赤字が消えるセルシートを使えば、問題演習もバッチリ!

★上・中級公務員試験「過去問ダイレクトナビ」シリーズ [年度版] ●資格試験研究会編

過去問ダイレクトナビ **政治・経済**

過去問ダイレクトナビ **日本史**

過去問ダイレクトナビ **世界史**

過去問ダイレクトナビ **地理**

過去問ダイレクトナビ **物理・化学**

過去問ダイレクトナビ **生物・地学**

一般知能分野を学ぶ

一般知能分野の問題は一見複雑に見えますが、実際にはいくつかの出題パターンがあり、それに対する解法パターンも存在します。まずは、公務員試験において大きな比重を占める判断推理・数的推理を基礎から学べるテキストと初学者向けの問題集をご紹介します。

標準 判断推理 [改訂版]
田辺 勉著●定価:本体2100円+税

標準 数的推理 [改訂版]
田辺 勉著●定価:本体2000円+税

判断推理がみるみるわかる**解法の玉手箱**[改訂第2版]
資格試験研究会編●定価:本体1400円+税

数的推理がみるみるわかる**解法の玉手箱**[改訂第2版]
資格試験研究会編●定価:本体1400円+税

以下は、一発で正答を見つけ出す公式や定理など実戦的なテクニックを伝授する解法集です。

判断推理 必殺の解法パターン [改訂第2版]
鈴木清士著●定価:本体1200円+税

数的推理 光速の解法テクニック [改訂版]
鈴木清士著●定価:本体1068円+税

空間把握 伝説の解法プログラム
鈴木清士著●定価:本体1100円+税

資料解釈 天空の解法パラダイム
鈴木清士著●定価:本体1600円+税

文章理解 すぐ解ける〈直感ルール〉ブック [改訂版]
瀧口雅仁著●定価:本体1800円+税

公務員試験 **無敵の文章理解メソッド**
鈴木鋭智著●定価:本体1400円+税

年度版の書籍については、当社ホームページで価格をご確認ください。 https://www.jitsumu.co.jp/

地方上級／国家総合職・一般職・専門職試験に対応した過去問演習書の決定版が、さらにパワーアップ！　最新の出題傾向に沿った問題を多数収録し、選択肢の一つひとつまで検証して正誤のポイントを解説。強化したい科目に合わせて徹底的に演習できる問題集シリーズです。

★公務員試験「新スーパー過去問ゼミ6」シリーズ
◎教養分野
資格試験研究会編●定価：本体1800円＋税

新スーパー過去問ゼミ6 **社会科学** [政治／経済／社会]	新スーパー過去問ゼミ6 **人文科学** [日本史／世界史／地理／思想／文学・芸術]
新スーパー過去問ゼミ6 **自然科学** [物理／化学／生物 地学／数学]	新スーパー過去問ゼミ6 **判断推理**
新スーパー過去問ゼミ6 **数的推理**	新スーパー過去問ゼミ6 **文章理解・資料解釈**

◎専門分野
資格試験研究会編●定価：本体1800円＋税

新スーパー過去問ゼミ6 **憲法**	新スーパー過去問ゼミ6 **行政法**
新スーパー過去問ゼミ6 **民法Ⅰ** [総則／物権 担保物権]	新スーパー過去問ゼミ6 **民法Ⅱ** [債権総論・各論 家族法]
新スーパー過去問ゼミ6 **刑法**	新スーパー過去問ゼミ6 **労働法**
新スーパー過去問ゼミ6 **政治学**	新スーパー過去問ゼミ6 **行政学**
新スーパー過去問ゼミ6 **社会学**	新スーパー過去問ゼミ6 **国際関係**
新スーパー過去問ゼミ6 **ミクロ経済学**	新スーパー過去問ゼミ6 **マクロ経済学**
新スーパー過去問ゼミ6 **財政学**	新スーパー過去問ゼミ6 **経営学**
新スーパー過去問ゼミ6 **会計学** [択一式／記述式]	新スーパー過去問ゼミ6 **教育学・心理学**

受験生の定番「新スーパー過去問ゼミ」シリーズの警察官・消防官（消防士）試験版です。大学卒業程度の警察官・消防官試験と問題のレベルが近い市役所（上級）・地方中級試験対策としても役に立ちます。

★大卒程度「警察官・消防官 新スーパー過去問ゼミ」シリーズ
資格試験研究会編●定価：本体1300円＋税

警察官・消防官 新スーパー過去問ゼミ **社会科学** [改訂第2版] [政治／経済／社会・時事]	警察官・消防官 新スーパー過去問ゼミ **人文科学** [改訂第2版] [日本史／世界史／地理／思想／文学・芸術／国語]
警察官・消防官 新スーパー過去問ゼミ **自然科学** [改訂第2版] [数学／物理／化学／生物／地学]	警察官・消防官 新スーパー過去問ゼミ **判断推理** [改訂第2版]
警察官・消防官 新スーパー過去問ゼミ **数的推理** [改訂第2版]	警察官・消防官 新スーパー過去問ゼミ **文章理解・資料解釈** [改訂第2版]

一般知識分野の要点整理集のシリーズです。覚えるべき項目は、付録の「暗記用赤シート」で隠すことができるので、効率よく学習できます。「新スーパー過去問ゼミ」シリーズに準拠したテーマ構成になっているので、「スー過去」との相性もバッチリです。

★上・中級公務員試験「新・光速マスター」シリーズ
資格試験研究会編●定価：本体1200円＋税

| 新・光速マスター **社会科学** [改訂版] [政治／経済／社会] | 新・光速マスター **人文科学** [改訂版] [日本史／世界史／地理／思想／文学・芸術] |
| 新・光速マスター **自然科学** [改訂版] [物理／化学／生物／地学／数学] | |

過去問演習を通して実戦力を養成

要点整理＋理解度チェック

試験別に過去問チェック

「テキスト＋問題演習」で実力を養う

技術系区分対策の問題集